Thinker, Faker, Spinner, Spy
스핀닥터, 민주주의를 전복하는 기업권력의 언론플레이

스핀닥터, 민주주의를 전복하는
기업권력의 언론플레이

지은이 | 윌리엄 디난 · 데이비드 밀러 외
옮긴이 | 노승영
펴낸이 | 김성실
책임편집 | 이수동 · 최아림
기획편집 | 최인수 · 여미숙 · 이정남
마케팅 | 곽흥규 · 김남숙 · 이유진
편집디자인 | 하람커뮤니케이션(02-322-5405)
제작 | 한영문화사
펴낸곳 | 시대의창
출판등록 | 제10-1756호(1999. 5. 11.)

초판 1쇄 | 2011년 4월 8일 펴냄

주소 | 121-816 서울시 마포구 동교동 113-81 4층
전화 | 편집부 (02) 335-6125, 영업부 (02) 335-6121
팩스 | (02) 325-5607
이메일 | sidaebooks@hanmail.net

ISBN 978-89-5940-204-5 (03300)

책값은 뒤표지에 있습니다.
잘못된 책은 바꾸어드립니다.

Copyright ⓒ William Dinan and David Miller 2007. Thinker, Faker, Spinner, Spy first published by Pluto Press, London.
www.plutobooks.com.

Korean Translation edition published by arrangement with Pluto Press through PubHub Literary Agency.

이 책의 한국어판 저작권은 PubHub 에이전시를 통해 원저작권자와 독점 계약한 시대의창에 있습니다. 저작권법에 따라 한국 내에서 보호를 받는 저작물이므로, 이 책의 일부나 전부를 상업적으로 이용하려면 미리 허락을 받으십시오.

스핀닥터,
민주주의를 전복하는
기업권력의 언론플레이

윌리엄 디난 · 데이비드 밀러 외 지음 | 노승영 옮김

시대의창

감사의 말

이 책이 나올 수 있었던 것은 수많은 사람과 단체가 오랫동안 협력한 덕분이다. 편저자인 우리는 스코틀랜드 스트래스클라이드 대학의 연구자이며, 2004년 후반 이블린 뤼베르스Eveline Lubbers, 앤디 로얼Andy Rowell과 함께 만든 웹사이트 스핀워치Spinwatch를 운영하고 있다. 이 책은 2004년 11월 스코틀랜드 글래스고에서 우리가 주최한 '기업 정보 조작 학술대회'의 발제문을 묶은 것이다. 원고를 책으로 만드는 과정에서 여러 사람에게 많은 도움을 받았다.

이 책은 스핀워치에서 나온 첫 번째 단행본으로 예상보다 조금 늦게 출간되었다. 2005년 스코틀랜드에서 G8 정상회담이 열린 탓에 G8 반대 집회를 준비하고 7월 3일에는 대안 정상회담을 개최하느라 책의 일정을 미룰 수밖에 없었기 때문이다. 또 그사이 데이비드 밀러David Miller와 길 허버드Gill Hubbard가 《야만의 주식회사 G8을 말하다Arguments Against G8》를 펴내기도 했다.

스핀워치를 만들겠다는 생각은 예전부터 가지고 있었지만, 이 생각이 처음으로 구체화된 것은 2002년 카탈루냐 히로나에서 열린 '유럽기업감시' 국제 세미나에서였다. 유럽의회 European Parliament 의원인 캐롤라인 루커스 Caroline Lucas가 세미나를 주최했고, 이 자리에서 밀러와 뤼베르스 등은 유럽에서 기업홍보와 정보 조작을 감시할 기관을 만드는 방안을 논의했다. 우리는 존 스토버 John Stauber와 이야기를 나누면서 미국 계간지 《PR 워치 PR Watch》의 유럽판을 만들기 위해 다양한 논의를 진행했다. 우리가 웹사이트 'www.spinwatch.org'를 공개한 것은 2004년 하반기 스트래스클라이드 대학에서 열린 기업 정보 조작 학술대회에서였다.

기업 정보 조작 학술대회 발표자와 참가자 모두에게 고맙다고 말하고 싶다. 이들은 글과 아이디어, 조언을 제공해 주었다. 이 책의 필진에게는 특별히 고마움을 전한다. 책이 출간되기까지 다들 인내심을 갖고 기다려주었으며 도움을 아끼지 않았다. 스핀워치 프로젝트에 이바지한 사람들도 빼놓을 수 없는데, 이들은 정보를 공유하고 뉴스를 전파하며 우리의 활동을 지원하고 자금을 후원했다. 우리가 기업의 속임수를 말과 글로 표현할 수 있도록 기회를 주고 우리의 활동을 격려한 모든 사람에게 감사한다. 마크 밸라드 Mark Ballard 스코틀랜드 의회 의원(이하 '의원' - 옮긴이), 데이비드 크롬웰 David Cromwell, 데이비드 에드워즈 David Edwards, 프랜시스 커런 Frances Curran 의원, 마크 커티스 Mark Curtis, 스티븐 도릴 Stephen Dorril, 밥 프랭클린 Bob Franklin, 마이클 숀 길라드 Michael Sean Gillard, 팀 고프실 Tim

Gopsill, 에드 허먼Ed Herman, 올리비에 호에드만Olivier Hoedeman, 마크 홀링스워스Mark Hollingsworth, 닉 존스Nick Jones, 로버트 맥체스니Robert McChesney, 트리샤 마윅Tricia Marwick 의원, 조지 몬비엇George Monbiot, 그레그 필로Greg Philo, 존 필저John Pilger, 대니 셰크터Danny Schechter, 토미 셰리든Tommy Sheridan 의원, 낸시 스노Nancy Snow, 힐러리 웨인라이트Hilary Wainwright, 배리 화이트Barry White, 그랜빌 윌리엄스Granville Williams, 그리고 영국 언론노조 글래스고 지회, G8 대안행동G8 Alternatives, 세계개발운동World Development Movement, 유럽기업감시Corporate Europe Observatory, CEO, EU의 로비 투명성 및 윤리 규제 연합Alliance for Lobbying Transparency and Ethics Regulation, ALTER-EU, 미디어 민주주의 센터Center for Media and Democracy, CMD에도 감사를 전한다.

   스트래스클라이드 대학 지리사회학과의 조지 율George Yule, 로레인 넬슨Lorraine Nelson, 린 데이비스Lynne Davies를 비롯한 여러 동료들은 학술대회를 조직하고 운영하는 데 도움을 주었다. 스핀워치의 여러 친구, 지지자, 후원자에게 감사하며, 우리 프로젝트에 기여한 무함마드 이드레스 아마드Muhammad Idrees Ahmad, 빌리 클라크Billy Clark, 리치 쿡슨Rich Cookson, 요셀리엔 얀센스Josselien Janssens, 토미 케인Tommy Kane, 마이클 그린웰Michael Greenwell, 파울 데 로이Paul de Rooij, 빌 스티븐스Bill Stevens에게도 고마움을 표하고 싶다.

   줄리 앤 데이비스Julie-Ann Davies는 바쁜 시간을 쪼개어 편집을 도와주었으며 스핀워치 프로젝트에도 여러모로 이바지했다. 또 경제사회연구위원회Economic and Social Research Council, ESRC는 영국에서 기업홍보 연구를 진행하고 글래스고 학술대회를 주최하도록 연구비를 제공했다. 이 책을 펴낸 플루토 출판사에도 감사를 전한다. 플루토 출판사는 10여 년 동안 우리의 다양한 프로젝트를 후원했다. 이 출판사의 데이비드 캐슬David Castle, 로버트 웹Robert Webb, 앤서니 와인더Anthony Winder, 그리고 언제나 합리적인 조언을 제시했던 앤 비치Anne Beech에게 감사한다.

마지막으로 에마 밀러Emma Miller, 케이틀린 밀러Caitlin Miller, 루이스 밀러Lewis Miller, 캐럴 클라이즈데일Carol Clydesdale, 시아라 디난Ciara Dinan, 니브 디난Niamh Dinan에게 고마움을 전한다. 이들은 우리가 가정에 소홀한 것을 참아주었으며 책이 나오기까지 여러모로 도움을 주었다.

이 책이 기업의 정보 조작에 대한 대중의 인식을 증진시키고 민주주의를 통해 기업 권력에 맞서는 사회운동에 기여하기를 바란다.

윌리엄 디난, 데이비드 밀러
2007년 3월 글래스고

머리말

기업의 정보 조작을 파헤치다

윌리엄 디난, 데이비드 밀러

이 책은 정보 조작spin과 홍보public relations에 대한 독자의 인식을 바꾸려고 한다. 우리는 기업이 권력을 방어하고 확장하는 데 정보 조작이 매우 큰 구실을 한다고 주장할 것이다. 주류 미디어에서는 이런 주장을 중요하게 다루지 않는다. 의식이 올바른 활동가와 운동 단체조차 기업의 정보 조작에 대해 오해하는 경우가 매우 많으며 일반 대중은 이를 인식도 하지 못하고 있다. 이런 현상은 결코 우연이 아니다. 홍보 업계에서는 자신이 하는 일을 부인하고 숨기고 위장하는 것 자체가 업무의 일부이기 때문이다. 그 결과 기업홍보와 정보 조작이 별것 아니라는 인식이 널리 퍼져 있다. 우리는 어떤 사회 현상을 사소한 일로 치부할 때 이렇게 말한다. "그건 그냥 선전일 뿐이야." 기업의 정보 조작은 제품과 서비스를 판매하기 위해 유명인을 내세우거나 후원을 받는 것으로 오인되는 경우가 많다. 뉴스로 가장한 광고일 뿐이며 한시적이고 일회성이라 여기는 것이다.

그러나 정치 정보 조작은 다르다. '스핀'이라는 개념이 널리 알려진 것은 선진 자유민주주의 국가의 선거운동에서 항상 등장하는 조작, 회피, 왜곡 때문이다. 정치적 메시지를 정교하게 꾸미고 이미지를 창조하거나 다듬고 네거티브 캠페인을 유포하는 행위는, 권력 집단이 자신의 이익을 늘리기 위해 정보 조작을 이용한다는 느낌을 준다. 정당정치에 흥미를 느끼지 않는 사람들은 이를 민주주의가 아니라고 느꼈을지도 모른다. 여러 산업화된 민주국가에서 정치 참여가 줄어드는 것은 이런 면에서 결코 놀랄 일이 아니다.

대량 살상 무기의 위협이 임박했다는 정보 조작에서부터 침략과 그 여파를 다른 나라에 떠넘기려는 미국과 영국 행정부의 시도까지, 이라크 전쟁과 관련된 선전은 정보 조작의 위험한 본질을 분명히 보여준다.[1] 또한 이라크 유전 지대와 워싱턴의 정치 집단 위에 드리운 미국 기업의 그림자는 현대 기업 권력의 본질을 다시 생각하게 만든다.[2]

대중문화에서 홍보전문가와 스핀 닥터의 이미지는 양극단을 오간다. 한쪽 극단에는 막후에서 활동하는 마키아벨리 같은 정치조정자가 있다. 이들은 상관에게 충성을 바치는 미디어 담당자로, 영국에서는 피터 맨덜슨Peter Mandelson과 앨러스터 캠벨Alastair Campbell을 들 수 있고, 미국에는 텔레비전 드라마〈웨스트 윙The West Wing〉에 조언을 제공한 말린 피츠워터Marlin Fitzwater와 칼 로브Karl Rove가 있다. 반대쪽 극단에는 BBC의〈모녀 전쟁Absolutely Fabulous〉에서 제니퍼 손더스Jennifer Saunders가 연기한 에디나 몬순Edina Monsoon처럼 유명 인사의 꽁무니나 쫓아다니는 것으로 희화화된 홍보 담당자나 〈성공의 달콤한 향기 Sweet Smell of Success〉에서 토니 커티스 Tony Curtis 가 연기한 시드니 팰코 Sidney Falco 처럼 천박하면서도 야심만만한 언론 담당자가 있다. 영국의 홍보전문가 맥스 클리포드 Max Clifford 는 황색 언론을 상대로 고객의 프로필을 주무르는 능력 때문에 명성이 자자하다. 이 밖에도 소설이나 영화에 등장하는 스핀 닥터는 많다.[3]

기업 대변인과 로비스트는 다른 종류의 오락물에도 잠깐씩 등장했다. 마이클 무어 Michael Moore 는 영화 〈볼링 포 콜럼바인 Bowling for Columbine〉과 〈로저와 나 Roger and Me〉, 텔레비전 시리즈 〈끔찍한 진실 The Awful Truth〉에서 스핀 닥터의 위선을 폭로하며 유명해졌다. 영국에서는 〈마크 토머스 코미디 쇼 Mark Thomas Comedy Product〉에서 토머스의 순진한 듯하면서도 예리한 질문을 비껴가려는 기업 스핀 닥터가 자주 등장한다. 여기에 로비스트와 막후에서 활동하는 사악한 기업 조정자가 등장하는 드라마까지 살펴보면, 서양 문화에서 미디어가 기업 정보 조작을 어떻게 반영하고 있는지 알 수 있다. 기업 세계화에 대한 저항이 불거진 이후, 영화에서는 더 많은 로비스트가 등장하기 시작했다. 담배 회사의 내부고발자 제프리 와이건드 Jeffrey Wigand 를 다룬 〈인사이더 The Insider〉나 〈콘스탄트 가드너 The Constant Gardener〉에 나오는 제약 회사 임원처럼 말이다. 2006년에 나온 영화 〈시리아나 Syriana〉에는 미국 외교 정책을 쥐락펴락하는 석유 로비스트가 등장하며, 〈흡연에 감사드립니다 Thank you for Smoking〉는 담배 회사의 로비스트를 다루고 있다. 이 영화에서 애런 에커트 Aaron

Eckhart는 거대 담배 회사의 수석 로비스트 닉 네일러Nick Naylor 역을 맡았는데, 그는 스핀 닥터이자 사이비 과학자이며 온갖 나쁜 짓을 도맡아 하는 인물이다.

하지만 현재로서는 기업 스핀 닥터가 무슨 일을 어떻게 하는지에 대한 연구가 부족한 탓에, 의사결정이 어떻게 이루어지는가에 대한 우리의 시각과 문화와 사회에 대한 자기 이해가 왜곡되어 있다. 이 책은 이런 상황을 바로잡으려 한다. 필자들의 연구, 통찰력, 지식을 결합하여 정보 조작을 본질적으로 무해하며 표면적인 현상으로 치부하는 오해를 교정하려 한다. 우리는 권력 집단이 지각과 믿음, 궁극적으로는 행동을 조작하는 정보 조작에 뼛속 깊숙이 중독되어 있으며, 그 때문에 우리 모두가 피해를 입고 있다는 사실을 폭로할 것이다.

정보 조작은 유명 인사의 파티에서 흔히 즐기는 심심풀이 마리화나가 아니다. 성인이 동의하에 돌려 피우거나 부작용이 없는 장난이 아닌 것이다. 정보 조작은 매우 심각한 중독이며 정보 공개를 가로막고 일반적으로 알고 있는 것보다 훨씬 광범위한 피해를 입힌다. 또 미디어와 공적 영역 전반에서 내부자 이익, 뇌물, 거래라는 지하 경제를 활성화한다. 그 결과 스스로를 타락시킬 뿐만 아니라 공공의 신뢰까지 무너뜨린다.

정보 조작은 고유한 문화를 길러내고, 내부자는 자기들만 뭔가 아는 듯한 태도를 보인다. 마약 하위문화가 고유한 용어와 행동 패턴을 개발하듯, 정보 조작 사용자는 자신들만의 암호를 개발한다. 순진한 외부자가 알아차리지 못하는 이중 언어를 쓰는 것이다. 정보 조작 중독자들은 무언가 결여된 듯한 성향을 보이는데, 이런 스핀 닥터와 로비스트 중에는 자존심 때문에 자신을 과시하려는 사람들도 있다. 이들은 고객의 일을 해결해 주는 것에서 자기만족을 찾는다.

이 책에 대해

먼저 1부에서는 정보 조작을 큰 맥락에서 파악할 수 있도록 세계화 시대에 정보 조작이 왜 문제가 되는지를 분석할 것이다. 1부의 각 장에서는 정치와 사회의 여러 차원에서 정보 조작이 작동하는 방식을 살펴볼 것이다.

데이비드 밀러와 윌리엄 디난William Dinan은 홍보산업이 그 의도와 효과 면에서 반민주적이라고 주장하며 그것을 고발할 준비를 한다. 레슬리 스클레어Leslie Sklair는 불평등이 증가하고 생태적 지속 불가능성이 모습을 드러내는 것을 오늘날 자본주의의 쌍둥이 위기라고 지적한다. 또 정보 조작과 로비가 권력 집단을 위해 이 위기를 영구화시킨다는 사실을 간파한다. 크리스 그림쇼Chris Grimshaw는 홍보산업을 전체적으로 조망하며, 미디어, 규제 기관, 투자자, 또는 대중을 포섭하려는 '고객'이 손쉽게 접근할 수 있는 정보 조작 기법과 전문 분야에 대한 기초 지식을 전해준다. 이 장에 등장하는 정보 조작 전문가들이 사용하는 전술 중 일부는 뒷부분에서 더 자세히 살펴볼 것이다.

2부는 기업의 정보 조작을 파헤친다.

로라 밀러Laura Miller는 공화당이 기업 네트워크를 활용해 미국 정계를 집어삼킨 내막을 살핀다. 이 기업들은 전략적인 공공 홍보 컨설팅을 전문으로 하는 DCI 그룹과 연관을 맺고 있다. 로라 밀러는 정보 조작, 로비, 선거공학electioneering이 미국의 체제 깊숙이 침투해 있다는 사실을 밝힌다. DCI 그룹은 담배 회사를 위해 개발한 기법을 사용해 고객을 위한 자금을 모금하고 로비하며 정보 조작을 수행하는 정치 조직을 대변한다. 이들은 가짜 풀뿌리 운동(인조 잔디의 상표명을 따서 'astroturf'라고도 한다)을 조직하고 가짜 웹사이트를 만들어 조작된 뉴스와 여론을 유포한다. 이러한 네트워크는 백악관의 조지 부시에게 필수적인 정치적 지원 체계였다.

데이비드 밀러는 양식 연어가 건강에 해로울 수 있다는 정당한 의구심을 왜곡하기 위해 양식 업계가 사용한 방법을 이야기한다. 특히 이해관계가 교차하는 스코틀랜드의 산업, 정치, 미디어의 뿌리 깊은 인적·전문적 네트워크를 폭로한다. 이 네트워크는 기업 권력의 초국적 네트워크로 확장되는데, 미디어를 물타기하고 대중을 속이는 조직적인 커뮤니케이션 캠페인을 사용해 스핀 닥터와 로비스트가 공공의 이익에 반하는 방법을 보여준다.

브리티시 석유British Petroleum, BP는 석유 회사가 환경친화적이며 지속 가능하다는 확신을 대중에게 심어주는 전략을 추구하는데, 기후 변화를 부정하는 것도 이런 전략의 또 다른 방법이다. 앤디 로얼은 국제정책 네트워크International Policy Network, IPN라는 싱크탱크의 역할을 파헤친다. 이 단체는 기후 변화에 대해 엑손 편을 들고, 농업과 식품에 대해서는 유전자 변형 기업의 편을 든다. 국제정책 네트워크는 자유시장 이데올로기와 소비자 자유를 지지하는 폭넓은 싱크탱크 그룹의 일원이다. 이 단체의 돈줄은 거대 기업이며, 거대 기업은 기업홍보의 중요한 자원이다. 유전자 변형 식품의 문제는 이러한 형태의 정보 조작을 보여준다. 정보 조작은 초국적 기업이 세계화로 인한 쌍둥이 위기, 즉 생태적 위기와 계급적 위기에 대처하는 데 중요한 기능을 한다. 유전자 변형 문제와 연관되어 수많은 정보 조작이 일어났는데, 이는 생명공학 기업들이 환경, 무역, 사회정의, 인권 분야에서 제기된 문제에 대응하기 위한 것이다.

조너선 매슈스Jonathan Matthews는 유전자 변형 로비가 유전자 변형 식품에 대한 일반적인 인식에 영향을 미치기 위해 극단으로 치달을 수 있다고 강조한다. 이 장에서는 여러 필자가 제기한 주제와 네트워크, 이슈를 결합하고 있는데, 정보 조작은 유전자 변형 식품에 대한 가짜 뉴스를 생산하는 데서 잘 드러난다. 기업을 공격하는 반대 운동에 대항하기 위해 미디어용 시위를 조직하고 NGO에 소속된 전문가의 신뢰성을 직접 공격하는 것을 보면, 더러운 속임수가 있다는 생각이 들지 않을 수 없다.

더러운 속임수에서 전복으로 이행하는 시점은 포착하기 힘들다. 이블린 뤼베르스의 연구에서는 영국에서 무기거래반대운동Campaign Against the Arms Trade, CAAT을 감시하던 기업 스파이들이 영국 안보 기관 및 국방부와 오랜 유착 관계를 맺고 있었다는 사실이 드러난다. 이런 단체에서 수집된 정보가 기업 고객의 로비와 홍보 활동에 다시 이용되는 것을 보면, 겉으로 드러난 기업의 얼굴과 그 속내가 어떻게 다른지 분명히 알 수 있다.

정보 조작이 대의민주주의를 왜곡하고 무력화하는 사례는 '홍보는 작전 중 PR in Action'이라는 주제로 묶었다. 울리히 뮐러 Ulrich Mueller 는 부유한 시민과 긴밀히 연결되어 있는 비즈니스 친화적 시민운동의 부상浮上과 독일의 사회민주적 조치를 손상시키려는 교묘한 홍보 활동을 기술한다. 이러한 인식 관리 perception management 에 연관된 사업의 규모는 엄청난데, 이는 독일에서 노동과 복지의 권리를 위한 투쟁이 격렬해지고 있다는 것을 암시한다.

3부에서는 유력 인사와 권력 집단의 네트워크가 어떻게 정책과 사회의 방향을 좌지우지하는지를 살펴본다. 신자유주의 네트워크를 다룬 장에서는, 특정 이슈에 관한 여론을 형성하고 여러 기업의 사적 이익을 공공의 이익이나 국가적 이익으로 포장하기 위해 이 네트워크가 수행하는 역할을 보여준다. 이것은 2006년 영국에서 벌어진 신규 민간 원자력 프로그램에서 잘 드러난다.[4]

지난 수년 동안 우리는 신보수주의화된 미국이 자기식의 민주주의를 세계에 수출하려는 장면을 목격했다. 대량 살상 무기를 찾아내려는 사이비 조사가 실패한 이후, 이라크 전쟁에 대한 정당화는 중동에 민주주의의 표석을 건설한다는 명분을 내세웠다. 독자들은 수년 전에 우크라이나의 매서운 추위 속에서 오렌지색 옷을 입은 시위대가 민주화를 외치는 장면을 기억하고 있을 것이다. 이 오렌지 혁명은 키르기스스탄의 튤립 혁명에 뒤이은 평화적인 혁명이었다. 제럴드 서스먼Gerald Sussman은 예전 소비에트 국가들에서 대중 정서가 '자발적으로' 분출한 이면에 자리한 정보 조작의 메커니즘을 폭로한다. 그는 이들 국가의 '민중' 혁명과 미국의 지정학적 이익 사이에 연관성이 있음을 밝히고 있다.

기업 로비스트의 역할은 자유민주주의 연구자가 오랫동안 관심을 가져온 분야였다. 그랜빌 윌리엄스는 유럽에서 공공 서비스로서의 텔레비전을 규제하는 것에 대한 역공이 초국적 기업의 주도 아래 이루어지는 과정을 기술한다.

한편 금융 스핀 닥터들의 막후 활동을 들춰내기란 쉽지 않은데, 애런 데이비스Aeron Davis는 그 일을 맡아 금융 스핀 닥터들의 역할을 적나라하게 서술한다. 주가를 끌어올리고 주식을 선전하며 자금을 이동시키는 행위가 주주와 추종 기업market follower뿐만 아니라 경제와 사회 전반을 왜곡하는 현상을 관찰한 것이다.

중요한 정책 네트워크에 로비와 정보 조작이 어떻게 침투하는지를 직접 보여주는 필자도 있다. 윌리엄 클라크William Clark는 신노동 및 데모스Demos 싱크탱크를 이루고 있는 신자유주의적 권력 네트워크를 파헤친다. 이 단체들은 영국의 공적 영역에서 벌어지는 영국과 미국 사이의 흐름과 연결되어 있으며 영미의 안보, 외교, 무역 정책을 조율하고 있다.

4부에서는 기업의 정보 조작에 대항하는 기법과 운동을 살펴본다.

기업홍보와 관련된 다양한 네트워크를 기술하고 이해하는 일은, 연구와 보급이 쉽지 않기 때문에 시간과 노력이 많이 든다. 하지만 관심 있는 사람들에게 기업 정보 조작이 작동하는 방식을 알리는 일이 서서히 시작되고 있다. 밥 버턴Bob Burton은 다양한 분야의 활동가와 운동가가 정보와 지식을 공유할 수 있는 흥미로운 아이디어를 설명한다. 소스워치SourceWatch는 기업 정보 조작에 대한 웹 기반 위키, 즉 온라인 백과사전이다. 여기에는 정보 조작 전문가, 로비스트, 로비와 운동 내역 등이 나와 있다. 이것은 미디어, 활동가, 일반 대중에게 실제로 도움이 되는 연구, 교육, 운동의 도구로 쓰일 수 있다. 이러한 분야가 발전한 덕에 우리는 기업의 정보 조작을 이해하고 그에 대항할 수단을 가지게 되었다. 이제는 신자유주의 모사꾼, 사기꾼, 스핀 닥터, 스파이의 해악을 중단시키고 치유하는 방법을 생각할 차례다.

미국은 신유럽을 주무를 뿐만 아니라 구유럽의 형태를 바꾸는 일에도 적극적으로 나서고 있다. 올리비에 호에드만은 브뤼셀에서 벌어지는 로비와 정보 조작의 메커니즘을 파헤침으로써 유럽의 민주주의가 흔들리는 장면을 보여준다. 우리는 유럽연합 도처에서 신자유주의 의제를 밀어붙이는 산업 로비스트들이 정치적 의사결정에 접근하는 특권적 시스템과 맞서고 있다. 세계무역기구World Trade Organization(이하 WTO)에서는 유럽 무역 협상단이 브뤼셀에 있는 거대 기업의 압력을 받아 개발도상국의 문호를 열어젖힐 방법을 찾고 있다. 이것의 목적은 빈곤을 퇴치하는 것이 아니라 이익을 올리는 것이다. 이 장에서는 네오콘이 워싱턴을 집어삼킨 데 고무된 신자유주의 싱크탱크, 자칭 '무정부주의적 자본가anarcho-capitalist'들이 브뤼셀에서 같은 속임수를 되풀이하려는 장면을 포착할 수 있다.

앤디 히긴보톰Andy Higginbottom은 두 건의 개별적인 반기업 운동을 통해 침투와 전복이라는 우려스러운 패턴이 생겨나고 있음을 발견한다. 콜롬비아 노동조합인 시날트라이날SINALTRAINAL에서는 코카콜라에 맞선 노조 지도자들이 우익 암살단에게 살해당하는 일이 벌어지고 있다.

데이비드 밀러와 윌리엄 디난이 쓴 마지막 글에서는 기업의 정보 조작에 대항하는 방법을 좀 더 분명하게 밝히고 있다. 여기에서는 기업의 정보 조작을 개혁하고 민주적 과정을 완전히 혁신하기 위한 최소한의 의제를 제시한다.

차례

감사의 말 · 5

머리말: 기업의 정보 조작을 파헤치다_ 윌리엄 디난, 데이비드 밀러 · 9

1부 전 지구적 기업 권력과 기업의 정보 조작

1. 홍보와 민주주의의 전복_ 데이비드 밀러, 윌리엄 디난 · 25
2. 아킬레우스의 두 발꿈치: 자본주의 세계화의 위기_ 레슬리 스클레어 · 38
3. 영국의 홍보산업 둘러보기_ 크리스 그림쇼 · 56

2부 기업의 정보 조작이 민주주의를 전복하는 과정

4. 권좌 뒤의 권력: 워싱턴의 일급 정치전략가들_ 로라 밀러 · 85
5. 양식 연어 정보 조작_ 데이비드 밀러 · 107
6. 엑손의 보병: 국제정책 네트워크의 사례_ 앤디 로얼 · 144
7. 생명공학의 사이비 여론형성가_ 조너선 매슈스 · 176
8. 더러운 전쟁: 군수산업의 스파이_ 이블린 뤼베르스 · 204
9. 신자유주의 풍조의 형성: 독일의 개혁 시도_ 울리히 뮐러 · 230

3부 권력 브로커의 지하 세계

10. 정치의 세계화: 미국 '민주주의 지원' 프로그램의 정보 조작_ 제럴드 서스먼 · 257
11. 기업 로비와 유럽연합의 방송 정책_ 그랜빌 윌리엄스 · 284
12. 돈을 둘러싼 정보 조작: 기업홍보와 런던 증권거래소_ 애런 데이비스 · 305
13. 신노동과 영미 싱크탱크의 관계_ 윌리엄 클라크 · 324

4부 정보 조작에 대항하는 운동과 기업 권력에 대한 반격

14. 홍보를 폭로하다_ 밥 버턴 · 353
15. 유럽의 기업 권력: 브뤼셀의 로비크라시_ 올리비에 호에드만 · 373
16. 살인자 코카콜라_ 앤디 히긴보톰 · 395

결론: 기업의 정보 조작에 맞서기_ 데이비드 밀러, 윌리엄 디난 · 417

주 · 430 | 지은이 소개 · 508 | 찾아보기 · 517

1부

전 지구적 기업 권력과 기업의 정보 조작

01

홍보와 민주주의의 전복

데이비드 밀러, 윌리엄 디난

홍보의 목적은 민주적 의사결정을 방해하고 뒤엎는 것이며, 홍보는 민주주의에서 '위험을 제거하는' 수단으로 쓰인다. 여기서 '위험'이란, 모든 성인에게 투표권이 부여되기 이전에 사회를 소유하고 지배하던 기득권층의 이익에 대한 위험을 뜻한다. 현대의 홍보는 이러한 목적을 이루기 위해 시작되었으며, 자유주의적 민주 사회가 국민의 뜻이 아니라 기득권층의 이익을 따르도록 하는 작업을 맨 앞에서 이끌고 있다. 즉, 홍보는 '선전에 의해 관리되는 민주주의'의 핵심 요소다. 물론 이것은 홍보 업계에서 내세우는 주장과는 정반대다. 홍보 업계에서는 홍보가 토론을 장려하며 다원민주주의의 시금석이 된다고 떠벌리기 때문이다.

홍보산업은 1880년에서 1920년 사이 민주개혁운동과 같은 시기에 시작되었다. 미국에서는 대중의 부상에 대처하기 위해 홍보를 이용했다. 홍보의 선구자 아이비 리Ivy Lee는 1914년에 이렇게 말했다. "군중이 왕위에 앉았다."¹ 그는 군중의 "비위를 맞추고 달랠 신하"가 필요하다고 생각했는데, 여기서 '신하'란 그 자신과 같은 홍보전문가를 뜻한다. 미국 최고의 홍보이론가 월터 리프먼Walter Lippmann은 "대중을 자기 자리에 놓아야 한다"고 주장했다. 이는 "당황한 무리의 발에 밟히거나 이들이 울부짖는 소리를 듣지 않고 살아가기 위해서"다.² 리프먼은 '동의의 제작manufacture of consent'이 필요할 뿐만 아니라 가능하다고 생각했다. "지금 사회를 지배하고 있는 세대가 태어난 이후, 설득은 자기 인식의 기술이자 민주 정부의 일상적인 도구가 되었다."³ 영국에서도 이러한 발전이 이루어졌지만 역사에 기록된 것은 별로 없다. 1911년 지금은 거의 잊히다시피 한 거물 기업인 더들리 다커Dudley Docker는 "우리나라를 위한 정부 안의 정부pro patria imperium in imperio"⁴라는 슬로건을 내걸고 '기업 동맹'을 조직했다. 달리 표현하자면, 기업 지배를 구축했던 것이다. 1911년에 다커는 다음과 같이 썼다. "우리 동맹이 확산되면 정치는 끝장날 것이다. 이것이 나의 목표다."⁵

홍보 분야의 또 다른 주요 혁신가 에드워드 버네이스Edward Bernays는 20세기 초에 홍보를 개척한 인물로 유명하다. 고객이 원하는 메시지를 홍보하기 위해 '위장 단체'를 만들어 활용한 것은 그가 처음이다. 홍보 분야의 다른 선구자들과 마찬가지로 버네이스도 대중을 파악하는 '비교적 소수의 집단'이 여론을 조작해야 한다고 생각했다. 그는 이렇게 썼다. "대중의 마음을 통제하고 이 나라의 진정한 지배 권력인 보이지 않는 정부를 구성하는 것은 뒤에서 조종하는 사람들이다."[6] 버네이스는 '소수의 집단'을 위해 일하면서 명성을 쌓았다.

칼 바이어Carl Byoir도 빼놓을 수 없다. 그는 여론을 조작하기 위해 '제삼자' 기법을 즐겨 썼다. 위장 단체를 만드는 방법으로는 "만만한 단체의 지도자를 포섭하거나 새로운 '전선'을 형성하는 것"이 있다. 바이어는 두 방법을 모두 써먹었으며 이렇게 말했다. "중요한 것은 우리 고객이 자신에 대해 뭐라고 말하는지가 아니다. 다른 사람이 그에 대해 뭐라고 말하는지야말로 권위를 지닌다."[7] 바이어가 1930~1940년대에 벌인 활동이 드러나자 그와 그의 고객은 '교활한 조작'을 벌였다는 이유로 고발당했고,[8] 바이어의 회사는 벌금으로 5000달러를 물었다. 그날 이후 지금까지 조작과 속임수는 홍보산업의 본질적인 특징으로 자리를 잡았다.

홍보산업에 쏟아지는 주된 비난은 다음과 같다.

1. 홍보는 대부분 기득권층, 주로 기업의 이익을 위해 수행된다.
2. 홍보는 수단을 공개하지 않는다. 심지어는 어떤 고객과 어떤 이익을 위해 일하는지도 밝히지 않는다.
3. 홍보는 대부분 속임수와 조작을 동원한다.
4. 홍보는 민주적 토론에 참여하기는커녕 고객의 이익을 위해 토

론을 뒤엎으려 한다.
5. 기업의 사회적 책임Corporate Social Responsibility, CSR을 비롯한 '윤리적' 활동은 모두 기업 전략에 종속된다.
6. 홍보는 신자유주의 혁명을 추진하는 동안 기업 권력의 선두에서 핵심적인 기능을 수행했다.

대형 홍보 회사 또는 (고객을 공개하는) 로비 회사의 고객 명단을 살펴보자.[9] 이들의 주 고객은 대기업이다. 이것만 봐도 시민 집단과 기업 사이의 자원 불균형이 심각하다는 사실을 알 수 있다. 최근 몇 년 동안 정부 기관들은 홍보와 로비 인력을 늘렸는데, 이는 공공 부문에서 홍보 이용자의 기반을 넓히기보다는 공공 서비스의 시장화를 앞당겼다.

둘째, 홍보산업은 개방성과 투명성에 대해 알레르기 반응을 보인다. 자사의 고객과 자사가 후원하는 로비 단체를 공개하는 홍보 회사도 있지만, 공개하지 않는 회사가 훨씬 많으며 완전히 공개하는 곳은 거의 없다. 이보다 중요한 사실은, 로비를 규제하고 정보공개법을 제정하여 투명성을 높이려는 조짐이 보이기만 하면 홍보 업계가 반발한다는 점이다. 유럽연합 집행위원 심 칼라스Siim Kallas가 제창한 유럽 투명성 계획European Transparency Initiative 때문에 규제를 받게 되자, 유럽 로비 업계에서는 이를 피하기 위해 온갖 애를 쓰고 있다.[10]

셋째, 홍보와 로비는 속임수와 조작을 동원한다. 홍보 담당자 모두가 의식적으로 거짓말을 한다는 얘기는 아니다. 하지만 홍보는 종종 인지부조화를 수반하는데, 점잖게 표현하자면 '홍보는 이데올로기를 효과적으로 조작해야 한다'는 것이다. 즉, 이익에 복무하는 사상을 전파한다고 말할 수 있는데, 여기서 이익은 대부분 기업의 이익을 뜻한다. 거짓말이라는 표현은 부당할지도 모르겠다. 기업의 스핀 닥터와 홍보 회사 직원에게는 선택의 여지가 거의 없으니 말이다. 이들의 가장 기본적인 임무는 고용주나 고객의 분파적 이익 sectional interest을 보편적 이익 general interest으로 포장하는 것이다. 공익과 사익이 같을 수 없기 때문에, 이를 위해서는 조작과 속임수를 쓸 수밖에 없다. 홍보 분야에서 '결백한 사기 innocent fraud'[11] 이상의 행위가 벌어지고 있다는 사실은 분명하다. 그렇다고 홍보 담당자들이 모두 적극적이거나 의식적으로 민주주의에 저항하는 음모에 연루되어 있다는 것은 아니다. 오히려 홍보와 로비의 문제 중 하나는 사익을 공익으로 포장하기 때문에 그 결과로 공익이 훼손된다는 것이다.

  넷째, 기업과 홍보 및 로비 대행사는 공개적이고 투명한 토론에 참여하지 않는다. 분파적 이익을 보편적 이익으로 포장하려면 위장 단체 같은 속임수를 써야 한다. 이들은 기업이 직접 말하게 하지 않으며 정보의 출처를 숨긴다. 연구자, 표면상 독립된 기관, 소비자 단체, 지역 단체 등을 후원하는 것은 모두 이를 위해서다. 게다가 대부분의 기업 정치 활동이나 기업 정보 조작은 대중을 설득시키려 들지 않는다. 이들의 목표는 대개 의사결정권자와 규제 당국이다. 미국과 영국에서 여론조사를 해본 결과, 대중은 언제나 기업을 더욱 효과적으로 규제해야 한다고 생각한다. 규제를 막기 위해 기업은 로비를 비롯해 정책에 영향을 미치는 활동을 함으로써 정치적 의사결정에 직접 개입한다.

다섯째, 기업의 사회적 책임과 지속 가능한 발전 같은 '윤리적' 활동에 기업이 참여하는 것은 기업 전략의 일환일 뿐이다. 이 말은 기업이 한쪽에서는 '옳은 일을 하는 척'하면서 다른 쪽에서는 여전히 자신의 이익을 위해 직접 로비를 벌인다는 뜻이다. 셸 사社가 국제상업회의소International Chamber of Commerce, ICC에 참여한 것도 마찬가지다.[12] 기업의 사회적 책임을 사업 방식으로 정착시키려는 사람들이 하는 이야기는 단순히 윤리적이고 환경친화적인 활동에서 돈을 벌겠다는 것이 아니다. 이 활동의 실제 목표는 윤리적 활동을 수단으로 삼아 규제에 저항하고 이를 후퇴시키는 것이다.[13]

여섯째, 홍보는 1970년대 중반부터 모든 선진 산업국가에 밀어닥친 신자유주의 혁명의 최전선에 있었다. 신자유주의 혁명이 일어난 것은 기업과 미디어, 그리고 엘리트 정치인들이 작심하고 싸움을 벌였기 때문이다. 이 싸움의 선두에는 기업이 고용한 홍보 회사와 로비스트 집단, 그리고 기업 연합군의 지휘관들이 서 있었다. 이들은 민주적 의사결정을 역사의 쓰레기통에 처넣을 심산이었다. 신자유주의 이론가들이 자유시장과 '보이지 않는 손'을 신봉한다고 해서 시장을 왜곡하는 홍보와 로비를 경멸할 거라 생각한다면 오산이다.[14] 이들은 확고한 기업 지배를 구축하기 위해 쉼 없이 정치 활동을 벌이고 있다.

이러한 기업 지배는 기업들이 50여 년 동안 싸움을 벌여 이룬 것이다. 그 시기는 제2차 세계대전이 끝난 직후 프리드리히 아우구스트 폰 하이에크Friedrich August von Hayek와 밀턴 프리드먼Milton Friedman을 중심으로 한 자유시장 이데올로기 집단인 몽펠르랭 협회Mont Pelerin Society가 결성되던 때로 거슬러 올라간다. 스위스에 모인 회원들은 민주적 의사결정의 가능성을 후퇴시키고 시장 지배를 확립하려는 음모를 꾸몄다.[15]

그 후 수많은 친기업 단체가 생겨났는데, 이들의 목적은 사회민주주의의 최전선을 장악해 퇴보시키는 것이었다. 영국에서는 경제문제연구소Institute of Economic Affairs, IEA, 사회문제연구소Social Affairs Unit, 키스 조지프Keith Joseph가 세운 정책연구센터Centre for Policy Studies를 비롯한 우익 싱크탱크들이 설립되었다. 이들은 1919년에 설립됐으며 나중에 경제동맹Economic League으로 이름이 바뀐 내셔널 프로파간다National Propaganda나 1942년에 설립된 에임스 오브 인더스트리Aims of Industry 같은 공개적 단체를 보완했다. 미국에서는 1916년에 설립된 컨퍼런스 보드Conference Board와 1973년에 설립된 기업인 원탁회의Business Roundtable 같은 엘리트 기업인 단체가 비슷한 목표를 추구했다. 기업인 원탁회의는 1990년대 북미자유무역협정North American Free Trade Agreement, NAFTA을 통과시키는 데 주요한 역할을 수행했다.[16] 전 세계적으로는 1916년에 설립되어 아직도 왕성하게 활동하고 있는 국제상업회의소가 생겼다.

이런 집단들이 경제적 반혁명을 일으키려 했다는 사실은 잘 알려져 있다. 1979년과 1980년에 영국과 미국에서 대처Margaret Hilda Thatcher와 레이건Ronald Wilson Reagan이 선거에 승리한 덕분에 이들은 권력을 손에 넣을 수 있었다. 두 정권 모두 자국민과 전 세계에 시장을 열어젖혔다. 이런 식으로 기업이 주도하는 세계화는 결정적 동력을 얻었다.

전 지구적 산업

신자유주의가 승리를 거둔 것은 추상적인 힘이 아니라 논쟁과 행동 덕분이며, 신자유주의를 계속 추진할 수 있었던 것은 정보 관리 수단에 대폭 투자했기 때문이다. 홍보산업이 탄생한 이래 전 세계에 퍼질 수 있었던 것도 바로 이 때문이다. 영국에서는 1980년대에 홍보산업이 급팽창했는데, 이들은 민영화를 촉진했고 거기에서 큰 이익을 얻어 발전했다.[17]

1990년대에 전 세계적으로 정보통신산업이 재편되면서 광고, 마케팅, 홍보 회사 사이에도 인수 합병 바람이 불었다. 100개국 이상에 지사를 둔 홍보 회사도 생겼다. 21세기 들어 홍보산업이 지나치게 커진 탓에 4대 기업이 전 세계 광고, 마케팅, 홍보, 로비 시장의 절반 이상을 차지하고 있다. 21세기 초 세계 500대 기업에 든 이 기업들의 이름을 들어본 사람은 거의 없을 것이다. 이 중에서도 WPP, 옴니컴Omnicom, 인터퍼블릭Interpublic은 대단히 모호한 조직이다.

WPP의 원래 이름은 '전선과 플라스틱 제품Wire and Plastic Products'이 었으며, 규모가 수백만 파운드에 달하는 커뮤니케이션 재벌의 지주 회사가 되기 전에는 슈퍼마켓 카트를 만들었다. WPP는 현재 정보를 조작하고 기업의 바람을 이루어주는 회사 수백 곳을 거느리고 있다. 이 중 가장 규모가 크고 잘 알려진 곳은 버슨 마스텔러Burson-Marsteller와 힐 앤드 놀턴Hill & Knowlton이다. 두 회사 모두 전 세계의 악질 기업, 압제자, 독재자를 위해 기만적인 활동을 벌이는 것으로 악명이 높다.[18]

홍보가 민주주의를 전복한다는 견해를 반박하는 쪽은 업계 내부의 홍보 옹호자와 학계의 얼굴마담들이다. 홍보 분야에서 학계의 거두인 제임스 그루닉James Grunig은 여느 홍보 역사가들과 마찬가지로 홍보가 초창기에는 미숙했을지 모르나 지금은 훨씬 개선되었으며 홍보 없는 민주주의는 생각할 수 없다고 주장한다. 그루닉은 역사적이고 규범적인 네 가지 홍보 모델을 개발했다.[19] '언론 대행press agentry' 모델은 미디어 홍보와 가장 연관성이 많고, '공공 정보public information' 모델은 일방향 소통 방식을 이용하여 대개 공공의 이익에 부합하는 주어진 메시지를 전달한다. 쌍방 불균형 모델은 대중을 더욱 효과적으로 조작하기 위해 피드백, 시장조사, 여론조사를 이용한다. 쌍방 균형 모델은 조직과 대중의 '상호 이해 형성'을 돕는 것으로 평가되며 "현 상황에서 가장 윤리적이고 효과적인 홍보 모델로 간주된다".[20] 이 모델은 홍보가 나쁜 쪽에서 좋은 쪽으로 나아가는 역사적 발전을 설명하기 위해 만들어진 것이다.

그러나 그루닉의 문제는 나쁜 면이 아직도 많이 남아 있다는 것이다. 리, 바이어, 버네이스의 비행을 이야기하면 아서 W. 페이지Arthur W. Page 같은 윤리적 선구자도 있지 않느냐는 대답이 돌아온다.[21] 하지만 노엘 그리스Noel Griese가 쓴 찬양 일색의 전기를 읽어봐도 페이지를 윤리적인 홍보의 선구자라 말할 수는 없다. 한 가지 예만 들어보자. 그리스는 1946년 칠레에서 노동 조건을 개선하라는 노조의 요구를 짓밟는 데 페이지가 한몫했다고 말한다. 페이지는 광산 소유주들에게 미국 대사가 지원 의무를 다하지 않았으니 그를 소환하라고 조언했고, 미국 금융 기관을 압박하여 칠레에 대한 투자를 회수하게 하라고 말했다. 또한 국제 금융 기관 관계자들에게 칠레에 차관을 제공하지 말라고 설득했다. 미국 정부는 칠레 정부에 압력을 가해 광산 소유주의 이익을 보호했다. 칠레 정부는 "공산당을 불법화했고 공산당에 가입한 유권자 3만 명의 투표 자격을 박탈했다".[22] 여기에서 우리는 '윤리적인' 홍보전문가가 조작에 능하며 민주주의를 심각하게 손상시킨다는 사실을 알 수 있다.

그런데 그루닉의 도식에는 경험적 논박에서 쉽게 벗어날 수 있는 기막힌 방법이 있다. 나쁜 홍보 사례는 앞의 세 범주에 속하며 숭고한 쌍방 균형 방식에는 적용되지 않는다고 설명하면 그뿐이기 때문이다. 그 덕분에 이 모델은 윤리적 홍보의 이상향에 머물 수 있지만, 현실 세계의 홍보를 분석하는 데는 아무런 가치가 없다. 그의 모델이 제시하는 실천 지침은 더 효과적인 조작을 위한 지침에 지나지 않는다. 사익과 공익을 나란히 추구하기란 불가능하며 조작, 속임수, 이데올로기를 동원하지 않고서는 이 둘을 같은 것으로 보이게 할 수 없다. 그루닉의 연구는 겉으로는 보편적인 이익을 추구하는 척하지만 실은 자신의 이익을 좇는 사람들에게나 가치가 있다. 기업의 사회적 책임이나 '다중 이해당사자 대화 multi-stakeholder dialogue'라는 이름으로 이루어지는 여러 기만적인 활동, 기업과 그 비판자를 대상으로 하는 협력 및 참여 프로그램의 뿌리에는 이런 방식이 자리 잡고 있다.

공통 이익

돌이켜보면 기업 선교사들은 카를 마르크스와 프리드리히 엥겔스가 1846년에 쓴 다음의 권고를 따른 것인지도 모른다. "기존의 지배 계급을 대체하는 새로운 계급은 모두 −자신의 목표를 달성하기 위해서라도− 자신의 이익을 사회 구성원 전체의 공통 이익으로 나타내야 한다."[23]

이 말의 요점은 여론뿐만 아니라 전체 정치 구조에 걸쳐 사상 투쟁을 벌이라는 것이다. 요즘에는 여론의 중요성이 비교적 낮아졌는데, 평범한 대중이 정치에 변화를 일으킬 수 있는 능력이 약해졌기 때문이다. 폭스바겐과 독일 원자력 산업의 스핀 닥터였던 클라우스 콕스 Klaus Kocks는 이렇게 말했다. "선거가 없으면, 유권자들이 무슨 생각을 하는지 아무도 관심을 두지 않는다."[24]

홍보 담당자들은 주주, 정치적 의사결정권자, 세계적 엘리트 집단과 직접 소통하는 데 주력하며 이를 위해 속임수를 동원한다. 좋게 말하자면 특정 기업 또는 특정 계급의 이익을 보편적 이익으로 포장하는 것이고, 나쁘게 말하자면 이 과정에서 거짓 정보와 거짓말, 더러운 술책을 동원하는 것이다.

중요한 사례로는 홍보 업계에서 제삼자 기법으로 알려진 정보 조작 방법을 들 수 있다. 이 방법을 쓰는 자들은 회사의 견해를 공개적으로 드러내면 비판적인 반응이 오리라는 사실을 알고 있다. 스핀닥터는 공개 토론을 하지 말고 타인에게 메시지를 전파함으로써 정보 출처를 숨기라고 조언한다. 겉으로 보기에 해당 기업과 전혀 연관성이 없어 보이는 사람이나 단체를 동원하는 것이다. 이렇게 하면 '가짜 설득자 fake persuader' 현상이 일어나는데, 이는 기업과 홍보 대행사가 제삼자 뒤에 숨은 채 적수를 깎아내리거나 스스로를 지지하는 행위를 뜻한다.[25]

방금 든 사례는 대개 특정 견해를 지닌 사람들을 대상으로 하며, 이들은 정보 환경을 관리하고 조작하며 특별한 방식을 동원해 일을 추진한다. 이들이 원하는 것은 추상적인 사상 투쟁에서 이기는 것이 아니라, 구체적으로 사회를 어느 한 방향으로 움직이는 것이다. 이것은 어떤 정보와 사상에서 특정한 행동이나 의사결정이 따르는 방식에 대한 문제이며, 특정 행동이 수행되는 과정의 일부다. 홍보를 논하는 것은 사상의 진보를 평가하는 것일 뿐만 아니라, 구체적인 형태의 불평등과 지배가 실현되는 방식을 이해하는 것이기도 하다. 물질적 조건과 생존 투쟁을 떠나 독립적으로 존재하는 사상은 없다. 홍보산업의 실제 기능을 이해하려면 "사상에서 실천을 해석하지 말고 물질적 실천에서 사상이 형성되는 것을 해석해야 한다".[26] 홍보산업은 세계화의 표면에 우연히 돋아난 종기가 아니며, 기업 권력이 민주주의를 압살하려는 최전선에서 활동하고 있다. 우리가 할 일은 홍보산업을 폭로하고, 이들과 배후 기업을 굴복시킬 수단을 마련하는 것이다. 그렇게 하지 않는다면 이제 민주 정치는 정말로 끝장이다.

02

아킬레우스의 두 발꿈치
자본주의 세계화의 위기

레슬리 스클레어

자본주의 세계화capitalist globalization는 옹호자들이 주장하듯 인류에게 유익을 끼치고 세계가 장기적인 번영을 누릴 수 있는 유일한 가능성을 제공하기는커녕 기존의 두 가지 위기, 즉 계급의 양극화와 생태적 지속 불가능성을 심화시키고 있다. 또한 기업의 정보 조작, 특히 초국적 자본가 계급의 네 부류가 저지르는 정보 조작은 자본주의 세계화에 대한 대안이 존재하지 않는다는 허구를 유지하는 데 중요한 기능을 한다. 이 책의 나머지 글들이 기업의 정보 조작에 중점을 두는 것과 달리, 이 장에서는 자본주의 세계화의 대안을 찾을 수 있도록 이를 풍부하게 이론화하고 연구하는 방법을 제시하려 한다.[1]

우선은 분석 단위를 명확하게 구분해야 한다. 여러 세계화 이론가와 연구자가 자신의 연구 분야를 정의하는 데 도입하는 공통된 분석 단위에는 적어도 세 가지가 있다.

먼저 세계화에 대한 국가 간inter-national(국가중심적) 접근 방식은 국가(논란의 여지가 큰 개념인 국민국가와 혼동되는 경우가 많다)를 분석 단위로 삼는다. 'international'이 아니라 'inter-national'인 이유는 세계화란 강대국이 약소국에게, 각 국가 내의 지배 집단이 피지배 집단에게 강요하는 것이란 사실을 강조하려는 것이다. 이러한 주장은 낡은 이론인 제국주의론과 식민주의론, 그리고 그 후에 생긴 종속이론 등과 비슷하다. 세계화를 근본적으로 비판하는 사람들은 공통적으로 세계화가 새로운 제국주의라는 생각을 지니고 있는데, 여기서 '세계화'는 대개 자본주의 세계화를 가리킨다. 이런 견해는 이론적 잉여성과 경험적 부적합성을 들어 반박할 수 있다. '세계화'가 국제화internationalization 또는 제국주의의 또 다른 이름에 지나지 않는다면 잘해봐야 잉여적이고 최악의 경우에는 혼동을 일으키기 때문이다. 세계화에 대한 국가중심적 접근 방식은 세계화를 이해하는 새로운 기준을 제시하지 않으며, 오히려 세계화가 허구라고 주장하는 사람들에게 명목상의 지지를 보내는 것처럼 보이기까지 한다. 세계화를 다룬 문헌들은 국가중심주의에 빠져드는 잘못을 수없이 저지르고 있다.

세계화주의 접근 방식은 국가중심주의 테제에 대한 안티테제다. 세계화주의자는 국가가 거의 소멸했다고 주장한다. 즉, 우리는 사실상 국경 없는 세계에 들어섰으며, 세계화(여기서는 '자본주의 세계화'

를 뜻하는 것이 틀림없다)는 완성 단계에 이르러 되돌릴 수 없다는 것이다. 세계화주의자의 주요 관심사는 전 지구적 경제와 그 지배 구조다. 이것들을 추동하는 것은 이름도 얼굴도 없는 시장의 힘인데, 이것이야말로 세계화주의자의 분석 단위다. 이런 형태의 세계화를 대개 '신자유주의 세계화neoliberal globalization'라고 부른다. 국가 간 접근 방식이 국가 권력을 과대평가한다면, 세계화주의 접근 방식은 자본주의 세계화의 조건 아래에서 국가 간 체제의 역할을 정확하게 이론화하지 못한다. 국가중심주의자와 마찬가지로 세계화주의자는 자본주의 세계화의 지배력을 유지하기 위한 국가 행위자와 대리 기관의 역할이 어떻게 바뀌고 있는지를 제대로 분석하지 못한다. 특히 세계화주의자와 국가중심주의자는 국가를 투쟁의 장으로 개념화하지 못하며 국가, 그 대리인과 기관, 그리고 초국적 자본가 계급의 관계를 제대로 밝혀내지도 못한다.

세계화에 대한 초국적 접근 방식은 결함 있는 국가중심주의 테제와 결함 있는 세계화주의 안티테제가 대립하여 생성된 종합이다. 이 접근 방식이 가장 효과적이라고 생각하는 이유는, 자본주의 세계화라는 지배적이면서도 불완전한 기획과 그 대안 사이의 투쟁에 대해 이론과 연구를 촉진할 수 있기 때문이다. 필자는 이 종합을 나름대로 전개하면서 개념적으로 가장 통일성이 있고 경험적으로 가장 유용한 분석 단위로 초국적 행위transnational practice를 제안한다. 친숙한 범주인 경제, 정치, 그리고 다소 덜 친숙한 문화 이데올로기 내에서 우리는 경제적인 초국적 행위, 정치적인 초국적 행위, 문화 이데올로기적인 초국적 행위라는 범주를 구성할 수 있다. 또한 경험적 연구를 통해 지배적 세계 체제인 세계화의 발현에서 이들의 특징적인 제도를 찾아낼 수 있다. 국가 간 접근 방식, 세계화주의 접근 방식, 초국적 접근 방식 사이에는 근본적인 차이가 있지만, 이 모두는 실질적 현상인 일반적 세계화generic globalization에서 비롯한다.

일반적 세계화

오늘날 세계에서 지배적인 세계화 형태는 분명히 자본주의 세계화다. 따라서 이론가와 연구자 대다수는 필자가 말하는 일반적 세계화와 이것의 역사적 형태인 실질적이고 잠재적인 세계화를 제대로 구분하지 못해 혼동을 일으키고 있다.

일반적 세계화는 20세기 중반 이후 시간적 의미와 사회적 세력의 관점에서 중요성이 커지고 있는 네 가지 현상 또는 시기로 정의할 수 있다.

1. 전자 혁명, 특히 전자적 대중 매체의 기술적 기반과 전 지구적 범위 및 오늘날 세계의 물질적 토대 대부분의 변화(전자적 시기)
2. 형식적인 정치적 탈식민지화(탈식민지 시기)
3. 초국적 사회 공간의 형성(공간적 시기)
4. 질적으로 새로운 세계주의cosmopolitanism 형태(세계주의 시기)

전자적 시기와 탈식민지 시기에 대해서는 최근 수십 년 동안 방대한 이론화와 연구가 이루어졌으나, 세 번째 현상인 초국적 사회공간 개념은 비교적 최근에 생겼고 새로운 방향의 이론화와 연구가 필요하다. 마지막 현상인 새로운 세계주의 형태는 이것들과는 다른 범주에 속해 있다. 아주 오래된 개념인 세계주의가 근대에 부활한 것은 18세기 말 칸트가 세계주의 질서를 구축하여 영구 평화를 달성하자고 제안했을 때였지만 민주주의, 자본주의, 인권의 관계에 대한 여러 물음에는 해답을 제시하지 못했다. 이것들은 21세기의 변화된 세계에서 시급히 제기해야 할 문제다. 세계화 이론과 연구의 새로운 틀을 짜려면 우리 시대의 새로운 세계주의 형태에 대한 전망을 체계적으로 탐구해야 한다.

이 네 가지 현상은 일반적 세계화를 규정하는 특징이다. 지구적 재앙이 일어나지 않는 한 장기적으로는 이러한 현상을 돌이킬 수 없다. 세계 인구의 대다수, 즉 부자와 빈민, 남자와 여자, 흑인과 백인, 젊은이와 노인, 장애인과 비장애인, 교육을 받은 자와 받지 못한 자, 동성애자와 이성애자, 종교인과 비종교인은 일반적 세계화가 자신의 이익에 가장 잘 부합한다고 생각하기 때문이다. 비록 자본주의 세계화가 지배하는 체제가 현재 자신의 이익에 반드시 부합하지 않더라도 말이다. 부유한 지주와 겨우 연명하는 농민, 기업 임원과 도시 노동자, 고소득 전문직과 관광지의 비정규직 노동자, 안락한 생활을 누리는 육체 노동자와 더 나은 삶을 꿈꾸며 집을 떠나는 이주 노동자까지 사람들은 대부분 자본주의 세계화가 지배하는 세상에서 살아간다. 자본주의 세계화가 지구를 정복하고 마을, 도시, 지역, 국가 전체, 문화를 변형하는 과정에서 누가 승리하고 누가 패배하는지에 대해서는 수많은 이론화와 연구가 이루어졌다. 하지만 세계화하는 자본주의의 역사적 경계 안에서 이루어지는 일반적 현상으로서의 세계화에 대한 이론화와 연구는 상대적으로 매우 부족하다.

이것은 당연한 일이다. 우리는 일반적 세계화뿐만 아니라 실제로 존재하는 자본주의 세계화의 세상에서 살고 있기 때문이다. 따라서 21세기 초의 지배적인 세계 체제는 자본주의 세계 체제이며, 이를 분석하고 연구하는 가장 효과적인 방법은 초국적 행위의 관점을 채택하는 것이다.

세계 체제 이론

세계 체제 이론의 토대는 초국적 행위(국가 경계를 넘나들지만 국가 기관이나 대리인, 행위자에게서 비롯하지 않는 행위) 개념이다. 초국적 행위는 경제 영역, 정치 영역, 문화 이데올로기 영역이라는 세 가지 영역에서 작동하는데, 필자가 말하는 '세계 체제'는 전체 영역을 아우른다. 21세기 초의 세계 체제는 전 지구적 자본주의와 일치하지 않지만, 전 지구적 자본주의의 지배 세력은 세계 체제의 지배 세력이기도 하다. 간단히 말해서 개인, 집단, 기관, 심지어 (지역적·국가적·초국가적) 전체 지역 사회는 늘 그랬듯 전 지구적 자본주의 체제의 궤도 밖에서 존재하고 심지어 번영할 수도 있지만, 자본주의 세계화가 더 넓고 깊게 침투함에 따라 이렇게 하기가 점점 더 힘들어지고 있다. 세계 체제 이론의 구성 요소는 경제적인 초국적 행위의 제도적 형태인 초국적 기업과, 정치 영역에서 여전히 진화하고 있는 초국적 자본가 계급, 그리고 문화 이데올로기 영역에서는 소비주의 문화 이데올로기다. 이 글에서는 전 지구적으로 기업의 정보 조작을 수행하고 유포하는 초국적 자본가 계급에 초점을 맞출 것이다.

초국적 자본가 계급

초국적 자본가 계급transnational capitalist class은 두 가지 측면에서 초국적이다. 이 계급의 구성원은 지역적 관점보다는 전 지구적 관점을 지니고 있으며 여러 국적의 사람들이 공존한다. 이들의 일상 업무는 초국적으로 이루어진다. 초국적 자본가 계급은 다음과 같이 기업, 국가, 기술, 소비라는 네 부문으로 이루어져 있다.

1. 주요 초국적 기업과 이들의 지역 자회사의 소유주와 경영진(기업 부문)
2. 세계화하는 국가globalizing state 및 국가 간inter-state 관료와 정치인(국가 부문)
3. 세계화하는 전문직(기술 부문)

4. 상업 종사자와 미디어(소비 부문)

이 계급은 자신의 임무가 전 지구적 맥락과 지역적 맥락에서 자신의 이익, 즉 자본주의 세계화 체제의 이익을 확대하는 조건을 만드는 것이라 여긴다. 초국적 자본가 계급이라는 개념은 체제 규모의 결정을 내리는 중심적인 초국적 자본가 계급이 있으며, 이들이 모든 지역과 국가에서 초국적 자본가 계급과 연결되어 있다는 사실을 함축한다. 네 부문은 서로 구분되는 분석적 범주로서 전 지구적 자본주의 체제를 위한 서로 다른 역할을 지니고 있지만, 구성원들은 각 부문을 옮겨 다니는 일이 잦다.

이 집단들은 총체적으로 전 지구적 파워엘리트, 지배 계급 또는 이너 서클을 이룬다. 이러한 용어들은 특정 국가의 계급 구조적 특징을 나타낼 때와 같은 의미로 쓰인다. 초국적 자본가 계급을 반대하는 것은 생활 방식과 경제 체제로서의 자본주의를 거부하는 사람들만이 아니다. 자본주의 세계화의 조건 아래에서 거대 기업의 독점적 권력에 위협받는 소규모 자본가들도 여기에 반대한다. 지역적이고 국내 지향적인 산업 중에는 전 지구적 기업과 이해관계를 함께하며 번성하는 것들도 있다. 하지만 대다수는 그럴 수 없으며, 소멸한 기업도 많다. 산업전략가와 경영이론가 들은 지역산업이 살아남으려면 세계화하는 수밖에 없다고 이구동성으로 주장한다. 국가와 지방의 정치인 상당수는 행정부의 도움을 받아 자기 유권자의 이익을 위해 싸우지만(유권자의 이익이 곧 자신의 이익이기 때문이다) 정부 관료, 정치인, 전문가 중에는 세계화를 완전히 거부하고 극단적인 국가주의적 이데올로기를 신봉하는 사람이 상대적으로 드물다. 경제적으로 낙후한 국가들에서 최근 내전이 빈발했는데도 말이다. 대부분 사회에는 반소비주의적 요소가 있다. 하지만 세계 어느 나라에서도 반소비주의를 진지하게 표방하는 정당이 정치권력을 얻은 사례는 찾아보기 힘들다.

세계화에 대한 국가중심적 접근 방식을 옹호하는 사람들(이들은 기업과 정부와 국가에 있는 자신들의 지원 세력이 국가 이익에 기반을 두고 세계화 과정을 추진한다고 가정한다)과 정반대로, 세계화에 대한 초국적 접근 방식은 자본가 계급의 지배적 양식이 초국적이라는 사실을 입증하기 시작했다.

초국적 자본가 계급의 구성원들은 자신의 이미지를 출생국의 국민일 뿐만 아니라 세계 시민으로 포장하고 싶어 한다. 이들은 가능성이 있는 곳이면 어디에서나 이익을 추구하고 기업을 확장하려 애쓴다. 이런 현상의 두드러진 사례로는 프랑스 출신의 자크 메종루즈Jacques Maisonrouge(1960년대에 IBM 최고 경영자가 되었다), 스웨덴 출신의 퍼시 바르네빅Percy Barnevik(거대 기업 ABB를 설립했으며 일생을 회사 제트기에서 보낸 것으로 유명하다), 독일 출신의 헬무트 마우허Helmut Maucher(네슬레의 광범위한 세계 제국의 전임 최고 경영자), 데이비드 록펠러David Rockefeller(미국에서 가장 영향력 있는 인물이었다고 일컬어진다), 전설적인 모리타 아키오盛田昭夫(소니 창업자), 루퍼트 머독Rupert Murdoch(전 지구적 미디어 사업을 펼치기 위해 국적을 바꾸었다)

등이 있다. 오늘날 주요한 기업 박애주의자들, 예를 들어 빌 게이츠Bill Gates와 조지 소로스George Soros 등은 세계화하는 초국적 자본가 계급이라는 새로운 집단이 지닌 홍보 추진력을 구현한다.

이러한 남자들, 그리고 소수이지만 점차 늘고 있는 여자들과 힘겨운 난관을 뚫고 최고의 자리에 오른 소수의 사람들은 전 세계 거대 기업의 '이너 서클'을 넘나든다. 초국적 자본가 계급의 이너 서클은 이 계급을 이루는 이들의 다양한 경제적 이해당사자, 정치 조직, 문화적·이데올로기적 집단에 통일성을 부여한다. 여느 사회 계급과 마찬가지로 이해관계와 목표의 근본적이고 장기적인 통일성을 추구한다고 해서 단기적이고 국지적인 이해관계와 목표의 충돌이 발생하지 않는 것은 아니다. 이런 충돌은 네 부문의 내부에서 일어나기도 하고 부문과 부문 사이에서 일어나기도 한다. 소비주의 문화 이데올로기는 체제를 온전히 유지하는 근본적인 가치 체계다. 하지만 여기에는 비교적 다양한 선택 가능성이 존재한다. 예를 들어 세계 체제에서 다양한 행위자와 대상의 필요를 충족시키기 위한 '새로운 지구적 국가주의emergent global nationalism'(필자가 만든 용어)가 있다. 어떤 지역, 국가, 도시, 사회, 공동체에서든 초국적 자본가 계급의 네 부문은 전체를 통합하는 보완적 기능을 수행한다. 그리고 전 지구적으로 복잡하게 얽힌 지역 및 국가 행위자와 조직의 활동은 이런 목표를 달성하도록 돕는다.

이것이야말로 초국적 자본가 계급을 전 지구적 계급으로 통합하는 중요한 요인이다. 초국적 자본가 계급의 상위 구성원은 사실상 모두가 전 지구적으로든, 국가적으로든, 지역적으로든 다양하게 맞물린 위치를 차지하고 있다. 여기에는 한동안 여러 나라에서 상세한 연구가 이루어진 임원 겸임interlocking directorate뿐만 아니라 기업 부문의 직접적인 경계를 벗어난 연결, 이른바 유사 국가적 구조를 갖춘 기업에 복무하는 시민사회도 존재한다. 유수한 기업의 임원들은 싱크탱크, 자선 단체, 학술 단체, 스포츠 단체, 예술 단체, 문화 단체, 대학, 의료 재단을 비롯하여 자신이 사는 지역의 비슷한 기관을 위해 봉사하고 이사회에 참여한다. 이 행위자들은(네트워크 이론에서는 이들을 '거대 연결자big linker'라고 한다) 이질적인 네트워크를 연결한다. 초국적 자본가 계급의 주도적인 구성원 같은 경우, 이런 활동은 대부분 경계를 넘어 전 지구적 차원에서 수행된다. 이러한 전 지구적 차원은 국가적·지역적 기관이나 이들의 네트워크와도 반드시 연결된다. 이런 식으로 '사회사업도 사업이다'라는 주장이 '우리 사회의 사업이 전 지구적 사업이다'라는 주장으로 연결되는 것이다. 세계화하는 기업과 그 이익은 전 지구적 자본주의 체제를 넘어 세계 체제 전체에 편입되어야 한다는 경제적 명령으로 정당화된다. 기업, 특히 초국적 기업은 자유 기업, 국제적 경쟁, 풍요로운 생활과 같은 근대와 탈근대의 상징을 독점하고 사회 영역의 대부분을 자신의 이미지로 변형하기 시작한다.

'대안은 없다'에서 '대안은 많다'로

세계화를 다룬 문헌은 패배주의로 가득하다. 이러한 태도는 '대안은 없다There Is No Alternative'라는 이름으로 널리 알려져 있다. 진보적 학자, 대중적 저술가, 정치 지도자, 문화계 명사 중에도 자본주의 세계화에는 대안이 없으며 우리가 할 수 있는 일이라고는 그 속에서 더 나은 세상을 만들기 위해 노력하는 것뿐이라고 생각하는 사람들이 있다. 이러한 패배주의를 반박하는 주장을 완벽하게 펼칠 수는 없지만, 이러한 생각은 도덕적으로는 정당화될 수 없고 이론적으로는 근시안적인 듯하다. 자본주의 세계화는 대다수 세계인의 미래와 지구 자체의 미래에 중요한 두 가지 측면에서 실패하고 있다. 그 두 가지 측면은 계급 양극화 위기와 생태적 지속 불가능성 위기다. 부유층과 빈곤층의 수가 늘고 빈부 격차가 심해지는 계급 양극화는 자본주의 세계화에 대한 근본적 비판의 핵심이다.

이것이 계급의 위기인 이유는 국가 간 또는 국가 내 공동체 간의 빈곤과 불평등이 주로 생산 수단과의 관계 문제이기 때문이다. 세계은행과 유엔을 비롯한 대부분 자료에 따르면 1970년에서 2000년 사이에 빈국과 부국 사이, 그리고 대다수 국가 내 집단 사이의 1인당 소득 분배가 더욱 불평등해졌다. 수많은 국가에서 부유층은 빈곤층에 비해 상대적·절대적으로 더 부유해진 반면, 빈곤층은 부유층에 비해 더 빈곤해졌다. 매우 가난한 계층 중 일부는 절대적 생활수준이 나아지기도 했지만 수많은 여성과 아이, 도시 실업자와 그 가족을 비롯한 빈곤층, 특히 땅이 없는 농민들은 이 시기에도 절대적으로 빈곤해졌다. 전 지구적 자본주의는 초국적 자본가 계급 구성원의 끊임없는 발표를 통해 이러한 문제점을 상당수 인정하지만, 이것을 위기라기보다는 해결해야 할 문제라고 주장한다. 기업 임원, 세계 지도자, 주요 국제기구 임원, 세계화하는 전문직, 주류 대중 매체, 이들은 모두 현재의 세계화 과정에서 부유층이 더 부유해지고 빈곤층이 더 가난해지며 부유층과 빈곤층의 격차가 더 커지고 있다는 사실을 인정한다. 그러나 이것을 계급 양극화 위기로 인식하는 경우는 거의 없다. 현실일 뿐이라는 것이다. 몇 년마다 정상회담과 회의가 열리고 전문가 위원회가 설립되며 목표가 설정되고 행동 프로그램이 실행되며 일부 목표는 실패하고 일부 목표는 달성된다. 그러고는 이 과정이 또다시 되풀이된다.

또한 초국적 자본가 계급의 홍보 담당자들은 환경 위기가 존재하며 무언가 조치를 취해야 한다는 사실을 인정한다. 중요성에 대해서는 논란의 여지가 있지만, 지구적 규모의 생태적 위기가 존재한다는 사실은 분명하다. 농지, 열대우림, 산림, 초원, 수원水源 등 모든 지역이 위기를 맞았다. 세계 어디서나 강을 비롯한 수생 생태계가 심각한 생태적 어려움을 겪고 있다. 임박한 생태 위기의 자세한 내용이 널리 알려져 있지는 않지만, 사람들은 대부분 인간이 환경에 영향을 미친다는 사실을 어느 때보다도 잘 알고 있다. 여기에는 여러 요인이 있다. 1970년대 이후 주요 국제회의가 잇따라 열리면서(특히 1992년 리우에서 열린 유엔 환경개발회의와 지구 기후 변화에 대한 교토의정서) 지식인과 정치 엘리트가 생태 위기를 무시하기 힘들어졌다. 세계 모든 곳에서 신문, 잡지, 텔레비전을 흘깃 보기만 해도 분명히 알 수 있기 때문이다. 매일같이 환경이 파괴되고 심각한 사고가 발생하고 있으며, 환경을 살리기 위한 조치를 취하기 어려운 현실에 대해 불안감이 늘고 있다. 오존층 파괴, 생물 다양성 감소, 토양 오염, 대기와 수질 오염, 보팔 참사와 체르노빌 참사 같은 급작스러운 환경 재앙, 끔찍한 석유 유출 사고, 지구 온난화로 인한 홍수, 가뭄, 허리케인, 그리고 지구를 살리기 위한 조언까지, 대중 매체와 대중적 과학 잡지에는 이런 기사들이 줄기차게 실리고 있다. 게다가 지난 수십 년 동안 전 세계에서 성장한 환경운동은 환경을 살리기 위해 조치를 취하라며 끊임없이 압박을 가하고 있다.

자본주의 세계화가 두 가지 위기를 모두 악화시킨다는 증거가 점점 늘고 있다. 하지만 세계화를 자본주의와 동일시해서는 안 된다. 물론 현재는 자본주의 세계화가 지배적인 형태이지만, 우리는 다른 형태의 세계화를 고려해야 한다. 자본주의의 긍정적인 영향을 일부 유지하면서도 이 긍정적인 영향이 자본주의 바깥에 존재할 수 있는 한 세계 역사의 새로운 국면으로 이행하는 사회, 즉 경제 체제로서의 자본주의를 넘어서는 형태가 필요하다. 지금은 '대안은 없다'라는 이데올로기를 '대안은 많다 There Are Lots of Alternatives'라는 비전으로 바꿀 때다. 가능한 대안적 형태를 분명히 그려내려면 자본주의 세계화의 한계를 넘어 생각의 폭을 넓혀야 한다. 이를 위해서는 일반적 세계화를 활용해야 하며, 이 과정에서 여러 대안을 찾을 수 있다. 지금부터 그중 한 가지 대안을 짤막하게 설명하려고 하는데, 앞으로 이에 대한 후속 연구와 이론화가 이루어져야 할 것이다.

자본주의에서 벗어나는 한 가지 경로는 현재 우리가 살고 있는 자본주의 세계화에서 과도기적 사회 형태인 이른바 '협력민주주의 co-operative democracy'를 거쳐 사회주의 세계화(이것은 계급 양극화와 생태 위기를 소멸시키는 세계화 형태에 적절한 이름이다)로 진입하는 것이다. 이러한 변화를 이루려면 소비주의 문화 이데올로기를 점진적으로 없애고, 이를 인권 문화 이데올로기로 대체해야 한다. 간단히 말해서, 소유를 문화의 중심과 가치의 토대로 삼지 말고 인권과 그에 수반되는 타인에 대한 책임을 중시하는 보편적인 체제 속에서 살아야 한다는 것이다. 그렇다고 소비를 그만두라는 말은 아니다. 이 말의 의미는 소비를 권리와 책임의 관점에서 평가하고 이것을 서로 맞물리고 뒷받침하며 세계화하는 초국적 행위로 만들어야 한다는 것이다.

인권 문화 이데올로기를 (자본주의 세계화가 비교적 긍정적인 영향을 끼친) 시민과 정치 영역에서 (자본주의 세계화의 문제가 드러난) 경제와 사회 영역으로 확장한다면, 계급 양극화와 생태적 지속 불가능성의 위기에 진지하게 대처할 수 있으리라. 하지만 정치적 현실을 고려할 때, 이 변화를 직접 이룰 수는 없다. 과도기적 단계를 거쳐야 하는 것이다. 중국의 시장사회주의 사례에서 보듯이 자본주의와 사회주의는 배타적인 범주가 아니다. 사회주의 사회에서 자본주의적 행위가 일어날 수 있으며(예를 들어 이윤을 늘리거나 손실을 줄이기 위해 잉여 노동력을 확보하는 것) 자본주의 사회에서도 사회주의적 행위가 일어날 수 있다(예를 들어 사회 구성원 모두가 기본적인 생활수준을 누리도록 보장하는 것). 문제는 헤게모니다. 누구의 이익이 우세한가, 누가 개혁을 통해서라도 현상 유지를 바라는가, 누가 근본적인 변화를 추구하는가, 이 변화를 조직하여 전 지구적 변화를 위한 효과적인 사회운동으로 바꾸는 방법은 무엇인가 등을 생각해야 한다.

사회주의 세계화로의 이행은 새로운 형태의 초국적 행위를 만들어낼 것이다. 초국적 경제 단위는 현재의 초국적 기업보다 더 작고 지속 가능한 규모가 될 것이며, 초국적 정치 행위는 자치적이며 협력적인 공동체의 민주적 연합이 될 것이다. 책임을 지지 않고 선출된 적도 없는 초국적 자본가 계급은 배제되고, 문화와 이데올로기는 소비주의 문화 이데올로기의 자포자기식 다양성이 아닌 좀 더 나은 삶의 질을 반영할 것이다. 이런 이야기가 허황되게 들릴 수도 있으며, 사회주의 세계화가 아닌 또 다른 대안이 존재할 수도 있다. 하지만 장기적으로 볼 때, 자본주의 세계화로 지구와 모든 구성원이 살아남을 수 없다는 것은 분명하다.

자본주의 세계화의 담론과 실천이 수렴하는 힘처럼 보이기는 해도, 자본주의 세계화 과정의 원동력인 초국적 자본가 계급은 계급 양극화와 생태적 지속 불가능성 위기를 해결할 수 없기 때문에, 대안을 고려하는 것은 필요하고도 시급한 일이다. 이 말은 자본주의 세계화 안에 발산의 씨앗이 들어 있다는 뜻이다. '사회주의 세계화'라고 이름 붙일 수 있는 무언가로 귀결되는 경제적·사회적 인권의 세계화가 지금은 먼 이야기로 들리겠지만 분명 하나의 대안이 될 수 있다. 이 밖에도 대안은 많다. 지역 사회, 도시, 지방, 국가, 다국가 연합, 심지어 초국적 협력체 등은 모두 이론상으로 계급 양극화와 생태적 지속 불가능성을 방지하고 뒤집기 위한 조치를 취할 수 있다. 21세기에는 새로운 패턴의 발산 작용이 많이 일어난 다음, 만인을 위한 온전한 인권으로 전 지구적인 수렴이 일어날 것이다. 하지만 초국적 기업이 지배하고 초국적 자본가 계급이 운영하며 소비주의 문화 이데올로기가 이끄는 세상에서는 가망 없는 일이다.

이번 분석을 통해 일반적 세계화라는 조건 안에서 자본주의 세계화에 대한 현실적인 대안을 찾아야 한다는 결론을 내릴 수 있다. 이 장에서는 세계화에 대한 초국적 접근 방식의 연구 틀을 구체화하면서 주로 자본주의 세계화에 초점을 맞추었다. 자본주의 세계화야말로 우리가 지금 살고 있는 세상의 모습이기 때문이다. 계급 양극화와 생태적 지속 불가능성이라는 쌍둥이 위기(자본주의 세계화는 이를 악화시킬 뿐 해결할 수 없다) 때문에 대안을 고려하지 않을 수 없다(물론 이러한 위기는 세계 체제 이론 내의 가설이며, 여기에 대해서는 많은 연구가 진행되고 있다). 이 말은 사회주의 세계화에 대한 이론화와 연구 프로그램이 시급한 과제라는 뜻이다. 세계화 이론과 연구에 대한 급진적 틀은 현상을 설명하는 데 만족하는 무기력한 사회학과 대조적으로 온전히 민주적인 형태의 세계화 맥락 속에서 대안을 정교하게 다듬는 데 초점을 맞추고 있다. 하지만 일반적 세계화가 무엇이며 자본주의 세계화가 실제로 어떻게 작동하는지를 모른다면, 이러한 형태를 구체화하기는 매우 어렵다. 기업의 정보 조작은 자본주의 세계화의 실상을 신비화하고 감추는 정교한 전략이다. 따라서 이들의 실체를 이론적·본질적·정치적으로 폭로할 수 없다면, 계급 양극화와 생태적 지속 불가능성의 위기를 해결하고 근본적인 대안적 세계화를 이루기 위한 투쟁은 발전하기 힘들 것이다.

03

영국의 홍보산업 둘러보기

크리스 그림쇼

> 언론산업에 대한 크나큰 오해 중 하나는
> 신문을 만드는 데 기자가 꼭 필요하다는 생각이다.
> —콘래드 블랙 Conrad Black, 《진보하는 삶 A Life in Progress》[1]

홍보는 현대 영국에 속속들이 침투해 있으며 미디어, 정부, 결과적으로는 민주주의에 중요한 영향을 미치고 있다. 기업, 공공 부문, 비정부기구의 비영리 부문, 자선 단체, 노동조합에서는 홍보를 예사로 이용하며, 그중에서도 지출을 가장 많이 하는 곳은 기업 부문이다. 이 장에서는 영국의 상업적 홍보산업에 대해 살펴볼 것이다.

홍보의 기본적인 '지리'를 익히려면 영국 홍보산업과 일부 홍보 회사의 구조를 개관하는 것이 좋겠다. 홍보산업은 대부분 익명성을 누리고 써먹으므로, 현대 사회에서 홍보가 어떤 기능을 하는지 검토가 이루어진 경우는 드물다. 벨포팅어 Bell-Pottinger, 힐 앤드 놀턴, 시티게이트 Citigate 같은 홍보 컨설턴트 회사가 대중의 의견과 기호에 직접적인 영향을 미치려는 목적으로 활동하는데도 대중에게는 거의 알려져 있지 않다. 이 회사들은 제품과 서비스를 판촉하고 정치 과정을 조작하며 여론을 통제하고 기업의 이익을 늘리기 위해 합법적인 과정을 뒤엎으려 한다. 몇몇 연구에 따르면 홍보 회사는 언론 매체의 전체 기사 중 80퍼센트를 생산하거나 직접적인 영향을 미친다고 한다.[2]

홍보산업이 커다란 영향력을 발휘하는 것은 대개 홍보산업이 지닌 비밀스러운 성질 덕분이다. '누가' '어떤' 메시지를 '어디에서' '왜' 조작하는지 알지 못한다면, 대중은 현대 정치·경제가 작동하는 방식을 제대로 이해할 수 없다. 투명성 없이는 진정한 민주주의도 있을 수 없다. 홍보산업의 행위자를 모두 밝혀내는 일은 이 장의 범위를 벗어난다. 또한 홍보는 비밀스러운 성질을 지니기 때문에 '어디에서' '정확히 어떤' 메시지가 조작되고 있는가를 포괄적으로 조사하기란 불가능하다. 이 장의 목표는 독자들이 홍보산업의 행위자와 방법을 일반적으로 이해하도록 돕는 것이다.

홍보산업이란 무엇인가?

영국의 홍보산업은 2700여 컨설턴트와 컨설팅 회사, 기업의 사내 홍보 부서, 기업의 위장 단체, 업종별 협회, 홍보와 광고에 쓰이는 자료를 제공하는 연구소와 '산업 정보' 회사, 홍보 자료를 퍼뜨리는 통신사 등으로 이루어져 있다. 공인홍보협회Chartered Institute of Public Relations, CIPR에서 위탁한 연구에 따르면, 영국에는 4만 7800명 이상이 홍보 업무에 종사하고 있으며 수익은 해마다 약 650만 파운드에 이른다고 한다.³ 홍보 업계에는 업종별 협회가 세 곳 있으며, 공인홍보협회는 그중 하나다. 로비, 대對정부 홍보government relations, 공공 홍보public affairs는 홍보산업에 밀접하게 통합되었다. 홍보 회사는 오래전부터 시장에 진출했고, 대형 홍보 회사들은 모두 홍보와 통합된 로비 서비스를 제공한다. 군소 홍보 업체조차도 자기들이 정계에 영향을 미칠 수 있다고 주장한다. 예를 들어 파트너 PR이란 회사는 기존의 로비 회사보다 적은 비용으로 효과적인 '정치 커뮤니케이션'을 제공한다.⁴ 수많은 1인 로비스트들이 수년 동안 공들여 대놓은 정부 내 연줄을 써먹고 있다.

홍보의 정확한 정의에 대해서는 합의된 바가 없다. 공인홍보협회는 홍보를 "기관과 대중 사이에서 선의와 상호 이해를 확립하고 유지하기 위해 계획되고 지속되는 활동"으로 정의한다. 하지만 이 정의를 가지고는 구체적으로 어떤 일이 이루어지고 있는지를 도무지 알 수 없다. 벨포팅어의 팀 벨Tim Bell은 홍보를 이렇게 정의한다. "광고는 정보를 제공하고 설득하기 위해 비용을 지불하고 미디어 공간을 이용하는 반면, 홍보는 정보를 제공하고 설득하기 위해 제삼자의 지지를 이용한다."⁵ 이 정의는 앞선 정의보다 더 분명하기는 하지만 아직도 빠진 부분이 많다. 필자가 판단하기에 홍보는 홍보 대상의 의견을 조작하기 위해 미디어 및 여타 영역에서 메시지를 내보내고 차단하는 데 이용되는 행위다. 홍보의 목표는 일반 대중, 기업, 정부 내의 다양한 대상에 영향을 미치는 것이다. 이 장의 두 번째 부분에서는 홍보 활동에 대해 자세히 살펴볼 것이다.

홍보 컨설팅 회사는 형태와 규모가 천차만별이다. 대형 초국적 기업의 영국 지사도 있지만 대부분은 직원이 몇 명밖에 없는 소규모 회사이며 개인 컨설턴트도 있다. 홍보업 협회가 여러 곳 있지만 여기에 가입하지 않은 회사가 대부분이다. 또한 규모가 큰 회사에는 대개 홍보 부서가 있다.

대형 초국적 홍보 회사는 상당수가 WPP, 옴니컴, 인터퍼블릭 그룹 같은 거대 재벌의 자회사이기도 하다. 이 재벌들은 자체적으로 광고, 홍보, 로비, 시장조사, 미디어 구매 media buying, 기타 대행 업무를 수행하며 스스로를 '통합 커뮤니케이션' 회사로 내세운다. 이들은 자회사를 통해 광범위한 기업 커뮤니케이션 서비스를 제공하며, 독립 회사보다 더 효과적으로 협력 작업을 수행한다고 주장한다.

이제 홍보산업을 분야별로 살펴보자.

사내 홍보 부서

규모가 큰 회사와 공공 기관에는 거의 모두 홍보 부서가 있다. 대외 협력, 대對 투자자 홍보, 언론 담당 부서 등은 모두 각기 다른 대상에게 홍보 업무를 수행한다. 사내 커뮤니케이션도 홍보 부서의 역할이다.

대기업의 홍보 부서는 최고의 인력을 채용할 수 있기 때문에 모든 면에서 상업적 컨설팅 회사만큼 정교하다. 예를 들어 영국핵연료공사British Nuclear Fuels Limited, BNFL는 영국 웨버 샌드윅Weber Shandwick의 최고 경영자였던 필립 듀허스트Philip Dewhurst를 기업 협력 부문 이사로 채용했다.[6] 이렇듯 사내 홍보 부서와 상업적 컨설팅 회사 사이에는 인력 교환이 빠르게 이루어지고 있다.

사내 홍보 부서는 언론과 여론의 정보 요청에 대응하며 외부 홍보 대상에게 특정 메시지를 전달하는 업무를 맡기도 한다. 이런 업무는 외부 홍보 대행사가 보완하는 경우가 많은데, 이들은 자문을 제공하기도 하고 주요 홍보 활동을 전개하거나 위기 커뮤니케이션을 수행하는 등 전문적인 역할을 담당한다.

홍보 부서는 홍보 활동을 수행할 뿐만 아니라 정보를 통제하려고 시도하기도 한다. 가장 바람직한 경우, 회사는 홍보 부서를 통해 직원들이 '파렴치한' 언론인에게 놀아나지 않도록 방지하며 회사 경영에 대해 정확한 정보를 제공한다. 미디어에 대처하는 훈련을 받은 직원이 문의 사항에 답함으로써 홍보 부서는 민감한 정보가 새어 나가지 않는 방벽 역할을 한다. 반면에 최악의 경우, 사내 홍보 직원들은 전문적인 왜곡과 속임수를 동원한다. 민감한 정보에 대한 요청은 필요에 따라 무시하며, 의도하는 효과를 거두기 위해 내보낼 정보를 교묘하게 취사선택한다. 이런 행위는 탐사 언론인과 연구자의 활동을 가로막고 투명성과 공적 책임에 역행한다.

홍보 컨설팅 회사

대기업은 대부분 외부 대행사를 하나 이상 두어 사내 홍보 부서를 보완하고 전문 커뮤니케이션 임무, 교육, 컨설팅을 맡긴다. 홍보 대행사는 방대한 임무를 수행하기 때문에 매우 다양한 기술을 보유하고 있다. 전문 홍보 부서를 운용할 수 없는 회사들도 외부 전문가의 도움을 얻고 싶어 한다.

홍보 편람인 《홀리스Hollis》는 영국 홍보 컨설팅 회사에 대해 가장 방대한 명부를 보유하고 있다. 이에 따르면 홍보 컨설팅 회사는 2700여 곳이 있으며,[7] 이 중에서 전국 단위 언론과 방송에 접근하기 쉬운 런던에 자리 잡은 회사는 1000개도 되지 않는다.[8] 영국의 컨설팅 부문에는 7000명 이상이 종사하고 있으며, 홍보 컨설턴트 협회Public Relations Consultants Association, PRCA에 따르면 2003년에 수수료로 7억 파운드를 벌어들였다.[9] 그리고 경제기업연구센터Centre for Economics and Business Research, CEBR의 연구에 따르면 컨설팅 업계의 연간 매출액은 총 12억 파운드에 달한다.[10]

홍보 업무는 상당수가 개인 전문가의 기술과 경험에 의존하며, 소규모 회사 중에도 뛰어난 성과를 올리는 곳이 많다. 언론인이 홍보 회사를 설립하는 경우도 많은데, 이들은 자신의 기술을 이용하여 언론에서보다 홍보에서 훨씬 많은 돈을 벌어들인다.

플리트 스트리트 플레어Fleet Street Flair 사가 좋은 예다. 《데일리 텔레그래프Daily Telegraph》의 전임 부편집장 토니 기어링Tony Gearing

은 10년에 걸친 언론 경험을 활용하여 고객을 위해 미디어 홍보를 수행하고 미디어 교육을 진행한다. 기어링은 언론인으로서 전문성을 지닌 덕에 신문의 관심을 끌 수 있는 홍보 전략을 구사하는데, 이것은 경험이 부족한 사람들에게는 아주 어려운 작업이다. 기어링의 웹사이트에는 자신의 고객 런던웨이스트 LondonWaste 를 위해 언론에 기사를 실어 지역 사회의 거센 반발에도 폐기물 소각장 건설 허가를 받아냈다는 사실이 자랑스럽게 실려 있다.[11]

초국적 홍보 대행사가 등장하기 시작한 것은 1960년대다. 힐 앤드 놀턴이 대서양을 건너 런던과 파리에 입성했으며, 그 맞수인 버슨 마스텔러가 뒤를 따랐다. 그 후 수많은 초국적 홍보 대행사가 생겼다. 이 중에서 자산 규모가 가장 큰 웨버 샌드윅 월드와이드는 35개국에 지사를 75개 이상 두고 있으며 65개국에서 제휴사 망을 운용하고 있다. 상당수 독립 컨설팅 회사들은 초국적 제휴사 망에 참여하고 싶어 한다. 그래야만 대형 고객에게 국제적 서비스를 제공할 수 있기 때문이다.

대형 홍보 대행사들은 규모가 크고 재원이 풍부하기 때문에 해당 국가에서 최고의 인재를 끌어들일 수 있다. 이 덕에 로비와 홍보 업무에서 경쟁 우위를 점하게 된다. 전문 분야에 집중하는 곳도 있지만 대부분 회사는 모든 서비스를 제공한다. 루이스 커뮤니케이션스 Lewis Communications 같은 회사는 전 세계에 19개 지사를 두고 있으며 주로 정보 기술과 생명공학 기업을 위해 일한다.

재벌

1960년대 이후 홍보 회사는 연관성 있는 회사와 합병을 하고 있다. 로비와 홍보를 한 회사로 합치는 일이 미국과 전 세계에서 급속히 퍼지고 있는 것이다. 자금이 두둑한 광고 업계에서도 업무를 확장하기 위해 홍보 회사를 사들이기 시작했다.

이유는 단순하다. 미디어 조작의 홍보 전략은 일반 대중뿐만 아니라 입법 기관에도 영향을 미친다. 또한 로비 업무를 홍보 활동과 결합하면 둘을 따로 수행하는 것보다 더 큰 효과를 거둘 수 있다.

차임 Chime PLC 사가 좋은 예다. 이 회사는 자산 규모가 영국 최대인 홍보 회사로 연간 수입이 6000만 파운드를 넘는다. 마거릿 대처의 전직 스핀 닥터인 팀 벨이 설립한 이 홍보 그룹은 홍보와 로비를 둘 다 수행하며 광고, 미디어 구매, 연구 회사도 포함하고 있다. 주요 홍보 자회사로는 벨포팅어, 굿 릴레이션스, 하버드 PR이 있다. 이 회사는 거대 재벌인 WPP 그룹의 자회사(부분 소유)이기도 하다.

지난 20년 동안 합병이 더욱 가속화되었다. 이 중에서 가장 활발한 활동을 벌인 곳은 옴니컴, 인터퍼블릭 그룹, WPP 같은 초국적 거대 재벌이다. 이들은 끊임없이 인수 합병의 주역으로 등장하고 있으며, 자산 규모가 수십억 달러에 달하고, 기업과 기업 집단을 수십 개씩 거느리고 있다. 현재 '통합 커뮤니케이션' 산업을 지배하는 것은 이러한 소수의 거대 회사들이다. 전 세계 10대 홍보 회사 중에서 독립 회사는 에델만 Edelman 한 곳뿐이며, 나머지는 모두 재벌의 자회사다.

업계 단체와 업종별 협회

로비와 홍보 업무 중 상당수는 업계 단체나 업종별 협회가 맡는다. 산업 부문과 그 하위 부문은 거의 모두 입법 기관, 규제 기관, 일반 대중에게 자신의 이익을 대변하는 업종 단체를 두고 있다. 영국제약산업협회Association of the British Pharmaceutical Industry, ABPI와 영국 근해 시추사 연합Offshore Operators Association, UKOOA은 각각 제약 부문과 석유·가스 부문의 대기업을 대변한다. 이 단체들은 기본적으로 홍보와 로비 업무를 수행하는데, 이들의 목적은 업계의 견해를 대변하는 것이다. 업계 단체는 로비 과정에서 업계 전체의 구매력을 행사한다. 이들은 어떤 개별 기업보다도 막강한 구매력을 활용하여 정부에 쉽게 접근할 수가 있다. 그중에는 영국제약산업협회처럼 영국 정부가 소재한 화이트홀에 있는 곳도 있다. 물론 업종별 협회와 더불어 개별 기업도 독자적인 로비 활동을 펼친다. 개별 기업은 주로 자신들에게 유리하도록 법률을 개정하거나 정부 계약을 따내기 위해 로비를 벌이는 반면, 업종별 협회는 구성원 전체에게 이익이 되는 활동을 벌인다.

    원자력 업계에서는 예방적인 홍보 업무의 대부분을 원자력산업협회Nuclear Industry Association와 영국핵에너지협회British Nuclear Energy Society에서 수행한다. 이들은 핵에너지 부문의 기업 대부분을 대표하는 상위 단체로, 일부 회원사보다 훨씬 높은 신뢰를 받는다. 예를 들어 핵연료공사는 사고가 잦고 무능력한 데다 진상을 숨기고 부정직한 탓에 신용이 바닥에 떨어졌다.[12] 최근 수년 동안 이 단체들은 재생 가능 에너지에 대한 원자력 업계의 고질적인 적대감을 버리고 기후 변화에 대처하는 방안으로 핵에너지의 보완적 기능을 강조함으로써 미디어의 신뢰를 되찾았다.[13]

홍보업 협회

영국 홍보 업계에는 공인홍보협회, 홍보 컨설턴트 협회, 전문 정치 컨설턴트 협회 Association of Professional Political Consultants, APPC라는 세 업종별 협회가 있다.

공인홍보협회는 홍보전문가의 업계 단체다. 이곳은 회원들에게 교육과 발전의 기회를 제공하고 행동 수칙을 제시하며 홍보 연구를 수행하고 정책 제안을 발표한다. 회원 수가 8000명이 넘는 이 단체는 자신의 임무가 업계의 '수준을 향상시키는 것'이라고 주장한다.

공인홍보협회는 영국의 홍보 업계 단체 세 곳 중에서 대중적 평판이 가장 좋으며 업계의 이미지를 개선하기 위해 애쓰고 있다. 홍보전문가들은 천박하고 우스꽝스러운 모습으로 그려지기도 한다. BBC의 〈모녀 전쟁〉이 성공을 거두면서 이런 이미지는 더욱 굳어졌다. 업계 내에서도 '무계획적이고 경솔하며 술에 빠져 사는 어릿광대' 이미지를 지적한다.[14] 홍보전문가 중에는 이 때문에 공인홍보협회에 가입하지 않는 사람도 있다. 다른 한편으로 기업과 정부의 홍보 관련 추문이 잇따르는 바람에 '홍보산업은 냉소적이고 기만적인 정보 조작'이라는 불리한 이미지를 얻기도 했다.

홍보협회는 2005년 2월 왕실 칙허장royal charter을 받아 공인홍보협회로 이름이 바뀌었다. 이곳은 수년 동안 칙허장을 받기 위해 애를 썼다. 전문가 이미지를 풍겨 수준 높은 단체로 인정받을 수 있으리라는 기대 때문이었다. 이 덕분에 산업계에서 홍보의 위상이 결정적으로 높아졌을 것이다.

공인홍보협회는 업계의 자율 규제를 지원한다고 간주되지만, 실제로는 영국 내 홍보전문가의 6분의 1을 대변할 뿐이다.[15] 이들은 회원에 대한 불만을 조사하고 회원이 협회의 행동 수칙을 위반할 때 제재를 가한다. 하지만 이 지침은 아주 느슨한 규정들을 모아놓은 것에 지나지 않는다. 게다가 2000년에는 "'금지' 규정이 아닌 모범 관행 문서로 수정되기까지 했다".[16] 공익을 침해하는 홍보 행위가 일상적으로 자행되는데도 협회에서 조사하는 불만 건수는 연간 10여 건에 지나지 않는다. 게다가 중재를 통해 당사자 사이에 '비공식적으로 해결되는' 불만은 공식 기록이 남지도 않는다.[17] 공인홍보협회는 불만을 이유로 회원을 제명한 적이 단 한 번도 없다.

개인 컨설턴트 단체인 공인홍보협회와 달리, 홍보 컨설턴트 협회는 회원사를 대변한다. 홍보 컨설턴트 협회는 120여 회원사를 두고 있으며 최근에는 영세한 대행사를 위해 '참관 회원' 자격을 도입하기도 했다. 공인홍보협회와 마찬가지로 홍보 컨설턴트 협회 또한 업계를 위해 정부에 로비를 펼친다. 이 단체는 회원사를 위해 공개적인 커뮤니케이션을 수행한다고 주장하지만 공인홍보협회보다는 평판이 낮다.

전문 정치 컨설턴트 협회는 로비스트를 대변한다. 1990년대에 로비 관련 추문이 잇따라 터진 이후 로비의 이미지는 땅에 떨어졌다. 전문 정치 컨설턴트 협회는 홍보 컨설턴트 협회와 연합하여 이런 이미지를 바꾸려 하고 있다.[18] 하지만 로비스트들이 모두 자율 규제에 동의한 것은 아니다. 자율 지침을 따르고 싶지 않을 경우에는 전문 정치 컨설턴트 협회에서 탈퇴하기만 하면 된다. 예를 들어 로비 회사인 미디어 스트래티지Media Strategy는 통상산업전문위원회 trade and industry select committee 위원장이었던 오닐 경Lord O'Neill을 자문위원으로 임명하면서 협회를 탈퇴했다.[19]

공인홍보협회, 홍보 컨설턴트 협회, 전문 정치 컨설턴트 협회는 이해관계에서 충돌을 일으킬 수밖에 없다. 자신의 행동 수칙을 효과적이고도 투명하게 감시하고 집행할 경우, 자신이 대리하는 업계의 이미지에 부정적인 영향을 미칠 수 있기 때문이다.

위장 단체

위장 단체는 기업홍보 업무에 요긴하게 쓰인다. 홍보 대행사와 기업은 자신들에게 동조하는 (겉보기에는 독립적인) 단체를 후원하며, 때로는 이런 단체를 직접 새로 만들기도 한다.

예를 들어 버슨 마스텔러는 고객사인 다이진Digene을 위해 '유럽 HPV 검사 여성연합European Women for HPV Testing'이라는 위장 단체를 만들었다. 버슨 마스텔러는 자궁경부암을 진단하는 새로운 검사법을 영국 국민건강보험National Health Service, NHS에서 채택하도록 로비를 벌였다. 이것이 성공하면 다이진은 새로운 사업에서 수억 파운드를 벌어들일 터였다. 로비 효과를 높이기 위해 겉보기엔 독립적인 풀뿌리 운동 단체가 결성되었다. 유럽 HPV 검사 여성연합은 엘리자베스 헐리Elizabeth Hurley를 비롯한 여성계 유명 인사들을 끌어들여 홍보 효과를 높이고 정부에도 더 큰 영향력을 발휘했다. 하지만 참여 인사들은 버슨 마스텔러와 다이진이 단체에 개입하고 있으며 자신들이 폭넓은 상업적 로비 활동에 이용되고 있다는 사실을 몰랐다. 기업이 연루되었다는 사실은 한 번도 공표되지 않았으며, 이것은 관행이다. 《옵서버Observer》가 내막을 폭로하지 않았다면 버슨 마스텔러의 역할은 아직까지도 비밀로 남아 있었을 것이다.[20]

통신사

대다수 미디어는 자사의 기자들이 지면을 채우지 못할 경우, 로이터와 PR 뉴스와이어 같은 통신사를 이용한다. 이 중 규모가 가장 큰 곳은 프레스 어소시에이션Press Association(이하 PA)으로, 신문 발행인 단체가 1868년에 설립했으며 전국 및 지방 일간지, 방송사, 온라인 매체 등에 기삿거리를 판매한다. 고객사는 뉴스와 특집 기사 목록에서 글감을 골라 신문과 방송에 내보낸다.

PA의 기사 중 상당수는 소속 기자들이 제공하며, PA는 공정하다는 평판을 듣고 있다. 그러나 PA는 홍보 업계와 결탁하여 홍보 대행사에 서비스를 제공한 탓에 그 독립성이 훼손되고 있다. "PA는 영국 미디어 산업의 중심을 차지한 덕분에 여러 홍보 및 판촉 활동에 도움을 제공할 수 있다." PA의 지면은 좀 더 상업적인 통신사와 홍보 대행사에 대량으로 팔린다.[21] 그리고 홍보 대행사는 유수의 통신사 PA를 통해 기삿거리를 공급함으로써 익명성과 권위를 누린다.

홍보산업이 하는 일은 무엇인가?

미디어 홍보

미디어 홍보는 핵심적인 홍보 활동이며, 미디어에 영향을 미치는 것은 여론을 형성하는 아주 효과적인 방법이다. 그렇기에 스핀 닥터들의 관심이 미디어에 쏠릴 수밖에 없다. 미디어는 홍보산업이 영향력을 행사하는 주요 수단이다. 미디어, 특히 언론 매체를 조작하는 것은 대다수 홍보 업무의 토대다.

미디어 홍보는 지면을 확보하고 언론인이 기사를 쓰는 데 영향을 미치며 부정적인 기사를 쓰지 못하게 막고 부정적인 기사로 인한 피해를 줄임으로써 언론 기사를 관리하는 것을 목표로 삼는다. 홍보의 여러 측면, 즉 위기 및 이슈 관리, 브랜드 마케팅, 대투자자 홍보 등은 미디어 홍보 업무의 형태에 따라 달라진다.

언론 매체와 홍보산업은 복잡하게 얽혀 있으며 상부상조하는 방향으로 나아가고 있다. 홍보전문가들은 자신이 제공한 기삿거리가 미디어에 실리기를 바라고, 미디어는 방송 시간이나 지면을 채우기 위해 홍보에 의존한다. 신문은 최근 수십 년간 꾸준히 인력을 줄이면서도 지면은 오히려 늘렸는데, 이 늘어난 지면은 대부분 홍보 업계에서 채웠다.

홍보 업계가 언론인에게 서비스를 제공함으로써 영향력을 행사한다는 사실을 명심해야 한다. 상당수 언론인은 이미 홍보 업계를 불신하고 있기 때문에, 홍보 업계에서는 이들에게 도움을 제공함으로써 관계를 개선하려 한다.

지면 확보

지면을 확보하는 가장 좋은 방법은 보도 자료를 배포하는 것이다. 보도 자료를 잘 만들면 기자가 이를 자료로 손쉽게 기사를 쓸 수 있고, 이렇게 하면 바쁜 기자들의 업무 부담이 줄어든다. 신제품 소식이든 고객사에 대한 논쟁거리든, 보도 자료를 잘 만들어놓으면 기자들은 추가 조사도 하지 않고 '뉴스'를 만들어낸다. 또한 보도 자료를 약간만 첨삭하여 다시 써먹는 경우도 잦다. 요즘 발표되는 보도 자료 중 상당수는 이전 자료에서 문구만 바꾼 것이 많다.

대상 설정

홍보 업계는 영향력을 어떻게 손에 넣을지, 보도 자료를 누구에게 언제 배포해야 할지, 미디어에 어떻게 접근해야 할지를 알아내기 위한 연구에 엄청난 투자를 하고 있다. 《PR 위크PR Week》의 지면은 미디어 기사와 분석으로 넘쳐난다. 새로운 간행물과 프로그램, 인력 이동, 홍보에 대한 편집장의 견해, 여러 유형의 간행물 분석 등은 홍보 업계의 주요 전문지에 빠지지 않는 주제들이다.

얼마 전 한 홍보 컨설턴트가 보도국이 어떻게 돌아가는지 알고 싶어 스카이 뉴스를 비롯해 보도국 세 곳을 찾아갔다.[22] 그는 기삿거리를 언제 어떻게 제공해야 하며 어떻게 하면 보도국의 심기를 건드리지 않는지를 더 잘 이해할 수 있었다. 흥미로운 사실은 언론인이 홍보전문가가 자신의 업무를 이해하기를 바란다는 것이었다. 이들은 더 나은 기삿거리를 받고 싶어 했으며 불쾌한 연락은 피하고 싶어 했다.

요즘은 언론인, 공무원, 정치인을 비롯한 '여론 주도층'의 방대한 데이터베이스를 보유하고 홍보 및 로비 분야의 고객에게 이 정보를 판매하는 소규모 리서치 산업이 떠오르고 있다. 이 중에서도 가장 눈에 띄는 것은 드해빌랜드 인포메이션 서비스De Havilland Information Services다.[23] 직원이 100명 정도 되는 이 회사는 영향력 있는 인물 수천 명에 대한 정보를 수집하고 있다.

기사 빼내기

좋지 않은 기사가 나갈 것 같으면, 홍보전문가는 우선 해당 기사를 빼내고 싶어 한다. 물론 홍보전문가들은 이런 관행에 대해 드러내고 이야기하려 들지 않지만, 이것은 분명히 공익에 반하는 행위다. 하지만 아주 솔직한 곳도 있다. 신생 홍보 대행사인 파트너 PR은 이렇게 주장한다.

> 우리는 언론, 법률, 정보, 커뮤니케이션 기법을 총동원하여 여러분의 위기가 드러나는 것을 막아드립니다. …… 언론에서 어떤 식품 회사의 제품이 오염되었다는 주장에 관심을 가진다면 우리는 그 기사를 빼내드립니다.[24]

기사를 빼내는 핵심 기법 중 하나는 언론인과 거래하는 것이다. 일류 홍보전문가들은 여러 기밀 정보에 접근할 수 있다. 이들은 어떤 기사를 누락시키는 대신 다른 기삿거리를 제공할 수도 있다. 마크 홀링스워스는 벨포팅어의 팀 벨에 대해 이렇게 썼다.

> 벨은 …… 정보를 거래한다. 그는 언론인이나 편집자와 친밀한 관계를 맺음으로써 고객의 메시지가 원하는 대로 전달되도록 만든다. 기자가 파우스트라면 그는 메피스토펠레스인 셈이다. 이들은 서로 은혜를 베푼다. 기자가 해당 고객에 대한 기사를 누락시키면 벨은 다른 사람에 대한 특종을 제공한다. 하지만 기사가 실리면 협력 관계는 끝이 난다.[25]

한 언론인은 홍보 회사 비티 미디어 Beattie Media 의 고든 비티 Gordon Beattie 에 대해 이렇게 말했다. "홍보는 사람들이 알리고 싶지 않은 것을 파악하는 일이다. 고든은 기사를 거래하는 데 이골이 난

사람이다."²⁶

홍보 업계에서 기사를 빼내는 관행이 얼마나 퍼져 있는지를 측정할 수는 없으며, 구체적인 사례도 매우 드물다. 기사를 빼내는 데 성공하면 언론에서 그 흔적을 찾아볼 수 없기 때문이다. 하지만 차임사의 한 임원은 이 관행이 "점점 더 퍼지고 있다"고 말했다.²⁷ W. H. 스미스 W. H. Smith 사의 기업 담당 이사 팀 블라이드 Tim Blythe 는 이렇게 말했다. "홍보 업무의 절반은 언론에서 기사를 빼내는 것이다."²⁸

위기관리

논란을 일으킬 기사를 빼내지 못했다면 이제는 위기를 '관리'해야 한다. 위기관리는 재앙, 적어도 나쁜 뉴스가 발생했을 때 올바른 정보 조작을 수행하는 기술이다. 이것은 활동이나 서비스가 중단되었을 때 고객에게 다시 시작하는 시점을 알려주는 것처럼 단순한 일일 수도 있고, 석유가 유출되거나 환경 문제로 항의를 받거나 제품이 리콜되거나 법률과 규정 문제로 언론에 오르내리는 것을 처리하는 것처럼 민감한 일일 수도 있다.

지금은 회사의 이익이 평판에 좌우되는 시대다. 재앙이 닥쳤을 때 회사가 이를 어떻게 처리하느냐에 따라 회사 이미지가 확 달라질 수 있다. 주요 홍보 회사는 모두 위기관리 서비스를 제공한다. 위기관리 컨설턴트인 마이클 블랜드 Michael Bland 는 이렇게 말했다. "산업 재해로 사람이 한 명 죽는 일쯤이야 손쉽게 감출 수 있던 시

절은 지나갔다."²⁹

홍보 위기가 발생하면, 기업은 위기관리 전문가를 불러 미디어, 정부, 대중과의 커뮤니케이션을 처리하도록 한다. 보험 회사 중에는 고객사가 위기관리 계획을 서면으로 작성하고 적어도 1년에 한 번씩 모의 평가를 통해 위기관리 능력을 입증할 경우 보험료를 낮추어 주는 곳도 있다.³⁰

이슈 관리

위기나 논란이 제때 시들지 않으면 장기적 관리가 필요한 '이슈'로 바뀐다. 이슈 관리는 위기 커뮤니케이션과 함께 언급되는 일이 잦으며, 주로 광범위한 이슈에 대한 대중의 인식에 장기간 영향을 끼치는 일이다. 몬산토의 1998년 광고 캠페인 '음식, 건강, 희망'은 위기관리라고 말할 수 있다. 영국에서 유전자 변형 농산물에 대한 반발이 빗발치자 이에 대응하기 위해 내세운 광고이니 말이다. 반면에 유전자 변형 농산물에 대한 수용성을 높이기 위해 식품 업계에서 현재 은밀히 추진하고 있는 캠페인은 장기적인 이슈 관리로 분류할 수 있다.

이슈 관리에서는 위장 단체와 제삼자 지지자 third-party advocate 방식이 주로 쓰인다. 원자력 산업이 새로운 원자력 에너지에 대한 수용성을 위해 장기적으로 추진하는 이슈 관리 활동은 제삼자 지지자인 제임스 러브록 James Lovelock (가이아 가설로 유명한 생태학자)에게서 크나큰 도움을 받았다. 2004년 여름 미디어에서 핵에너지에 대한 논란이 일기 시작했을 때 러브록은 원자력이 기후 변화 문제를 해결할 수 있다며 지지 입장을 밝혔고, 그 덕분에 미디어에 재갈을 물릴 수 있었다.

러브록의 견해는 의심할 여지없이 정직한 것이지만, 그가 미디어에 한껏 노출될 수 있었던 것은 틀림없이 원자력 업계의 홍보와 연관되어 있었기 때문이다. 그는 업계의 위장 단체인 '핵에너지 지지자들Supporters of Nuclear Energy, SONE'의 후원자다.[31] 이 단체를 설립한 인물은 마거릿 대처의 전직 언론 비서관인 버나드 잉엄Bernard Ingham으로, 홍보 회사 힐 앤드 놀턴의 이사이자 핵연료공사의 유급 로비스트였다. 그는 환경 단체에 적대적인 것으로 유명하며 풍력 발전에 반대하는 운동 단체인 컨트리 가디언Country Guardian의 부회장이기도 하다.[32]

슬로베니아의 홍보 권위자 데얀 베르칙Dejan Vercic 박사는 홍보협회의 2004년 총회에서 이슈 관리 활동의 전략적 특징을 설명했다. 그는 홍보협회 회원들에게 향후 5~10년의 최대 과제는 원자력과 생명공학에 대한 대중 논쟁을 일으켜 업계의 '영업 허가'를 되찾는 것이라고 말했다.[33]

이슈 관리는 장기적이고 고차원적인 메시지 전달과 연관되어 있다는 점에서 '전략적 커뮤니케이션'으로 불리기도 한다.

브랜딩과 마케팅

마케팅에는 광고와 판촉만 있는 것이 아니다. 홍보산업은 자체적인 마케팅 산업 비중을 늘리고 있다. 제품 출시 소식과 소비자 조사는 전문 홍보 회사들도 즐겨 써먹는 기삿거리다. BBC 라디오 4의 뉴스 프로그램 〈PM〉에서는 운송업체 내셔널 익스프레스National Express에서 내놓은 새 서비스에 대해 6분짜리 방송을 내보냈다. 이 서비스는 버스 고객이 이웃한 좌석 두 개를 직접 예약할 수 있도록 하는 것이었다.[34] 프로그램은 내셔널 익스프레스의 대변인과 전직 보수당 교통 장관 스티븐 노리스Steven Norris를 인터뷰했다. 노리스는 홍보 컨설팅 회사 시티게이트 그룹(내셔널 익스프레스가 이 회사의 고객이다)에서 일하고 있다.[35] 이 프로그램은 내셔널 익스프레스에게 굉장한 마케팅 기회였다. 광고보다 방송 시간이 훨씬 길고 업계에서 직접 긍정적인 이미지를 내세울 기회도 얻었다. 그리고 겉보기에 독립적인 제삼자 유명 인사가 회사의 장점을 찬양했고, 프로그램 자체는 뉴스로 포장되었다. 정보가 텔레비전 광고가 아니라 라디오 뉴스 형태로 전달되면 청취자가 정보를 의심하거나 흘려들을 가능성이 낮아진다. 물론 광고비는 한 푼도 들지 않았다.

대형 홍보 회사들은 대부분 브랜드 마케팅 업무를 수행한다. 브랜드는 무형의 자산으로 간주되며 기업의 대차대조표에 계상된다. 그러니 허투루 볼 일이 아니다. 현대 산업 환경에서 브랜딩은 효과적인 마케팅의 필수 요소로 평가된다. 이제 단순히 광고만 가지고는 브랜드를 대중의 마음에 각인시킬 수 없다. 우리는 점점 더 많은 광고의 홍수에 빠져들고 있으며, 미디어는 기업이 제공하는 최신 제품이나 서비스에 대한 '뉴스'를 더 많이 쏟아내고 있다. 이런 것들은 대부분 과자 신제품의 출시 소식처럼 아무런 해를 끼치지 않아도 언제나 소비주의를 조장한다.

이런 관행의 가장 큰 해악은 미디어에 재갈을 물린다는 것이다. 미디어와 홍보가 결탁한 탓에 신문과 방송 등에서 '제품 뉴스'의 비중이 점점 커지고 있다. 미디어가 증가함에 따라 기삿거리 수요 역시 늘어나고 있으며, 마치 문화를 오염시키듯 홍보가 지면을 채우고 있다.

공공 홍보와 로비

홍보와 로비는 오래전부터 입법 기관과 정부에 영향을 미치는 수단으로 이용되었다. 기업이 입법 과정이나 정부의 의사결정에 영향력을 행사하면 여기에는 분명히 잠재적인 보상이 따른다. 그리고 이 분야에서 성과를 내려면 전문성이 필요하다.

로비스트는 고객사의 기업 권력을 활용할 뿐만 아니라 정치인에게 혜택을 제공함으로써 영향력을 행사하려 한다. 언론인과 마찬가지로 정치인 또한 자원이 한정되어 있기 때문에 모든 이슈를 따라잡기는 힘들다. 로비스트는 여느 홍보전문가와 마찬가지로 자신이 영향을 미치려는 사람들에게 수준 높은 정보를 제공하여 친밀한 관계를 맺으려고 한다(물론 어디까지나 고객에게 유리한 정보를 제공한다).

이들은 연설문을 작성하는 일을 돕기도 한다.[36]

지난 수년 동안 여러 로비 관련 추문에서 밝혀졌듯이 로비스트들은 총리 공관을 비롯한 권력의 최상부까지 손길을 뻗쳤다.[37] 공공 홍보는 언제나 정치 경험과 주요 인사와의 인맥에 좌우되며, 홍보산업과 정부 사이에는 끊임없이 회전문 인사가 이루어지고 있다. 전문 정치 컨설턴트 협회 회원들은 대부분 (전직) 공무원, 정당 직원, 정치인을 마음대로 채용한다. 정치 로비 컨설팅 회사 APCO의 수석 컨설턴트 사이먼 밀턴 Simon Milton 은 웨스트민스터 시의회 의장도 맡고 있다. 이 같은 인맥과 연결망은 아주 방대하며, 인맥을 쌓는 패턴 또한 잘 확립되어 있다.

사회학자 애런 데이비스는 대정부 홍보와 로비야말로 가장 성공적인 홍보 유형이라고 주장한다. 기업 로비스트는 의회에 연줄을 대고 영향력을 행사할 수 있으며, 경제 정책을 논의할 때 경쟁사의 관심사는 흔히 배제된다.[38] 데이비드 밀러와 윌리엄 디난은 이렇게 말했다. "홍보와 공공 홍보는 영국과 유럽의 정치 영역에서 정책과 의사결정 구조 깊숙이 침투했다."[39]

대투자자 홍보와 금융 홍보

금융 홍보는 홍보 업계에서도 가장 경쟁이 치열하고 수지가 맞으며 인정을 받는 분야다. 금융 홍보는 전문 지식과 대규모 자산이 필요하기 때문에 파이낸셜 다이내믹스 Financial Dynamics, 시티게이트 듀

로저슨Citigate Dewe Rogerson, 털컨Tulchan, 스퀘어 마일Square Mile, 브런스윅Brunswick 같은 금융 분야의 주요 대행사들이 독점하다시피 하고 있다. 하지만 힐 앤드 놀턴이나 차임 커뮤니케이션스Chime Communications 같은 대형 대행사와 재벌도 대부분 전문 금융 커뮤니케이션 업무를 수행한다.

금융시장에서는 정보가 가장 중요하다. 거래는 신념에 좌우되는 경우가 많다. 어떤 기업이나 상품의 가치가 상승하리라고 시장이 믿는다면 실제로 그렇게 된다. 반면에 가치가 하락하리라고 믿는다면, 패거리 심리herd mentality 때문에 정말로 떨어지게 된다. 런던 금융시장에서는 생각이 곧 현실이며 정보가 바로 권력이다. 따라서 뛰어난 스핀 닥터가 필수적이다. 정보, 인식, 평판을 쥐락펴락하는 능력이 홍보 대행사에 꼭 필요한 것이다.

금융 홍보는 1980년대에 시작되었다. 금융시장의 규제 완화와 민영화 덕분에 일거리가 넘쳐나게 된 것이다. 그 이후 금융 홍보는 엄청난 속도로 성장하며 인수 합병 붐을 일으켰다. 1986년에 영국 기업들은 금융 홍보에 3700만 파운드를 썼으며 1996년에는 2억 5000만 파운드를 쏟아부었다. "이런 맹렬한 성장세는 가라앉기는커녕 더 가속화될 것이다."⁴⁰

금융 스핀 닥터는 여느 홍보 부문과 마찬가지로 언론인에게 막대한 영향력을 행사할 수 있다. 이들은 언론인을 끌어들이기 위해 혜택을 제공할 수 있는데, 이는 다른 홍보전문가들이 할 수 없는 일이다. 데이비드 미치David Michie는 금융 홍보 업계에서 일하는 익명의 인사가 한 말을 전했다.

언론인이 회사 실적이 예상보다 좋을 거라는 이야기를 내부자한테서 들었다고 해봅시다. 공식 발표 며칠 전에 말이죠. 그러면 주식을 몇 천 파운드어치는 살 시간적인 여유가 생깁니다. 이 언론인은 실적 호조를 예측하는 특종을 쓰고 주가가 치솟을 때 주식을 팔아치워 손쉽게 10퍼센트의 수익을 올릴 수 있습니다.[41]

스퀘어 마일에서는 이런 행위가 드물지 않다.《선데이 텔레그래프Sunday Telegraph》전직 기자인 패트릭 위버Patrick Weever는 '금요일 밤에 기사 떨구기Friday Night Drop'(마감 시간 직전에 기삿거리를 내보내 기자들이 대처할 수 없게 만드는 전략—옮긴이)로 알려진 이런 관행을 거부하다 부당하게 해고당했다.[42]

결론

우리는 영국의 홍보산업이 방대하고 다양하며 여러 산업에 걸쳐 있다는 사실을 짤막하게나마 살펴보았다. 홍보산업은 연간 매출액이 65억 파운드에 달한다. 더 이상 부수적이거나 전문적인 활동이 아닌 것이다. 이제 홍보는 거대 산업이자 기업 활동에 필수적인 요소다. 이들의 거대한 수입은 공개적인 커뮤니케이션을 수행하는 데 쓰일 뿐만 아니라 인맥과 영향력의 은밀한 그물망을 활용하고 확장하는 데도 쓰인다. 이 그물망은 정부, 시장, 미디어까지 뻗쳐 있다.

주류 미디어와 홍보산업은 공생 관계나 다름없다. 홍보는 주류 언론이 상업화된 원인이자 결과이며, 미디어는 비용을 줄이기 위해 홍보 대행사의 무료 기삿거리를 써먹는다. 미디어가 홍보 자료를 많이 이용할수록 홍보 대행사는 신뢰성이 높아지고 자금력이 풍부해지며, 그럴 때 미디어는 비용을 더욱 줄일 수 있다. 그 결과, 탐사 보도가 줄고 피상적인 뉴스가 늘며 기업의 의제가 더 많이 전파된다. 결국 뉴스 생산 비용에서 기업 부문이 차지하는 비중이 늘어나게 되는 것이다.

홍보와 로비는 익명성과 은밀한 작동 방식을 통해 영향력을 행사한다. 어떤 산업도 이렇게 비밀스러운 방식으로 사회에 영향을 미치지는 않는다. 홍보산업의 활동은 대부분 조사나 규제를 별로 받지 않고 사회에 책임을 지지 않는다. 이들의 관심사는 고객사와 주주뿐이며, 우리는 이들의 활동을 파악할 권한이 없다. 기업이 홍보를 통해 정치와 사회에 미치는 영향을 계량화할 수는 없다. 하지만 영국의 홍보산업을 둘러보면서 이들의 영향이 광범위하고 반민주적이며 주요한 정치·사회·환경 문제를 해결하는 데 역행한다는 사실을 알 수 있었다. 따라서 홍보산업을 면밀히 조사하고 홍보 활동에 대한 대중의 인식을 증진시키는 것은 매우 중요하며, 최소한 어느 정도의 투명성은 법으로 강제해야 한다. 이러한 발전이 이루어진다면, 상업적 홍보 활동을 효과적으로 규제할 수 있는 제도적 기반에 대한 정량적·정성적 정보를 얻을 수 있을 것이다.

2부

기업의 정보 조작이 민주주의를 전복하는 과정

04

권좌 뒤의 권력
워싱턴의 일급 정치전략가들

로라 밀러

일군의 거물급 정·재계 캠페인 전략가들이 있다. 이들은 백악관과 밀접하게 연결되어 있고 담배 회사에 뿌리를 두고 있으며 무대 뒤에서 미국의 선거와 입법을 좌우한다. 홍보비 수백만 달러가 서로 교차하는 지점에 자리 잡은 네 개의 회사는 놀랍게도 서로 연결되어 있다.

1. DCI 그룹: 워싱턴에 소재한 로비 및 홍보 회사로 가짜 풀뿌리 단체를 만드는 데 일가견이 있으며, "자유시장과 기술이 만나는" 웹사이트 '테크 센트럴 스테이션Tech Central Station'을 운영하고 있다.

2. FLS-DCI: 텔레마케팅 및 정치 컨설팅 회사로 워싱턴, 세인트 폴, 피닉스에 사무실을 두고 있다.
3. FYI 메시징: 피닉스에 소재한 정치 홍보 우편 기업이다.
4. TSE 엔터프라이즈: 피닉스에 있는 인터넷 홍보 기업으로 웹사이트를 만들고 운영하며 홍보 이메일을 발송한다.

고객이 겹치는 이 회사들은 토머스 신허스트Thomas Synhorst를 중심으로 연결되어 있는데, 그는 각 회사를 창립한 인물이다.[1] 이 회사들은 2000만 달러를 받고 조지 부시의 2004년 대선을 도왔으며 AT&T, 마이크로소프트, 거대 기업 연합인 미국제약협회Pharmaceutical Research and Manufacturers of America 등 최고의 고객들에게 신임을 얻고 있다.

'전략 홍보 컨설팅 회사'를 자처하는 DCI 그룹은 정치 캠페인과 같은 기업 이슈를 다룬다고 자부하며 웹사이트에서 이렇게 주장하고 있다. "우리는 정치 기업입니다. 우리의 파트너는 모두 정치 캠페인 경험이 있습니다. 우리는 치열한 경쟁을 뚫고 성장했으며 유동적인 상황과 꽉 짜인 일정에 익숙합니다." DCI 그룹이 제공하는 서비스에는 전국, 주, 지역 단위의 로비, 제휴 조직화, 풀뿌리 운동 지도자 발굴, 이슈에 대한 유권자 지원 등이 있다. 이 회사는 풀뿌리 단체를 표방했지만 사실 기업 후원을 받는 연합체와 연계되어 있었다. 이것은 전혀 놀라운 일이 아니다. DCI는 고객에게 '제삼자 지지'를 제공한다고 선전하고 있으니 말이다. "기업은 혼자서 승리할 수 없습니다." 이것은 DCI 그룹 웹사이트에 떠 있는 문구다.

선출직 공무원이든, 규제 기관이든, 대중 여론이든 이슈와 목표에 상관없이 여러분은 자신의 주장을 옹호해 줄 제삼자 동맹이 필요합니다. 우리는 여러분이 믿을 수 있는 협력 파트너를 찾고 이들을 최대한 활용할 수 있도록 도와드립니다. 이것이 우리의 전문 분야입니다.[2]

위장 단체를 내세우는 것은 여론을 호도하는 일반적인 술책이다. 기존의 홍보전략가들은 자신의 메시지를 위장 단체에서 홍보 대상에게 전달하는 통로로 뉴스 매체를 사용했다. 이에 반해 DCI와 그 자회사들은 언론 매체를 완전히 건너뛰는 '직접 접촉' 방식을 제공한다. 고객의 메시지는 녹음된 전화 음성, 일반 우편, 이메일을 통해 직접 전달된다. 직접 접촉을 통한 캠페인은 메시지에 대한 절대적인 주도권을 제공한다. 이 메시지들은 언론 매체를 통해 걸러지지 않기 때문에, 작성자는 편향적이거나 선동적인 메시지를 원하는 대로 내보낼 수 있다.

FLS-DCI의 웹사이트(FLSphones.com)에는 이렇게 나와 있다. "우리는 이기는 경기를 합니다." 이 회사는 녹음된 전화 음성 외에도 '편지 데스크'라는 서비스를 제공하는데, 그 방법은 다음과 같다.

유권자의 친필 편지는 민감한 이슈에 대한 입법권자의 견해를 좌우하는 데 효과적입니다. FLS는 여러분을 위해 수십만 통의 편지를 만들어드립니다. 똑같은 편지는 하나도 없으며 모두 여러분이 원하는 메시지를 전달합니다. 각 편지는 발송자가 다르며 개인의 서명이 들어 있습니다. 유권자의 친필이 들어 있는 경우도 많습니다.

FLS는 '연결 통화patch-through calling'도 제공한다. 고객이 전화를 받으면 이 통화를 직접 입법권자에게 연결하므로, 고객의 메시지를 전달하는 유권자들의 전화가 빗발치게 되는 것이다. 이 회사 웹사이트에서는 이렇게 자랑하고 있다. "FLS는 고급 연결 통화를 제작하는 스크립트와 통화 시스템을 개발했습니다. 유권자들은 입법권자에게 직접 연결되며, 경우에 따라 이들이 선출직 공무원에게 여러분의 메시지를 직접 전달할 수 있도록 개별적인 대화 주제를 제공하기도 합니다." 다른 서비스로는 미리 녹음된 메시지를 사용하는 자동 통화, 전화 수신 서비스(전화를 받는 직원을 제공한다는 뜻), 이메일을 비롯한 정보 수집 서비스 등이 있다.[3]

FLS-DCI의 공동 창업자 토니 페더Tony Feather는 조지 부시의 2000년 대선 캠페인에서 정치 위원을 역임했다. 그는 '미국을 위한 진보Progress for America, PFA' 창립을 거들기도 했다. 이곳은 소프트머니를 모금하는 단체로 2004년에는 부시를 지원하기 위해 2880만 달러를 모금했다. FLS-DCI의 웹사이트에서는 부시의 최고위급 조언자인 칼 로브가 써준 추천사를 눈에 띄게 올려두었다. 홍보 우편 전문가이기도 한 로브는 이렇게 말하고 있다. "저는 이 친구들을 잘 압니다. 이들은 파트너가 되어 함께 캠페인을 진행합니다. 프로그램 기획부터 스크립트 작성까지, 대상 선정부터 전문적이고 효과적인 통화까지, 여러분이 경주에서 승리할 수 있도록 최선을 다할 것입니다."[4]

DCI의 과거를 폭로하다

DCI 그룹의 전문 분야, 즉 '신뢰할 수 있는 제휴 파트너'를 만들어 주는 것은 그룹의 경영 파트너인 토머스 신허스트, 더글러스 굿이어Douglas Goodyear, 티머시 하이드Timothy Hyde가 1990년대에 R. J. 레이놀즈R. J. Reynolds 담배 회사(이하 RJR)를 위해 10년 가까이 발전시켜 온 기법이다.

DCI 회장 토머스 신허스트는 1980년대에 공화당 아이오와 주 상원의원 찰스 그래슬리Charles Grassley의 보좌관으로 경력을 쌓기 시작했다. 1988년 신허스트는 아이오와에서 밥 돌Bob Dole의 대선운동을 이끌었으며, 아이오와 주 전당대회에서 밥 돌 후보가 조지 H. W. 부시George H. W. Bush를 누르는 데 이바지했다. 그는 1996년에도 밥 돌의 대선운동에 참여했는데, 이때는 정치 컨설팅·텔레마케팅 회사인 다이렉트 커넥트Direct Connect를 설립한 뒤였다. 이와 동시에 신허스트는 RJR의 중서부 지역 책임자로 일하고 있었다. 주 법무국에서 담배 업계에 제기한 소송의 일환으로 공개된 RJR의 내부 문서를 인터넷에서 검색해 보면 그가 수행한 업무 중 일부를 자세히 알 수 있다. RJR 현지 영업 책임자 마크 스미스Mark Smith가 보낸 편지를 살펴보면 1990년부터 신허스트의 이름이 등장한다. 편지에서는 담배 회사를 위해 캔자스 위치토에 있는 보잉 공장의 작업장 금연 규정을 무력화할 전략을 설명하고 있다. 신허스트는 RJR 현장 조정자로서 반흡연 정책에 반대하는 보잉 직원을 면담했다.[5]

RJR 현장 조정자의 임무에는 주와 지방 정부의 금연 및 담배세 정책을 추적하고, 작업장 금연 정책을 조사하며, 회사 영업 책임자를 만나고, '흡연자 권리' 단체를 만들며, 회의를 개최하고 청원서를 돌리고 자료를 제공하는 등 그 단체를 지원하고, 학교와 함께 RJR 청소년 프로그램을 운영하며, 대중적 이벤트에 참가자를 동원하고, 담배 업계의 입장을 지지하는 입법권자와 면담하며, 편집자에게 보내는 편지를 지역 신문에 기고하고, 반납세 운동처럼 관심사가 같은 단체와 연대하는 일 등이 있다.

한 내부 메모에서는 현장 책임자에게 다음과 같이 지시를 내리고 있다.

> 복사하고 또 복사하라. 편집자에게 보내는 편지에 우호적인 글이 실리면 편지를 복사해 선출직 공무원들에게 보낸다. '저도 이렇게 생각합니다'라는 식으로 메모를 덧붙여서 말이다. 이게 핵심이다. 편집자에게 보내는 편지는 2단계로 이루어진다. 1단계는 편지가 실리도록 하는 것이며, 2단계는 편지를 최대한 널리 배포하도록 하는 것이다.[6]

DCI 그룹의 최고 경영자 더글러스 굿이어는 RJR에서 일한 적이 있다. 그는 DCI 그룹에 입사하기 전에 월트 클라인 앤드 어소시에이츠Walt Klein and Associates의 부회장이었다. 이 홍보 회사는 적어도 1980년대부터 RJR을 위해 일했다. 1993년 굿이어는 램허스트 코퍼레이션Ramhurst Corporation이라는 기관을 설립하는 데 중요한 역할을 했는데, 이 기관은 RJR에서 자금을 지원받았으며 담배 업계의 정계 로비를 지원하고 이를 RJR의 전국적인 가짜 풀뿌리 운동과 조율했다. RJR 내부 문서에 따르면, 램허스트는 다음 임무를 수행하는 대가로 1994년에 260만 달러를 받았다.

> 연방, 주, 지방의 이슈에 대한 전술적 프로그램을 수행한다. 당사에 중요한 문제에 대해 우호적으로 발언하도록 흡연자 권리 단체와 기타 제휴 파트너의 네트워크를 만든다. 운동가에게 정보를 제공하고 이들이 풀뿌리 운동에 지속적으로 참여할 수 있도록 교육과 커뮤니케이션 프로그램을 제공한다.[7]

신허스트는 램허스트의 현장 담당 중 하나였다.

DCI의 또 다른 임직원 티머시 하이드는 1988년부터 1997년까지 RJR의 공공문제 수석이사로 일했다. 그는 RJR의 홍보 활동을 총괄했는데, 그의 주간 보고서(RJR 온라인 자료실에서도 읽어볼 수 있다)는 공적 영역에서 펼쳐진 담배 논쟁과 이 논쟁을 이끌기 위한 업계의 노력을 보여준다.

굿이어는 50개 주 모두에서 가짜 풀뿌리 운동을 조율할 만큼 전문성을 지니고 있으며, 신허스트는 텔레마케팅 작업과 결합된 현장에서 경험을 쌓았고, 하이드는 여러 해에 걸친 기업 경험이 있다. 이 덕분에 DCI 그룹은 고객들에게 방대한 경험과 인맥을 제공한다. 1990년대 담배 업계가 규제, 세금, 소송에 맞서 싸우면서 수많은 정치 전문가와 전략가가 기술을 익힐 수 있었다. 이들의 훈련장에는 엄청난 자금이 투입되었다. 담배 반대 운동을 주로 민주당에서 주도했기 때문에 담배 업계의 자금은 공화당 금고로 흘러들었다. 이 덕분에 공화당 정치 자문 집단과 지하의 가짜 풀뿌리 운동가 사이의 유대 관계는 더욱 단단해졌다.

이런 식으로 DCI 그룹과 제휴사들은 마이크로소프트 같은 미국 유수의 기업과 제약 업계처럼 규제가 심한 부문에서 고객을 확보할 수 있었다. 이 기업들 역시 규제 기관, 소비자 운동가, 소송 변호사를 피하고 싶어 하기 때문이다.

큰손 마이크로소프트

마이크로소프트가 DCI와 손잡기로 결정한 것은 1990년대에 미국 법무부에서 반독점 소송을 제기했을 때였다. 2000년 당시, 마이크로소프트는 공화당과 민주당의 선거 자금, 싱크탱크, 겉보기에는 독립적인 업종별 협회를 후원하고 영향력 있는 로비스트, 홍보전문가, 정치전문가에게 보수를 지불하느라 수백만 달러를 쏟아붓고 있었다. 소프트웨어 업계의 이 거인은 여론과 주 공무원, 연방 공무원의 견해에 영향을 미치기 위해 광범위한 지지 네트워크를 조직했다. 그러나 마이크로소프트가 이 단체들을 후원한다는 사실은 거의 공개되지 않았다.

《뉴욕 타임스New York Times》는 2000년 6월에 이렇게 보도했다. "마이크로소프트는 전국납세자연맹National Taxpayers Union, 세제 개혁을 위한 미국인 모임 Americans for Tax Reform, 케이토 연구소 Cato Institute 를 비롯하여 자유시장을 지향하는 연구 단체를 후원했다. 이 단체들은 마이크로소프트의 법률적 입장을 지지하는 연구 결과를 내놓고 언론에 글을 기고했다. 게다가 마이크로소프트는 기술경쟁력협회 Association for Competitive Technology, ACT나 기술 주도권을 위한 미국인 모임 Americans for Technology Leadership, ATL 같은 업종 단체를 새로 만들기도 했다. 이들은 웹사이트뿐만 아니라 교묘하고도 은밀한 풀뿌리 로비 운동을 통해 마이크로소프트를 지원했다."[8]

기술경쟁력협회와 기술 주도권을 위한 미국인 모임은 현재 밀접한 제휴 관계를 유지하고 있다. 기술 주도권을 위한 미국인 모임은 "정부의 기술 규제를 제한하고 기술산업에 영향을 미치는 공공 정책 문제에 대한 경쟁적 해결책을 촉진하려는 기술전문가, 소비자, 기관의 광범위한 연합"이라고 주장하지만, 사실은 마이크로소프트의 끄나풀에 지나지 않는다. 기술 주도권을 위한 미국인 모임의 '창립 회원 단체' 열 곳 중 네 곳, 즉 기술경쟁력협회, 정부의 예산낭비에 반대하는 시민 모임 Citizens Against Government Waste, 60세 이상 노인회 60Plus Association, 소기업생존위원회 Small Business Survival Committee 는 업계의 후원을 받으며 후원자의 입장을 끊임없이 대변하는 단체다. 나머지 창립 회원 단체로는 컴퓨터 업종 협회인 컴퓨터 기술산업협회 CompTIA와 대형 할인점인 컴프유에스에이 CompUSA, 스테이플스 Staples 등이 있다. 가짜 풀뿌리 단체가 아닌 이 협회들은 마이크로소프트의 반독점 반대 활동이 주목표인 단체들을 감춰주는 데 한몫을 했다.

조슈아 마이커 마셜Joshua Micah Marshall은 《아메리칸 프로스펙트 American Prospect》 2000년 7월 17일자에서 기술경쟁력협회, 기술 주도권을 위한 미국인 모임, DCI, 마이크로소프트의 유착 관계를 밝혔다. 그는 다음과 같이 썼다.

> 마이크로소프트는 신허스트의 DCI가 컨설턴트 자격을 유지했다는 사실을 인정하지 않았지만, 신허스트가 아닌 또 다른 DCI 임직원 하이드가 회사 업무를 처리했다고 말했다. 어느 경우든 DCI, 기술 주도권을 위한 미국인 모임, 마이크로소프트가 이렇게 결부되어 있다는 사실은 놀랄 만하다. DCI는 마이크로소프트를 위해 일하면서 기술 주도권을 위한 미국인 모임에도 컨설팅 서비스를 제공했다.

기술 주도권을 위한 미국인 모임 사무총장 조시 마티스Josh Mathis는 기술경쟁력협회 회장 조너선 주크Jonathan Zuck가 내세운 인물이며 DCI 임직원이기도 하다. 그는 신허스트, 하이드와 같은 워싱턴 DC 사무실에서 일하고 있다.⁹

기술 주도권을 위한 미국인 모임의 인터넷 주소(techleadership. org)는 기술경쟁력협회가 소유하고 있다. 사이트를 운영하는 곳은 신허스트와 토머스 스톡Thomas Stock의 유한책임회사인 TSE 엔터프라이즈다. TSE, 그리고 스톡의 또 다른 회사인 네트워크 프로세싱 서비스Network Processing Services(이곳은 TSE의 인터넷 주소를 소유하고 있다)는 DCI 고객사에게 우호적인 입장을 취하는 업계 기반 풀뿌리 단체 여러 곳의 웹사이트와 연관되어 있다. TSE 웹사이트에는 자신들의 업무가 "홍보, 공공 홍보, 전국 정치 단체를 위해 웹사이트와 포털, 대화형 멀티미디어, 전자 다이렉트 마케팅 활동을 수행하는 것"이라고 나와 있다.[10]

2001년 8월 《로스앤젤레스 타임스 Los Angeles Times》는 기술 주도권을 위한 미국인 모임이 마이크로소프트 배후에서 "전국 규모의 운동을 교묘하게 조율하여 풀뿌리 운동이 일어나고 있다는 인상을 주었다"고 보도했다. "마이크로소프트의 후원을 받는 단체에서 조율한 이번 운동은, 일반 시민이 자발적으로 편지를 보내는 것처럼 보이기 위해 애를 쓰고 있다. 지난달에 보낸 편지들은 사람마다 다른 편지지에 인쇄했으며 단어 배치, 종이 색깔, 글꼴을 달리했다. 이런 교묘한 방식은 정치 영역에서 매일같이 벌어지는 흔해빠진 로비 전술과 달랐다." FLS와 DCI는 자신들이 편지를 작성했다고 밝힌 적이 없지만, 자사의 '편지 작성' 서비스를 줄기차게 내세우고 있다 ("똑같은 편지를 하나도 쓰지 않고 귀사에서 원하는 메시지를 전달합니다").

《로스앤젤레스 타임스》에 따르면 이런 활동이 들통 난 것은 당시 유타 주 법무국장 마크 셔틀레프 Mark Shurtleff가 받은 편지 때문이었다. "발신자 중에는 죽은 사람이 적어도 두 명은 있었다. …… 편지는 마이크로소프트 독점 소송을 잘 봐달라는 내용이었다. 유타 주민 400명이 이런 청원서를 보냈다." 그중에는 '유타 주 투손 시'(투손은 유타 주가 아니라 애리조나 주에 있다—옮긴이)에서 온 편지도 있었다.

마이크로소프트를 변호하는 편지를 실제로 보낸 '살아 있는' 사람들 중에서도 나중에 자기가 속았다며 항의하는 경우가 있었다. 《로스앤젤레스 타임스》에는 이런 기사가 실렸다.

> 미네소타, 일리노이, 유타의 법무국장들 말에 따르면, 전화를 받은 사람들 중에는 주 정부에서 이런 요청을 한 줄로 아는 이들도 있었다. 미네소타 주민인 낸시 브라운Nancy Brown은 마이크로소프트에 대한 질문을 받았을 때 자기 집에 있는 고장 난 컴퓨터를 고쳐주는 줄 알았다고 말했다.

> 또 다른 미네소타 주민은 주 법무국장에게 전화를 걸어 이렇게 말했다. "저는 속은 게 틀림없습니다."

마이크로소프트에 대한 법무부의 반독점 소송에는 18개 주의 법무국장이 참여했다. 아이오와 법무국장 톰 밀러Tom Miller는 마이크로소프트를 지지하는 편지를 2001년 여름에만 50여 통 받았다고 밝혔다. 《로스앤젤레스 타임스》는 이렇게 보도했다. "같은 편지는 하나도 없지만 단어만 바꿔 쓴 티가 난다."

> 아이오와에서 보낸 편지 중 네 통에는 이런 문장이 들어 있었다. "뛰어난 경쟁력과 혁신은 기술산업의 두 가지 특징입니다." 또 다른 편지 세 통은 다음 문구를 토씨 하나 틀리지 않게 써놓았다. "과거와 마찬가지로 앞으로도 성공을 거두려면 기술 부문을 지나치게 규제해서는 안 됩니다."

《로스앤젤레스 타임스》는 DCI의 제휴사인 'DCI/뉴미디어'가 민주당과 긴밀히 연결된 공공 홍보 회사인 듀이 스퀘어 그룹Dewey Square Group과 공조하여 마이크로소프트의 풀뿌리 운동을 지원했다고 주장했다.[11]

언론 로비스트

자유시장적 견해와 분석 글을 싣는 유사 언론 웹사이트인 테크 센트럴 스테이션은 AT&T와 마이크로소프트에 열광적인 지지를 보내고 있다. 테크 센트럴 스테이션은 2000년에 설립되었으며 보수주의자 금융 칼럼니스트인 제임스 글래스먼James Glassman이 운영하고 있다. 1990년대 닷컴 거품이 꺼지기 직전, 글래스먼은 '다우지수 36,000: 다가올 강세 시장에서 이익을 누릴 새로운 전략Dow 36,000: The New Strategy for Profiting From the Coming Rise in the Stock Market'이라는 제목으로 엉터리 예언을 발표한 바 있으며, 미국기업연구소 American Enterprise Institute, AEI에서 상근 연구원으로 재직 중이기도 하다. 이 싱크탱크는 기업들을 비롯해 린드 앤드 해리 브래들리 재단 Lynde and Harry Bradley Foundation, 존 M. 올린 재단 John M. Olin Foundation, 스케이프가家 재단 Scaife Family Foundation 등 보수적 재단의 후원을 받고 있다. 글래스먼은 얼마 전까지도 《워싱턴 포스트 Washington Post》에 칼럼을 기고했다. 하지만 전문적인 금융 분석을 제공하는 언론인으로서의 임무와 상충하는 일에 수도 없이 연루된 탓에 결국 물러나고 말았다.

테크 센트럴 스테이션에서는 그러한 이해관계의 충돌 사례를 잘 찾아볼 수 있는데, 그중에서도 몇 가지 사례가 유달리 눈에 띈다. 이 웹사이트는 AT&T, 마이크로소프트, 엑손 모빌, 제너럴 모터스, 인텔, 맥도널드, 나스닥, 내셔널 세미컨덕터, 퀄컴, 미국제약협회 등의 후원사를 공개하고 있다. 웹사이트에 실리는 기사들이 후원사의 이해관계를 대변하는 것은 놀랄 일이 아니다. 테크 센트럴 스테이션은 최근까지도 실제 발행처를 밝히기를 꺼려왔는데, 이 웹사이트의 발행처는 바로 DCI 그룹이었다.[12]

테크 센트럴 스테이션은 2003년 12월 《워싱턴 먼슬리Washington Monthly》 편집장 니컬러스 컨페소어Nicholas Confessore가 DCI와의 관계를 폭로하기 전까지는 이 사실을 공개하지 않았다. 컨페소어는 이렇게 썼다. "내가 의견을 달라고 하자 웹사이트가 바뀌었다. 전에는 발행처가 '테크 센트럴 스테이션'으로 되어 있었으나 이제는 'DCI 그룹'으로 바뀌었다."

컨페소어는 두 기관의 관계를 다음과 같이 설명했다.

두 기관은 소유주, 직원, 심지어 워싱턴 시내 K 가街(로비스트들이 모여 있는 워싱턴 중심가의 도로 이름—옮긴이) 인근에 있는 사무실까지도 공유한다. 공교롭게도 DCI 고객사 중 상당수가 이 웹사이트의 '후원사'이기도 하다. 테크 센트럴 스테이션은 후원사의 배너 광고를 달아주는 것에 그치지 않으며, 이곳의 필진은 웹사이트를 비롯한 온라인 공간에서 후원사의 정책적 입장을 적극적으로 변호한다.

컨페소어는 계속해서 이렇게 썼다. "제임스 글래스먼과 테크 센트럴 스테이션은 워싱턴 정가에 전례가 없는 방식(언론 로비)을 탄생시켰다."

이것은 로비의 혁신이다. 로비 회사들은 핵심 의사결정권자와 일대일로 접촉하던 방식에서 벗어나 활동 범위를 넓혔다. 새로운 방식은 관료가 정책을 결정하는 지적 환경을 전부 지배하려는 것이다. 이들은 싱크탱크에 광고를 실어주거나 가짜 풀뿌리 압력 단체를 후원하는 등 곳곳에 돈을 뿌려댄다. 워싱턴의 지적 분위기에 가장 큰 영향을 미치는 미디어는 K 가에서도 가장 주무르기 힘든 기관이었다. 하지만 이제는 상황이 바뀌었다.[13]

권력을 위한 진보

매케인-파인골드 선거 자금 개혁 법안이 2002년 의회를 통과할 즈음, 노련한 공화당 전략가들은 이미 소프트 머니 기부 금지 규정을 피할 궁리를 하고 있었다. 해답은 '미국을 위한 진보'(이하 PFA)였다.

PFA는 2001년 2월에 비영리 단체로 등록되었다. 설립자 토니 페더는 2000년에 부시-체니 대선 캠프의 정치 담당이었으며 DCI 그룹을 비롯해 텔레마케팅 및 모금 회사인 FLS-DCI에 몸담고 있다.

공직자윤리감시센터 Center for Public Integrity, CPI가 2002년에 밝힌 바에 따르면, 페더가 PFA를 설립하면서 내세운 명분은 "대중을 조직하여 법안과 관련된 의원들을 접촉하고 지역 신문에 글을 기고하여 백악관의 의제를 전파하도록 하는 풀뿌리 단체"라고 한다. PFA는 부시 정권의 1차 임기 동안 감세, 보수적인 법관 임명, 에너지 입법 등을 지지하는 운동을 주도했다.[14]

페더는 2002년에 《워싱턴 포스트》와의 인터뷰에서 PFA가 부시 정권의 정책에 대한 풀뿌리 지지를 이끌어내는 수단에 지나지 않았다고 말했다. 《워싱턴 포스트》의 토머스 에드설 Thomas Edsall은 이렇게 썼다. "하지만 다른 공화당원 상당수에 따르면, PFA는 11월 6일 이후 정당에서 소프트 머니를 받을 수 없게 되자 그 자금 중 일부를 차지하기 위해 만든 최초의 단체라고 한다."[15]

2001년 몬태나의 민주당원들은 PFA가 에너지 규제 철폐를 지지하는 가짜 풀뿌리 운동을 진행한다고 비판했다. AP 통신은 이 운동이 진행된 과정을 다음과 같이 보도했다.

여론조사원이 전화를 걸어 에너지 문제에 대해 질문한다. 그런 다음 대화를 요약하여 작성한 편지를 보내도 되겠냐고 묻는다. 며칠이 지나 편지가 도착한다. 봉투 안에는 수신처가 공화당 몬태나 주 상원의원 콘래드 번스 Conrad Burns로 되어 있는 편지가 들어 있다. 개인용 편지지에 쓰인 문구 맨 아래에는 서명란이 마련되어 있다. 편지 내용은 번스에게 전력 기업에 대한 가격 통제와 규제를 원하지 않는다고 말하는 것이다. 여기에는 동의하는 사람도 있고 그렇지 않은 사람도 있을 것이다. …… 똑같은 편지는 하나도 없으며 정치전문가가 멀찍이서 편지 캠페인을 조율하고 있다는 낌새도 전혀 없다. 편지는 풀뿌리 운동처럼 보인다. 하지만 실은 그렇지가 않다.

토니 페더는 인터뷰에서 편지 캠페인에 누가 자금을 댔는지 밝히기를 거부했다.[16]

부시의 고위층 지지자와 자문역 중에는 PFA와 관계를 맺고 있는 사람들이 많다. 2004년 부시-체니 대선 캠프의 정치 담당을 맡은 켄 애들먼Ken Adelman은 2002년 《워싱턴 포스트》와의 인터뷰에서 자신이 PFA 회장이라고 말했다. 하지만 그는 "단체의 예산과 자금원에 대해서는 아무것도 모른다"고 주장했다. 애들먼은 PFA 사무실이 "워싱턴 시내에 있는 고급 건물인 라피예트 센터"에 입주해 있다고 밝혔다. FLS-DCI 역시 같은 건물에 있다.[17]

2004년 5월 연방선거위원회에서 527 단체(연방세금법 527조에 따라 제한 없이 자금을 모금할 수 있는 단체로, 주로 정치에 영향력을 미치려는 목적으로 결성된다—옮긴이)에 대한 규제를 연기하기로 결정한 이후 PFA는 '미국을 위한 진보 유권자 기금Progress for America Voter Fund'(이하 PFAVF)이라는 527 협회를 설립했다. 이 단체는 2004년에 2880만 달러를 부시 진영에 쏟아부었다.[18]

2003년 후반 페더는 PFA에서 손을 뗐는데, 이는 527 단체가 선거운동에 개입하지 못하도록 금지한 법률 때문이었다. 그의 회사 FLS-DCI는 부시의 선거운동에 뛰어들었다. 이들은 공화당 전국위원회에서 1280만 달러를, 2004년 부시-체니 대선 캠프에서는 360

만 달러를 받았다. PFA를 넘겨받은 크리스 라치비타Chris LaCivita는 FLS-DCI의 자매기업인 DCI 그룹 임직원이었다.[19] 라치비타는 PFA의 사무총장을 맡았고, DCI의 또 다른 임직원 브라이언 맥케이브Brian McCabe는 PFAVF 회장이 되었다.[20]

2004년 3월 공직자윤리감시센터의 찰스 루이스Charles Lewis는 당시 PFA 고문이자 법률 및 로비 회사 패튼 보그스에 소속되어 있었던 선거법 전문가 벤 긴즈버그Ben Ginsberg가 "부시 대선운동의 주요한 외곽 자문이기도 했다"고 말했다.[21] 《내셔널 저널National Journal》의 피터 스톤Peter Stone이 2003년 가을에 쓴 기사를 보면, 긴즈버그는 전국에 있는 저명한 모금 전문가들에게 PFA 자문위원회에 들어와 대규모 소프트 머니 모금에 참여하라고 말했다.[22] 2004년 8월 긴즈버그는 부시 선거 캠프에서 물러났다. 또 다른 친공화당 527 단체인 '진실을 찾는 쾌속정 참전용사 모임Swift Boat Veterans for Truth'에 자문을 해주었다는 사실이 드러난 다음이었다.

PFA와 PFAVF는 지도부와 회원 정보를 법률이 정한 만큼만 공개했다. 웹사이트에는 단체의 이사, 고문, 위원 명단이 올라와 있지 않다. 하지만 《워싱턴 포스트》는 이 단체들의 주요 구성원을 일부 밝혀냈다. FLS-DCI의 신허스트가 PFA의 핵심 전략 자문을 맡은 것으로 보도되었다.[23] 이 밖에도 AT&T 법률 고문 제임스 치코니James Cicconi, 건실한 경제를 위한 시민 모임Citizens for a Sound Economy(나중에 '자유운동Freedom Works'으로 이름이 바뀌었다)을 비롯한 여러 보수 단체를 이끄는 C. 보이든 그레이C. Boyden Gray, 펜실베이니아 물 모임American Water in Pennsylvania과 부시선발대Bush Pioneer 의장 매릴린 웨어Marilyn Ware(그녀는 부시 캠프에 개인적으로 최소 10만 달러를 모금했다) 등이 참여하고 있다.[24]

민주당의 527 단체

2004년 대선에서 소프트 머니를 챙긴 것은 PFA만이 아니었다. 민주당의 527 단체들은 공화당 쪽 단체들이 연방선거위원회의 527 규제 조치에 대해 염려하는 사이, 이들보다 훨씬 앞서 활동을 시작했다. PFA는 2004년 대선에서 3790만 달러를 모금했으며 527 단체 중 4위에 머물렀다. 자금을 가장 많이 모금한 단체는 2004 민주당 합동승리 캠페인Democratic Joint Victory Campaign 2004이었다. 이들은 조지 소로스, 프로그레시브 코퍼레이션의 피터 루이스Peter Lewis, 생그릴라 엔터테인먼트의 스티븐 빙Stephen Bing을 비롯한 기부자들에게서 6550만 달러를 거두어들였다.[25]

2004년 민주당 예비선거 당시, 민주당 정치전략가들은 당 내에서 하워드 딘Howard Dean을 공격하는 데 527 단체를 이용했다. 일자리와 의료를 생각하는 미국인 모임Americans for Jobs and Healthcare은 주로 존 케리John Kerry 지지자들에게서 자금을 모아 2003년 11월에 딘을 비난하는 광고를 내보내기 시작했다. 공직자윤리감시센터의 찰스 루이스는 2004년 3월에 이렇게 썼다. "이들은 총기 사용 권리,

무역, 노인 의료보험에 대한 딘의 입장과 과거 기록을 들추어냈다. 하지만 가장 치명적인 광고는 딘의 외교 정책에 신뢰성이 없다는 것을 보여주기 위해 오사마 빈 라덴Osama bin Laden의 모습을 등장시킨 것이었다." 광고가 방영될 당시에 딘은 민주당 후보 가운데 가장 앞서고 있었지만, 이 공격으로 지지자들이 떨어져 나갔다. 2004년 1월 아이오와 주 전당대회에서 딘이 패배하여 대통령의 꿈을 접을 때까지도 '일자리와 의료를 생각하는 미국인 모임'의 자금원은 베일에 가려 있었다.

찰스 루이스는 다음과 같이 썼다. "이 모든 현상은 오늘날 우리 정치의 위기를 잘 보여준다. 공개적으로 활동하는 정적 암살단은 하룻밤 사이에 만들어질 수도 있다. 인터넷 투자 사기만큼이나 수월하다. 하지만 후보자와 대중은 돌이킬 수 없는 타격을 입게 된다. 정치 조작가들은 선거 결과에 효과적으로, 또 사실상 익명으로 영향을 미친다."[26] 루이스가 염두에 두고 있던 것은 '일자리와 의료를 생각하는 미국인 모임'이었다. 하지만 일부 공화당 527 단체도 2004년 5월의 연방선거위원회 규제 조치 이후에 비슷한 행동을 벌였다.

애슐리와 친구들

11월 2일 대선을 3주 앞두고 PFAVF는 정치 광고에 엄청난 돈을 쏟아부었다. 2위를 차지한 민주당 527 단체보다 세 배나 많은 액수였다. 이들은 1680만 달러를 들여 텔레비전과 라디오에 광고를 내보냈다. 연방선거위원회의 데이터에 따르면 '진실을 찾는 쾌속정 참전용사 모임'이 630만 달러로 2위를 차지했다. 3위를 차지한 민주당의 해럴드 이커스 미디어 기금 Harold Ickes' Media Fund은 500만 달러를 썼다.[27]

《워싱턴 포스트》의 토머스 에드설은 이렇게 썼다. "PFA에서는 격렬한 파문을 일으킨 반反케리 광고 두 편을 내보냈다. 특히 광고가 많이 방영된 위스콘신과 아이오와에서 논란이 심각했다." 두 광고는 부시-체니 대선 광고를 빼닮았다. 한 광고는 케리가 파도타기 하는 모습을 보여주면서 이슈에 대해 말을 뒤집는다고 꼬집었다. 또 다른 광고에서는 테러리스트 지도자들의 사진을 보여주었다. 아나운서는 다음과 같이 말했다. "이자들은 여러분을 죽이고 싶어 합니다. …… 케리가 이런 미치광이 살인마들에게서 여러분을 지켜줄 거라 믿습니까? 이 전쟁은 부시 대통령이 일으킨 것이 아닙니다. 하지만 그가 끝낼 것입니다." 부시 광고는 이렇게 끝맺었다. "자기가 어디에 서 있는지도 모르는 존 케리가 우리를 지켜줄 수 있겠습니까?"[28]

《타임》은 이렇게 보도했다. "대선 광고의 최대 구매자는 보수적인 PFA다."

광고는 부시가 열여섯 살 난 애슐리 포크너 Ashley Faulkner를 위로하는 장면을 내보냈다. 애슐리의 엄마는 9·11 테러로 죽었다. 공교롭게도 이 광고를 만든 것은 래리 매카시 Larry McCarthy였다. 그는 부시 대통령의 첫 번째 대선 당시 마이클 듀카키스 Michael Dukakis 후보가 범죄에 미온적이라며 매도한 '윌리 호턴Willie Horton 광고'를 만든 인물이다. 그 광고가 전형적인 비난 광고였다면, 이번 광고는 더할 나위 없이 포용적인 광고였다. 유권자들은 9·11 직후에 대통령에게 보냈던 신뢰를 다시 한 번 떠올렸다. 광고가 제작된 때는 7월이지만, 후원자들은 마지막 순간에야 광고를 내보냈다.[29]

PFAVF는 애슐리 광고를 내보내느라 1420만 달러를 썼다. 광고는 케이블 방송으로 방영되었으며 주요 9개 주에서 전파를 탔다. 《USA 투데이USA Today》에 따르면 이 광고를 뒷받침하기 위해 새 웹사이트(www.ashleysstory.com)가 개설되었으며 이메일과 자동 전화, 소책자 230만 통이 유권자에게 발송되었다.[30]

PFAVF의 지출 내역을 보면 예산의 대부분이 광고에 쓰였다는 것을 알 수 있다. 멘처 미디어 서비스는 PFAVF에게서 광고 대가로 2320만 달러를 받았다. 그렇지만 PFAVF로부터 자금을 가장 많이 받은 두 회사는 토머스 신허스트의 제휴사였다. FYI 메시징은 홍보 우편 서비스로 155만 달러를 받았고, TSE 엔터프라이즈(www.ashleysstory.com을 비롯하여 이 단체의 모든 웹사이트를 운영한다)는 웹 서비스 대가로 90만 7955달러를 받았다. PFAVF 자금이 대규모로 흘러든 또 다른 회사는 DCI 그룹이었는데, 이들은 컨설팅 대가로 15만 6725달러를 받았다.[31]

05

양식 연어 정보 조작[1]

데이비드 밀러

스코틀랜드의 연안 호수와 섬 주변에는 둥글고 네모난 양어장이 수천 곳 늘어서 있으며, 양어장마다 양식 물고기를 수천 마리씩 기르고 있다. 이 물고기의 대부분은 연어다. 이 물고기들은 스코틀랜드 북부와 섬의 경제 현실을 생생히 보여준다. 이 지방의 본업은 관광, 어업, 농사이며, 일부 지역에서는 군수산업과 원자력 발전이다. 그런데 차츰 늘고 있는 양어장 중에 현지인이 소유한 양어장은 거의 없어, 해당 지역에는 금전적으로 별 도움이 되지 않고 있다. 대다수 양어장은 머린 하비스트, 스크레팅, 노르스크 하이드로, AKVA 스마트 같은 양식 회사가 소유하고 있다. 이 회사들은 국내 기업이 아니니다. 거의 모두가 스코틀랜드를 비롯해 노르웨이, 캐나다, 칠레 연안에서 물고기를 양식하는 초국적 산업의 일부인 것이다.

초국적 산업에는 초국적 공급망이 필요하다. 양식업이 급격하게 팽창한 탓에 자연환경이 파괴되었고, 천연 사료를 먹여 키운 생선을 찾아보기는 점점 힘들어지고 있다. "양식 연어 1킬로그램당 야생 어류는 4킬로그램 정도가 든다. 이 때문에 양식업은 해양 환경이 받고 있는 압박을 줄여주기는커녕 세계 어업이 직면한 남획 위기를 악화시키고 있다."[2] 양식 업계에서는 이에 대한 대안을 찾고 있었는데, 검증된 대안 사료 중에 바로 팜유가 있었다. 이 팜유는 사람에게 영양을 공급하는 데는 거의 쓸모가 없다. 따라서 연어가 종종 '스코틀랜드적'이라고 선전되지만 연어의 사료는 지역 생태계에서 공급되지 않기 때문에 이 연어들이 스코틀랜드 고유의 특징을 지니는 것은 아니다. 이런 사실이 밝혀진 것은 《사이언스Science》에 실린 논문 덕분이다. 이 논문은 스코틀랜드 연어산업을 위기에 빠뜨렸다.

2004년 1월 9일 세계에서 가장 권위 있는 학술지 《사이언스》는 양식 연어에 들어 있는 독성 화학물질인 폴리염화비페닐polychlorinated biphenyl(이하 PCB)을 비롯한 기타 화학물질의 양이 미국 환경보호국Environmental Protection Agency, EPA 권장 기준치를 초과한다는 연구 결과를 발표했다. 환경보호국에 따르면 "사람을 대상으로 한 연구에서 PCB가 잠재적인 발암 및 비발암 효과를 낸다는 증거가 발견되었다".[3]

다음 분석 결과는 단순히 산업 전략이나 학계의 의사소통에 대한 것이 아니며, 연어의 언론 보도에 대한 연구에 머물지도 않는다. 업계의 이익에 부합하지 않는 과학 연구가 어떻게 '중화neutralize'되는지를 보여주는 것이다. 여기에는 과학자, 기업, 위장 단체, 홍보 회사, 장관, 공무원, 언론인 등이 등장한다. 이번 사건은 대중이 언론을 통해 과학에 대해 위험할 정도로 왜곡된 견해를 지니게 된다는 사실을 보여주지만, 이것은 사소한 문제다. 진짜 문제는 기업과 국가라는 두 차원에서 함께 작용하는 기득권이 과학을 통제하고 비판을 잠재울 수 있다는 사실이다. 세계에서 가장 권위 있는 학술지도 결코 예외가 아니다. 이 사건에서 업계의 이익을 지킨 수단은 거짓 정보, 조작, 속임수였다. 이번 일이 대중의 동의를 강조하는 민주주의와 지배 구조 이론에 대해 뜻하는 바는, 동의가 권력의 재생산에 항상 필수적이지는 않다는 사실이다.[4]

대중 담론에서 위험을 증폭시키려는 자들에게는 이번 사건이 중요한 시험 사례가 될 것이다. 이번 사건은 위험 문제가 대중의 비합리성이나 운동가의 잘못 때문이라는 주장을 반박한다. 기업들이 이런 견해를 주장하는 것은 자신의 이익에 부합하기 때문이지만, 과학적 의견이라는 탈을 쓰고 있기도 하다.

《사이언스》에 논문이 발표되자 연어 양식 업계는 대규모 홍보 활동을 벌여 언론인, 정책 결정자, 일부 대중의 인식을 바꾸어놓았다. 환경주의자들이 자기네를 교묘하게 공격했으며 자신들은 희생자일 뿐이라는 것이었다. 연어 업계에서는 이데올로기적인 이유로 어민의 생계 수단을 파괴하고 건강에 이로운 식습관을 저해하려는 목적에서 이런 공격이 행해졌다는 주장을 퍼뜨리려 노력했다. 연어 업계의 로비 그룹인 스코티시 퀄리티 새먼Scottish Quality Salmon(이하 SQS)의 사장 브라이언 심슨Brian Simpson과 전 영국 총리 브라이언 윌슨Brian Wilson은 이번 과학 연구가 '쓰레기 과학'이자 '사이비 과학'이라고 말했다.⁵ 이들의 판단은 틀렸지만, 언론에서는 이를 그대로 받아들였다. 이 장에서는 업계가 이번 사건에 물타기를 하고 이슈를 중화시킨 과정을 살펴볼 것이다.

애초의 이야기

《사이언스》 논문은 올버니 뉴욕 주립대학 보건환경연구소가 퓨 자선기금Pew Charitable Trust을 받아 수행한 연구에 바탕을 두고 있다. 〈양식 연어의 유기 오염 물질에 대한 전 지구적 평가Global Assessment of Organic Contaminants in Farmed Salmon〉라는 제목의 이 연구에서는 "북반구와 남반구 8대 연어 생산 지역에서 사육하는 대서양 연어의 유기염소 오염 물질" 농도를 측정했다. 비교를 위해 "다른 지역에서 야생 태평양 연어 다섯 종도 샘플로 채취했다". 연구진은 열네 가지 오염 물질을 분석했으며 "PCB, 다이옥신, 톡사펜, 디엘드린"에 대해 추가 분석을 수행했다. "이 물질들은 예외 없이 야생 연어보다 양식 연어에 훨씬 많이 농축되어 있었다."⁶

　PCB는 전자 제품을 만드는 데 많이 쓰였지만, 독성이 높다는 이유로 미국 의회에서는 1977년에 사용 금지 조치를 내렸다.⁷ 다이옥신은 일부 화학물질을 생산할 때 부산물로 발생하기도 하고 염소가 들어 있는 유기 폐기물을 소각할 때 생기기도 한다. 톡사펜과 디엘드린은 미국에서 1986년과 1990년에 금지된 살충제다. 그러나 PCB와 다이옥신, 살충제는 우리 식탁에 자연스레 흘러든다. PCB는 폐기 과정에서 유입되며, 다이옥신과 살충제는 말할 필요도 없다. 다른 유기염소 오염 물질과 마찬가지로 이것들 또한 시간이 흐름에 따라 생물의 몸속에 점점 쌓인다. 따라서 이런 물질에 가장 많이 노출되는 것은 먹이사슬의 꼭대기에 있는 인간이다.

논문의 저자들은 다음과 같이 주장했다.

> 양식 연어와 야생 연어에 축적된 개별 오염 물질의 양은 미국 식품의약국Food and Drug Administration, FDA에서 정한 PCB 및 디엘드린의 한계 수준 또는 허용 수준을 넘지 않는다. 하지만 식품의약국의 한계 수준과 허용 수준은 엄밀히 말해서 건강 상태에 바탕을 두지 않았고, 두 가지 이상의 오염 물질에 동시에 노출될 경우의 건강 위험을 고려하지 않았다. 또한 생선의 조직에 들어 있는 톡사펜과 다이옥신의 허용 수준에 대한 지침을 제시하지도 않는다.[8]

저자들이 환경보호국 지침을 이용한 핵심적인 이유는, 이 지침이 단일 오염 물질이 아니라 여러 오염 물질을 섭취하는 경우를 위해 개발되었기 때문이다. 연구 결과에 따르면, 양식 연어는 PCB 농도가 야생 연어보다 훨씬 높았으며, 샘플 중에서 오염 농도가 가장 높은 것은 스코틀랜드 양식 연어였다. 저자들은 이렇게 권고했다.

양식 연어를 섭취하면 PCB, 톡사펜, 디엘드린이 한꺼번에 축적되기 때문에, 도매상에서 구입한 양식 연어와 소매상에서 구입한 양식 연어 살에 대해 엄격한 섭취 권고안을 마련해야 한다. 이 권고안은 야생 연어의 조직에 들어 있는 오염 물질에 대한 섭취 기준보다 훨씬 엄격해야 한다.

저자들은 환경보호국 기준에 따라 독성이 가장 강한 연어(페로 제도와 스코틀랜드에서 길러 프랑크푸르트에서 판매하는 종류)를 안전하게 섭취하려면 한 달에 반 마리 이상 먹어서는 안 된다고 주장했다.

섭취 권고안은 "신경행동 장애, 면역 장애, 내분비 교란"[9]과 같은 비발암 질환 효과의 위험을 고려하지 않았다. 보건 당국에서 저자들이 설정한 위험 수준을 받아들이지 않았기 때문이다. 이것이야말로 이들의 발견 중 가장 핵심적인 부분인데 말이다. 저자들은 열네 가지 오염 물질의 농도를 검사하고 다이옥신을 비롯한 네 가지에 대해서는 추가 분석을 수행했다. 하지만 섭취 권고안은 다이옥신을 제외한 세 가지(PCB, 디엘드린, 톡사펜)에 대해서만 언급했다. 저자들은 그 핵심적인 이유를 "다이옥신 위험도 평가에 대한 각국의 의견 차이 때문"이라고 밝혔는데,[10] 특히 환경보호국의 위험도 평가와 나머지 기관인 식품의약국이나 세계보건기구 World Health Organization, WHO 등의 의견이 달랐다. 이것은 저자들의 연구가 부당하게 비난받는 핵심적인 요인이 되었다.

이야기 지어내기

논문이 발표된 지 일주일도 안 되어 이 연구는 업계에 대한 위협으로 둔갑했다. 스코틀랜드의 2대 '고급지' 중 하나인 《스코츠맨Scotsman》에 실린 기사를 살펴보자. 1월 9일의 기사 제목은 이랬다. "양식 연어 섭취가 '암 발생 늘린다'."[11] 하지만 다음 날 벌써 의혹이 제기되기 시작했다. "어류의 화학물질은 잘 알려져 있지 않다."[12] 기사 제목은 점점 회의적으로 바뀌었다. "미국 식품전문가, 연어는 안전하다고 밝혀",[13] "환경 단체에서 연어 연구에 자금 지원",[14] "연어를 위협하는 보고서에 결함과 편향 있다".[15] 마지막 제목은 이랬다. "과학자들, 어류가 안전하지 않다는 주장은 사실과 반대."[16]

연구에 반대하는 사람들은 연구에 지원금을 제공한 재단의 의도를 문제 삼았다. 또한 논문 저자들이 오염 물질을 측정할 때 적합한 기준을 사용하지 않았다고 주장했다.

방법론에 대한 공격

공격의 최전방은 데이터를 무시하고 데이터를 평가한 기준을 공격하는 것이었다. 영국 정부와 연어 양식 업계는 과학을 본질적으로 왜곡하고 논문의 근거가 과학적으로 올바르지 않다고 비난했다. SQS는 논문 저자들이 "미국 환경보호국에서 만들었으며 이미 문제가 제기된 위험 모델을 잘못 적용했다"고 주장했다.[17] 영국 정부에서는 식품표준국Food Standards Agency, FSA 국장이 환경보호국 모델에 공개적으로 문제를 제기했다. 존 크렙스John Krebs는 다음과 같은 주장을 담은 편지를《가디언Guardian》에 보냈다.

> 환경보호국은 1991년부터 시대에 뒤떨어진 과학을 토대로 위험을 평가했다. 환경보호국과 달리 세계보건기구는 다이옥신이 암을 유발하는 메커니즘을 고려한다. 2001년에는 독립적인 전문가들을 통해, 다이옥신을 역치 아래로 유지하면 건강에 유해한 영향을 미치지 않는다는 결론을 내렸다.[18]

식품표준국은 당시 성명에서 환경보호국의 방식이 "1991년 이후에 발전했으며 아직 확립되지 않았다"는 것을 자세히 설명했다.[19] 환경보호국의 방식 중에는 1991년 4월 이후에 시작되어 아직 수정 중인 것도 있다. 이번 논문의 저자들은 그 기준을 채택하지 않았지만, 1991년에 시작된 이 절차가 식품표준국의 사례를 얼마나 뒷받침하는지 살펴보는 것도 유익할 것이다. 환경보호국의 보고서 〈TCDD와 관련 화합물 노출과 인체 건강에 대한 재평가Exposure and Human Health Reassessment of 2,3,7,8-Tetrachlorodibenzo-p-Dioxin(TCDD) and Related Compounds〉는 1994년에 개정판이 나왔으며 계속 보완을 거쳤다. 최근 원고는 2003년 12월에 발표되었다.[20]

식품표준국에 따르면, 크렙스의 견해는 영국 정부의 독성위원회에서 발표한 보고서에 토대를 두고 있었다. 2001년에 발표된 이 보고서의 제목은 〈다이옥신과 PCB에 대한 독성위원회 보고 COT statement on Dioxins and PCBs〉였다.[21] 하지만 이 보고서는 환경보호국의 연구 절차가 시대에 뒤떨어졌거나 결함이 있는 과학에 기반하고 있다는 견해를 뒷받침하지는 않는 듯하다. 독성위원회 보고서는 환경보호국의 방식에 대해 다른 견해를 취했지만, 환경보호국의 방식이 시대에 뒤떨어졌다는 관점에서 그런 것은 아니었다.

독성위원회 보고서에는 이렇게 나와 있다. "환경보호국은 발달 및 생식 독성에 대한 문헌을 아주 폭넓게 검토했다. 이 보고서가 작성된 이후 새로운 연구 결과들이 발표되었지만 주요한 영향을 미치지는 못했다."[22] 따라서 연구 절차가 시대에 뒤떨어진 과학에 기반을 두고 있다는 크렙스의 주장은 두 가지 이유에서 완전히 틀렸다. 첫째, 연구 절차는 정기적으로 수정되었다. 둘째, 최근 보고서는 식품표준국의 사례보다도 2년이나 최신의 자료다. 환경보호국 연구 절차는 식품표준국에서 중시하는 2001년 보고서보다도 최신 내용을 담고 있다(2003년 12월).

더욱 놀라운 사실은 식품표준국의 접근 방식이 《사이언스》 논문에서 사용한 기준과 달랐다는 것이다. 섭취 권장량은 여러 오염 물질의 결합(주로 PCB가 함유되어 있으며 톡사펜과 디엘드린도 포함되어 있다)을 평가한 환경보호국의 또 다른 연구에 기반하고 있었다.[23] 《사이언스》에서는 다이옥신에 대해 섭취와 관련하여 한마디도 하지 않았다. 특히 연구자들은 결론에서 다이옥신을 배제했는데, 규제 기준이 제각각이었기 때문이다. 따라서 식품표준국의 접근 방식은 전적으로 오해에서 비롯된 것이다.

연구를 비난하는 사람들은 대부분 환경보호국의 존재 자체를 완전히 무시하거나 연구 결과가 보건·안전 기준을 넘지 않는다고 주장하는 쪽을 선호했다. SQS에서 과학 자문으로 내세운 존 웹스터John Webster는 스코틀랜드 연어에서 발견되는 PCB와 다이옥신 수치가 유럽연합, 식품표준국, 심지어 미국 식품의약국과 같은 국제 감시 기관에서 정한 기준보다 낮다고 강조했다.[24] 그 말은 맞지만 번지수가 틀렸다. 세계보건기구와 유럽연합 기준보다 낮았던 것은 다이옥신과 다이옥신계 PCB 수치다. 전체 PCB는 전혀 다른 문제다. 세계보건기구와 유럽연합 어디에서도 전체 PCB 또는 톡사펜과 디엘드린에 대한 섭취 기준을 정하지는 않았다. 따라서 SQS의 접근 방식은 전적으로 부적절했다.

식품표준국과 연어 양식 업계의 잘못된 대응은 영국의 다른 공공 기관의 대응 수위를 결정했다. 이들의 수석 자문 기구가 바로 식품표준국이었기 때문이다. 그리하여 모든 공공 기관은 연합 전선을 형성하여 세계보건기구, 유럽연합, 식품의약국 지침에서 제시하는 위험도를 깎아내렸다. 이것은 명백한 잘못이었으며, 아무리 좋게 보아도 무책임하고 무능력하며 비과학적인 접근 방식이었다. 그리고 나쁘게 말하자면 계산된 속임수였다.

숨겨진 의도와 운동가 '정보 조작'을 공격하라

두 번째 공격 방법은 퓨 자선기금이 연구를 지원한 데 숨겨진 의도가 있다고 비난하는 것이었다. 《뉴욕 타임스》는 다음과 같이 썼다. "퓨 자선기금은 호주머니가 두둑하며 공격적으로 정치적 주장을 펼치는 기관이다. 이들은 환경 진영에서 가장 중요한 참여자이자 가장 논란거리가 되고 있다."[25] 양식 업계에서도 이렇게 맞장구쳤다. "퓨 자선기금은 연어 양식에 반대하는 입장을 취했다."[26] 《옵서버》는 퓨 자선기금을 "반오염 의도를 지닌 기관"으로 지칭했는데, 이것은 '친오염'만큼이나 부정적인 뉘앙스로 들린다.[27] SQS는 나중에 기자회견에서 퓨 자선기금을 "공격적이고 반기업적인 미국 환경 단체"로 묘사했다.[28] 하지만 퓨 자선기금은 여느 기금이 과학 연구를 지원하는 것과 마찬가지 방식으로 이 연구에 자금을 댔다. 미국 보건부 국립 독성학 프로그램의 전직 책임자이자 독성 화학물질에 대해 논문을 200건 이상 발표한 조지 루시어 George Lucier는 이렇게 말했다. "이번 연구는 올바른 과학에 토대를 두고 있으며 논문의 결과는 부인할 수 없는 것이다."[29] 사실 비난하는 사람들도 과학을 받아들이기는 했다. 하지만 이들은 자금을 댄 기관에 흠집을 내려 들었다. 퓨 자선기금의 역할은 "논문에 명시되었으며 《사이언스》에서도 이를 분명히 표기했다. …… 당사자들은 모두 퓨 자선기금이 연구에 개입했다는 주장을 부인했다".[30]

《선데이 헤럴드 Sunday Herald》는 다음과 같이 보도했다. "《사이언스》 편집장 도널드 케네디Donald Kennedy는 의혹을 일축했다." 그는 논문 저자들이 모두 저명한 학계 인사라고 말했다. "퓨 자선기금은 연구에 자금을 지원했지만 저자들이 기금의 검토를 거치지 않고 연구 결과를 자유롭게 발표하도록 내버려 두었다." 이어서 그는 이렇게 덧붙였다. "《사이언스》의 동료 평가 절차는 학계에서도 까다롭기로 손꼽힌다."[31]

우리는 논문의 토대가 된 과학이 엄밀하고 정확하다는 결론을 내릴 수 있으며, 이것은 논문을 비난하는 사람들조차 인정한 사실이다. 어떤 기준을 써야 하는가에 대해서는 여러 주장이 있을 수 있다. 하지만 논문에 쓰인 기준은 환경운동가가 꾸민 것이 아니라 미국 정부 공무원과 과학자가 만들어낸 것이다. 퓨 자선기금은 환경오염에 대한 학술 연구에 자금을 지원하지만 과학 연구를 수행하는 과정에 영향을 미치지는 않았다.

이 글에서는 연구를 공격하는 주장들의 내용에 초점을 맞추어 언론에 보도된 우려에 근거가 없다는 사실을 밝혔다. 하지만 이러한 주장이 어떻게 유포되었는지 정확히 파헤치지는 못했다. 이것은 연어 양식 업계의 음모였을까, 아니면 진부한 기사보다 논란을 좋아하는 뉴스 편집부의 판단이었을까? 업계와 식품표준국 같은 공공 기관뿐만 아니라 학계 연구자들 또한 비판의 대열에 동참했다. 이 연구자들의 역할은 무엇이었을까? 전달이 잘못된 걸까? 학계에서 벌어진 정당한 논쟁을 사람들이 잘못 받아들인 걸까? 일군의 과학자들이 부정확하고 오도된 정보를 내놓은 데 또 다른 이유가 있었을까?

사건의 내막

이번 연구에 비판적인 의견을 제시한 과학자들은 거의 모두가 어떤 식으로든 업계와 연관되어 있었다. 이런 연루 사실은 쉽게 발견되기도 하지만, 더 자세히 들여다봐야 하는 경우도 있다.

스코틀랜드, 캐나다의 브리티시컬럼비아, 미국의 연어 양식산업은 '스핀 기계'를 작동시킨다. 여기에 연루된 주요 기관은 SQS, 미국연어협회Salmon of the Americas, SOTA, 그리고 브리티시컬럼비아에 있는 '양식업 인식증진협회Society for Positive Aquaculture Awareness, SPAA' 등이다. 영국을 비롯한 전 세계 대중과 언론인이 눈치채지 못하는 사이, 이 기관들은 이해관계와 활동을 결부시킴으로써 이번 사건을 축소하고 이슈화를 차단했다. 이들은 홍보 대행사, 정부 기관, 규제 기관(스코틀랜드 행정부, 식품표준국 등), 그리고 심지어 영국 여왕의 자산 관리 기관인 크라운 에스테이트Crown Estate와 합동 작전을 벌였다.

돈으로 매수할 수 있는 최고의 과학

사건이 전개되면서 전 세계 언론은 대학에 있는 수많은 과학자들의 의견을 받아 적었다. 찰스 산테르Charles Santerre도 그중 한 명이었다. 그는 "오늘날 우리가 가지고 있는 모든 데이터를 보건대 모든 사람은 양식 연어를 더 먹어야 한다고 굳게 믿는다"고 말했다. 그는 이렇게도 말했다. "6000명이 암에 걸린다는 계산이 나올 수도 있다. 하지만 이것은 추정치일 뿐이다. 양식 연어 덕분에 해마다 10만 명의 목숨을 구할 수 있다는 것을 생각해 보라." 산테르의 주장은 런던의 《타임스The Times》와 《데일리 텔레그래프》, 에든버러의 《스코틀랜드 온 선데이Scotland on Sunday》, 애버딘의 《프레스 앤드 저널Press and Journal》 등 수많은 언론 매체에 실렸다.[32] 또한 《로스앤젤레스 타임스》와 《ABC 뉴스ABC News》에도 인용되었다.[33]

스티븐 세이프Stephen Safe, 마이클 갤로Michael Gallo, 필립 구젤리언Philip Guzelian 등도 '과학적' 증언을 보탰다. 갤로는 이렇게 말했다. "공공 보건 교수로서 말하건대, 나는 누구에게도 연어 섭취를 제한하라고 권하지 않을 것이다." '콜로라도 대학 보건학 센터 의학 독성학과 교수 겸 주임'으로 소개된 구젤리언의 말은 SQS 보도 자료에 인용되었다. 그는 연구 결과를 비판하면서 연어에서 검출된 PCB 농도가 "사람에게 해롭다고 알려진 수준에 미치지 못한다"라고 말했다.[34]

이들이 지닌 학자로서의 지위 덕분에 언론에서는 이런 주장을 신뢰할 만한 것으로 받아들였고, 업계에서는 언론에 실린 이들의 의견을 과학적 증거로 인용했다.[35] 하지만 이들이 과연 독립적인 연구자였을까?

산테르는 언론에서 퍼듀 대학 '식품영양학과 겸임 교수이자 PCB 검출 전문가'로 소개되었다. 그가 미국연어협회의 유급 컨설턴트라는 사실은 언론에서 전혀 언급되지 않았다.³⁶ 산테르가 2004년 1월 1일에 컨설턴트로 채용된 것은 양식 연어 홍보전을 치르기 위해서였다. 언론에서는 갤로가 친기업 발언을 일삼았다는 사실도 보도하지 않았다. SQS 보도 자료에서는 그를 '러트거스 대학 환경·지역의료학과의 독성학 전문가'로 소개했으며, 다음 날 언론에서는 이 소개를 그대로 실었다.³⁷ 하지만 그는 1990년대에 화학제조업체연합Chemical Manufacturers' Association, 미국곡물보호연합American Crop Protection Association, 미국 플라스틱 협회American Plastics Council에서 언론사에 배포한 '전문가' 명부에도 이름이 올라 있었다. 명부가 배포된 것은 《도둑 맞은 미래Our Stolen Future》가 출간된 다음이었다. 이 책은 PCB와 같은 화학물질이 환경에서 사람의 건강에 악영향을 미친다고 경고했다.³⁸

세이프와 구젤리언도 이 명부에 이름을 올렸다. 세이프는 PCB가 암을 일으킨다는 주장이 근거가 없다고 주장했다. 1997년 그는 《뉴잉글랜드 의학 저널New England Journal of Medicine》 논설에서 환경적인 우려를 "파파라치 과학이 조장한 화학공포증"으로 폄하했다.³⁹ 논설은 논란을 불러일으켰다. 그가 화학제조업체연합에서 연구비로 15만 달러를 받았다는 사실을 공개하지 않았기 때문이다.⁴⁰

산테르와 마찬가지로 세이프 또한 학계에서 지닌 지위('텍사스 생물과학·기술연구소의 환경·유전의학센터 교수 겸 소장')로 언론에 소개되었다.⁴¹ 하지만 PR 워치는 세이프가 '수많은 반환경·친기업 포럼'에 과학전문가로 얼굴을 내미는 단골 용의자라는 사실을 밝혀냈다.⁴²

업계에 목소리를 빌려주는 학자 대열에는 구젤리언도 빠지지 않는다. 그는 필립 모리스에서 매해 10만 달러를 받는 유급 컨설턴트였으며,[43] 오래전부터 "다이옥신을 비롯한 유독성 오염 물질을 배출하는 기업을 대변하는 전문가 증인"으로 법정에 정기적으로 출석했다.[44] 구젤리언은 대서양법률재단Atlantic Legal Foundation, ALF 자문위원이다. 이 재단의 사명은 "제한적이고 효과적인 정부, 자유로운 기업 활동, 개인 자유, 건전한 과학을 옹호함으로써 법의 지배를 앞당기는" 것이다. 대서양법률재단은 "과학 및 기타 전문가의 증언이 제시될 경우 법원이 정확한 법률적·과학적 원칙을 적용"하도록 만드는 것을 목표로 삼고 있다.[45] 이들은 셰브런, 듀퐁, 엑손 모빌, 파이저, 텍사코뿐만 아니라 유수의 보수적 자선 재단에서 후원을 받았다.[46]

구젤리언은 산테르, 세이프와 함께 미국과학보건협회American Council on Science and Health의 '과학 자문'을 맡고 있다. 이곳은 네슬레, 맥도날드, 코카콜라, 몬산토, 엑손 모빌, 파이저와 같은 기업에서 후원을 받고 있는 위장 단체다. 미국과학보건협회의 임무는 후원사의 제품과 연관된 위험성을 깎아내리는 것이다.

스털링 커넥션

다시 대서양 반대편으로 건너가 보자. 2004년 1월 16일 《스코츠맨》은 "과학자들에 따르면, 생선이 안전하지 않다는 주장은 사실과 반대"라는 기사 제목을 달았다. 기사를 쓴 고든 벨Gordon Bell과 더글러스 타커Douglas Tocher는 스코틀랜드 스털링 대학의 양식업연구소에 재직 중이다. 이들은 "다이옥신을 비롯한 화학물질 때문에 양식 연어를 섭취하는 것이 건강에 해롭다고 주장하는 연구 결과는 영양이 풍부하고 건강에도 좋은 식품인 연어에 대해 매우 부당할 뿐만 아니라 왜곡된 것이다"라고 말했다. 그 근거는 다음과 같았다. "2002년에 우리는 스털링 대학 양식업연구소에서 전적으로 독립적인 연구를 수행하여 스코틀랜드 양식 연어에 들어 있는 다이옥신과 PCB를 측정했다."[47]

벨과 타커의 주장은 세 가지 면에서 흥미롭다. 첫째, 업계나 정부 기관과 마찬가지로 이들은 《사이언스》 논문이 '다이옥신을 통한 건강 위험'을 다루고 있다고 주장하지만, 이것은 사실이 아니다. 둘째, 이들은 스털링 연구의 의도가 분명히 다이옥신과 유사 다이옥신 PCB 농도를 측정하기 위한 것이라고 주장하지만, 이 또한 사실이 아니다. 셋째, 스털링 연구가 "전적으로 독립적"이었다는 주장은 따져볼 여지가 있다.

마지막 주장을 먼저 살펴보자. 스털링 연구는 자연환경연구위원회Natural Environment Research Council, NERC의 LINK 양식업 계획에서 연구비를 받았다. 자연환경연구위원회는 공공 연구 기금을 지원하는 기관이지만, LINK 계획은 업계에서 50퍼센트를 직접 지원받는다. 이번 연구의 경우 바이오마, EWOS 이노베이션, 하이랜드 앤드 아일런즈 엔터프라이즈, 머린 하비스트 스코틀랜드, 스크레팅, 하이랜드 카운슬, 유니크 가공식품 등의 기업들이 후원에 참여했다.

머린 하비스트와 스크레팅은 글로벌 식품·동물 사료 회사인 누트레코Nutreco의 자회사다(이들은 2006년에 팬피시Panfish에 합병되었다). 누트레코는 양식 연어 업계의 주요 기업이며, 웹사이트에는 이렇게 나와 있다. "연어와 양식 수산물 상당 부분은 당사의 자체 판매·유통 업체를 통해 당사의 자체 상표를 달고 출시된다."[48] 스크레팅은 연어 사료 회사이며 노르웨이, 칠레, 영국, 아일랜드에서 영업중이다. 머린 하비스트는 양식 연어 생산 및 공급 업체일 뿐만 아니라 세계 최대의 양식업 회사였다. EWOS는 양식 사료를 주로 제조하며, 유니크 가공식품과 바이오마도 마찬가지다.

따라서 업계의 자금을 일부 지원받은 이 연구는 독립적이라고 할 수 없다. 업계의 관심사는 무엇이었을까? 이번 연구는 천연 어유魚油 식품을 식물성 기름으로 대체하기 위해 스털링 대학에서 수행한 연구 프로젝트의 일환이었다는 사실이 밝혀졌다. 어류 양식이 급속히 성장하여 천연 사료가 부족해지는 바람에 양식업의 존립 자체가 위협받고 있었기 때문이다.

2002년에 수행된 연구는 벨과 타커가 논문에 쓴 것과 달리 "스코틀랜드 양식 연어에 들어 있는 다이옥신과 PCB를 측정"하기 위한 것이 아니었다.[49] 이들의 애초 목적은 양식 연어에게 식물성 기름 사료를 먹였을 때 어떤 영향이 미치는지를 살펴보는 것이었다. 연구 결과에는 〈스코틀랜드 양식 연어에 들어 있는 다이옥신과 유사 다이옥신 PCB: 사료용 어유를 식물성 기름으로 대체했을 때 미치는 영향Dioxin and dioxin-like polychlorinated biphenyls(PCBs) in Scottish farmed salmon: effects of replacement of dietary marine fish oil with vegetable oils〉이라는 제목이 달렸다.[50] 논문 내용은 주로 다이옥신 농도와 관련되어 있었다.

따라서 이 연구자들은 연구가 독립적으로 수행되었으며 유기 오염 물질을 조사하고 《사이언스》 논문과 동일한 오염 물질을 검사했다고 주장하지만, 실제로는 부분적으로 기업의 후원을 받았고 식물성 기름을 어류 사료로 쓸 수 있는 가능성을 평가하는 목적이었으며 《사이언스》 연구의 대상과는 다른 화학물질에 초점을 맞추었다. 이 연구자들은 좋게 말하면 이해관계의 심각한 충돌을 겪고 있고, 나쁘게 말하면 자신의 연구에 자금을 대는 업계를 위해 스핀 닥터 노릇을 하고 있다.

보이지 않는 손

업계에서 과학자를 써먹는 것은 새로운 방법이 아니며, 《사이언스》 논문을 깎아내리기 위해 동원한 기법이 이것 하나만도 아니었다. 업계의 홍보 활동은 전 세계에 걸쳐 조율되었으며, 핵심적인 역할을 맡은 세 기관은 SQS, 미국연어협회, 그리고 브리티시컬럼비아의 양식업 인식증진협회였다. 하나씩 차례로 살펴보자.

양식업 인식증진협회

양식업 인식증진협회는 친기업 로비스트와 홍보전문가의 복잡한 그물망에서 중요한 요소다. 이 협회는 풀뿌리 단체를 표방하지만[51] 실은 연어 양식 업계의 위장 단체다. 양식업 인식증진협회 웹사이트에서는 이 단체의 목적이 "세계 연어 양식 업계를 둘러싼 허위와 거짓에 대처하는 것"이라고 밝히고 있다.[52]

당시 양식업 인식증진협회 임직원 중에는 로리 젠슨Laurie Jensen과 린 브런트Leanne Brunt가 있었는데, 이들은 둘 다 전·현직 양식 업계 직원이었다. 양식업 인식증진협회 회장 젠슨은 캐나다 AKVA 스마트 부사장 겸 영업이사이기도 하다. AKVA 스마트는 "어류 양식과 정보 기술을 제공하는 세계적인 업체이며 양식 업계의 경쟁력을 제고한다".[53] 이 회사는 호주, 캐나다, 칠레, 노르웨이, 스코틀랜드에서 영업 중이다.

젠슨은 "양식업 인식증진협회가 업계에서 자금을 전혀 받지 않는 비영리 협회"라고 말했다.[54] 하지만 양식업 인식증진협회 웹사이트에서는 "양식업 인식 증진에 관심이 있는 모든 개인과 기업"에게 문호를 개방한다고 나와 있다.[55] 온라인 가입 신청서에는 기업 회비가 250달러라고 선전하고 있으며, 회원이 되면 "기업 후원사로 인정받는" 등의 혜택을 누릴 수 있다고 쓰여 있다.[56] 젠슨은 이를 부인하고 있지만 그가 AKVA 스마트의 영업이사라는 사실 때문에 신뢰성이 떨어지는 것은 어쩔 수 없다. 양식업 인식증진협회를 다룬 어느 보고서에는 이런 내용이 들어 있다.

> 젠슨은 자신이 '현실적 환경주의자'라고 주장한다. 이 표현은 몇 년 전 산림 업계의 반환경운동에서 들고 나온 것이다. …… 하지만 나는 젠슨이 말한 '현실적 환경주의자'라는 문구가 다소 위선적이라고 생각한다. 올해 3월 그녀는 소식지 《캠벨 리버 미러Campbell River Mirror》에 이렇게 썼다. "저는 한때 스스로를 환경주의자라고 여겼어요. 하지만 더 이상은 예전과 같은 식의 환경주의자가 아니라고 생각해요. 현재 브리티시컬럼비아의 환경 단체들은 …… 대부분 에코 테러리스트로 바뀌었으며 자원을 활용하고 경제적인 활동을 수행하는 것이라면 무엇이든 반대합니다."[57]

퍼스트 달러

양식업 인식증진협회의 젠슨과 브런트는 '퍼스트 달러FIRST DOLLAR'라는 기관에서 활동하고 있다. 양식업 인식증진협회의 인터넷 주소(www.farmfreshsalmon.org)를 등록한 루디 밴더메이Rudy Vandermey 역시 퍼스트 달러 회원이다.[58] 퍼스트 달러 웹사이트에는 이들의 목표가 다음과 같이 나와 있다.

> 거짓 정보에 맞서 싸우며 브리티시컬럼비아 자원산업과 유관 기관에 대한 거짓 정보와 불매운동에 대항한다. 자원산업과 여기에서 파생하는 서비스 산업의 관계를 주민들에게 교육한다. 자원 개발을 업으로 하는 지역에서 노동자와 지지자의 참여를 독려한다. 자

원산업의 안팎으로 네트워크를 형성하여 사회적 연대와 지원을 제공한다.[59]

퍼스트 달러는 풀뿌리 단체를 표방한다.[60] 하지만 이 단체의 사명에는 "자원 개발을 업으로 하는 지역에서 개인과 기업을 독려하여 자원산업이 브리티시컬럼비아 전체에 중요하다는 사실을 대중과 언론에 알리는 것"이 포함된다.[61]

브런트는 퍼스트 달러에서 활동하면서 지역산업을 위해 애쓰는 홀어머니라는 이미지로 포장되었다. 그녀의 활력과 추진력은 언론의 주목을 끌고 있는데, 이것은 대부분 '평범한' 시민에게는 불가능한 일이다. 《밴쿠버 선Vancouver Sun》은 2004년 7월에 브리티시컬럼비아에서 지역 공장 폐쇄를 놓고 벌어진 논쟁을 보도했다. "자원 생산 지역은 운동가 록 스타에 대항해 싸움을 벌이고 있다."[62] 신문에서는 가수 닐 영Neil Young과 랜디 바흐만Randy Bachman이 공장의 배출 검사와 지역 환경 및 공동체에 미치는 위험 평가를 후원하기 위해 모금 콘서트를 연다는 기사를 내보냈다. 《밴쿠버 선》에 따르면, 유명 인사들과 달리 "브런트는 홍보 담당자를 두고 있지 않다. 양식업계에서 일하는 홀어머니 중에서 홍보 담당자가 있는 사람이 누가 있겠는가."[63] 하지만 문제는 브런트 자신이 홍보전문가라는 사실이다. 그녀는 퍼스트 달러의 설립자이며 양식업 인식증진협회의 설립자 겸 부회장일 뿐만 아니라 홍보 회사 그린스피리트 스트래티지Greenspirit Strategies의 직원이고 팬피시 캐나다의 사내 커뮤니케이션 담당자이기도 하다. 팬피시는 노르웨이에 본사를 둔 초국적 기업으로 세계 최대의 어류 양식 회사다.[64] 퍼스트 달러 웹사이트는 브런트 명의로 등록되어 있으며, 단체의 이메일 주소도 그녀의 팬피시 계정으로 되어 있다. 이러니 단순한 풀뿌리 단체로 볼 수 없는 게 당연하다.[65]

그린스피리트 스트래티지

브런트는 그린스피리트의 '수석 컨설턴트'다.[66] 그리고 그린스피리트는 "지속 가능성 이슈에 대해 전략적 기획을 제시하는 커뮤니케이션 컨설팅 회사"다.[67] 창립자인 패트릭 무어Patrick Moore는 그린피스Greenpeace를 창설한 인물 중 하나인데, 그런 그가 업계의 이익을 대변하는 홍보전문가로 변신한 것이다. 무어는 1980년대 중반에 그린피스를 떠난 후 연어 양식업에 뛰어들었으나 재미를 보지 못했다. 그리고 이제는 벌목, 양식업, 원자력, 유전자 변형 농산물 업계를 위해 글을 쓰고 강연을 하고 운동을 펼치면서 밥벌이를 하고 있다.[68]

그린스피리트는 2004년 1월 위기를 겪으면서 《사이언스》 논문을 비판하고 환경주의자들이 양식 업계에 대항한 전략을 공격한 기존 보고서를 수정했다.[69] 양식업 인식증진협회에서 의뢰한 이 보고서는 다음과 같이 주장했다.

연어 양식업은 환경적인 지속 가능성과 보건, 영양에 관련된 공격에 시달리고 있다. …… 이런 연구 결과는 과학적 근거 없이 식품에 공포를 조장하는 전술로 연어 양식업의 평판을 깎아내리려는 운동가들의 수작임이 틀림없다.[70]

패트릭 무어 역시 머리말에서 운동가들이 양식 연어 업계에 대항해 거짓 정보 캠페인을 계속 벌일 것이라 주장하고 있다. 무어는 '진짜 전문가와 과학자'를 신뢰해야 한다고 말한다. 보고서에 언급된 참고 문헌으로 추론해 보건대, 무어가 말하는 '진짜' 전문가들은 그와 마찬가지로 업계에서 자금을 지원받고 있는 듯하다.

브리티시컬럼비아의 시도는 제삼자 기법을 이용한 전형적인 사례다. 이것은 가짜 '풀뿌리' 단체를 만들고 주도하여 업계의 이익이 폭넓은 지지를 받고 있다는 인상을 주기 위한 홍보 기법이다. 젠슨은 2005년 7월에 열린 양식 업계 프레젠테이션에서, 헌신적인 개인들로 이루어진 자신의 소규모 단체가 어떻게 브리티시컬럼비아 양식업의 인식과 교육을 증진할 수 있었는지를 다시 설명했다.[71]

미국연어협회의 가짜 웹사이트

2004년 1월 미국의 대표적인 양식업 로비 단체인 '미국연어협회'는 인터넷 방문자를 끌어들이기 위한 가짜 웹사이트를 여러 개 만들었다. 그리고 'www.pcbfarmedsalmon.com, www.pcbsalmon.

com, www.pcbsinsalmon.com'과 같은 웹사이트를 이용하여 "연어에 대해 우려하는 소비자에게 사실을 왜곡해 전달하고 양식 연어와 PCB에 대한 허구를 퍼뜨렸다".[72]

이러한 인터넷 주소는 2003년 8월 26일에 '마켓 액션Market Action'이라는 회사의 스티브 블리자드Steve Bleezarde가 등록했다.[73] 마켓 액션은 미국연어협회 사무총장 앨릭스 트렌트Alex Trent가 경영하는 홍보 회사이며, 두 곳 모두 뉴저지 프린스턴의 나소 가에 사무실을 두고 있다(194번지와 209번지). 마켓 액션은 2003년 7월 미국연어협회와 계약을 맺었는데, 당시는 북미연어협회와 남미연어협회가 합병하여 미국연어협회가 탄생한 직후였다.[74] 이 웹사이트들은 임무를 마치고 2005년 초에 폐쇄되었다.[75] 사이트가 2003년 8월에 등록되었다는 사실은 《사이언스》 논문이 발표되기 넉 달 전부터 연어 업계가 공격 가능성에 대비하고 있었다는 것을 보여준다. 예를 들어 'www.pcbsalmon.com'의 역할은 다음과 같았다.

> 방문자들이 양식 연어에 들어 있는 독소에 대해 지나치게 걱정하지 않도록 정보를 제공한다. "PCB와 유사 화합물은 환경에 널리 퍼져 있기 때문에 우리가 숨 쉬는 공기에도, 마시는 물에도, 먹는 음식에도 들어 있다. …… 이것들을 피하는 것은 사실상 불가능하다"는 사실을 이유로 내세운다.[76]

이 웹사이트들은 모두 미국연어협회를 비롯한 다른 웹사이트로 연결되어 있었다. 하지만 연어 업계가 이 웹사이트들을 운영하고 있다는 사실을 알려주는 사이트는 결코 연결하지 않았다. 이것은 기만적인 홍보 기법의 전형이다.

SQS의 홍보와 로비

SQS는 《사이언스》 논문을 깎아내리는 홍보 활동에서 주요한 역할을 수행했다. SQS 커뮤니케이션 부서에서 제일 먼저 한 일은 '과학 자문' 존 웹스터 박사를 써먹는 것이었다. SQS는 런던의 홍보 회사인 크롬 컨설팅 Chrome Consulting과 함께 핵심적인 메시지를 개발하고 웹스터를 소개했다. 스핀워치에서 입수한 문서(이 문서는 국제 홍보업 대회를 위해 작성한 것이다)에서 크롬 컨설팅은 당시 활동을 다음과 같이 설명했다.

> 위기가 발생하고 첫 36시간 동안 우리의 대응 절차는 다음과 같았다.
> - 《사이언스》 논문을 철저히 검토하고 부정확한 사실을 분석하며 입장을 정리하고 내부적으로 브리핑을 한다.
> - 최초의 대언론 자료를 준비하여 영국 언론 연락처 c.600 및 유럽 의회, 스코틀랜드 의회, 공무원, 그리고 통신사를 통해 전 세계 2만 2500개 언론사에 배포한다.[77]

그다음 SQS와 크롬 컨설팅은 "전 세계에서 논문을 과학적으로 비판하도록 만들고 연어를 정기적으로 섭취하는 것이 건강에 이롭다는 주장을 펼치는 데 주력하는 두 번째 자료"를 발표했다. 이 자료는 연어 업계에 연루된 과학자들을 인용하는 데 초점을 맞추었다. 크롬 컨설팅의 문서에서 드러난 과학자들의 활동은 이러하다.

- 식품표준국이 이슈와 예상되는 행동에 대한 입장을 분명히 하고 SQS의 입장에 대해 조언하도록 긴밀히 협력한다.
- SQS 웹사이트를 업데이트하고 건강한 먹을거리 정보로 링크한다.
- 전 세계 뉴스 보도를 감시하고 부정적인 언급이 나오면 신속하게 대처한다.[78]

앞에서 이미 이들의 활동이 대성공을 거두었다는 평가를 내린 바 있는데, 크롬 컨설팅의 평가도 이와 같다.

맨 처음 등장한 스토리는 이번 위기가 식품과 건강에 대한 심각한 위협이라는 데 초점을 맞추었다. 하지만 몇 시간도 지나지 않아 언론은 《사이언스》 논문에서 내린 결론의 진실성에 일관되게 의혹을 제기하기 시작했다. 주요 언론 매체들은 하루도 지나기 전에 논문과 저자, 후원자에게 적대적인 입장으로 돌변했다. 그리고 스코틀랜드 연어산업에 적극적인 지지를 보냈다. 우리가 모니터하는 874개 인쇄·방송 매체 중에서 78퍼센트가 SQS의 견해를 실었다. 이 중에는 직접 인용한 것도 있고 제삼자를 통해 전해진 것도 있다.[79]

제삼자 효과를 이용하기 위해 이들은 업계에서 매수한 과학자들을 동원했다. SQS는 양식업 인식증진협회, 미국연어협회와 정보 조

05 양식 연어 정보 조작   133

작 활동을 조율했다는 사실을 인정했다. 또 미국연어협회 컨설턴트인 산테르와 수시로 연락했다는 사실도 털어놓았다.[80] 2004년 6월 SQS 웹사이트에 링크된 외국 사이트 세 곳 중 두 곳은 미국연어협회와 양식업 인식증진협회다.[81]

연어 정보 조작의 철학

홍보 업계의 다른 업체와 마찬가지로 SQS 또한 전형적인 조작적 홍보 기법을 이용해 연어에 대한 비판을 깎아내리려 들었다. 이 방법은 일반 시민이 부분적으로 비합리적이며, 그렇기 때문에 '감각'과 '지각' 차원에서 작동하는 호소와 캠페인을 벌여야 한다는 것을 전제한다. 아이비 리와 같은 초창기의 홍보 선구자들은 이런 사실을 잘 알고 있었다. 이들은 민주주의가 '군중에게 권력을 부여한다'는 견해를 지니고 있었으며 군중에게 아첨할 '시종'이 필요하다고 생각했다. 과거에 왕과 왕비에게 아첨했듯이 말이다. 최초의 홍보이론가 중 한 사람인 월터 리프먼은 이런 접근 방식을 '동의의 제작'이라고 표현했다.[82]

  SQS와 영국 정부 기관 사이에 회람된 내부 문서에서 이런 접근 방식을 찾아볼 수 있다. 이 문서는 정보공개법 덕에 빛을 볼 수 있었다. SQS는 대중이 연어 뉴스에 어떻게 반응하는지를 알아보기 위해 2004년 2월, 3월, 4월에 시장조사를 의뢰했다. 결론은 "양식 연어 업계의 이미지는 향상되었으며 일부 사람들은 뉴스에서 드러난 사실을 마음에 들어 하지 않는다"는 것이었다. 따라서 연어 업계가 아니라 대중의 지각을 바꾸는 것이 관건이었다. 연구자들이 파고든 대중의 반응은 "합리적이기보다는 정서적"이었다.[83] 소비자가 사실을 토대로 가치 판단을 내린다는 '합리적 모델'에서는 "SQS가 자신의 주장을 계속 펼쳐 회의론자들을 설득해야 한다"고 조언했을 것이다.[84] 하지만 연구자들은 "이것은 바람직한 모델이 아니"라고 말했다. 타블로이드 신문 독자와 일반 신문 독자를 둘 다 조사한 결과, 결론은 "후자의 경우에도 정서가 기반을 이룬다"는 것이었다.[85] 이들은 다음과 같이 조언했다. "모든 소통 과정에서는 비합리적인 측면을 명심해야 한다. 합리적인 주장을 펼칠 때에도 전체적인 정서에 주의를 기울여야 한다. 광고든 홍보든 마찬가지다." 이들이 내린 결론은 "진실을 이야기하면 통하리라고 기대하지 마라"라는 것이었다.[86]

시장조사에 따르면, 진실을 내세울 경우 사람들은 양식 연어의 문제점을 기억할 터였다. "가령 '독소 농도가 유럽 기준 이내다'와 같이 합리적인 대응은 부정적인 반응을 일으킨다."[87] 이 때문에 "건강의 이점을 내세우는 것은 매우 설득력이 있다", "퓨 자선기금과 선입견을 결부시키는 것은 훌륭한 보완책이다"와 같은 조작적인 방법이 채택되었고, 이러한 조사 결과를 토대로 다음 전략이 개발되었다.

- 부정적인 면을 자극하지 않는다.
- 사실과 정서를 균형 있게 다룬다.
- 시각 이미지는 긍정적일 수도 있고 부정적일 수도 있다.
- 제삼자 지지를 이용한다.

'소비자를 교육한다'는 것은 연어에 대한 '부정적인 거짓 정보'와 '무미건조한' 정서에 대처한다는 뜻이다.[88] 이런 활동은 "더 정서적이고 일상적인 메시지로 이행하기 전에 이루어진다".[89]

위기 이후 단계에서 SQS는 언론인들을 스코틀랜드 연어 양식장에 초청했다. 정보공개법에 따라 발표된 문서에는 이렇게 기록되어 있다. "영국의 소비자 부문 언론인 두 명이 스코틀랜드를 방문하여 업체 행사에서 양식 어민들과 만났으며 SQS와 양식장을 찾았다. 곧 기사가 올라올 것이다." 문서에 따르면 "두 언론인 모두 방문이 끝난 후 매우 긍정적인 반응을 보였다. 이들은 양식 연어에 대한 우려가 가라앉았다고 말했다".

크롬 컨설팅에 따르면 회복 단계에는 다음과 같은 활동이 포함되었다.

> 식품표준국에서 스코틀랜드 양식 연어를 포함한 지방이 풍부한 생선을 섭취하도록 적극 권장하고 있다는 사실을 알리고, BBC와 긴밀히 협력하여 현재 진행 중인 논쟁, 즉 텔레비전 시리즈 〈걱정해야 하나, 말아야 하나?〉의 연어 관련 방영분(그 질문에 대한 대답은 말할 것도 없이 '아니요'다)에서 공정성을 유지하도록 하는 활동[90]

회복 전략이 성공을 거두려면 연어에 대한 대중의 반감을 바꾸어야 했다. 간접적인 방식으로 영향을 미치는 데는 대정부 로비가 빠질 수 없었다.

SQS의 로비

SQS는 신노동당과 연계된 로비 회사 그레일링Grayling과 손잡았다. 에든버러, 런던, 브뤼셀에 있는 의회를 공략하기 위해서였다. 1월이 되자 스코틀랜드 의회, 영국 의회, 유럽의회 의원들에게 이메일로 자료가 배포되었다. 그레일링은 SQS에 모니터링 서비스를 제공했으며, 의사결정권자에게 접근할 때 어떤 연줄을 타야 하는지 조언해 주었다. 커뮤니케이션 활동 중에는 SQS가 식품표준국에 로비하는 것도 들어 있었다. 2004년 4월 5일 SQS는 식품표준국과 만난 자리에서 자신들을 더욱 공개적으로 지지해 주었으면 좋겠다고 설득했다.

정보공개법에 따라 공개된 문서에 따르면, SQS는 독성에 대한 모든 자료를 '발표되기 전에' 볼 수 있게 해달라고 요청했다. 또한 오염 데이터를 식품표준국에 제공하겠다고 제안했다. 그러면서 SQS는 "이 데이터가 '상업상 비밀'로 간주될 수 있을지 물었다".[91] 당시 만남을 기록한 식품표준국 메모에 따르면, SQS는 자신들의 평판이 나빠지거나 정부의 전문가 위원회에서 다이옥신의 독성에 대해 무언가를 알아낼까 봐 "안절부절못했다"고 한다. 또한 "회의 내내 SQS는 식품표준국에서 양식 연어, 특히 SQS 회원사에서 생산된 연어를 먹는 것이 안전하다는 사실을 보증해 주기를 바랐다"라고도 되어 있었다. 메모에는 SQS가 "연어가 건강에 좋은 식품이라는 주장과 제품의 품질을 향상시키기 위한 자신들의 전략을 식품표준국이 지지해 주기를 바랐다"라고 기록되어 있다.

식품표준국 관료는 이에 대해 "식품표준국의 권고안은 기름기 많은 생선에 해당하며 연어도 그중 하나일 뿐, 우리는 특정 어류의 섭취를 권장하지 않는다"라고 강조했다. 이들은 "우리의 역할은 소비자를 가장 먼저 고려하는 것이며 …… 특정 제품이나 회사를 지지하는 것으로 보여서는 안 된다"고 결론을 내렸다.[92]

하지만 6월 24일이 되자 식품표준국은 입장을 뒤집어 연어를 안전한 식품으로 선정했다. 식품표준국 웹사이트에는 이런 FAQ가 올라와 있다. "질문: 양식 연어 섭취에 대한 조언은 기름기 많은 다른 생선과 별개입니까? 대답: 아니요, 양식 연어에 대한 조언은 동일합니다."[93] 크롬 컨설팅이 연어 정보 조작을 설명하면서 이 사실을 언급한 것은 당연하다. "식품표준국에서 스코틀랜드 양식 연어를 포함해 지방이 풍부한 생선을 섭취하도록 적극 권장하고 있다는 사실을 알리고……."[94]

식품표준국의 입장이 뒤바뀐 것은 그리 놀랄 일이 아니다. 영국 식품표준국은 영국과 스코틀랜드의 정부 대응을 결정하는 선도 기관이다. 식품표준국이 설립된 것은 농수산식품부가 업계와 결탁했다는 이유로 신용을 잃은 이후 국민의 신뢰를 되찾기 위해서지만, 식품표준국에는 애초부터 농수산식품부에서 일하던 공무원들이 참여했다. 초대 식품표준국 국장 존 크렙스는 기업의 시각을 철저히 대변하는 인물이다. 그는 유전자 변형 식품을 대놓고 옹호했으며 유기농 식품을 비난했다.[95] 크렙스는 유전자 변형 식품을 장려하는 정보 조작 기관이며 기업의 후원을 받는 사이언스 미디어 센터Science Media Centre의 자문을 맡기도 했다. 그는 사회문제연구소Social Issues Research Centre와도 관계를 맺고 있었는데, 이곳은 연구 발표에 영향력을 행사하기 위해 홍보 활동을 벌이는 기관으로 기업의 후원을 받는다. 크렙스는 사회문제연구소의 포럼 '과학과 건강의 커뮤니케이션에 대한 지침'에 참여했다. 기업의 후원을 받는 위장 단체인 센스 어바웃 사이언스Sense about Science의 딕 태번Dick Taverne을 비롯한 기업 옹호자들도 이 포럼의 회원이었다.[96]

식품표준국 이사회에는 사회문제연구소 고문 제야 헨리Jeya Henry,[97] 센스 어바웃 사이언스 고문 리처드 에어Richard Ayre, 육류 업계 지원 단체인 퀄리티 미트 스코틀랜드Quality Meat Scotland의 전임 부회장, 유니레버Unilever와 캐드버리 슈웹스Cadbury Schweppes의 대주주 그레이엄 밀라Graeme Millar, 마스Mars의 전직 임원이자 식품 업계의 주도적 위장 단체 국제생명과학협회International Life Sciences Institute의 정회원인 모린 에드먼슨Maureen Edmondson, 웨일스 농민 연합Farmers' Union of Wales 부회장 앨런 가드너Alan Gardner 등이 포진하고 있다.[98] 2005년에 임명된 식품표준국 신임 국장 디드리 허턴Deirdre Hutton은 글락소스미스클라인GlaxoSmithKline, 테스코Tesco, 유니레버에 지분을 가지고 있다.[99] 소비자들은 식품표준국이 식품 업계에서 '독립적'이라 믿고 있지만 실상은 딴판이다.

그 속에 '자연'은 없다: 양식 연어 광고 캠페인

2004년 여름에 크롬 컨설팅은 SQS가 양식 연어에 대한 신뢰를 회복하기 위해 펼친 광고 캠페인을 맡았다. 이 캠페인은 "연어 양식을 깎아내리려 드는 사람들이 유포한 메시지"를 바로잡는 데 중점을 두었다.[100] 일반적인 언론 매체 광고를 내보내는 것 이외에 언론인과 소매상에게 교육용 소책자, 엽서, 포스터 등을 발송하기도 했다. SQS 보고서에 따르면 광고 캠페인은 좋은 성과를 거두었다. 성인 2532만 2000명이 텔레비전 광고를 2.4회 시청했으며, 영국 성인의 52퍼센트가 SQS의 메시지를 접했다.[101] "자연적인 최고의 제품"이라는 슬로건을 내건 이 광고는 업계의 왜곡된 주장을 퍼뜨렸다.

업계의 광고 캠페인은 국가의 지원을 받기도 했다. 스코틀랜드 행정부는 캠페인에 약 150만 파운드를 지원했다. 크라운 에스테이트에서도 8만 파운드를 제공했는데, 크라운 에스테이트는 "해안의 55퍼센트와 22킬로미터에 달하는 해저 전체를 비롯하여 영국 전역의 드넓은 해양 부동산"을 보유하고 있는 부동산 회사다.[102]

스코틀랜드 행정부와의 관계

스코틀랜드 행정부에서 공적 자금을 광고 캠페인에 쏟아부었다는 사실은 놀랄 일이 아니다. 행정부가 어류 양식 업계와 공공연히 결탁하고 있기 때문이다. 《사이언스》 논문이 발표되던 날, 스코틀랜드 행정부 또한 비난 대열에 동참했다. 공식 문서에 따르면, 행정부의 스핀 닥터 스티븐 오어Stephen Orr는 2004년 1월 9일 오후 4시 15분에 이미 장관 명의로 성명서를 발표했다. 그는 동료에게 보낸 이메일에 이렇게 썼다. "이하는 앨런 윌슨Allan Wilson(환경부 장관-옮긴이) 명의로 언론에 내보낸 자료라네."[103] 행정부 성명서는 식품표준국의 그릇된 평가를 강조했다. "식품표준국은 스코틀랜드 연어에 들어 있는 PCB와 다이옥신 농도가 식품표준국, 유럽연합, 세계보건기구, 미국 식품의약국에서 정한 기준보다 훨씬 낮다는 사실을 확인했다."

성명서는 업계에서 발표한 다음 자료와 놀라울 정도로 닮았다. "스코틀랜드 연어에서 검출된 PCB와 다이옥신 농도는 유럽연합, 식품표준국, 미국 식품의약국과 같은 국제 감시 기관에서 정한 기준보다 훨씬 낮았다."[104]

행정부가 이런 입장을 취하게 된 이유는 성명서 참고 자료에 잘 나와 있다. 스코틀랜드가 세계 3위의 양식 및 연어 생산국이라는 사실 말이다.

양식 업계는 경제적으로 가장 취약한 어촌 지역에서 일자리를 6500

개 이상 만들어냈다. …… 또한 스코틀랜드 식품 수출 총액의 50퍼센트를 차지한다. 연어산업은 지난 30년 동안 스코틀랜드 북부와 섬의 경제에서 가장 중요한 발전 요인이었다. 연어에서 거두어들인 수익은 소고기와 양고기를 합친 것보다 많았다.

스코틀랜드 환경보호국Scottish Environment Protection Agency, SEPA이 가장 규모가 큰 양식 회사 머린 하비스트를 스코틀랜드 16대 오염 기업으로 선정한 이후에도 지지는 여전히 이어졌다. 머린 하비스트가 포트 윌리엄에서 운영하는 생선 가공 공장은 "오염 물질을 허가 받지 않은 채 배출하다가 환경보호국으로부터 지방 검찰에 기소당했다".[105] 머린 하비스트를 비롯한 양식 업체들은 행정부에서 지속적으로 정치적·금전적 지원을 제공하는 것이 무척이나 흡족했다. 2004년 4월 19일 스코틀랜드 총리 잭 매코널Jack McConnell은 머린 하비스트의 멀레이그 생선 공장 개업식에 참석하여 연어 모양의 금제 소매 단추를 선물받았다.[106] 그 당시 총리의 형제인 아이언 매코널Iain McConnell이 머린 하비스트 생선 공장의 공장장이었다.[107]

결론

《사이언스》 논문의 신뢰성과 뉴스 가치를 손상시키려는 공작은 크나큰 성공을 거두었다. 일주일도 지나지 않아, 논문은 뉴스에서 자취를 감추었다. 이 연구에 참여한 과학자들의 향후 논문 또한 언론의 주목을 덜 받게 될 것이다. 스코틀랜드 연어 업계에서는 양식 연어의 영양과 안전을 선전하는 캠페인에 정부 지원을 얻을 수 있었고, 식품표준국의 입장도 뒤바꿀 수 있었다. 식품표준국의 분석 결과는 최악의 경우 완전히 잘못되었거나 기껏해야 과학적으로 무지한 것이었는데도(《사이언스》 논문이 정확하다는 사실은 널리 인정되었다) 정부는 개의치 않았다. 이 꼴사나운 이야기는 양식 업계와 결탁한 정부 기관이 공공 보건과 지속 가능성보다는 기업의 요구에 더 귀를 기울인다는 사실을 보여준다.

이런 상황에서 국제홍보협회International Public Relations Association가 SQS의 거짓 정보 캠페인을 진행한 크롬 컨설팅에 국제홍보상을 수여한 것은 많은 것을 시사한다.

우리가 내릴 수 있는 결론은 이렇다. 대중은 주류 언론에서 잠재적 위험에 대한 왜곡된 견해를 주입받고, 그 결과 위험에 대해 합리적인 판단을 내릴 만한 위치에 서지 못하게 된다. 폭넓은 관점에서 보면, 이 이야기는 기업 이사회, 홍보 회사, 정부 부처에서 내리는 결정은 정보와 의사결정에 직접 영향을 미치지만, 여론은 고려 대상이 아니며, 진실은 중요하지 않다는 사실을 보여준다. 학문적 소통이 민주주의에 이바지할 수 있으려면, 이러한 속임수를 폭로하고 정치 과정과 기업을 민주적으로 통제하기 위한 운동을 펼쳐야 한다.

06

엑손의 보병
국제정책 네트워크의 사례

앤디 로얼

2004년 11월 조지 부시가 재선된 직후 일군의 과학자와 토착민 단체가 아이슬란드 레이캬비크에 모여 기후 변화 심포지엄을 주최했다. 과학자들은 부시가 재선된 것에 우려를 표했는데, 부시가 기후 변화에 대해 적대적인 입장을 취하고 있기 때문이었다.

이들은 동시에 전 세계 신문의 머리기사를 장식할 중대 보고서를 발표할 참이었는데, 이는 지구 온난화에 대한 정치적 관심을 다시 한 번 불러일으킬 터였다. 보고서 내용이 너무나 충격적이었기 때문에 미국 국무부에서는 대선이 끝나기 전까지 발표를 미루었다. 부시 행정부에서 이번 연구 결과가 재선에 악영향을 미칠까 우려했기 때문이었다. 이 보고서를 작성한 '북극기후영향평가단Arctic Climate

Impact Assessment'의 단장 로버트 코렐Robert Corell은 이렇게 말했다. "이 보고서가 발표되었다면 미국 대선에 크나큰 영향을 미쳤을 것이다."[1]

코렐과 그의 연구진은 기후 변화가 북극에 미친 영향에 대한 4년 동안의 연구 결과를 발표했다.[2] 세계 유수의 과학자 300명이 참여한 것만 봐도 평범한 연구는 아니었다. 이 보고서는 분량이 146쪽이나 되었고 정부에서도 이번 연구를 후원했다. 미국을 비롯해 북극을 둘러싸고 있는 8개국의 장관급 정부 간 포럼인 북극위원회Arctic Council와 토착민 단체 여섯 곳에서 의뢰한 연구였기 때문이다. 18개국의 과학 학회에서 설립한 국제기관인 '국제북극과학위원회International Arctic Science Committee' 역시 참여했다.

과학자들이 발견한 사실은 놀라웠다. 보도 자료 제목이 모든 것을 말해준다. "새로운 과학적 합의: 북극이 급속히 온난화되고 있다. 더 큰 변화가 일어나 기후 변화에 영향을 미칠 것으로 예상된다."[3] 과학자들은 북극이 "이전에 알고 있던 것보다 훨씬 급속히, 즉 지구의 나머지 지역보다 두 배나 빨리 온난화되고 있으며, 인간 활동으로 배출되는 온실 가스 증가로 이 온난화 과정이 더욱 가속화될 것으로 예측된다"는 사실을 발견했다.[4]

자세한 연구 결과는 북극에서 살아가는 수천 명뿐만 아니라 지구의 미래를 염려하는 사람들 모두의 등골을 서늘하게 만들었다.

- 알래스카, 캐나다 서부, 러시아 동부에서는 지난 50년 동안 겨

울 평균 기온이 2~4도 상승했다. 향후 100년 동안에는 4~7도 더 상승할 것으로 예측된다.
- 북극해의 여름철 얼음은 20세기 말보다 적어도 50퍼센트 줄어들 것으로 추정된다. 아예 사라질 거라고 예측하는 모델도 있다.
- 그린란드가 온난화되어 그린란드해 빙상이 녹으면 지구 해수면이 상승할 것이다. 장기적으로 봤을 때, 그린란드에 저장된 얼음이 모두 녹으면 해수면이 7미터가량 상승할 수도 있다.
- 여름 동안 북극해가 얼지 않으면 북극곰과 바다표범 일부는 멸종 위기를 맞을 것이다.
- 북극의 기후 변화는 일부 토착민의 건강과 식품 안전에 심대한 문제를 일으킨다. 생존 자체가 위협받는 부족도 생길 것이다.

보고서는 소란을 일으키려는 의도가 전혀 없었다. 기후 변화 예측치는 이산화탄소를 비롯한 온실 가스의 향후 배출량을 극단적인 수준이 아니라 '보통' 수준으로 추정했다. 하지만 이것만으로도 엄청난 우려를 낳았다. 코렐은 이렇게 말했다. "지구 온난화의 영향이 '지금' 북극에 살고 있는 사람들에게 미치고 있다. 북극은 지구에서 가장 빠르고 심각한 기후 변화를 겪고 있다. 기후 변화가 북극과 지구에 미치는 영향은 앞으로 훨씬 더 커질 것이다."[5]

연구에 참여한 토착민 단체 중 하나인 북극 애서배스카족 협회의 게리 해리슨Gary Harrison 회장은 딱 잘라 말했다. "모든 것이 위협받고 있다. 폭풍우와 녹아내리는 영구 동토층이 우리 삶터를 위협하고, 우리가 먹는 동식물의 변화가 우리의 생존을 위협하고 있다. 기존의 이동 경로가 위험해지면서 우리의 목숨까지도 위협받고 있다."[6]

이렇게 충격적인 뉴스라면 전 세계 언론의 머리기사를 장식했으리라는 예상이 들 것이다. 실제로도 그러했다. 알래스카 유수의 신문 《앵커리지 데일리 뉴스Anchorage Daily News》는 이렇게 보도했다. "기후 변화가 북극의 얼음을 집어삼키고 있다: 전문가들은 얼음이 빠르게 녹는 탓에 지구의 '온도 조절기'가 위협받고 있다고 경고한다."[7] 미국에서도 신문 1면에 이 연구 결과가 실렸다. 《로스앤젤레스 타임스》에서는 "보고서는 기후 변화가 가속화되고 있다고 경고한다: 연구자들은 북극 온난화로 대양의 얼음이 녹고 있으며 생물종과 토착 부족에게 영향이 미치고 있다고 경고한다"라는 제목을 달았다.[8] 《시애틀 타임스Seattle Times》는 "보고서에 따르면 북극이 급속히 온난화되고 있다고 한다"라고 타전했다.[9]

영국 언론에서도 보고서를 대서특필했다. 타블로이드 신문인 《데일리 메일Daily Mail》은 "북극 종말"을 보도했다.[10] 하지만 기후 변화에 대해 진보적인 입장을 취하는 《가디언》은 다른 견해를 나타냈다. 《가디언》의 기사 "연구에 따르면, 기후 변화 주장에는 오류가 있다"를 쓴 사람은 과학 담당 편집장이자 기후 변화 전문가로 통하는 팀 래드퍼드Tim Radford다. 그는 이렇게 말했다.[11]

일군의 과학자들은 오늘 발표된 보고서에서 기후 재앙이 일어나리라는 주장에 '치명적인 오류'가 있다고 비난했다. …… 덴마크 미래학회Danish Academy for Future Studies 회장 마르틴 오게루프Martin Agerup와 스톡홀름, 캐나다, 아이슬란드, 영국의 동료들은 보고서에서 온실가스 배출에 근거한 '극단적인 영향'의 예측이 '잘못된 과학, 잘못된 논리, 잘못된 경제학'을 채택했다고 말했다.

래드퍼드가 쓴 기사는 어떤 보고서를 토대로 한 것일까? 그것은 〈기후 변화의 영향: 미래를 위한 평가The Impacts of Climate Change: An Appraisal for the Future〉였다.[12] 보고서를 쓴 국제정책 네트워크는 "비정부의 교육적인 초당파적 단체"를 표방한다.[13]

래드퍼드는 기사에서 중요한 사실을 여러 개 빼먹었다. 그는 반대 보고서를 쓴 연구자들이 세계 유수의 과학자 대다수와 의견을 달리하는 이름난 기후 변화 회의론자들이라는 사실을 전혀 언급하지 않았고, 보고서를 발표한 곳이 국제정책 네트워크라는 사실도 밝히지 않았다. 이 단체의 핵심 구성원은 우익 친기업 활동을 벌인 이력이 있다.

무엇보다 가장 중요한 점은 국제정책 네트워크가 엑손에서 후원을 받는다는 사실을 누락시킨 것이다. 국제정책 네트워크 북아메리카 지부는 2003년에 '기후 변화 홍보' 프로그램이라는 명목으로 엑손에서 5만 달러를 받았다.[14] 2004년에는 '기후 변화' 후원 자금이 11만 5000달러로 늘었고[15] 2005년에는 13만 달러로 더 증가했다.[16]

그러니까 지난 수년간 엑손은 국제정책 네트워크에 대한 후원을 늘려온 것이다. 왜 그랬을까? 그것은 국제정책 네트워크의 기후 변화 관련 활동이 엑손의 전략과 맞아떨어졌기 때문이다. 엑손은 기후 변화 이슈에 대한 행동을 가능한 한 늦추고 싶어 했다. 기후 변화가 자신들의 핵심 사업인 석유·가스 채굴에 근본적인 위협이라고 생각한 엑손이 이 문제에 대응한 방법은 고전적인 3D 홍보 기법을 이용하는 것이었다. '3D'의 뜻은 '문제를 부인하라Deny', '행동을 지연시켜라Delay', '국제적 대응을 좌지우지하라Dominate'이다.

엑손은 기후 변화에 대한 행동을 늦추기 위해 기후 변화 과학에 물타기를 시도했다. 이들은 기후 변화 과학을 깎아내리려 하는 연구자들과 싱크탱크에 직·간접적으로 자금을 지원하고 있다. 담배 업계에서 흡연과 암의 관계를 자기네 과학자가 인정한 지 50년이 지난 후까지도 부정하려 드는 것과 마찬가지다. 1960년대 말에 작성된 담배 회사 홍보 문서에는 이렇게 나와 있다. "가장 중요한 것은 질병과 흡연의 인과 관계에 의문을 제기할 수 있는 스토리를 찾아내는 일이다. 눈길을 사로잡는 머리기사가 필요하다. 반드시 내세워야 하는 핵심은 이것이다. 논란을 일으켜라! 모순을 만들어라! 다른 요인을 들먹여라! 원인을 알 수 없도록 만들어라!"[17]

국제정책 네트워크는 엑손의 후원을 받아 기후 변화에 대한 논란을 증폭시키고 지구 온난화의 인과 관계에 의문을 제기하는 싱크탱크 중 하나다. 이 싱크탱크는 기후 변화에 여러 가지로 회의적 입장을 취한다. 기후 변화가 일어나고 있다는 사실 자체를 부정하기도 하고, 기후 변화의 원인이 화석 연료를 태우기 때문이라는 주장에 반대하기도 한다. 이산화탄소 배출을 줄이는 데 비용이 너무 많이 든다거나 이미 너무 늦었다고 말하기도 한다.

2005년 미국 잡지《마더 존스Mother Jones》에서 엑손의 자금을 받는 단체 약 40곳에 관한 기사를 실었다. 이들 중 상당수가 북극기후영향평가단의 보고서를 비난했으며 국제정책 네트워크도 등장한다. 기사에 따르면 "세상이 불타고 있는데도 엑손 모빌에게 돈을 받는 싱크탱크와 언론인들은 지구 온난화가 거짓말이라고 우겨댄다".[18]

엑손이 국제적 기후 변화 과학을 깎아내리려 한다는 관점에서 보면, 국제정책 네트워크 보고서는 저명한 과학자 300명, 8개국 정부, 수많은 토착민 단체에서 발견한 사실을 교묘하게 덮으려는 듯하다. 이들은 논란을 종식시켜야 했을 때 오히려 이를 증폭시키려 했고, 대중이 기후 변화에 대해 갈피를 잡지 못하도록 만들었다. 이것은 엑손의 홍보 전략에 꼭 들어맞는 것이다.

국제정책 네트워크의 내력

국제정책 네트워크라는 단체를 이해하려면 영국과 전 세계에서 영향력을 행사하는 소규모 자유시장 이데올로기 집단과 이곳의 깊숙한 인적·정치적 연관성을 조사해야 한다. 이 긴밀한 인적 네트워크 때문에 국제정책 네트워크는 친기업적·반환경적 의제를 계속 밀어붙이고 있다. 이들의 지적 행태는 에너지, 화학, 담배처럼 논란거리가 되는 상당수 산업과 비슷하다.

국제정책 네트워크는 2001년까지 '영국 애틀러스 경제연구재단 Atlas Economic Research Foundation UK, AERF UK'으로 불렸다. 영국 애틀러스 경제연구재단의 전신은 국제경제연구소International Institute of Economic Research인데, 이 단체는 1971년에 설립되었으며, 창립 이사는 아서 셴필드Arthur Shenfield와 앤서니 피셔Anthony Fisher다. 이들은 둘 다 극단적인 우익 자유시장주의자였다.

셴필드는 영국산업연맹Confederation of British Industry 경제이사, 우익 성향의 애덤 스미스 클럽Adam Smith Club 부회장, 그리고 그에 못지않은 우익 집단 몽펠르랭 협회장을 역임했다.[19] 피셔는 치킨 사업으로 돈을 벌었으며 1950년대 중반에 우익 성향의 경제문제연구소를 설립했다. 그는 프리드리히 아우구스트 폰 하이에크의 《노예의 길 The Road to Serfdom》을 읽고 감명을 받았다.[20]

1984년에 재단의 이름이 '영국 애틀러스 경제연구재단'으로 바뀌었다. 이곳은 20년 가까이 경제문제연구소와 애덤 스미스 연구소 Adam Smith Institute의 영국 내 소규모 프로젝트를 지원했으며, 개발도상국의 비슷한 싱크탱크에도 소액의 연구비를 제공했다. 1990년대 말 당시 이사진은 존 블런들John Blundell, 로버트 보이드Robert Boyd, 마이클 피셔Michael Fisher, 하이 크로스 해리스 경Lord Harris of High Cross으로 이루어졌고, 의장 겸 명예이사는 린다 웻스톤Linda Whetstone이었다.

잠깐 이들의 면면을 살펴보자. 존 블런들은 1993년부터 경제문제연구소 소장을 맡고 있다.[21] 당대에 가장 영향력 있는 우익 운동가로 손꼽히는 하이 크로스 해리스 경은 경제문제연구소 초대 소장을 지냈으며 마거릿 대처의 멘토였다고 알려져 있다.[22] 마이클 피셔와 린다 웻스톤은 경제문제연구소 창립자인 앤서니 피셔의 아들딸이다. 린다 웻스톤은 미국의 자매기관인 애틀러스 경제연구재단의 이사로도 활동하고 있다.[23] 1987년부터 1990년까지 이사장을 지낸 존 블런들에 따르면, 미국 애틀러스 경제연구재단의 사명은 "자유시장 싱크탱크를 세상에 퍼뜨리는 것"이다.[24] 로버트 보이드는 재무 담당이다.

1990년대 영국 애틀러스 경제연구재단의 수입은 유동적이기는 하지만 해마다 10만 파운드를 넘은 적이 없다. 그런데 2001년에 이름을 '영국 애틀러스 경제연구재단'에서 '국제정책 네트워크'로 바꾸면서 모든 것이 달라졌다. 이름은 대체 왜 바꾼 걸까? 똑같은 이름을 지닌 미국 자매기관과의 혈연관계를 감추려는 것이었을까? 더 중요한 것은 '국제정책 네트워크'라는 이름이 우익 기관이라기보다는 정책과 개발 문제를 연구하는 중립적이고 '진보적인' 싱크탱크처럼 들린다는 사실이다. 그 덕분에 자신들의 정치적 뿌리를 감쪽같이 숨길 수 있었으며, 순진한 대중의 눈에는 엑손의 후원을 받는 우익 싱크탱크가 아닌 국제적 NGO로 보일 뿐이다.

자선사업감독위원회 Charity Commission에서도 이러한 명칭 변경을 허락했다. 국제정책 네트워크의 2001년 기록에는 다음과 같이 나와 있다.

> 2001년 4월 당 연구소는 자선사업감독위원회의 동의를 얻어 '국제정책 네트워크'로 개명했다. …… 2001년 4월 이사회는 당 연구소의

애초 취지에 맞추어 연구 활동을 대폭 확장하는 새로운 계획을 채택했다. 로저 베이트Roger Bate와 줄리언 모리스Julian Morris가 국제 담당 이사로 임명되었다. …… 2001년 동안 국제정책 네트워크는 새 프로그램을 시작하기 위한 기금을 성공적으로 모금했다. 일부는 평가 기간 내에 지출이 이루어지기도 했다.[25]

이전과는 비교할 수 없을 정도로 많은 자금이 밀려들기 시작했다. 2000년 6월 30일까지 12개월 동안 들어온 후원금은 2987파운드였으나 2001년까지 18개월 동안에는 60만 7272파운드가 쏟아져 들어왔다. 이 중에서 15만 2186파운드를 재단에서 지원했고, 45만 269파운드는 기업들이 후원했다.[26]

연구소 활동이 확장되면서 경영과 재무 분야에 문제가 발생했고, 2001년 12월 3일에 런던에서 열린 이사회는 이 문제를 논의했다. 참석자는 신임 이사인 로저 베이트와 줄리언 모리스, 수탁자인 린다 웻스톤 의장, 존 블런들, 로버트 보이드 등이었다. 정보공개법에 따라 자선사업감독위원회가 제출한 자료에서 이 회의의 내용을 일부 엿볼 수 있었다.

- 연구소 활동의 재무 업무 증가로 2001년 12월 31일까지 18개월 동안의 수입과 지출에 대해 감사를 실시해야 한다고 기록되어 있다.
- 줄리언 모리스는 인도에 설립 예정인 지부의 간략한 사업 계획을 제출한다.
- 줄리언 모리스는 '켄드라'가 작업하고 있는 웹사이트를 전부 요약하여 문서로 제출한다.

- 로저 베이트는 워싱턴의 연구소 내에 사무실을 두는 비용을 산정한다.
- 노스 가 북부 2번지의 사무실 비용을 분담하는 문제를 논의했고, 줄리언 모리스는 외부 편지함을 별도로 설치하는 데 동의했다. 전화와 팩스 비용은 별도로 산정했으며 복사기에는 고유 번호를 이용한다. 난방, 조명, 전력, 청소 비용으로 국제정책 네트워크에서 분기마다 250파운드를 경제문제연구소에 지급하는 안건이 제기되었으며 경제문제연구소를 대표하여 존 블런들이 동의했다.
- 수탁자들은 이사 두 명에게 지급되는 급료를 검토해 2001년 12월 21일까지 각각 2만 2500파운드를 지급하라고 승인했다. 그리고 2002년 1월 1일부터는 해마다 3만 5000파운드를 지급하라고 결정했다.
- 웹사이트에 등록된 주소는 우체국 사서함 번호로 바꾸기로 했다.[27]

핵심 인물

회의의 세부 내용을 들여다보면 몇 가지 의문이 생긴다. 첫째, 국제정책 네트워크 이사인 줄리언 모리스와 로저 베이트는 누구인가? 켄드라는 어떤 인물인가? 로저 베이트와 줄리언 모리스는 논쟁거리가 되는 환경 이슈를 공격하는 데 잔뼈가 굵은 우익 운동가다. 이들은 경제문제연구소와도 긴밀히 연결되어 있다. 존 블런들은 1993년에 경제문제연구소 소장에 임명되었을 때 베이트와 환경 연구 기관의 개념을 논의했다.[28] 이듬해에 경제문제연구소는 베이트와 모리스가 쓴 《지구 온난화: 종말인가, 허풍인가?Global Warming: Apocalypse or Hot Air?》를 출간하면서 새로운 환경연구소의 출범을 알렸다.

필자는 《녹색 저항Green Backlash》에서 이렇게 주장한 바 있다.

> 저들의 주장에는 편견이 뚜렷하다. '지구 온난화의 과학에 대한 개요 An Outline of the Science of Global Warming' 장에서 인용한 자료 중 절반 이상은 기후 변화 회의론자에게서 나온 것이다. 추천 도서 목록은 우익 반과학 진영의 희망 목록이었다. 총리의 수석 환경 자문 크리스핀 티켈Crispin Tickell은 이 책을 "진지하게 받아들이기 힘들다"고 평했다. 그리고 기후 변화에 관한 정부 간 패널Intergovernmental Panel on Climate Change 과학 실무 그룹의 공동 의장 존 호튼John Houghton은 "무식한 짓"이라고 불렀다.[29]

이듬해인 1994년 베이트는 '유럽과학환경포럼European Science and Environment Forum, ESEF'이라는 위장 단체를 공동 설립했다. 웹사이트는 줄리언 모리스 명의로 등록했다. PR 워치의 존 스토버와 셸던 램턴Sheldon Rampton은 담배 회사 필립 모리스가 1994년까지 미국의 과학 위장 단체에 88만 달러를 지원했다는 사실을 밝혀냈다. 필립 모리스는 버슨 마스텔러의 자문을 받아 유럽에서 두 번째 위장 단체를 설립하려고 계획하기도 했는데, 임시로 붙인 이름은 '바람직한 공공 정책을 생각하는 과학자 모임Scientists for Sound Public Policy'이었다. 버슨 마스텔러의 문서에 따르면 이들은 담배, 농화학, 제약, 생명공학 기업의 지원을 받은 "상쇄하는 목소리가 유럽에서도 울려 퍼져야 한다"고 생각하고 있었다.

바람직한 공공 정책을 생각하는 과학자 모임의 아이디어는 실현되지 못했지만, 담배 업계의 홍보 전술 전문가 스탠 글랜츠Stan Glantz 박사는 "그 결과 유럽과학환경포럼이 탄생했으며 포럼 사무총장은 담배 회사들에게 후원을 받았다"고 주장했다.30

글랜츠가 설명했듯이 베이트는 유럽과학환경포럼에 자금을 지원하라고 담배 회사를 부추겼다. 베이트는 1996년에 담배 회사 RJR에 접근하여 유럽과학환경포럼과 경제문제연구소에서 환경 위기를 다루는 책을 낼 테니 5만 파운드를 달라고 요청했다. 그리고 이듬해 유럽과학환경포럼은 《위기는 없다: 과학, 정치, 공공 보건What Risk? Science, Politics and Public Health》을 출간했다. 편집자는 베이트였다. 유럽과학환경포럼이 짓밟고 싶었던 것은 담배와 연관된 위험만이 아니었다. 기후 변화 이슈 또한 이들의 표적이었다. 세계적인 기후 변화 회의론자와 반환경주의 학자 중 상당수가 유럽과학환경포럼에 가입했다. 하지만 최신 명단은 1998년에 머물러 있다. 회원 명단에는 브루스 에임스Bruce Ames, 샐리 발리우나스Sallie Baliunas, 로버트 볼링Robert Balling, 존 엠슬리John Emsley, 셔우드 이드조Sherwood Idso, 즈비그뉴 자보로브스키Zbigniew Jaworowski, 패트릭 마이클스Patrick Michaels, 프레드 싱어Fred Singer, 윌리 순Willie Soon, 게르트 라이너 베버Gerd-Rainer Weber도 이름을 올렸다.31

베이트는 2001년부터 2003년까지 국제정책 네트워크 국제 담당 이사로 활동했다. 그는 현재 우익 네오콘 싱크탱크인 미국기업연구소에서 상근 연구원으로 재직 중이다. 그의 동료들은 이라크 전쟁의 정당성을 설파했다. 미국기업연구소 웹사이트에 올라와 있는 약력을 보면, 그는 경제문제연구소 연구원 자격을 유지하고 있으며 또 다른 단체인 '아프리카 말라리아 퇴치연합Africa Fighting Malaria, AFM' 이사로 활동하고 있다. 이 단체 또한 '기후 변화 홍보' 프로그램을 수행한다는 명목으로 2004년에 엑손에서 3만 달러를 받았다.[32]

베이트는 2001년에 유럽과학환경포럼 이사직을 사임했다고 주장하고 있지만[33] 유럽과학환경포럼이 영국 기업청에 제출한 문서에 따르면 적어도 2004년까지 유럽과학환경포럼 이사 겸 수탁인 지위를 유지했다.[34] 이 기간에 유럽과학환경포럼은 2002년 약 8만 5471파운드, 2003년 3만 6500파운드를 국제정책 네트워크에 후원했다.[35] 2004년 11월 베이트는 이사 자격으로 유럽과학환경포럼의 기업청 등록을 취소해 달라고 신청했고[36] 2005년 5월 유럽과학환경포럼은 기업청 등록이 취소되었지만 아직까지도 영국 자선 기관으로는 등록되어 있다(이들은 2004년 이후의 회계 내역을 보고하지 않고 있다).[37] 2006년 초 이들의 웹사이트 또한 자취를 감추었다. 베이트가 미국으로 떠난 이후 모리스는 국제정책 네트워크의 사무총장을 맡아 일했으며, 경제문제연구소 학술자문위원회에도 여전히 몸담고 있다.[38]

베이트와 모리스는 친기업·반환경 투쟁을 전개하면서 스파이크트Spiked나 사상연구소Institute of Ideas에 포진한 탈마르크스주의·친자유주의 운동가들과 연합 전선을 폈다. 이들의 연대는 1990년대 후반에 시작되었다. 《리빙 마르크시즘Living Marxism》의 핵심 운동가 프랭크 퓨레디Frank Furedi와 빌 두로디Bill Durodie가 유럽과학환경포럼에 글을 기고했고, 베이트도 《리빙 마르크시즘》에 필자로 참여했다.

베이트는 DDT(말라리아를 비롯한 해충을 퇴치하기 위해 개발한 살충제), 유전자 변형 농산물, 우라늄 고갈 따위의 주제로 스파이크트 온라인에도 글을 썼으며,[39] 마지막 원고는 즈비그뉴 자보로브스키 교수와 함께 저술했다.[40] 자보로브스키는 음모이론가이자 "빙하기가 다가오고 있다"고 믿는 과학자 린든 라루슈Lyndon Larouche가 발행하는 잡지 《21세기 과학과 기술21st Century Science and Technology》에도 글을 기고하고 있다.[41]

모리스가 스파이크트 총회에서 처음으로 강연한 것은 2002년 5월이었다.[42] 2003년 1월 모리스는 스파이크트에서 재활용의 장점을 역설했다.[43] 두 달 후인 2003년 3월 스파이크트는 '유전자 변형 식품 표시'를 주제로 학술대회를 열었는데, 글로벌 홍보 회사인 힐 앤드 놀턴과 국제정책 네트워크가 공동으로 주최했다. 유전자 변형을 옹호하는 발표자로는 경쟁기업연구소Competitive Enterprise Institute, CEI의 식품 안전 정책 부장이자 열렬한 생명공학 지지 단체인 애그바이오뷰Agbioview의 공동 창립자인 그레고리 콩코Gregory Conko와 《리빙 마르크시즘》 필진이었으며 현재 사상연구소 과학·사회부장을 맡고 있는 토니 길런드Tony Gilland가 참석했다.[44]

2003년 5월 스파이크트, 테크 센트럴 스테이션, 왕립과학연구소Royal Institution는 '공포 공격Panic Attack'이라는 제목의 학술대회를 열었다. 이 대회에는 국제정책 네트워크, 사회문제연구소, 휴대전화사업자협회Mobile Operators Association 등이 공동 후원사로 참여했다. 대회는 '예방 원칙'을 깎아내리고 사회가 위험을 지나치게 회피한다는 것을 보여주려는 국제정책 네트워크의 전략과 맞아떨어졌다. '가열된 논쟁Heated Debate'이라는 제목으로 열린 오후 세션에는 《회의적 환경주의자VerDens Sande Tilstand》 저자이자 반환경운동 진영의 스타 비에른 롬보르그Bjørn Lomborg와 테크 센트럴 스테이션의 환경·과학 편집자이자 유명한 기후 변화 회의론자인 발리우나스가 참가했다. 이어진 담배 세션에서는 미국의 '현명한 이용Wise Use' 단체인 미국과학보건협회의 토드 시비Todd Seavey와 국제정책 네트워크에 소속되어 있던 베이트가 발표를 했다.[45]

같은 달 제네바에서는 유럽 우익 싱크탱크 연합체인 스톡홀름 네트워크Stockholm Network가 '유럽의 자유 무역 장벽'이라는 제목으로 학술대회를 열었다. 줄리언 모리스, 과학연합Scientific Alliance 자문위원회 및 국제정책 네트워크 회원 마틴 리버모어Martin Livermore, 전前 리빙 마르크시즘 및 과학연합 자문위원 빌 두로디를 비롯해 리버티 연구소Liberty Institute 연구원 프라사나 스리니바산Prasanna Srinivasan과 브뤼셀의 새유럽센터Centre for the New Europe 선임 연구원 스티븐 폴러드Stephen Pollard가 모두 강연자로 참석했다.[46]

2004년에도 진보적 환경 정책에 대한 공격이 이어졌다. 국제정책 네트워크는 '비정부기구의 부상과 유럽 경제·규제 정책에 미치는 영향'이라는 제목의 토론회에 참여했는데, 브뤼셀 유럽기업연구소European Enterprise Institute, EEI가 토론회를 후원했다.[47] 모리스는 '비정부기구의 책임'이라는 제목으로 발표를 했다. 흥미로운 사실은 유럽기업연구소의 연구부장이 경쟁기업연구소에서 '냉정한 지성들의 연합Cooler Heads Coalition' 자문을 맡고 있는 크리스토퍼 C. 호너Christopher C. Horner라는 것이다. '냉정한 지성'은 기후 변화에 대처하는 모든 조치를 무력화하려는 우익 단체와 '현명한 이용' 단체의 연합이다.⁴⁸ 경쟁기업연구소는 1998년 이후 엑손에서 200만 달러가 넘는 자금을 지원받았다.⁴⁹

경쟁기업연구소와 연관된 또 다른 인물은 켄드라 오콘스키Kendra Okonski다. 국제정책 네트워크의 2001년 이사회 자료에 등장하는 그녀는 국제정책 네트워크의 '지속 가능한 개발 프로그램' 부장이며, 2001년 전에는 워싱턴 경쟁기업연구소에서 연구 보조원으로 일했다.⁵⁰ 오콘스키는 진보 단체와 환경 단체에 반대하는 웹사이트를 만들고 항의 시위를 조직한 전력이 있다(7장 참조). 오콘스키는 아직도 국제정책 네트워크의 또 다른 위장 단체인 '지속 가능한 개발 네트워크Sustainable Development Network, SDN'에 연락처를 두고 있다.⁵¹

2001년 12월 이사회에 언급된 웹사이트들은 국제정책 네트워크의 '협력 기관'에 속한다. 국제정책 네트워크는 얼마 전 자신들이 "목표가 같은 개인과 단체에 웹사이트, 후원금, 조언을 지원한다"는 사실을 인정했다.⁵² 오콘스키가 등록한 웹사이트로는 나이지리아의 공공정책분석연구소Institute of Public Policy Analysis, 케냐의 지역 간 경제 네트워크Inter Region Economic Network,⁵³ 인도의 리버티 연구소,⁵⁴ 파키스탄의 대안연구소Alternate Solutions Institute⁵⁵ 등이 있다. 당혹스럽게도 이 단체들 중 몇몇은 자신들이 '현대판 제국주의자'인 환경 단체와 싸우는 제3세계 기구라는 사실을 자랑스럽게 내세우고 있다.

국제정책 네트워크의 활동 개요

국제정책 네트워크는 오콘스키의 항의 시위 전략을 활용해 수많은 주요 국제 대회와 행사를 위해 반대 집회와 반대 웹사이트를 조직했다. 이들의 전략에는 연관된 주제에 대해 책을 출간하는 일도 포함되어 있었다. 이러한 책들은 환경 문제에 대응하는 유엔 기구와 정부 기관의 활동을 무력화하려 든다. 2004년에 국제정책 네트워크가 기후 변화 활동을 깎아내린 것처럼 말이다. 북극기후영향평가단을 깎아내린 《가디언》 기사와 마찬가지로 제1세계 우익 단체와의 연관성은 교묘하게 숨겨져 있다. 이제 국제정책 네트워크를 비롯한 유사 단체들의 활동과 연관성을 간단하게 살펴보자.

아프리카 말라리아 퇴치연합과 질병퇴치 캠페인

베이트는 국제정책 네트워크에서 일할 당시에 논란거리가 된 화학약품인 DDT를 옹호함으로써 화학산업의 이익을 보호했다. 잔류성 유기 오염 물질persistent organic pollutant, POP로 분류되는 고독성 화학물질 DDT는 레이철 카슨Rachel Carson의 역작 《침묵의 봄Silent Spring》의 주제이기도 했다. 1960년대에 출간된 이 책은 DDT가 암을 일으키고 새를 대량 학살한다고 경고했는데, 이 책에서 환경운동이 비롯되었다고 알려져 있다. 또한 이 책은 1970년대 초반 미국을 비롯한 여러 나라에서 화학물질을 금지하는 데 이바지하기도 했다.[56]

그 후 화학 업계에서는 화학산업을 되살리고 세력을 넓히기 위한 배후 활동을 이끌었다. 베이트는 주로 '아프리카 말라리아 퇴치연합'을 통해 이러한 활동에 참여했는데, 이 단체는 2000년 12월 4일부터 9일까지 남아프리카에서 열린 '잔류성 유기 오염 물질에 대한 유엔 프로그램'에 반대하는 로비 단체와 웹사이트로 출범했다. '말라리아 퇴치Fighting Malaria' 웹사이트가 등록된 날짜는 2000년 10월 29일이며, 6주가 지난 뒤에는 유엔환경계획United Nations Environment Programme, UNEP 회의가 열렸다.[57]

아프리카 말라리아 퇴치연합은 '살충제 업계'에서 후원금을 전혀 받지 않는다고 주장한다. 하지만 아프리카 말라리아 퇴치연합은 한동안 자금의 상당 부분을 베이트의 유럽과학환경포럼과 국제정책 네트워크에서 지원받았는데, 두 단체 모두 기업에서 후원을 받는 곳이다. 아프리카 말라리아 퇴치연합이 웹사이트에서 밝히고 있는 나머지 자금원은 광업 회사 빌리턴, 우익 성향의 에어하트 재단과 겔만 재단, 마리트 앤드 한스 라우징 자선재단 등이다.[58] 하지만 2004년에 엑손에서 3만 달러를 받았다는 사실은 웹사이트에 공개하지 않았다.[59]

여기에서도 자금원과 인물이 서로 겹치는 현상을 찾아볼 수 있다. 2001년에 베이트와 오콘스키는 엑손에서 후원을 받는 경쟁기업연구소에서 일하고 있었다. 이들은 〈정치가 사람을 죽인다: 말라리아와

DDT 이야기When Politics Kills: Malaria and the DDT Story〉를 공동 저술했다.⁶⁰ 이 논문은 아프리카 말라리아 퇴치연합 웹사이트에 실렸으며 수정을 거쳐 경쟁기업연구소 웹사이트에도 올라왔다. 그 후 베이트와 오콘스키는 둘 다 경쟁기업연구소를 떠났다. 오콘스키는 국제정책 네트워크로 갔으며, 베이트는 국제정책 네트워크 이사가 되었다. 베이트는 미국기업연구소 방문 연구원과 아프리카 말라리아 퇴치연합 이사도 겸직했다. 2002년과 2003년에 베이트는 유럽과학환경포럼을 통해 국제정책 네트워크를 지원했는데 2002년에는 37만 6000파운드, 2003년에는 35만 2930파운드가 지급되었다.⁶¹ 국제정책 네트워크 또한 2001년에 아프리카 말라리아 퇴치연합을 후원했다.⁶²

남아프리카에 있는 아프리카 말라리아 퇴치연합은 리처드 트렌Richard Tren이, 워싱턴에 있는 아프리카 말라리아 퇴치연합은 제니퍼 잼본Jennifer Zambone이 이끌고 있으며, 베이트는 이사로서 저술과 강연 활동을 한다.⁶³ 아프리카 말라리아 퇴치연합은 2000년 유엔 회의를 대비하여 '말라리아에서 아이들을 지키자' 캠페인을 출범시켰는데, 한동안은 캠페인 담당자가 켄드라 오콘스키로 되어 있었다.⁶⁴ 유엔환경계획 회의가 열리기 일주일 전인 2000년 11월 29일에 말라리아 캠페인의 보도 자료가 배포되었고 제목은 다음과 같았다. "새로운 국제적 보건 연대는 이렇게 호소한다. 아이들을 말라리아에서 구하려면 지금 서명하세요!" 보도 자료에 나온 연락처에는 크리스토퍼 클로제Christopher Klose라는 이름이 올라와 있었다.⁶⁵

당시에 클로제는 이름난 홍보 회사인 존 애덤스 앤드 어소시에이츠John Adams and Associates에 몸담고 있었다. 이 회사의 고객은 유수의 화학 제조업체와 미국곡물보호연합 같은 여러 업종별 협회를 망라한다.[66] 클로제는 그해 초까지 미국 살충제 제조업체 연합인 곡물보호연합에 10년째 재직 중이었다(대부분은 커뮤니케이션 부사장으로 일했다).[67] 그는 이 직책을 수행하면서 전략 기획과 위기관리 전략을 개발하고 풀뿌리 지지를 이끌어냈으며 인터넷 커뮤니케이션 프로그램을 개발했다. 아프리카 말라리아 퇴치연합이 운영하던 바로 그런 프로그램 말이다. 그는 1980년대 후반 '알라Alar'(식물 생장 조절제—옮긴이) 논쟁 당시, 외부 자문으로 곡물보호연합과 인연을 맺었다.[68]

클로제가 아프리카 말라리아 퇴치연합에 연루되어 있다는 사실은 이 기관의 목적을 이해하는 데 매우 중요하다. 이들은 자칭 '보건 옹호 단체'이지만, DDT에 대항하는 환경운동을 공격하기 위해 살충제 업계와 우익 운동가들이 내세운 위장 단체라고 보는 것이 옳을 듯하다.

2002년 4월 오콘스키는 'www.fightingdiseases.org'라는 또 다른 인터넷 주소를 등록했다. 이 질병퇴치 캠페인Campaign for Fighting Diseases, CFD은 자신들이 국제정책 네트워크의 보건 캠페인이라고 말하지만, 질병퇴치 캠페인 웹사이트에는 국제정책 네트워크와의 연관성이 분명히 드러나 있지 않다. 캠페인이 공식적으로 시작된 것은 2년 뒤인 2004년 6월이었고, '자문위원회'에서도 이 캠페인이 언급되었다. 이번에도 이들 사이의 긴밀한 관계가 입증된 것이다. 자문위원회의 면면은 다음과 같다.

- 아미르 아타란Amir Attaran 박사는 베이트와 밀접하게 협력하여 DDT 연구를 수행하는 과학자이며 아프리카 말라리아 퇴치연합 이사다.
- 왕립 런던 병원의 교수 콜린 베리Colin Berry는 반환경·친유전자 변형 농산물 기관인 과학연합과 센스 어바웃 사이언스 자문위원을 맡고 있다.
- 퀸 메리 치의과대학 교수 윌리엄 키팅William Keating은 국제정책 네트워크에서 기후 변화 보고서를 물타기하려고 2004년 11월에 발표한 보고서에 글을 썼다.
- 캘리포니아 대학 로스앤젤레스 캠퍼스 교수 디팍 랄Deepak Lal은 경제문제연구소의 무역·개발 연구부 공동 국장이다. 그는 국제정책 네트워크의 협력 기관인 리버티 연구소의 자문위원도 맡고 있다.
- 바룬 미트라Barun Mitra는 리버티 연구소 소속이다.[69]

질병퇴치 캠페인의 주요 업무는 말라리아의 해악과 DDT의 유익을 알리는 것이다. 질병퇴치 캠페인과 국제정책 네트워크의 보건 프로젝트 부장 필립 스티븐스Philip Stevens는 이렇게 주장한다. "말라리아 통제 계획에서 가장 중요한 것은 주거용 건물 내벽에 살충제 DDT를 뿌리는 것이다."[70] 화학 업계에 이보다 더 좋은 말을 할 수는 없으리라.

지속 가능한 개발: 2002년 요하네스버그

2001년 5월 오콘스키는 'www.sdnetwork.net'라는 인터넷 주소를 등록했는데, 이것은 지속 가능한 개발 네트워크의 웹사이트다.[71] 웹사이트의 첫 버전은 요하네스버그 정상회의가 열리기 몇 주 전인 2002년 7월에 개설되었다. 보도 자료의 언론 대변인 명단에 오콘스키가 올라와 있다는 것 말고는 지속 가능한 개발 네트워크가 국제정책 네트워크와 연관되어 있다는 사실은 어디에도 언급되지 않았다. 지속 가능한 개발 네트워크와 리버티 연구소는 정상회의 기간 중에 '농민 행진'을 조직했다. 이것은 7장에서 논의할 '생명공학의 사이비 여론형성가'에 해당한다.

무역자유기구: 2003년 9월 칸쿤

국제정책 네트워크는 멕시코 칸쿤에서 WTO 회의가 열리기 7개월 전에 '무역자유Freedom to Trade' 웹사이트(freedomtotrade.org)를 개설했다. 하지만 웹사이트 대표는 이곳이 국제정책 네트워크 무역자유라는 사실을 밝히지 않고 있다. 웹사이트에 따르면 "글로벌 무역자유 캠페인은 전 세계 모든 사람의 개인적 역량을 강화하고 개발하는 데 자유 무역이 꼭 필요하다고 생각하는 비정부기구 연합이다." 하지만 회원 기구 중 상당수는 국제정책 네트워크에 소속되어 있다.[72]

기후: 2003년 12월

2003년 1월부터 12월 사이에 유엔 기후 변화에 관한 기초 회의 United Nations Framework Convention on Climate Change, UN FCCC는 이탈리아 밀라노에서 제9차 당사국 총회(이하 COP-9)를 개최했다. 여기에 대응하는 국제정책 네트워크의 무기는 회의에 맞추어 전용 웹사이트[73]와 함께 발간된 오콘스키의 편저서 《적응하지 못하면 죽는다 Adapt or Die》와 영국 소비자 대부분이 교토의정서에 반대한다는 연구 결과였다. 저자 목록에서도 국제정책 네트워크의 인맥을 찾아볼 수 있다. 추천사를 쓴 필립 스토트 Philip Stott는 영국 학계의 이름난 이단아로 국제정책 네트워크, 유럽과학환경포럼과 협력한 적이 있으며, 나머지 필진은 다음과 같다.

- 마르틴 오게루프는 덴마크 미래학회 회장이며 국제정책 네트워크 회원이다.
- 인두르 고클라니 Indur Goklany는 로저 베이트가 몸담고 있는 곳이기도 한 미국기업연구소 방문 연구원이다.
- 듀퐁의 전직 컨설턴트인 마틴 리버모어는 영국의 반환경적인 과학연합에서 자문위원을 맡고 있으며 국제정책 네트워크 회원이다.
- 바룬 미트라는 뉴델리 리버티 연구소 사무총장이다. 이 기관은 국제정책 네트워크의 후원을 받는다.

- 줄리언 모리스.
- 베니 파이저Benny Peiser는 과학연합 자문을 맡고 있다.
- 폴 레테Paul Reiter 박사는 파리 파스퇴르 연구소에 소속되어 있으며 우익 진영의 단골 논객이다. 그는 국제정책 네트워크의 보건 캠페인인 질병퇴치 캠페인의 자문위원이기도 하다.[74]
- 도미니크 스탠디시Dominic Standish는 스파이크트 온라인에 정기적으로 글을 기고한다.[75]
- 카를로 스타그나로Carlo Stagnaro는 프리랜서 언론인이자 국제정책 네트워크 회원이다.
- 브루스 앤들Bruce Yandle은 우익 성향의 소유권·환경연구소 Property and Environment Research, PERC(몬태나 보즈먼)의 수석 연구원이다.

이 책에서 눈에 띄는 사실은 필진 중에 기후학자나 기후 변화 전문가가 한 명도 없다는 것이다. 그런데도 국제정책 네트워크는 자기네 전문가들이 "교토의정서, COP-9, 지구 온난화에 대해 의견을 제공할 수 있다"고 선전했다. 오콘스키, 모리스, 오게루프, 마고 소닝Margo Thorning 등이 이러한 '전문가'다.[76] 소닝 박사는 엑손에서 후원을 받는 미국자본형성위원회American Council for Capital Formation 출신으로, 브뤼셀에 있는 자매기관 국제자본형성위원회International Council for Capital Formation 상무이사를 맡고 있다.[77]

소닝과 오콘스키는 COP-9에 앞서 이탈리아 토리노의 자유시장

기관인 브루노 레오니 연구소Istituto Bruno Leoni, IBL에서 주최한 학술 대회에서 강연했다. 참석자 중 기후 변화 회의론자로 유명한 사람들로는 버지니아 대학의 프레드 싱어, 줄리언 모리스, 워싱턴 경쟁기업연구소의 프레드 스미스Fred Smith가 있다.[78]

소닝 박사의 반기후 활동은 1990년대 후반으로 거슬러 올라간다. 1997년 소닝은 반환경 '현명한 이용' 단체인 '자유를 향한 집회 Fly-In for Freedom' 회의에 참석했다. 또 다른 기후 변화 회의론자인 로버트 볼링 박사도 함께했다. '현명한 이용' 운동은 벌목업자, 광산업자, 재산권 운동가, 오프로드 차량 애호가, 산업 연합과 같은 미국 내 '친이용pro-use' 단체 연합이다. 이 운동의 사상적 지주는 '자유기업보호센터Center for Defence of Free Enterprise, CDFE'의 론 아널드Ron Arnold다. 그는 오래전부터 반환경운동을 옹호했다. 아널드의 자유기업보호센터 역시 '지구 기후 변화 이슈' 연구를 명목으로 엑손에서 후원을 받고 있다. '미국을 위한 연합Alliance for America'은 현명한 이용 단체와 지지자들이 모이는 연례 집회를 주최하는 현명한 이용 연합이다.[79]

소닝은 집회에서 "교토의정서가 경제에 재앙을 불러와 집회에 참석한 사람들에게 피해를 입히리라는 견해를 뒷받침하는 통계를 내세움으로써 청중을 놀라게 했다".[80] 1999년 공화당 아이오와 주 상원의원 프랭크 머카우스키Frank Murkowski, 에너지위원회 위원장인 공화당 네브래스카 주 상원의원 척 헤이글Chuck Hagel, 민주당 웨스트버지니아 주 상원의원 로버트 버드Robert Byrd 등 기후 변화에 회의적인 상원의원 세 명이 반교토 법안을 입안했을 때, 소닝은 교토의 정서가 미국 경제에 악영향을 미칠 것이라고 증언했다.[81] 2년 후 소닝은 교토의정서에서 발을 빼려는 부시의 결정을 지지하고 기후 문제에 대한 "유럽의 위선"을 비난했다.[82]

그 후 소닝은 호주의 주도적인 반교토 단체인 공공문제연구소 Institute of Public Affairs,[83] 블라디미르 푸틴Vladimir Putin 대통령의 경제자문 안드레이 일라리오노프Andrei Illarionov 박사(러시아가 교토의정서를 비준하기 전까지 적대적인 입장을 취한 인물이다)와 연합 전선을 형성했다.[84] 소닝은 미국기업연구소가 주최한 학술대회에서 기후 변화 회의론자인 발리우나스, 엑손 모빌의 아트 그린Art Green, 테크 센트럴 스테이션과 미국기업연구소의 제임스 글래스먼, 로저 베이트와 함께 발표를 했다.[85] 미국기업연구소와 테크 센트럴 스테이션은 둘 다 엑손에서 후원을 받고 있다.[86]

기후: 2004년 11월

국제정책 네트워크는 물타기용 보고서와 책을 출간한 것과 마찬가지로, 북극기후영향평가단의 보고서 발표에 때맞춰 또 다른 물타기용 보고서를 내놓았다. 《적응하지 못하면 죽는다》의 필자 중 세 명이 이번에도 국제정책 네트워크 물타기용 보고서에 글을 썼다. 바로 마르틴 오게루프, 인두르 고클라니, 폴 레테 박사다.

레테를 비롯한 또 다른 필자 닐스 악셀 모르네르Nils-Axel Morner 스톡홀름 대학 교수와 마다브 칸데카르Madhav Khandekar 박사는 2004년 5월에 '냉정한 지성들의 연합'에서 주최한 브리핑에 모습을 드러냈다. 또 한 명의 이름난 기후 변화 회의론자 패트릭 마이클스도 참석했다. 브리핑 제목은 '위기론자의 견해가 잘못된 이유Why the alarmist view is wrong'였다.[87] 여기에서 '위기론자'는 '주류'로 읽힌다.

이 과학자들은 기후 변화 회의론자로 알려져 있지만,《가디언》의 과학 담당 편집장은 기사를 쓰면서 과학자 300명의 통일된 견해보다 이들의 견해를 더 중시했다. 그는 보고서의 발행처가 국제정책 네트워크라는 사실을 밝히지 않았으며, 이들이 엑손에서 후원을 받았다는 사실도 비밀에 부쳤다.《가디언》은 이에 대해 웹사이트에 해명하거나 기사를 철회하라는 요구를 받았으나 거부했다. 팀 래드퍼드는 개인적으로 보낸 이메일에서 "기사를 쓸 당시에는 이들이 엑손에서 후원을 받고 있다는 사실을 몰랐다"고 털어놓았다.[88]

그런데《가디언》의 자매지《옵서버》는 국제정책 네트워크가 엑손의 지원을 받았다는 사실을 보도했다.[89] 기사는 다음과 같이 시작한다. "기후 변화는 허구이며 해수면은 높아지고 있지 않다. 영국의 저명한 과학자는 사람들이 재앙을 피할 수 없다고 믿는다는 사실에 당혹감을 느낀다. 이것은 런던에 소재한 새 싱크탱크가 내놓은 논쟁적인 견해다."

《옵서버》기사에서 국제정책 네트워크의 모리스는 영국의 저명한 원로 과학자 데이비드 킹David King이 기후 변화의 위험을 과장했다며 그를 비난했다. 모리스는 이렇게 말했다. "데이비드 킹은 자기 자신과 자기 나라를 당혹스럽게 만들고 있다."[90]

국제정책 네트워크는 기사에 격분하여 웹사이트에 해명 글을 실었다. "국제정책 네트워크는 정부나 정당에 소속되거나 후원금을 받은 일이 없다. 국제정책 네트워크는 개인, 재단, 기업 등 다양한 자금원을 지니고 있지만 어느 곳에도 특혜를 베풀지 않는다."[91] 이들은 단어를 교묘하게 선택했다. 국제정책 네트워크는 정당과 제휴하고 있지 않을지라도 경제문제연구소와 얽혀 있으며 수많은 우익 싱크탱크와도 긴밀히 협력하고 있다. 어느 곳에도 특혜를 베풀지 않는다고 말하지만, 실제로는 엑손에서 후원금을 받으며 기후 변화에 대해 엑손이 원하는 입장을 추구한다.

경쟁기업연구소의 로비스트이자 미국의 유명한 기후 변화 회의론자인 마이런 이벨Myron Ebell은 BBC 라디오 4에서 데이비드 킹이 "극단적인 시각을 지닌 위기론자"이며 "기후 변화에 문외한"이라고 말했다.[92] 기업 로비스트가 진짜 과학자더러 기후 변화에 대해 아무것도 모른다고 비난하다니, 참으로 아이러니하다. 이러한 행위는 대중과 여론을 혼란에 빠뜨리지만 이것이야말로 엑손이 바라는 바다.

부인과 지연

2005년 1월 데이비드 킹은 "전 세계에서 기후 변화의 과학에 의문을 제기하려는 기득권 집단의 수하들이 나를 따라다녔다"고 말했다.[93] 킹이 말한 것은 '미국 로비스트'였다. 기후 변화를 깎아내리려는 국제정책 네트워크의 활동에 대해 언론과 환경 단체의 비난이 차츰 거세어졌다. 예를 들어 2005년 3월에 그린피스, 지구의 벗Friends of the Earth, 환경 칼럼니스트 조지 몬비엇 등은 기후 변화 회의론자들을 언론에 제공한 두 로비 집단 중 하나로 국제정책 네트워크를 지목했다. 몬비엇이 《네이처Nature》에 기고한 글에 따르면, 그 때문에 "기후 변화 과학이 공격을 받고 있다. 이런 공격은 잘 조율되고 호주머니도 두둑하며 언론에서 끊임없이 다루어준다. 기후 변화에 대한 과학적 합의가 굳건해지고 있는데도 언론에서는 이 과학이 불확실하다고 주장한다".[94]

이에 대해 국제정책 네트워크는 다음과 같이 주장했다.

> 이것은 전혀 사실이 아니다. …… 우리가 기후 변화 논쟁에 끼어든 것은 과학적으로 의심스럽고 경제적으로 무지한 주장이 이 기관들을 깎아내리고 경제 개발을 가로막으며 빈곤을 영구화하는 주장을 정당화하는 데 이용되는 현실이 우려스러웠기 때문이다. 우리는 정책이 건전한 과학과 바람직한 경제학에 바탕을 두어야 한다고 믿는다.[95]

기후 변화가 "과학적으로 의심스럽다"라는 주장은 엑손이 떠벌리던 것이다.

2005년 12월 국제정책 네트워크는 언론인 폴 스테인스Paul Staines가 《타임스》 칼럼에서 기후 변화 진영의 '허구' 공격을 되풀이했다며 비난을 늘어놓았다. 모리스는 이렇게 대꾸했다. "우리는 지구 온난화가 허구라고 말한 적이 없다. 우리는 지구 온난화에 대해 여러 허구가 조작되고 있다고 지적했을 뿐이다. 이런 허구 중 하나는 '국제정책 네트워크가 지구 온난화를 허구라고 믿는다'는 것이다." 모리스는 계속하여 이렇게 말했다.

> 스테인스는 국제정책 네트워크가 '지구 온난화는 허구'라고 말한 대가로 엑손에서 '기후 변화 홍보' 자금 25만 달러를 받았다고 주장한다. 이 또한 사실이 아니다. 엑손 모빌 재단은 국제정책 네트워크의 '환경과 지속 가능한 개발 프로그램'을 수년 동안 후원했으며, 이것은 나머지 수많은 후원 사례와 다를 바 없다. 우리 프로그램에 대한 후원을 '기후 변화 홍보'라고 내세운 쪽은 엑손 모빌이다. 하지만 엑손 모빌은 우리가 자금을 어떻게 쓰는지에 대해서 아무런 제약을 가하지 않았다. 엑손 모빌은 우리 프로젝트를 감독한 적이 없다. 만약 그런 조건이 붙었다면 절대 후원금을 받지 않았을 것이다.

마지막으로 모리스는 국제정책 네트워크가 엑손에 유리한 정책을 장려한 대가로 "윤리적으로 의심스러운 자금"을 받았다는 주장을 극구 부인했다.[96]

'기후 변화가 허구'라고 말한 적이 없다고? 하지만 모리스와 국제정책 네트워크는 기후 변화를 걱정할 필요가 없다고 말한다. 2004년 9월 모리스가 공동 서명한 편지가 《타임스》에 실렸다. "지구 온난화를 막기 위해 당장 장기적인 조치를 취해야 한다고 가정할 만한 확실한 근거는 하나도 없다."[97] 어떤 조치가 필요하든 이들은 그 조치를 지연시켜야 하는 이유를 들이댈 것이다. 이것이야말로 엑손이 바라는 바다.

역설적이게도 2006년 9월 왕립학회 Royal society에서 "증거를 대놓고 부정하며 기후 변화 과학을 왜곡한" 단체 수십 곳에 대한 후원을 철회하라고 엑손에 요구했다는 사실(이러한 요구는 전례가 없었다)을 보도한 것은 바로《가디언》이었다.[98]《가디언》에 실린 명단에는 국제정책 네트워크도 들어 있었다.

07

생명공학의 사이비 여론형성가

조너선 매슈스

가짜 퍼레이드

"내 앞에 피켓을 든 남자는 극빈층이 분명했다. 신발은 다 떨어져 걸레가 되었으며 달랑달랑한 상태로 겨우 붙어 있었다."[1]

이것은 2002년 8월 요하네스버그 지구정상회의 당시에 벌어진 시위를 생생히 묘사한 글의 첫머리다. 시위대는 "주로 빈민이었고 절대 다수가 흑인이었으며 대부분 여자였다". 이들의 주장은 환경운동에 어울리지 않았다. "이번 시위는 환경운동가들에게 악몽과 같았다. 진짜 빈민들이 거리를 행진하며 …… 녹색 좌파의 생태 의제에 반대했다."[2]

빈민의 목소리가 이렇게 주목을 받은 적은 거의 없었다. 아프리카, 미국, 캐나다, 인도, 호주, 이스라엘 등 전 세계에서 요하네스버그 행진을 보도했다. 영국에서는 《타임스》마저 "백인 NGO가 우리를 대변할 필요 없다"라는 제목으로 논평을 실었다.³

정상회의가 진행됨에 따라 요하네스버그 행진은 더 큰 주목을 받았다. 《네이처 바이오테크놀로지Nature Biotechnology》 11월호에서는 생명공학산업기구Biotechnology Industry Organization, BIO 부회장 밸 기딩스Val Giddings가 편집자에게 보내는 편지에서 이렇게 주장했다. "이번 일은 새롭고 거대한 사건이었으며 요하네스버그를 하나의 분수령으로 만들었다." 기딩스는 "실제의, 살아 있는, 개발도상국 농민들이" 난생 처음으로 "자신의 목소리를 냈으며 자신들의 대변자를 자처하는 사람들의 공허한 주장"을 반박했다고 말했다. 그는 인도농민연맹Indian Farmers Federation의 지도자 쳉갈 레디Chengal Reddy의 말을 인용했다. "인도 농민은 신기술, 특히 생명공학 기술의 혜택을 누려야 한다." 기딩스는 소똥에 니스를 칠해 만든 '소똥 상'이 인도 환경운동가 반다나 시바Vandana Shiva에게 수여되었다는 사실을 언급했다. 수상 이유는 "가난과 굶주림을 영속시키는 정책을 추진했다"는 것이었다.⁴

하지만 정말로 소똥 상을 받아야 할 사람은 기딩스였다. 그의 묘사는 거의 전부가 조작된 것이었기 때문이다. 쳉갈 레디는 가난한 농민도, 가난한 농민의 대변자도 아니었으며, 그가 빈민에게 우호적이라는 증거도 찾아보기 힘들다. 레디가 이끌고 있는 인도농민연맹은 인도 남동부 안드라프라데시에 있는 거대 상업농의 로비 단체다. 레디는 평생 농사를 지어본 적이 없다고 실토하기도 했다. 그의 집안은 안드라프라데시에서 손꼽히는 우익 정치 세력이며, 그의 아버지는 이런 말을 남겼다. "달리트(불가촉천민)가 잘하는 것이라고는 두들겨 맞는 것밖에 없다."[5]

의심스러운 것은 레디가 빈민의 목소리를 들려주러 요하네스버그에 갔다는 사실만이 아니다. 항의 시위를 조직한 사람들의 정체 또한 의혹을 사기에 충분하다. 《타임스》는 "백인 NGO가 우리를 대변할 필요 없다"라는 제목을 달았지만, 시위 주최 측의 보도 자료에 실린 언론 담당은 켄드라 오콘스키였다. 그녀는 미국 벌목업자의 딸로 수많은 우익 반규제 비정부기구에서 일했다. 물론 모두가 '백인'의 자금과 지시를 받는 단체들이다. 이 중 경쟁기업연구소는 워싱턴에 있는 싱크탱크로, 생명공학산업기구 회원사인 몬산토와 다우Dow를 비롯한 미국 대기업에게 지원받은 수백만 달러의 예산을 주무른다. 오콘스키는 'counterprotest.net'라는 웹사이트를 운영하기도 했는데[6] 이곳은 우익 로비스트들이 거리에서 대중 저항을 흉내 내도록 지원한다.[7]

'소똥 상'이 '인도의 저명한 환경운동가에게 가난한 농민이 건넨 상징적 반격'이라는 기딩스의 주장은 가당치 않다. 소똥 상은 또 다른 우익 압력단체인 리버티 연구소의 창작품이었기 때문이다. 이 단체는 뉴델리에 사무실을 두고 있으며 규제 철폐, 유전자 변형 농산물, 거대 담배 회사를 열렬히 지지하는 것으로 잘 알려져 있다.[8]

리버티 연구소는 행진을 조직한 네트워크(기만적이게도 이 네트워크의 이름은 '지속 가능한 개발 네트워크'다) 소속이다. 지속 가능한 개발 네트워크는 런던에서 사무실, 그리고 오콘스키를 비롯한 핵심 인력을 국제정책 네트워크와 공유한다. 국제정책 네트워크의 워싱턴 주소는 공교롭게도 경쟁기업연구소와 같다.[9] 지속 가능한 개발 네트워크를 운영하는 모리스는 경제문제연구소 환경·기술 프로그램 부장이라는 직함도 달고 있다. 이 단체는 '좋은 지배 구조'를 실현하기 위해 아프리카 나라들을 초국적 기업에 팔아 넘겨야 한다고 주장하는 싱크탱크다.

물론 모리스, 오콘스키, 레디 등이 개입했다고 해서 요하네스버그 행진에 '진짜 빈민'이 참여하지 않았다는 것은 아니다. 그 자리에는 진짜 빈민도 있었다. 캐나다 잡지 《애드버스터스Adbusters》의 기자 제임스 매키넌James MacKinnon은 정상회의를 취재하러 갔다가 행진을 직접 목격했다. 그는 가난한 거리 상인들을 많이 보았다고 말했는데, 이들은 오로지 정부에 분통을 터뜨리고 있었다. 정상회의 기간에 자기네 터전을 빼앗겼기 때문이다.[10] 행진 주최 측에서 상인들에게 뿌린 전단은 이들의 불만을 이용했다. 주최 측은 행진을 '무역 자유'를 요구하는 자리로 둔갑시켰던 것이다. 전단에는 '생명공학'이나 '녹색 좌파의 생태 의제' 따위의 이슈가 하나도 들어 있지 않았다.[11]

어쨌거나 진짜 농민이 행진에 참여한 것은 사실이다. 매키넌은 일부 농민이 환경운동에 반대하는 티셔츠를 입고 "세계에 위기를 조장하지 마라"와 같은 구호를 내걸었다고 말했다. 그는 호기심이 발동했다. 기후 변화의 '사이비 과학'을 조롱하는 대열에 아프리카 소농이 참여하는 것은 매우 드문 일이기 때문이다. 하지만 그들은 정말 그곳에 있었다. 피켓과 티셔츠에는 "지속 가능한 개발에서 지구를 구하자", "생태제국주의 반대", "녹색당은 빈민을 괴롭히지 마라", "생명공학이 아프리카를 살린다"와 같은 구호가 쓰여 있었다. 그런데 시위대에 가까이 다가간 매키넌은 주최 측에서 모든 물품을 준비하여 시위대에 나누어주었다는 사실을 알게 되었다. 그는 유전자 변형에 찬성하는 티셔츠를 입은 농민들에게 인터뷰를 시도했지만, 이들은 "수줍게 미소 지을 뿐 아무도 영어를 할 줄 몰랐다".[12]

또 다른 한 가지 의문은 가난한 농민들(기딩스에 따르면 5개국 출신의 농민이 행진에 참여했다고 한다[13])이 어떻게 필리핀이나 인도에서 요하네스버그까지 육로로 올 수 있었느냐는 것이다. 의심할 만한 이유는 충분하다. 1999년 말 《뉴욕 타임스》 기사는 다음과 같이 전하고 있다. 워싱턴에서 식품의약국 청문회가 열리던 당시, 청문회장 바깥에서는 유전자 공학에 반대하는 거리 시위가 벌어지고 있었다. 그때 "생명공학이 아이들의 목숨을 구한다" 따위의 피켓을 든 아프리카계 미국인 집단이 난입하여 시위를 난장판으로 만들었다. 《뉴욕 타임스》는 몬산토의 홍보 대행사인 버슨 마스텔러가 빈민가 침례교회에 돈을 건네고 사람들을 '시위'에 동원했다는 사실을 알아냈다.[14]

식품 업계의 흔적은 요하네스버그 곳곳에 널려 있다. 기딩스가 발탁한 '농민' 쳉갈 레디는 인도에서 적어도 10년 동안은 몬산토의 홍보 사업에서 주도적인 역할을 맡았다.[15] 행진에 참여한 나머지 단체들도 몬산토의 로비 업무와 긴밀히 연관되어 있었다. 아프리카바이오AfricaBio처럼 재정 지원을 받는 곳도 있었는데[16] 레디를 요하네스버그에 데려온 단체가 바로 아프리카바이오다.[17] 지속 가능한 개발 세계정상회의와 같은 행사에 레디가 불려 다니는 이유는, 시바[18]와 같은 사람들이 농업을 기업이 차지하는 데 반대하여 벌이는 환경정의운동에 대항해 '개발도상국을 대변하는 목소리'로 써먹을 수 있기 때문이다.

반격은 반사 렌즈를 이용하여 이루어진다. 이들은 자신의 악덕을 상대방에게 돌린다. 따라서 몬산토가 의심스러운 방법을 이용하여 자신을 경계하는 남반구 농민에게 제품을 팔아 치우는 것이 문제가 아니라, 제3세계에서 환영받는 몬산토를 부유한 나라의 사악한 대리인들이 방해하는 것이 문제라는 것이다. '소똥 상' 보도 자료에서 "시바가 서구 생태제국주의의 나팔수 노릇을 한다"라고 비난한 것은 이런 이유에서다. 그런데 신제국주의에 반대하는 이 상징적 행위의 언론 담당은 과연 누구일까? 그것은 미국인인 켄드라 오콘스키다.[19] 인도 환경운동가를 서구의 대리인으로 매도한 장본인이 바로 서구의 나팔수였던 것이다.

검은색으로 칠하라

요하네스버그 행진의 치밀하게 계획된 구호와 행동은 잇단 가짜 퍼레이드에서 되풀이되었다. 흑인들 뒤에서 몬산토의 주장을 내세우는 일은 지구정상회의 이후로 더욱 탄력이 붙었다. 미국 행정부에서 유엔 본부까지, 미국 의회에서 유럽의회까지 로비가 횡행하고 있다.

2005년 1월 뉴욕에서 열린 마틴 루서 킹 Martin Luther King Jr. 기념일 사건에서도 그 흔적을 찾아볼 수 있다. 인종평등회의 Congress of Racial Equality, CORE는 외교관, 과학자, 언론인, 뉴욕의 학생 등 약 700명을 유엔 본부로 초청하여 생명공학의 "의미와 진실"을 보여줄 생각이었다.[20] 인종평등회의의 세계 총회 자리에서는 검은 대륙을 향한 "인종평등회의의 진실 탐구 여정"을 보여주는 영화 〈아프리카의 목소리 Voices from Africa〉가 처음으로 개봉되었다.[21]

영화의 시작과 끝은 인종평등회의의 국가 의장 로이 이니스 Roy Innis가 장식했다. 그는 이번 여정의 계기가 아프리카의 기아 문제였다고 말하며 이렇게 끝맺었다. "우리는 아프리카 농민이 자신의 삶을 향상시킬 신기술을 누리도록 온갖 노력을 다해야 한다."

2003년 5월 런던 자연사 박물관에서 열린 생명공학 토론회에서 미국 출신의 세계적인 식물학자 피터 레이븐 Peter Raven 박사는 인종평등회의가 기술 발전의 장애물에 대해 무척 우려하고 있다고 말했다.

미국에서 가장 유서 깊고 존경받는 민권운동 단체인 인종평등회의는 지난달에 어느 공개 행사에서 그린피스와 마주쳤다. 이들은 그린피스가 개발을 제한하고 기술을 개발도상국의 가난한 사람들에게 확대하지 못하도록 막는 국제 정책을 지지한다며 그린피스를 '생태 학살자'라고 비난했다.[22]

인종평등회의의 대변인 나이저 이니스Niger Innis는 당시의 공격이 "제3세계에 정의를 가져다주기 위한 첫걸음에 지나지 않는다"라고 말했다.[23] 그 말은 사실이었다. 요하네스버그에서 가짜 퍼레이드가 펼쳐진 지 1년 뒤인 2003년 9월 이니스는 멕시코의 휴양지 칸쿤에서 열린 WTO 회의에서 패러디 시상식을 주관했다. 시상식 참가자들은 "아이들을 살리자"라는 피켓을 들었으며, 상은 이니스의 표현으로라면 "치명적인 생태제국주의"의 옹호자에게 돌아갔다. 이니스는 이렇게 말했다. "이들은 유전자 변형 식품과 살충제, 에너지 개발에 반대함으로써 가족과 지역 사회를 파괴하고 해마다 수백만 명을 학살한다." 인종평등회의의 국제 문제 부장 시릴 보인스Cyril Boynes Jr.는 이 행사가 "이른바 에코 테러리스트들의 파괴적이고 잔인한 정책에 주의를 환기하는 데" 큰 구실을 했다고 말했다.[24]

넉 달 뒤 인종평등회의는 뉴욕에서 토론회를 열었다. 토론 제목은 "생태제국주의: 지구적 녹색운동이 개발도상국 빈민에게 자행하는 전쟁"이었다. 이니스는 보도 자료에서 '생태제국주의'는 순화된 표현이라고 말하며 이렇게 덧붙였다. "우리는 이 잔인무도한 생태 학살을 끝장내려고 한다."[25]

인종평등회의의 수사修辭를 다듬은 인물은 인종평등회의의 수석 정책 자문 파울 드리센Paul Driessen이다. 백인 홍보전문가인 그는 인종평등회의의 유엔 세계 대회에서 토론회 두 건을 진행했다. 드리센은 《생태제국주의: 녹색 권력과 검은 죽음Eco-Imperialism: Green Power−Black Death》의 저자다.[26] 이니스가 추천사를 쓴 이 책은 환경운동의 눈앞에 "유전자 변형 식품의 혜택을 누리지 못한 채 굶주리고 고통받는 전 세계 수백만 빈민들"을 데려다 놓는다.[27] 드리센의 책을 출간한 자유기업출판사Free Enterprise Press는 자유기업보호센터의 출판부다. 드리센은 이곳의 수석 연구원이며, 자문은 딕 체니Dick Cheney가 맡고 있다. 자유기업보호센터 웹사이트에 따르면, 드리센의 책은 독자들이 "왜 환경운동이 역사상 최악의 집단 학살에 연루되어 있는가를 이해하는 데" 도움을 준다고 한다.[28]

자유기업보호센터 소장 앨런 메릴 고틀리브Alan Merril Gottlieb는 '일류 반공산주의 자유 기업가'를 자처하며[29] 탈세로 복역한 적이 있다.[30] 부소장 론 아널드는 다우 케미컬에서 컨설턴트로 일했으며 자유기업보호센터와 같은 사무실을 쓰는 통일교 정치 조직인 미국자유연합American Freedom Coalition 워싱턴 지부를 맡기도 했다. 아널드는 1991년 《뉴욕 타임스》와의 인터뷰에서 다음과 같이 말했다. "우리 자유기업보호센터는 이전에 존재하지 않던 여론 분야를 개척했다. 우리가 나서기 전에는 아무도 환경주의가 문제라는 사실을 인식하지 못했다."[31] 자유기업보호센터의 주 관심사는 원래 총기 규제에 반대하는 것이었다. 《뉴욕 타임스》에 따르면, 고틀리브는 환경주의에 반대하면 돈이 생긴다는 사실을 깨달은 후에 단체의 관심사를 바꾸었다. "우리에게 환경운동은 더할 나위 없는 악당이었다."

인종평등회의의 유엔 생명공학 회의가 열리기 전날 밤은 마틴 루서 킹 기념일이었다. 이때 인종평등회의는 뉴욕 힐튼 호텔에서 칼 로브를 위한 만찬을 열고 있었다. 칼 로브는 부시 측 선거전략가이며 플로리다와 오하이오에서 흑인 유권자의 권리가 박탈되는 것을 묵인했다는 혐의를 받고 있다. 마틴 루서 킹 기념일을 이런 식으로 기리는 것이 의아하게 보일 것이다. 게다가 웹사이트에는 1964년 여름 흑인 유권자 등록을 위한 행진에서 살해당한 자유 여행가들(흑인 민권운동가들이 인종 차별을 철폐하기 위해 벌인 버스 여행의 참가자들-옮긴이)의 모습이 실려 있으니 말이다. 그런데 얼마 전부터 이들의 사진에 몬산토 로고가 끼어들었다. 인종평등회의는 몬산토를 흉내 낸 것이며, 몬산토는 '인종평등회의 기업 파트너'인 '아프리카의 목소리'를 후원하기도 했다.[32]

인종평등회의가 "제3세계에 정의를 가져다주기 위한 첫걸음"을 내디딘 때는 2003년 5월 8일이었다.[33] 2주도 지나지 않아 부시는 유럽이 "근거가 없는 비과학적인 두려움" 때문에 유전자 변형 농산물을 금지함으로써 굶주리는 아프리카인에게 식량을 제공하려는 노력에 찬물을 끼얹고 있다고 비난했다. 부시는 유럽 정부들을 향해 "아프리카의 기아 문제에 종지부를 찍는 대의를 방해하지 말고 여기에 동참하라"고 요청하기도 했다.[34] 다음 날 부시 행정부는 미국산 유전자 변형 농산물에 대해 유럽이 시장을 개방하지 않을 경우

유럽연합을 WTO에 제소하겠다고 발표했다.

미국은 아프리카를 내세워 WTO 소송을 제기했다. 그런데 미국의 결정에 지지 서명을 한 유일한 아프리카 국가인 이집트가 곧 발을 뺐다. 이집트가 변절하자 미국은 이내 보복을 가했는데, 예정되어 있던 양자 간 무역 회담을 철회한 것이었다. 하지만 WTO 소송을 발표하는 기자회견 자리에서 미국 무역대표부 대표 로버트 졸릭Robert Zoellick은 수많은 흑인들이 지지를 보냈다고 말했다. 그중 한 명인 아프리카 농민 부텔레지T. J. Buthelezi는 돌아다니지 않은 곳이 없는 사람이다. 그는 지난 2년 동안 워싱턴뿐만 아니라 브뤼셀, 남아프리카 프리토리아, 세인트루이스, 필라델피아, 본, 런던을 다니며 유전자 변형 농산물을 홍보했다. 또한 요하네스버그 지구정상회의의 가짜 퍼레이드 대열에도 끼어 있었다.

쳉갈 레디와 달리 부텔레지는 진짜 농민이지만, 속을 자세히 들여다보면 여느 농민과는 전혀 다르다. 미국 국제개발청US Agency for International Development, USAID 청장 앤드루 내치어스Andrew Natsios는 부텔레지를 미국 의회에 소개하면서 그가 "하루하루 연명하는 소농 또는 간신히 끼니를 때우는 빈농"이라고 말했다.[35] 하지만 실제로 두 아내와 26만 7000제곱미터의 토지를 가진 부텔레지는 마을에서 가장 부유한 축에 든다. 개발연구소Institute of Development Studies의 애런 디그래시Aaron deGrassi는 부텔레지가 밝힌 유전자 변형(Bt[36]) 면화 재배 사례가 몬산토 보도 자료와 수상할 정도로 닮았다고 지적한다. 디그래시는 다음과 같이 말했다. "남아프리카에서는 부텔레지 같은 농민들이 선발되어 식사 대접을 받은 다음 유전자 변형 농산물의 장점을 학습한다."37

졸릭의 기자회견에서 주로 발언한 연사는 C. S. 프라카시 C. S. Prakash 였다. 그는 인도 태생으로 앨라배마 터스키기 대학의 생명공학 교수다. 프라카시는 전 세계를 다니며 미국 국무부를 대신해 유전자 변형 농산물을 홍보한다. 그는 미국 국제개발청에서 추진하는 '아프리카의 생명공학에 대한 인식 증진' 프로젝트의 수석 연구원이기도 하다.38 하지만 그를 유명하게 만든 것은 애그바이오월드 AgBioWorld 캠페인이다. 이 캠페인을 통해 그는 국제기구와 회의, 과학 학술지와 언론에 유전자 변형 농산물을 지지하는 청원과 보도 자료를 쏟아냈다. 애그바이오월드는 "학계에 뿌리를 두고 과학을 중요시하는" 주류 과학운동으로 포장하고 있다. 하지만 이 단체의 공동 창립자이자 '부사장'은 칸쿤 반대 시위를 조직한 단체 중 하나인 경쟁기업연구소의 그레고리 콩코다.39 콩코는 졸릭의 기자회견에도 초청을 받았다.

WTO 소송에서 가장 큰 이익을 얻은 기업 몬산토는 졸릭의 초청자 명단에서 빠진 탓에 오히려 눈에 띄었다. 하지만 뉴욕 힐튼 호텔에서 부시의 선거전략가 칼 로브를 위한 만찬이 열릴 때 몬산토는 뒷전에 물러나 있지 않았다. 인종평등회의의 축하 만찬에서 사회를 본 인물은 휴 그랜트 Hugh Grant 였다. 영화배우가 아니라 몬산토 최고경영자 말이다. 마틴 루서 킹 기념일에 흑인의 색채를 살짝 덧입히는 것은 홍보 전략상 놓치기 아까운 호기였다. 게다가 최근 일어난 다른 행사들의 덕을 볼 수도 있었다. 그랜트가 단상에 서기 며칠 전에 몬산토가 인도네시아에 5년 동안 뇌물을 제공했다는 보도가 신문 머리기사를 장식했다. 뇌물이 제공될 당시 몬산토의 인도네시아 책임자는 휴 그랜트였다.[40]

인종평등회의의 마틴 루서 킹 기념식에 초청받은 인사 중 논란이 될 만한 것은 그랜트와 로브만이 아니었다. 오스트리아 정치인 외르크 하이더 Jörg Haider 와 우익 라디오 진행자이며 마틴 루서 킹을 비하한 전력이 있는 밥 그랜트 Bob Grant 도 얼굴을 드러냈다. 로이 이니스가 인종평등회의의 사령탑을 맡은 이후 인종평등회의를 둘러싼 논란은 더욱 커져만 갔다. 이니스는 미국 인종 분리 정책에 반대하는 이들을 '깜둥이 노예'라고 부른 적이 있는 사람이다.[41] 아파르트헤이트에 저항하는 투쟁을 "정직함을 갖추지 못한 낭만적 대리 체험"으로 치부하기도 했다. 1973년 그는 인종평등회의가 우간다의 독재자 이디 아민 Idi Amin 이 유대인을 증오하고 히틀러를 찬양하는데도 그를 지지한 이유에 대해 이렇게 답했다. "히틀러가 흑인의 친구였는지 적이었는지에 대해서는 알려진 바가 없다."[42]

이니스는 생명공학 업계를 위해서라면 흑인의 적과 손잡는 일도 마다하지 않았다. 칸쿤에서 그의 아들 나이저는 유럽연합과 그린피스에 '치명적인 생태제국주의' 상을 수여했다. 또 다른 상인 '엉클 톰' 상은 말레이시아에 있는 '아시아 태평양 살충제 행동 네트워크 Pesticide Action Network Asia and the Pacific, PANAP'에 돌아갔다. 아시아 태평양 살충제 행동 네트워크는 아시아 태평양 지역에 위치한 국가의 소농, 땅이 없는 노동자, 그리고 토착민과 협력하는 단체다. 이니스는 아시아 태평양 살충제 행동 네트워크가 "자기 나라 사람들을 팔아먹는다"라고 비난했다. 이들이 무슨 죄를 저질렀다는 걸까? 이니스는 이 단체가 살충제와 생명공학을 반대하는 대가로 부유한 재단들에게 후원금을 받는다고 주장했다.

그러나 살충제와 생명공학을 지지하는 대가로 부유한 '기업 파트너'에게 후원금을 받고 있는 것은 인종평등회의다. 인종평등회의에서 만든 영화 〈아프리카의 목소리〉에서는 유전자 변형 농산물이 가난한 농민을 구원할 유일한 희망이라고 선전하고 있다. 인종평등회의의 파울 드리센은 유엔 세계회의에 때맞추어 비슷한 논조의 글을 언론에 기고했다. 드리센은 "이렇게 안전하고 맛있는 농산물"이 아프리카에 꼭 필요하다고 말했다. 이 농산물이 "케냐의 고구마를 비롯해 병충해로 황폐화된 작물"을 대체할 수 있다는 것이다.[43]

드리센이 케냐의 고구마를 예로 든 것은 의도적이었다. 그들의 야심작인 이번 유전자 변형 농산물 프로젝트는 몬산토에서 교육받은 케냐 과학자 플로렌스 왐부구 Florence Wambugu 박사의 도움으로 수많은 언론에서 호의적인 반응을 이끌어냈다. 왐부구는 이 프로젝트가 "기업홍보를 제외하고는 몬산토에게 아무런 금전적인 이익을 가져다주지 않는다"고 말했다.[44] 그러나 이후 수년 동안 왐부구는 몬산토가 투자한 금액보다 훨씬 큰 효과를 가져다주었다. 그녀는 화려한 전통 의상을 입고 전 세계를 누비며 유전자 변형 고구마를 선전하고 유전 형질 전환이라는 복음을 설파했다. 생명공학산업기구의 부사장 밸 기딩스는 이렇게 말했다. "그녀를 복제하고 싶다."

왐부구는 홍보에 몸을 사리지 않았다. 그녀는 신문 인터뷰에서 유전자 변형 농산물이 "제3세계에서 가난과 굶주림을 몰아내는 열쇠"라고 말했다.⁴⁵ 《네이처》에는 유전자 변형 농산물이 가난과 굶주림과 환경 파괴를 해결할 수 있다고 주장하는 글을 썼다.⁴⁶ 캐나다 신문에서는 유전자 변형 농산물이 모든 "아프리카 대륙을 오랜 가난과 사회적 어려움에서 건져낼 것"이라고 말했다.⁴⁷

이런 주장에 이의를 제기하는 사람은 거의 없었다. 그녀가 호주를 방문한 다음, 한 언론인은 이렇게 말했다.

'아프리카 흑인을 초국적 화학 기업의 얼굴마담으로 내세우는 것은 스핀 닥터의 꿈'이라고 말한다면 너무 냉소적일까? 그녀의 말이 하늘의 계시라도 되는 듯 떠받들던 언론인들에게는 충격일 것이다. 평소 깐깐하기로 소문난 존 페인Jon Faine조차 그녀에게 알랑거렸으니 말이다.⁴⁸

미국 잡지 《포브스Forbes》는 왐부구를 "미래를 재창조할" 세계 15인에 선정하기까지 했다. "서구는 유전자 변형 식품의 윤리를 문제 삼지만 왐부구는 유전자 변형 식품으로 자국의 국민을 먹여 살린다." 이 기사의 제목은 이렇다. "수백만 명을 먹이다: 플로렌스 왐부구는 부자들이 멀리하는 식품으로 자기 나라를 먹여 살린다."⁴⁹

왐부구가 홍보 기회를 얻고 신뢰를 받을 수 있었던 것은 사하라 사막 이남 아프리카에서 최초의 유전자 변형 농작물인 바이러스 저항성 고구마를 재배하는 데 성공했기 때문이다. 《포브스》 기사에 따르면 케냐에서 수행한 실험 결과는 "경이적이었다". 수확량이 "평년의 두 배"나 되었고 영양도 더 풍부했다. 굶주린 아프리카인에게 "왐부구의 유전자 변형 고구마는 확실한 희망을 선사한다".⁵⁰

하지만 드리센이 고구마의 성공을 떠벌리기 일주일쯤 전에, 케냐의 언론인 가토네 가투라Gatonye Gathura는 3년에 걸친 실험의 진짜 결과를 보도하여 칼람Kalam 언론인 상을 수상했다. "유전자 변형 기술은 토종 고구마에 통하지 않는다"라는 가투라의 기사는 이 프로젝트가 실패할 것임을 예고했다.⁵¹ 수확량은 비유전자 변형 고구마를 앞서기는커녕 정반대 결과를 낳았다. "실험 기간에 대조군으로 이용한 비형질 전환 작물이 형질 전환 작물보다 덩이줄기를 훨씬 많이 만들어냈다." 유전자 변형 작물은 바이러스에 저항력을 지니도록 형질을 전환했는데도 바이러스의 공격에 더 취약했다.

아프리카 시범 프로젝트는 수백만 명을 먹이거나 미래를 재창조하기는커녕 또 다른 가짜 퍼레이드일 뿐이었다.

가짜 테러

영국 생명공학산업은 1990년대 후반 여론의 반대와 언론의 회의적인 시각에 시달렸다. 토니 블레어Tony Blair가 지지를 선언한 것도 소용이 없었다. 영국 슈퍼마켓 체인은 유전자 변형 성분이 든 제품을 치우기 시작했고, 많은 식품 제조업체와 패스트푸드 판매점도 같은 조치를 취했다. 유전자 변형 작물은 여론의 반대 때문에 상업적 재배 작물로 인정받기도 쉽지 않았다. 정부는 유전자 변형 작물을 막기 위해 기나긴 소송을 제기했다.

정부 측 인사 두 명은 이렇게 말했다. "유전자 변형 측에 가장 악영향을 끼친 것은 몬산토나 아스트라제네카AstraZeneca 같은 생명공학 기업이 피고석 맨 앞을 차지했다는 사실이다."[52] 생명공학에 우호적인 홍보 전선을 형성하기 위해 여러 시도가 이루어졌고, 사이언스 미디어 센터를 비롯하여 크롭젠CropGen과 농업생명공학협회Agricultural Biotechnology Council처럼 외견상으로 독립적인 단체가 설립되었다(두 단체 모두 런던 중심부에 있는 홍보 대행사와 사무실을 함께 쓰고 있다).[53]

2003년 10월이 지나도록 생명공학 진영의 앞길은 어둡기만 했다. 정부의 작물 소송 결과가 발표됨으로써 유전자 변형 작물이 야생 식물에 피해를 끼친다는 사실이 알려지기도 했다. 정부에서 주관한 대중 토론 '유전자 변형 국가?GM Nation?'의 참가자 대부분은 유전자 변형 작물이 영국에서 재배되는 것을 바라지 않는다고 말했다. 언론 보도도 비관적이었다. "최대 규모의 여론조사 결과, 유전자 변형 작물에 반대하는 의견이 5 대 1로 우세했다",[54] "대중은 아직도 유전자 변형 식품에 입맛이 당기지 않는다",[55] "영국 정부, 유전자 변형 작물 도입 결정을 미룰 듯",[56] "정부는 유전자 변형 작물을 포기하려 한다"[57]와 같은 기사가 쏟아졌다.

그런데 이때 분위기를 반전시키는 사건이 일어났다. 과학자 114

명이 토니 블레어에게 편지를 보낸 것이다. 이들은 정부가 대중 토론에서 유전자 변형을 지지하지 않았다며 불만을 제기했다. 첫 언론 보도에서는 편지를 쓴 사람이 데릭 버크Derek Burke 교수라고 알려졌으나, 이후 친유전자 변형 로비 단체인 '센스 어바웃 사이언스'가 배후에 있었다는 사실이 밝혀졌다.

이 편지는 언론에 대서특필이 되었다. 《타임스》는 이렇게 보도했다. "저명한 과학자 100여 명이 영국 과학을 구하기 위해 토니 블레어에게 호소하다."58 보수당과 노동당 모두 블레어의 대답을 촉구했다. 블레어는 자신이 영국 내 유전자 변형 작물의 상업화를 금지하지 않았다는 사실을 밝히느라 애를 썼다.

블레어가 답변을 내놓기 전부터 편지에 서명한 과학자 중 한 사람인 크리스 리버Chris Leaver 교수는 이번 전략이 성공하리라 예측했다. 그는 《타임스 고등교육 부록Times Higher Education Supplement》에서 이 편지가 "논쟁이 어떤 상황에 처해 있는지, 우리가 나무가 아니라 숲을 보고 있는지에 대해 의문"을 제기했다고 말했다. 리버에 따르면 "이 편지는 '유전자 변형 문제를 운동가들에게 맡겨야겠다'라는 생각(특히 정부의 생각)을 뒤흔들어 놓은 듯하다".59

이번 사건으로 생명공학 업계와 센스 어바웃 사이언스는 개가를 올렸다. 업계가 이길 수 없는 논쟁, 즉 유전자 변형은 인식이 좋지 않고 위험하다는 주장에서 언론과 정부를 끌어냈을 뿐만 아니라 유전자 변형을 지지하는 것이 곧 영국 과학을 지지하는 것이라는 등식을 만들었기 때문이다.

이것은 모두 교묘하게 계획된 홍보 캠페인의 일환이었으며, 여기에는 유전자 변형에 대한 극단적인 반감을 누그러뜨리려는 의도가 있었다. 일부 캠페인은 2주 전에 이미 시작되었다. 작물 소송 결과가 발표되기 전날 밤 《타임스》에는 이런 기사가 실렸다. "야만스러운 유전자 변형 반대론자들은 학계에 연구를 축소하라고 강요한다."[60] 센스 어바웃 사이언스의 보도 자료를 토대로 쓴 이 기사는 이 단체 이사의 말을 인용하기도 했다. "연구를 발전시키는 동시에 야만 행위에서 지켜야 한다는 부담은 재앙을 초래할 수도 있다."

《타임스 고등교육 부록》에 실린 기사들은 더 나아가 '운동가'들이 유전자 변형 대중 토론을 '탈취'했다고 표현했다. 이것은 블레어에게 보낸 편지에서도 거듭 주장한 내용이다. 이들은 유전자 변형을 지지하는 과학자들이 신체적·정신적 폭력을 당했으며, 이 때문에 일자리를 찾아 외국으로 떠나기까지 했다고 주장했다. 《타임스 고등교육 부록》에 실린 "유전자 변형을 공격하는 와중에 과학자들이 영국을 포기하고 있다"[61]라는 기사에서는 이 같은 협박을 당한 과학자 두 명의 이름을 들었다. 그중 한 명이 바로 크리스 리버였는데, 리버는 유전자 변형 대기업 신젠타Syngenta의 전직 컨설턴트이자 센스 어바웃 사이언스 이사다. 나머지 한 명은 마이크 윌슨Mike Wilson으로 센스 어바웃 사이언스의 자문위원이다.

《타임스 고등교육 부록》의 또 다른 기사 "협박과 폭력 때문에 유전자 변형 논쟁이 중단되다"에는 훨씬 불길한 분위기가 감돌았다. 기사는 "점점 폭력적으로 변해가는 반유전자 변형 로비", "신체적·

정신적 협박의 수위가 높아져", "항의 집단의 강경 전술", "반유전자 변형 로비스트들이 가하는 협박은 동물권리운동을 연상시켜", "점점 부도덕해지는 항의", "반유전자 변형 운동가들의 으르렁거리는 무리", "계속되는 개인적 위협" 등의 표현을 동원했다.[62] 심지어 "연구자들을 보호하기 위해 정부의 개입"을 요청하기까지 했다. 하지만 다른 기사들과 마찬가지로 이 기사 또한 연구자가 공격받은 사례를 단 하나도 들지 않았으며, 비슷한 사건조차 없었다. 심각한 위협으로 지목된 유일한 사례는 마이크 윌슨이 5년 전에 밝힌 거짓 폭탄 테러 위협이었다.

한 달 뒤 똑같은 전술이 《타임스》 기사에 한 번 더 이용되었다. 센스 어바웃 사이언스 의장 태번의 작품이었으며 기사 제목은 이랬다. "작물이 불타면 진실은 연기와 함께 흩어진다."[63] 태번은 농민과 연구자들이 "테러 공격"을 당했다고 주장하면서 "반유전자 변형 운동가들"이 "동물 복지 테러리스트의 전술"을 채택했다고 말했는데, 마찬가지로 1998년 거짓 폭탄 테러 위협 말고는 아무런 사례도 제시하지 않았다.

유전자 변형에 반대하는 운동가들을 폭력적인 근본주의자로 몰아가려는 시도는 태번 패거리의 머리에서 즉흥적으로 떠오른 아이디어가 아니었다. 이것은 대서양 건너편에서 수립된 치밀한 전략의 산물이다.

자유기업보호센터 상임 부회장 론 아널드는 테러리스트라는 꼬리표를 이용하여 환경운동가들을 고립시키고 이들의 신용을 떨어뜨리는 데 누구보다 앞장섰다. 그는 자유기업보호센터에 몸담기 전에도 〈에코 테러리즘〉이라는 보고서를 쓴 적이 있다. 자유기업보호센터는 그의 책 《에코 테러: 자연을 구한다는 폭력 행위Ecoterror: The Violent Agenda to Save Nature》를 출간하기도 했다.64 '테러리스트'라는 표현과 함께 환경운동가들을 폭력적이고 위험한 존재로 덧칠하는 아널드의 전술을 발전시킨 것은 '현명한 이용' 캠페인이다. 아널드가 조직한 이 캠페인은 듀폰, 엑손, 전국총기연맹 등이 후원한 1998년 회의 때 출범했다. 아널드는 '현명한 이용'의 행동 방식을 분명히 밝힌 바 있다. "지금은 전시다. 우리 목표는 환경운동을 파괴하고 박멸하는 것이다."65

센스 어바웃 사이언스는 영국 정부가 유전자 변형 작물 상업화에 반대하는 사람들에게 맞서도록 만들기 위해, 아널드의 전략을 체계적으로 수행함으로써 적을 폭력적인 극단주의자로 몰아붙였다. 영국에서는 이러한 '현명한 이용' 전술이 자리를 잡지 못했지만, 1997년 채널 4의 텔레비전 시리즈 〈반자연Against Nature〉에서는 '현명한 이용' 관련자들을 환경전문가로 내세웠다. 그리고 환경운동가들은 제3세계에서 약탈과 살인을 일삼는 전체주의자로 묘사했다.

이후에 이루어진 조사에서 〈반자연〉의 조연출과 핵심 필진이 《LM》(전에는 《리빙 마르크시즘》이라는 이름으로 불렸다)이라는 잡지와 밀접하게 연관되어 있다는 사실을 밝혀냈다. 이 텔레비전 시리즈가 전파를 탄 지 몇 달 후에 《LM》은 론 아널드가 쓴 기사를 실었다. 그는 "미국에 테러를 가한 반기술주의자 유나바머Unabomber"가 환경주의에서 힌트를 얻었다고 주장했다. 아널드의 기사에 붙은 그림 밑에는 이런 설명이 붙어 있었다. "유나바머에게 환경주의는 이론이요, 암살은 실천이었다."⁶⁶

《LM》의 대표적인 칼럼니스트인 사회학자 프랭크 퓨레디는 〈반자연〉의 핵심 필진이었다. 최근 몇 년간 퓨레디와 추종자들은 열렬한 트로츠키주의자에서 벗어나 극단적인 자유주의 의제를 받아들였다. 이들은 과학, 기술(특히 생명공학 기술)과 산업을 둘러싼 모든 제약에 반대함으로써 '진보'를 옹호했다. 이를 위해 퓨레디는《월스트리트 저널Wall Street Journal》에서 몬산토를 방어했다. 그는 유전자 변형 같은 주제를 다루기 위해 대형 슈퍼마켓 체인에 접근하여 적당한 강연료만 받고서 고객에게 "복잡한 과학 문제"를 가르쳤다.⁶⁷

센스 어바웃 사이언스의 전화번호는 글로벌 퓨처스Global Futures 출판사와 같고, 글로벌 퓨처스 웹사이트에 실린 출판물은 퓨레디의 저서뿐이다.⁶⁸ 센스 어바웃 사이언스의 이사 트레이시 브라운Tracey Brown과 프로그램 부장 엘런 래피얼Ellen Raphael은 퓨레디 밑에서 공부했다. 브라운과 래피얼은 둘 다《LM》에 글을 기고했으며,《LM》이 폐간된 이후에는 그 후신인 사상연구소와 스파이크트 온라인에 필진으로 참여했다.

브라운과 래피얼이 앞장서면 다른 사람들이 그 뒤를 따랐다. 센스 어바웃 사이언스가 동료 평가의 문제를 점검하기 위한 실무 팀을 설립했을 때, 팀원 두 명 역시《LM》필진이었다. 그중 한 명은 토니 길런드였는데, 그는 사상연구소 과학·사회부장이며 퓨레디가 슈퍼마켓에 보낸 편지를 함께 작성했다. 다른 한 명인 피오나 폭스Fiona Fox는 사이언스 미디어 센터 소장이며 사상연구소 소장의 누이이기도 하다. 폭스와 길런드 둘 다 과학을 전공하지 않았다.

폭스는 《LM》과 연계된 위장 단체인 아일랜드 자유운동Irish Freedom Movement을 이끈 적도 있다. 이 단체는 IRA가 민간인을 공격할 때도 이들의 잔인성을 비난하지 않은 탓에 오명을 얻었다. 폭스는 《LM》에서 르완다 인종 청소를 부인하는 기사[69](피오나 포스터 Fiona Foster라는 필명을 썼다) 때문에 나치 전범을 추적하는 시몬 비젠탈 센터Simon Wiesenthal Center의 비난을 사기도 했다. 인류에 자행된 범죄를 《LM》이 부인한 것은 이번만이 아니었다. 이 잡지는 방송사 ITN의 언론인이 보스니아 전쟁 범죄를 꾸며냈다고 비난하는 거짓 기사 때문에 폐간을 요구하는 소송을 당한 적도 있다.[70]

센스 어바웃 사이언스 의장 태번은 반유전자 변형 운동가들이 '테러리스트' 전술을 쓴다고 비난했다. 하지만 그의 직원과 실무 팀 구성원들이야말로 끔찍한 폭력 행위를 용인하거나 부인하기로 악명 높은 잡지에 필진으로 참여했다.

손에 '가짜' 피를 묻히다

2002년 요하네스버그 지구정상회의장 바깥 거리에서 열린 가짜 퍼레이드는 남아프리카인의 지지를 시각적으로 보여주려는 절박한 필요에서 비롯되었다. 그 이유는 회의장 안에서 분명히 밝혀졌다. 미국 국무장관 콜린 파월Colin Powell이 미국의 유전자 변형 옥수수를 거부한 잠비아를 대놓고 비난한 것이다.⁷¹

발단은 남아프리카에 닥친 극심한 가뭄과 흉작이었다. 다른 주요 후원국들은 적당한 곡물을 사라며 현금을 제공했지만, 미국은 여분의 유전자 변형 옥수수를 내놓았다. 잠비아 대통령 레비 무아나와사Levy Mwanawasa는 옥수수를 거절했다. 최종 결정이 내려진 것은 국립 과학·기술위원회의 윌슨 무웨냐Wilson Mwenya 박사를 필두로 한 과학자와 경제학자 조사단이 남아프리카, 유럽, 미국의 연구소와 규제기관을 돌아다니며 조사를 끝마친 다음이었다. 보고서는 유전자 변형 식품의 안정성에 대한 연구 결과가 아직 확정되지 않았으며 사전예방 원칙에 따라 미국 옥수수를 거부해야 한다고 결론을 내렸다.⁷²

미국은 처음부터 거세게 반발했다. 로이터 통신이 단 제목은 미국의 입장을 적나라하게 보여준다. "미국은 아프리카에게 유전자 변형 식품을 먹거나 굶으라고 말한다."⁷³ 익명의 국무부 관리는 이렇게 말했다. "거지에게는 선택권이 없다."⁷⁴ 미국은 잠비아의 정책이 "인류의 재앙"을 초래하리라 경고했지만, 잠비아는 대체 식량 공급원을 찾을 수 있었고, 유전자 변형 옥수수의 대안을 찾으려는 정부의 결정 때문에 죽었다는 잠비아인은 하나도 없었다.

하지만 생명공학 로비 업계에서는 전혀 다른 이미지를 내보냈다. 2002년 12월 유엔 식품농업기구UN Food and Agriculture Agencies 주재 미국 대사 토니 홀Tony Hall은 미국의 유전자 변형 식품 원조를 거부하는 아프리카 지도자들을 "인류에 대한 최악의 범죄를 저질렀다는 죄목으로 국제 법정에 세워야 한다"고 주장했다.[75]

유전자 변형 로비 업계에서 겨냥한 것은 아프리카의 저항만이 아니었다. 유럽에서는 생명공학 업계의 로비 회사인 유로파바이오EuropaBio의 베른트 할링Berndt Halling이 언론을 상대했다. 그는 식량 원조 위기 덕분에 업계를 비난하는 사람들의 신뢰성을 '무너뜨릴' 수 있는 중요한 이슈가 생겼다고 말했다. "유전자 변형 식품 원조를 거부한 탓에 사람들이 목숨을 잃으면 어떻게 책임을 질 것인지 알고 싶다."[76]

지구정상회의에서는 미국 국제개발청장 앤드루 내치어스가 목소리를 높였다. "부시 행정부는 이 단체들이 이데올로기 캠페인을 벌이느라 남아프리카의 수백만 빈민을 죽이도록 내버려 두지 않을 것이다."[77] 인종평등회의의 드리센은 교묘한 술책을 썼다. "급진적 환경주의자들은 옥수수에 독이 들어 있어 암이나 에이즈를 일으킨다는 헛소문을 퍼뜨렸다. 그리하여 옥수수가 창고에서 발이 묶인 탓에 아이들이 굶어 죽었다."[78]

피고석에 앉은 것은 환경주의자만이 아니었다. 드리센은 《선 헤럴드Sun Herald》에 "급진적 환경주의자" 뿐만 아니라 유럽연합 또한 "유전자 변형 곡물을 재배하거나 판매하는 나라에 대해 원조를 철회하고 농작물 수출을 금지하겠다고 위협했다"고 썼다.[79] 미국 무역대표부 대표 졸릭도 같은 주장을 되풀이했다. 유럽연합이 잠비아를 협박했으며 유전자 변형 곡물을 받아들일 경우 제재를 가하겠다고 위협했다는 것이었다. 유럽연합 무역 담당 집행위원은 이 주장이 "부도덕하다"고 말했으며[80] 유럽연합 개발 담당 집행위원은 "아주 질 나쁜 거짓말"이라고 표현했다. 그는 미국에 거래를 제안하고 싶다고 덧붙였다. "거래 내용은 이렇다. 미국이 우리에 대한 거짓말을 그만 둔다면 우리도 미국에 대해 더는 진실을 말하지 않겠다."[81]

유전자 변형 식품이 없어 죽어가는 사람이 나타나지 않자 유전자 변형 식품 업계는 고민에 빠졌다. 반대파를 비방하고 이들의 신용을 떨어뜨리려면 '죽음'이 꼭 필요했다. 2004년에 경쟁기업연구소의 베이트는 친절하게도 사망자 수를 제시했다. 베이트는 잠비아에서 구호 요원들이 "굶어 죽는 아이들의 입에서 음식을 빼앗아야" 했으며 이 때문에 "2만 명이나 되는 잠비아인이 목숨을 잃었다"라고 말했다.[82] 하지만 이 수치가 어디에서 나왔는지는 밝히지 않았다.

범죄를 들먹이는 행태는 조금도 줄어들지 않았다. 2005년 2월 전직 신젠타 로비스트 윌리 디그리프Willie DeGreef는 미국곡물위원회US Grains Council 회의에서 범죄자를 찾아야 한다고 말했다. "어쩌다 일이 이 지경까지 되었는가, 정책 결정권자들에게 메시지를 속삭인 것이 누구인가. …… 하루속히 알아내고 싶다. 이것은 말 그대로 인류에 대한 범죄이기 때문이다."[83]

허드슨 연구소의 앨릭스 에이버리Alex Avery는 디그리프의 말을 이어받아 "희생자들을 굶주려 죽게 만든" 자들을 지목했다. 에이버리의 명단 맨 위에는 미국 국립 과학 아카데미US National Academy of Sciences 농업위원회의 전임 사무국장 찰스 벤브룩Charles Benbrook 박사의 이름이 올랐다. 벤브룩의 죄목은 잠비아에 제공할 비유전자 변형 식품이 부족하지 않으며 "농업 생명공학을 둘러싸고 벌어지는 국제적 논쟁에 새로운 불씨를 당기려는 사람들이 이 '위기'를 조장한 측면이 크다"고 잠비아 조사단에게 말한 것이었다. 벤브룩은 이렇게 덧붙였다. "많은 사람들은 잠비아인의 곤경을 이용하여 생명공학의 정치적 입지를 강화하려는 시도가 비윤리적일 뿐만 아니라 파렴치한 행위라고 생각한다."[84]

벤브룩이 이 말을 하고 얼마 지나지 않아 저명한 환경운동가들에게 이메일이 날아왔다. 이메일에는 벤브룩이 잠비아에서 어떤 위치를 차지하고 있는지 알아야 한다고 쓰여 있었다. 발신자 이름은 '맥스 러셀 베넷 Max Russell-Bennett'이었다. 언뜻 보기에는 평범한 시민 같았지만, 이메일에는 프라카시의 애그바이오월드에서 배포한 보도 자료가 첨부되어 있었다. 유전자 변형 식품 원조를 거부한 탓에 인도 오릿사 주에서 수천 명이 목숨을 잃었다는 내용이었다. 프라카시는 운동가들에게 남아프리카에서 같은 실수를 되풀이하지 말라고 강조했다. 사실 베이트가 언급한 사망자는 사이클론에 희생된 사람들이었으며, 유전자 변형 식품 원조가 부족해서 죽은 사람은 한 명도 없었다. 이메일의 IP 주소를 조사해 보니 발신지는 몬산토의 벨기에 지사였으며, 가공의 인물이 보낸 이메일은 수신인을 거짓 딜레마에 빠뜨릴 속셈을 가지고 있었다.

인종평등회의의 영화 〈아프리카의 목소리〉가 끝나는 무렵에 의미심장한 장면이 등장한다. 한 아프리카 여인이 곤봉을 손에 쥐고 두드리는 장면 뒤로 누군가 이렇게 말하는 것이다. "이 기술을 무분별하게, 또는 폭력적으로 반대해서는 안 된다." 영화는 아프리카에서 유전자 변형 농산물에 대한 폭력적인 반대가 일어나고 있다는 증거를 하나도 제시하지 않는다. 반대한 사실 자체가 없으니 당연하다. 하지만 자유기업보호센터에 있는 드리센의 상관은 이렇게 말한다. "현실은 중요하지 않다. 정치에서는 지각이 곧 현실이다."[85]

08

더러운 전쟁
군수산업의 스파이

이블린 뤼베르스

퀘이커교와 그리스도교를 기반으로 한 평화주의자 단체로 명성을 얻고 있는 '무기거래반대운동'은 비폭력 저항을 추구한다. 1990년대 중반 이 단체는 5억 파운드에 달하는 브리티시 에어로스페이스British Aerospace(이하 BAe) 제트기를 인도네시아에 판매하는 계획에 반대하는 운동을 벌였다. 운동가들은 이 전투기가 독립을 염원하는 동티모르인의 저항을 분쇄하는 데 이용될 것이라고 주장했다. 2003년 9월《선데이 타임스Sunday Times》는 BAe가 이 사건 이후 민간 정보 업체를 통해 무기거래반대운동을 염탐했다는 사실을 폭로했다. 정보통 이블린 르 셴Evelyn Le Chêne이 매일같이 운동가들의 일거수일투족을 영국 최대의 무기상에 보고했다. 정보 업체의 이름은 '국제

위협대응Threat Response International'이었다. 이 장은 이들의 비밀 문서를 자세히 분석한 내용에 기초하고 있다. 이 문서들은 무기거래반대운동에 침투한 첩보원이 정보를 빼내고 운동가를 조종하여 단체를 파괴하는 과정을 보여준다.

《선데이 타임스》에 따르면 이블린 르 셴은 15만 명에 달하는 운동가들의 신원과 기밀 사항에 대해 정보를 공유하는 거대한 민간 네트워크에서 핵심적인 역할을 맡고 있었다. 이 정보는 상호 대조를 거쳐 영국 기업들에 넘어갔다. BAe는 그녀의 고객 중 하나일 뿐이었다. BAe는 1996년부터 1999년까지 적어도 4년 동안 무기 거래에 반대하는 사람들을 염탐하는 대가로 르 셴에게 비용을 지불했는데, 이때 르 셴의 주목표가 무기거래반대운동이었다. 상당한 기간 동안 첩보원 6~8명이 이 단체에 침투했다. 2003년 9월 《선데이 타임스》에서 이들의 정체를 폭로할 때까지도 첩보 활동이 이루어지고 있었을 것이다.[1]

정보 업체에 대한 연구는 네덜란드 풀뿌리 단체인 뷔로 얀센 앤드 얀센Buro Jansen & Janssen에서 수행한 바가 있다.[2] 필자는 첩보원을 밝혀낸 1998년 조사에 참여했다. 아드리앙 프랑크Adrian Franks는 반군사연구집단Anti-Militaristische Onderzoeks Kollektief, AMOK, 환경 네트워크인 ASEED와 같은 네덜란드 운동 단체로 연줄을 늘리려는 와중에 주목을 끌었다. 그는 노르망디 에퀴엥 플라주 출신으로 39세의 프랑스인이며 여러 개 성을 사용했다. 우리의 조사에 따르면, 그는 운동가들의 정보를 수집하는 민간 정보 업체의 소유주였다. 회사의 이름은 '위험·위기분석Risk and Crisis Analysis'이었으며, 모기업은 영국 로체스터에 등록되어 있었다.³

큰 줄기는 잡았지만, 세부적인 부분에서는 해결하지 못한 문제가 몇 가지 있었다. 프랑크가 영국 해협을 정기적으로 건넌다는 사실은 잘 알려져 있었다. 따라서 뷔로 얀센 앤드 얀센은 그의 감시를 받고 있는 영국 운동 단체들의 관심을 끌려고 애썼다. 무기거래반대운동, 기업감시Corporate Watch, 유럽 무기거래반대 네트워크European Network Against Arms Trade, ENAAT처럼 프랑크가 가입한 단체들은 네덜란드 지부에서 그에 대한 경고를 전달받았다. 하지만 여력이 없었기 때문에 조치를 취한 곳은 하나도 없었다. 네덜란드 운동가들에게는 프랑크의 존재를 폭로하는 것만으로 충분했다. 인터넷은 아직 초창기였으며 '위험·위기분석'에 대한 온라인 자료는 전혀 없었다. 영국 해협을 건너 외국에서 조사를 수행하려면 비용이 많이 들었다. 하지만 관심을 가진 풀뿌리 단체들이 도와주거나 격려해 주기도 했다.

5년 뒤인 2003년 9월 《선데이 타임스》의 데이비드 코넷David Connett은 인터넷에서 뷔로 얀센 앤드 얀센에 대한 글을 읽게 된다. 그는 아드리앙 프랑크(그는 '르 셴Le Chêne'이라는 이름을 쓰기도 했다)가 이블린 르 셴과 연루되어 있다는 사실을 확인하고 싶었다. 코넷은 기업에게 보안 위협에 대해 조언하는 회사인 국제위협대응을 조사하고 있었는데, 이블린 르 셴은 이 회사의 이사였다. 1990년대 중반 BAe에서 감시 업무를 의뢰할 당시, 그녀는 로체스터 공업 지역의 한 사무실에서 R&CA 퍼블리케이션즈R&CA Publications라는 회사를 운영하고 있었다. 이 회사는 1998년에 문을 닫고 사라진 바로 그 회사였다. 네덜란드에서 이사 중 한 명이 첩보원이라는 사실이 들통난 직후의 일이다. 결국 프랑크가 이블린의 아들이며, 지금도 국제위협대응으로 이름을 바꾼 그녀의 회사에서 계속 일하고 있다는 사실이 드러났다.

국제위협대응 첩보 문서

필자가 관련 사건에 참여한 적이 있기 때문에《선데이 타임스》는 필자에게 첩보 문서를 보여주었다. 500쪽에 달하는 이 문서는 주로 BAe에 보내는 종이 서류였으며, 작성자는 이블린 르 셴이었다. 그녀는 자신을 '소스 P Source P'라고 불렀다.[4]

    기업의 스파이 활동과 반운동 단체 침투 활동을 속속들이 들여다볼 수 있는 기회는 흔치 않다. 이 장에서는 첩보 문서를 분석하고, 아드리앙 프랑크와 이블린 르 셴의 이력과 활동을 평가하며, 이 사건에서 얻을 수 있는 교훈을 생각해 보겠다.

일일 보고서

1995년 후반 존 메이저 John Major가 이끄는 보수당 정권이 호크 전투기 계약을 승인할지 말지를 저울질하고 있을 때, 햄프셔 판버러에 있는 BAe 사무실에는 무기거래반대운동의 활동을 담은 정보 보고서가 거의 매일같이 쏟아져 들어오고 있었다.

문서에는 회의 내용이 아주 자세히 기록되어 있고 참가자의 인적 사항, 습관, 무기거래반대운동 참여도 등이 들어 있다. 캠페인 활동에 참여하지 못하는 사람들과 질병, 학업, 가족 문제, 직장 문제 같은 친숙한 이유도 찾아볼 수 있다.

> A는 독감에서 회복 중이며 현재 전혀 참여하지 않고 있음. 무기거래반대운동 활동에는 여전히 관심이 있음. …… 하지만 올해는 아프거나 지쳐 있음. 회의에 참석하거나 연락책을 맡아 달라는 요청을 받아도 다른 일 때문에 응하지 못할 때가 있음.
> B는 학위 논문을 쓰는 일에 시간을 점점 더 빼앗기고 있음. 탈장 수술은 효과가 크지 않음. 무기거래반대운동에서 연락을 시도할 때 그녀가 집에 있는 일은 거의 없었음. (1997년 6월 9일)

처음에 르 셴은 판버러 비행장 랭커스터 하우스 1층에 있는 BAe의 보안 부서에 암호화 팩스로 보고서를 전송했다. BAe는 나중에 르 셴의 사무실 컴퓨터에 소프트웨어를 설치하여 그녀의 데이터베이스에 직접 접근할 수 있도록 만들었다. 《선데이 타임스》의 어느 취재원은 BAe가 르 셴에게 해마다 12만 파운드를 지급했다고 주장했다.[5]

르 셴은 대여섯 명의 요원을 뽑아 런던 북부 핀즈버리 파크에 있는 무기거래반대운동 본부와 여러 지부 사무실에 침투시켰다. 4년 동안 르 셴은 수천 쪽에 달하는 보고서를 BAe에 제출했다. 이 덕분에 BAe는 무기거래반대운동의 회의, 집회, 정치적 연락 등을 모조리 파악할 수 있었다.

정보 중에는 운동가로 위장한 첩보원이 무기거래반대운동 회의에 참석하여 수집한 것도 있었다. 문서는 르 셴의 요원들이 무기거래반대운동의 컴퓨터 시스템과 데이터베이스에 접근할 수 있었다는 사실을 보여준다. 르 셴은 무기거래반대운동의 내부 정보가 들어 있는 디스켓을 구했다고 BAe에 보고한 적이 있다. 어떤 첩보원은 회원 명단, 개인 파일, 민간 후원 내역을 비롯해 무기거래반대운동 본부 컴퓨터에 들어 있는 정보를 모두 받기도 했다. 또 한 가지 놀라운 사실은 침투한 요원 중 한 명이 무기거래반대운동 사무실과 회원들의 집에 컴퓨터 시스템을 새로 설치해 주겠다고 여러 차례 제안했다는 것이다.

이들은 은행 계좌에도 접근했다. 르 셴은 익명 후원 내역을 추적하여 어떤 은행에서 후원금이 입금되었는지를 알아냈다.

무기연구교육재단Trust for Research and Education on Arms을 통해 유산이 4000파운드 들어왔음. 이 돈은 드레이퍼Draper, 크렐링스Crellings, 솔리시터스Solicitors, 웨이브리지Weybridge를 거쳐 익명으로 후원되었음. 이 돈이 계좌에 입금되었으며 금액은 4000파운드에 달함. (1997년 8월 22일)

첩보원들은 책상을 샅샅이 뒤지고 다이어리를 읽어보고 주소록을 복사했는데, 이렇게 얻은 정보가 모두 BAe로 흘러들었다. 무기 거래반대운동 회원들이 미행당하는 일도 잦았다. 애너 B.도 첩보원들의 미행 대상이었다. 보고서에 따르면 그녀는 25세의 예쁜 여자로, 무기거래반대운동과 학생 단체의 핵심 운동가이자 연락 담당이었다. 《선데이 타임스》는 르 셴과 BAe 보안 부서 선임 직원의 통화 내용이 녹음된 테이프를 들었는데, 이들은 애너 B.를 미행하는 문제를 논의하고 있었다. 애너 B.에 대한 보고서에는 그녀의 주소, 동거인, 머리 모양, 일기 내용, 마리화나 흡연 습관이 자세히 기록되어 있다.

교훈

르 셴이 BAe의 의뢰로 무기거래반대운동에 침투하고 감시한 것에 이 단체의 활동은 어떤 영향을 받았을까? 이제부터는 무기거래반대운동의 활동을 공격하고 깎아내리는 데 이 정보가 어떻게 이용되었는지를 설명하겠다.

로비

《선데이 타임스》에 따르면, 르 셴의 요원들은 무기 거래 반대 압력 단체와 하원의 연계를 특히 눈여겨보라는 교육을 받았다. 의회 3당의 회의와 연락 내용이 철저히 감시당했으며, 의회에서 어떤 조치를 취하든 BAe에 사전 경고가 전달되었다.

《선데이 타임스》 취재원에 따르면 요원들은 개인적인 편지를 잔뜩 모아 BAe에 가져다주었다고 한다. 여기에는 인도네시아 무기 수출과 관련해 영국의 정책을 논의하는 편지도 있었다. 당시 예비 내각의 국방 장관이었던 데이비드 클라크David Clark, 외무 장관이었던 제러미 핸리Jeremy Hanley, 내무 장관이었던 잭 스트로Jack Straw 등 대표적인 노동당 정치인들의 편지였다.

무기거래반대운동과 두 압력단체가 바인드맨 앤드 파트너스Bindman and Partners라는 법률 회사에 의뢰하여 무기 회사에 대한 수출 승인을 법적으로 검토하려 하자, BAe는 법률 회사가 당시 통상 장관이었던 이언 랭Ian Lang에게 보내는 편지의 내용을 황급히 들여다보았다. BAe의 보안 부서에서는 정보를 걸러 대정부 홍보팀에 보냈다. 이 덕분에 홍보팀은 운동가들보다 한발 앞서 의회에 로비를 할 수 있었다.

직접 행동

무기거래반대운동의 집회와 행동 계획도 BAe한테는 매우 중요한 정보였다. 보고서에는 활동가들이 BAe 앞에서 시위를 벌이려는 계획도 자세히 기록되어 있었다. 어떤 문서에는 소규모 팀이 BAe의 공장을 '습격'하는 계획에 대한 상세한 정보가 들어 있기도 했다. 활동가들은 공장으로 걸어 들어와 행동의 표시나 흔적을 남길 생각이었다(항의를 표시하는 상징물을 남기는 것부터 호크 전투기를 파괴하는 것까지 다양한 계획이 담겨 있었다). 이 팀이 어디에 모여, 어떤 경로로 이동하고, 누가 어떤 역할을 맡고, 무엇을 가져올지에 대해서도 기록되어 있었다. 또한 보고서에는 예상 경로를 보여주는 지도가 첨부되어 있었다.[6]

르 셴은 특정 상황에 어떻게 대처해야 하는지를 BAe에 상세히 조언해 주었다. 1996년 3월 무기거래반대운동은 신속 대응 네트워크를 조직했다. BAe가 인도네시아에 호크 전투기를 판매한다고 발표한 후 첫 번째 목요일에 하원 바깥에서 연좌 농성을 할 계획이었다. 르 셴은 하원이 휴회하는 시점에 맞추어 발표하라고 권고했다. 이렇게 하면 시위대가 하원 앞에 드러눕더라도 별 효과가 없을 터였다.[7]

BAe는 무기거래반대운동에 속속들이 침투한 덕에 운동가들의 저항 전술에 효과적으로 '대응'할 수 있었다. 사안이 발생할 때마다 각기 다른 전술이 필요했다. 운동가들이 스스로 체포되어 법정에서 이슈를 제기한다는 전략을 세웠을 경우, 르 셴의 조언은 경찰에게 되도록 시위대를 체포하지 말라고 압력을 넣으라는 것이었다.[8]

이와 비슷한 패턴이 무기거래반대운동의 '눈덩이' 전략에도 이용되었다. '눈덩이' 전략이란 직접 행동으로 체포될 때마다 행동 수위를 높이는 방식이다. 운동가들은 법정에서 자신들이 범죄(형사적 손상)를 저지른 것은 더 큰 범죄(대량 학살)를 막기 위한 것이기 때문에 무죄라고 주장할 터였다. 크리스 콜 Chris Cole이 1993년에 'BAe 보습' 저항을 벌일 때 이 방식의 효과를 입증한 바 있다. 르 셴은 1996

년 1월 29일에 큰 망치로 호크 전투기를 '무장 해제'시킨 일 때문에 재판을 기다리고 있는 여성 운동가 네 명도 같은 전략을 쓰지 않을까 우려했다.[9]

르 셴은 이러한 행동에 대응할 때는 장기적인 저항에 어떤 영향을 미치는가를 고려하라고 조언했다. 운동가 두 명이 체포당하기 위해 BAe에 들어갔을 때, 경찰은 철사 절단기만 압수하고 그냥 풀어 주었다. 보고서에는 운동가들이 홍보 효과를 얻지 못한 탓에 실망했다고 기록되었다.

> 운동가들을 체포해 봐야 그들의 손에 놀아날 뿐이며 결국 더 큰 저항을 일으키리라는 결론을 내릴 수 있음. 그러나 기업의 입장에서는 역공을 가하지 않고 내버려 둘 수는 없는 노릇임. 따라서 대안을 모색해야 함. (1996년 3월 8일)

BAe는 르 셴의 내부자 정보를 활용하여 더 큰 규모의 항의도 조종할 수 있었다. BAe는 첩보원의 정보를 이용하여 60건 이상의 시위를 막았는데, 핵심 전술은 불법 침입자를 심어 법원에서 접근 금지 명령을 내리도록 만드는 것이다.

방해 공작

BAe가 무기거래반대운동의 활동을 방해한 방식은 이뿐만이 아니다. 르 셴은 BAe가 보도 자료를 BBC에 보내자마자 무기거래반대

운동에도 보낸다는 말을 들었을 때, 무기거래반대운동에는 보도 자료를 보내지 말라고 조언했다.

중요하지 않은 정보라도 넘겨주거나 남겨두지 말 것. (1997년 6월 11일)

무기거래반대운동 운동가들이 군수업체연합Defence Manufacturers Association, DMA 회원사 명단을 요청하자 군수업체연합 사무총장은 르 셴에게 자문을 구했다. 그녀는 협조하지 말라고 조언했다. BAe에 보내는 보고서에서 르 셴은 이렇게 말했다.

내 대답은 다음과 같음. 모든 군수 지원 업체를 포괄하는 최신 명단을 제공하면 그들의 조사 기간이 100퍼센트 단축되고 조사 비용은 200퍼센트 단축될 것임. 하지만 군수업체연합은 우리 조언에 귀를 기울이지 않았음. (1997년 5월 14일)

《선데이 타임스》에 따르면 BAe는 운동가들을 체계적으로 관리했다. BAe 컴퓨터에서 정기적으로 운동가의 이름과 주소를 검색하여 주주가 있는지 살펴보았다. 또한 BAe 전화 교환기는 운동가와 연관된 번호에서 전화가 걸려오면 경고 신호를 보내도록 되어 있었다.

거짓 정보

르 셴은 무기거래반대운동을 곤경에 빠뜨리기 위해 거짓 정보를 흘리라고 권한 적도 많았다. 1996년 2월 그녀는 그린피스가 원유 시추선 브렌트 스파Brent Spar 사건에서 한발 물러선 사실을 언급했다(그린피스는 시추선을 바다에 폐기할 경우 환경에 미칠 위험을 지나치게 과장하는 실수를 저지른 바 있다).

> 인도네시아 하늘에서 호크 전투기를 보기 위해 몇 주 전에 내 아이디어를 논의했음. 얼마 전 그린피스가 양치기 소년 신세가 된 것을 기억할 것. 호크 전투기의 인도네시아 수출에 대해서도 이와 같이 김을 뺄 방법을 생각할 때임. (1996년 2월 20일)

1997년 1월 말 무기거래반대운동은 '깨끗한 투자 캠페인Clean Investment Campaign'에 동참했다. 대상은 군수물자 생산 기업의 주식을 보유하고 있는 기관이었다. 무기거래반대운동은 기업감시의 도움을 받아 공식 문서를 작성했다. 르 셴은 이렇게 말했다.

> 흥미로운 사실은 이들이 알고 있는 정보 중에 아직도 부정확한 부분이 있다는 것임. 우리는 이것을 써먹어야 함. (1997년 1월 27일)

르 셴의 전략은 무기거래반대운동이 진짜인 줄 알고 제기한 주장이 캠페인의 신용을 떨어뜨리도록 만들자는 것이었다. 이런 제안이 어떻게 되었는지, 또 다른 거짓 정보 활동이 어떤 결과를 낳았는지 살펴보는 일은 흥미로울 것이다. 문서를 더 조목조목 살펴보면 여기에 대해 실마리를 찾을 수 있을 것이다.

선동

프랑크와 르 셴은 다른 운동가보다 더 과격한 행동을 권했다. 프랑크는 운동가들에게 원래 계획보다 더 폭력적인 방법을 쓰라고 부추겼다(무기거래반대운동은 평화주의자 단체에서 출발했기 때문에 폭력을 피하고 싶어 했다). 이것은 그가 1998년에 여러 운동 단체에서 신뢰를 잃은 계기가 되기도 했다.

다음 문서는 프랑크가 더 과격한 방법을 쓰자고 제안했을 때 다른 운동가들이 아무도 흥미를 보이지 않자 실망했다는 것을 보여준다. 이 평가('수취인에게: 참고용임'이라고 표시되어 있음)를 보면 그가 특별한 목적을 띠고 투입되었다는 사실을 알 수 있다.

> 이 보고서를 쓰는 시점에는 파리 에어쇼에서 귀사를 비롯한 어떤 기업에 대해서도 반대 행동이 일어날 조짐이 보이지 않음. …… 행동을 취하자는 안건을 세 차례 제기하였음. 보안 관점에서 볼 때, 더 강하게 밀어붙이는 것은 현명하지 못함. (1997년 5월 19일)

프랑크는 이 문제를 밀어붙이다가 정체가 탄로 날 수도 있다는 사실을 알고 있었지만 계속 시도했다. 과격한 행동을 부추기는 것 뒤에 어떤 전략이 숨어 있는지는 추측만 할 수 있을 뿐이다. 경찰이 시위대를 공격하도록 만들어 평화 집회를 무산시키려는 전술이었을 수도 있다. 프랑크의 제안은 무기거래반대운동의 기초 작업에 악영향을 미쳤다. 사람들은 불쾌감을 느꼈으며, 직접 행동의 성격 등 기본적인 이슈에 대해 합의가 이루어지지 않아 앰네스티 인터내셔널Amnesty International 같은 기관과의 연대도 무산되었다. 이런 점에서 프랑크는 단순한 첩보원이 아니었다. 그가 수행한 공작은 '내부 선동agent provocateur'이라 불러도 좋을 만한 것이었다.

진짜 스파이

르 셴을 위해 일하는 정보원 중 가장 중요한 인물은 마틴 호그빈Martin Hogbin이었다. 그는 르 셴의 '탁월한 정보통'으로 불렸다. 호그빈이 무기거래반대운동에 상근 직원으로 들어간 것은 2001년 11월이지만, 그는 이미 1997년부터 적극적인 자원봉사자로 활동했다. 그는 2003년 10월에 무기거래반대운동을 사직했는데, 첫 내부 조사에서 첩보원으로 의심받은 직후였다.

호그빈과 르 셴은 무기거래반대운동 운영위원회와 정보 담당관의 조사에 협조하지 않았다.[10] 정보 담당관은 호그빈이 르 셴과 관련된 기업에 이메일로 정보를 전달하고 있었다는 사실을 확인했다. 역설적이게도 1998년 정보보호법 때문에 정보 담당관은 르 셴과 관련된 기업 정보를 무기거래반대운동에 제공할 수 없었다.[11]

무기거래반대운동 운영위원회는 호그빈이 참여한 활동과 첩보 문서를 비교하여, 그가 1997년 봄에 무기거래반대운동에 자원봉사자로 참여한 이후 얼마 지나지 않아 감시 활동을 시작했다는 사실을 확인했다. 호그빈이 작성한 것으로 보이는 판버러 집회 보고서의 날

짜는 그해 6월 19일로 되어 있었다. 집회가 일어난 바로 다음 날이었으며, 보고서는 길고도 자세했다. 무기거래반대운동에서 활동한 경력이 짧은데도 이렇게 전문적인 보고서를 작성한 것을 보면 호그빈은 애초부터 첩보원으로 들어온 것 같았다. 전향하거나 설득당해 정보를 누설한 경우는 아니었다.

국제위협대응 문서의 작성일은 1995년 6월부터 1997년 12월까지였고, 그 이후에 기록된 첩보 보고서는 찾을 수가 없었다. 하지만 2003년 9월에 《선데이 타임스》가 그의 정체를 폭로하기 전까지 계속 이메일을 보낸 것으로 보아, 이때까지도 무기거래반대운동의 활동을 담은 보고서를 작성했으리라 추측된다.

호그빈은 소수의 상근 운동가 중 한 명이었기 때문에 거의 모든 정보에 접근할 수 있었다. 여기에는 보고서, 계획안, 편지, 기타 서류뿐만 아니라 주소록, 연락처, 컴퓨터, 디스켓, 금융 정보까지 포함된다.

호그빈은 국내 캠페인과 활동을 담당한 덕분에 무기 거래에 반대하는 대부분 캠페인에 관여할 수 있었다. BAe 연차 총회 자리에서 벌어진 항의 집회는 그가 조직한 것이다. 무기거래반대운동 지지자들은 BAe 소액 주주가 되어 연차 총회에 참석했다. 이들은 BAe가 독재국가에 무기를 판매하는 것에 대해 이사들에게 공개적으로 문제를 제기했다. 호그빈은 BAe 공장과 군수품 박람회장 시위를 조직하는 데도 개입했다. 그의 업무는 인원 동원부터 실무 준비까지 다양했다. 그는 시위 지역을 사전 답사하기도 했고, 동료 운동가들을 시위 현장으로 실어 나르기도 했다.

   또 호그빈은 영국과 유럽의 핵심 연락책이었다. 그는 무기거래반대운동을 대표하여 유럽 무기거래반대 네트워크 회의에 참석했으며, 프랑스 지상장비박람회EuroSatory에 반대하는 시위대를 영국에서 동원하기도 했다. 1997년과 1998년의 유럽 무기거래반대 네트워크 회의에는 프랑크와 호그빈이 참석했는데, 둘 다 르 셴 밑에서 일하고 있었다. 호그빈은 영국 최대의 무기 판매 행사인 DSEi 군수품박람회 반대 시위를 조직하는 데도 중요한 역할을 맡았다.

   호그빈은 무기거래반대운동 사무실에서 존경받는 동료였으며 소수 직원들 사이에서 인기를 누렸다. 사람들은 그와 그의 가족, 자녀들을 잘 알고 있다고 생각했다. 50대의 호그빈은 개방적이고 정직하며 대의에 헌신하는 사람으로 보였다. 그는 남아프리카 무기 제조업체 데넬Denel에서 일했던 전력을 숨기지 않았고, 과거를 밝힌 덕에 사람들에게 신뢰를 얻었다.[12]

   사람들이 호그빈을 믿었기 때문에 그를 조사하기는 더욱 어려웠다. 호그빈은 무기거래반대운동을 떠난 뒤에도 무기 거래를 반대하는 활동에 모습을 드러냈다. 정보 담당관이 호그빈과 르 셴의 관계를 밝혀낸 이후에도 사람들은 무기 거래 반대나 환경 관련 캠페인을 할 때 여전히 호그빈과 협력했다. 호그빈은 2005년 7월에도 'DSEi를 무장 해제하라Disarm DSEi'라는 캠페인에 참여하고 있었다.[13]

남은 문제

무기거래반대운동 운영위원회가 힘들고도 고통스러운 결정을 내렸다는 사실을 이해해야 한다. 필자는 추가 연구를 진행할 기회가 생기길 바란다. 한 사건을 양쪽에서 조사할 수 있는 기회는 자주 찾아오는 것이 아니기 때문이다. 아직도 알아내야 할 것이 많으며 해결해야 할 문제도 많이 남아 있다. 무기거래반대운동은 첩보원 용의자에게 소송을 제기했다. 하지만 나머지 다섯 명, 어쩌면 여섯 명은 어떻게 되었을까? 다른 첩보원은 없었을까? 이들은 조직 내에서 하찮은 역할만 맡았을까? 지금은 무기거래반대운동에서 완전히 손을 뗀 것일까? 그렇다면 첩보원들이 어디로 갔는지 알아보는 일이 덜 중요해지는 걸까? 아니면 세월이 흐른 탓에 이들을 추적하기가 어려워진 걸까?

공식 피해 평가를 진행하고 다른 단체들을 위해 보고서를 작성하는 일은 분명 가치가 있을 것이다. 무기거래반대운동은 이번 폭로로 인한 내부 갈등에 어떻게 대처했을까? 피해 규모는 어느 정도였을까? 피해를 극복하고 활동을 재개할 수 있었던 비결은 과연 무엇일까? 이러한 질문과 연관된 보안 문제는 여타 운동 단체들에게도 골칫거리다. 개방성과 조심하는 태도 사이에서 균형을 유지하는 방법은 무엇일까? 운동 단체가 돈과 권력을 지닌 강력한 적과 맞서려면 자원봉사자와 신입 회원을 일일이 조사해야 할까? 이것이 과연 가능할까? 자신이 감시당하고 있다는 사실을 알고서도 운동가들이 무력감에 빠지지 않고 버티려면 어떻게 해야 할까?

BAe는 무기거래반대운동을 무력화하기 위해 엄청난 시간과 노력, 돈을 쏟아부었다. 이 조그만 단체에 이토록 많은 첩보원이 침투한 것을 보면, BAe는 무기거래반대운동의 반대 운동이 몰고 올 잠재적인 결과를 매우 우려했다는 사실을 알 수 있다. 무기거래반대운동의 캠페인은 BAe의 평판에 위협을 가했고, 캠페인이 성공하면 BAe 엄청난 손실을 입을 터였다. 《선데이 타임스》에 따르면, 당시 BAe 최고 경영자였던 딕 에번스Dick Evans는 전직 공군 장교이자 보안 부서 책임자인 마이크 맥긴티Mike McGinty에게서 르 셴의 보고서 내용을 정기적으로 보고받았다고 한다. 이것은 첩보 내용이 BAe에 중요하다는 사실을 시사한다.

'어스 퍼스트!Earth First!'나 '거리 되찾기 운동Reclaim the Streets' 같은 단체들도 르 셴의 공략 대상이었다. 이러한 단체들은 서로 긴밀히 연결되어 있고 회원도 겹치기 때문에 그녀는 지구의 벗, 녹색당Green Party, 핵비무장운동Campaign for Nuclear Disarmament, 세계개발운동, 동물권리재단 등에 대해서도 정보를 입수할 수 있었다. 르 셴은 이 단체들을 얼마나 치밀하게 감시했을까? 1996년에 르 셴은 핵비무장운동 회원, 노동조합 활동가, 운동가, 환경운동가 14만 8900명의 데이터베이스를 가지고 있다고 떠벌렸다. BAe에 가장 필요한 것은 200명가량의 '강경파' 집단이었다. 르 셴은 연금보험 번호와 범죄 기록을 비롯하여 이들의 이력과 인적 사항을 수집했다. 르 셴이 다른 기관에도 이 정보를 제공하겠다고 제안했을까? 이 제안을 받아들인 것은 어느 기관이었을까?

도로 반대 시위

국제위협대응이 첩보 활동을 수행한 단체는 무기거래반대운동만이 아니었다. 감시 보고서에서는 뉴버리 도로에 반대하는 시위를 유달리 주목했으며, 이런 활동은 매우 자세히 보고되었다. 이는 무기 반대 운동이 환경운동과 손잡을 위험을 BAe에 경고하기 위한 것이었다.

1990년대 후반 뉴버리 도로는 반도로운동의 중심이 되었다. 수천 명이 벌목 예정지를 점거했고, 수년간의 반대 운동 때문에 1998년에야 13.7킬로미터짜리 우회로가 완공되었다. 총 공사 비용은 7400만 파운드였는데, 이 중 3분의 1인 2400만 파운드가 보안에 쓰였다. '그룹 4'는 코스테인이나 타맥 등 건설 회사뿐만 아니라 도로국을 위해서도 일했다. 이런 종류의 민간 보안 회사는 영국에서 논란을 일으킨 대부분 도로 건설 계획에서 보안을 담당했다.

《선데이 타임스》에서 입수한 녹음 자료에 따르면 르 셴은 요원들에게 얻은 정보를 정기적으로 그룹 4에 넘겨주었다고 한다. 그녀는 뉴버리에 요원을 심어두었다고 말했는데, 그 요원은 시위대의 내밀한 개인 정보를 기업에 전달했다. 여기에는 집 주소, 차량 등록 번호, 연금 보험 번호, 실업 수당 내역, 소득 보조 정보 등이 들어 있었다.[14]

첩보 보고서에는 르 셴이 그룹 4를 위해 이러한 활동을 전개한 내용이 담겨 있다. 상세 보고서에 따르면, 르 셴은 도로 반대 시위대의 계획을 알리는 경고 문서를 경찰과 민간 보안 회사에 보냈다. 그녀는 자신의 정보가 가장 적절한 방식으로, 또는 자기가 생각하기에 가장 바람직한 방식으로 쓰이지 않은 것이 불만스러웠다.

> 경찰력이 시위대 규모에 미치지 못했음. 보안 요원의 대응도 미흡했음. 보안 요원은 시위대의 절반을 통제하기에도 역부족이었음. 또 관련 업체가 이러한 단체에 대한 통제 능력이 없다는 사실이 노출되었음. 시위대에게는 이중으로 좋은 상황이었음. 경찰이 말을 동원한 것은 수적 열세를 극복하기 위한 것이 분명함. 환경주의자들은 동물애호가이기 때문임. 두 번째 시위에서 경찰이 팔을 엮은 시위대를 몰아붙일 때 말이 시위대와 부딪치는 바람에 긴장이 고조되었음. 이후의 진행 상황은 역사적인 사건으로 비화함. (1997년 1월 13일)

시위대 캠프를 철거하자 경찰과 격렬한 충돌이 벌어졌다. 이 사건은 제3차 뉴버리 전투로 알려져 있다(1차와 2차는 17세기로 거슬러 올라간다). 경찰이 르 셴의 충고에 귀를 기울였다면 이렇게까지 되지는 않았을 것이다.

> 시위대가 몇 명이 모였는가, 이들이 무엇을 어떻게 하고 있는가는 이미 잘 알려져 있었음. 경찰과 보안 요원을 허술하게 운용한 것은 도로 당국의 상황 인식 때문임. 보안 요원 문제는 돈이 궁한 코스테인이 비용을 아끼려다 발생한 것으로 생각됨. (1997년 1월 13일)

르 셴은 뉴버리 도로 시위 현장에 적어도 두 명을 침투시켰다고 말했다.

뉴버리의 정보원 두 명(이들은 서로를 모름)이 토요일에 알려온 바에 따르면 방화가 일어난 것은 경찰이 말을 몰고 진입했기 때문임. 하지만 경찰이 화염병을 찾아낸 사실은 설명되지 않음(물론 화염병은 금방 만들 수 있음). (1997년 1월 13일)

마지막 문장을 보면 경찰이 화염병을 증거로 심어두었다고 르 셴이 생각했다는 사실을 알 수 있다. 도로 반대 시위에 대한 경찰의 대응을 BAe 보고서에 이렇게 자세히 언급한 이유는 분명하지 않다. 무기 반대 운동 단체가 도로 반대 운동에 점점 더 많이 참여하는 상황에서 르 셴은 자신이 두 운동 방식에 모두 정통하다는 것을 보여주려 한 듯하다.

그룹 4

'그룹 4'로만 불리는 이 단체의 대변인은 시위대 정보를 사들였다는 사실을 시인했다. 그는 《선데이 타임스》에서 다음과 같이 털어놓았다.

> 우리는 고객의 업무 현장에서 벌어지는 시위에 대해 정보를 수집했다. 이것은 고객의 인력이나 재산에 영향을 미치는 활동에 대해 술집에서 주워들을 수 있는 수준의 정보다. …… 우리는 시위대가 언제 어디에 모이는가에 대한 정보를 미리 수집했으며 보수도 지불한 것 같다.[15]

초창기부터 '위협대응' 이사회에 참여한 인물 중에는 배리 게인

Barrie Gane이 있다.[16] 그는 영국 최대의 보안 회사인 그룹 4에서도 일했다. 그룹 4의 활동 범위는 재소자 감시에서 왕실과 정부 경호에 이르기까지 실로 다양하다. 그룹 4는 고객을 첩보 활동, 사보타주, 전복 음모에서 지킬 수 있다고 선전한다.[17] 배리 게인은 영국 정보기관 MI6의 전직 부국장이다. 그는 콜린 맥콜Colin McColl의 뒤를 이어 국장에 오르리라는 귀띔을 받았다. 하지만 게인은 1993년 '경영 정상화' 과정을 겪으며 조기 퇴직하기로 결심했다. 민간 정보 업체를 위해 자신의 정보와 인맥을 활용하기로 한 것이다. '기업감시'는 게인이 민간 분야에 몸담고 있는 전직 정보 요원 중에 가장 중요한 인물이라고 설명했다. 당시 《타임스》는 게인이 들어온 덕분에 국제 정보 활동의 수준이 높아졌다고 결론을 내렸다. "배리 게인은 국제 테러리즘, 기업 스파이, 위험 평가에 대한 정보를 기업에 제공할 수 있다."[18]

뉴버리 도로와 관련하여 '국제위협대응'에서 정보를 사들인 것이 그룹 4뿐이었을까? 르 셴은 보고서에서 경찰이 운동가의 수와 계획을 잘 알고 있었다고 주장했다. 그녀는 자신이 뉴버리에 요원을 심어두었다고 말했다. 환경운동가 중에는 오래전부터 자신이 감시당하고 있다고 의심하는 사람들이 많다.

도로국은 《선데이 타임스》에서 정부가 도로 건설 지역의 보안 활동에 자금을 지원했다고 말했지만, 그 책임은 하청 업체에 떠넘겼다. 도로국 대변인은 2003년에 《선데이 타임스》에 이렇게 말했다. "우리는 경찰 및 하청 업체와 긴밀히 협력하여 이러한 활동이 합법

적으로 이루어지도록 했다."¹⁹

교통부는 재무 담당관의 지시에 따라 1990년대 초부터 70만 파운드 이상을 쏟아부으며 사우샘프턴의 탐정 회사 브레이스Bray's에게 시위대의 신원을 파악하도록 했다. 민간 탐정들이 사진을 찍고 공개된 대화를 기록하는 장면이 목격되었다. "그렇지만 운동가들은 교통부가 금지 명령을 뒷받침하기 위해 제출한 문서에 있는 정보 중에는 이런 종류의 감시만으로는 설명할 수 없는 것이 있다고 생각했다."²⁰

기자인 피터 테일러Peter Taylor는 2002년 〈진짜 스파이True Spies〉라는 다큐멘터리 시리즈를 제작했다. 이 시리즈에서 그는 고용된 스파이가 뉴버리 시위를 중단시키는 과정을 폭로했다. 당시 템스 밸리 경찰서장이었던 찰스 폴러드Charles Pollard는 텔레비전에서 뉴버리가 마지노선일 수밖에 없었던 이유를 설명했다. 지난해 정부에서 도로 건설을 승인했기 때문에 시위대가 승리하도록 내버려 둘 수 없었던 것이다. "매우 불법적인 행동을 모의하고 시도한 이들은 민주주의를 전복하려는 불순 세력이다."²¹ 다큐멘터리를 요약해 놓은 BBC 웹사이트에는 피터 테일러가 쓴 다음과 같은 글이 올라와 있다. "공안부는 적들의 계획에 대해 정보를 수집할 때 일반적인 방법을 썼다. 정보원을 모집하고 일주일에 25파운드 이상을 지급했는데, 1000파운드 넘게 지급한 경우도 있었다."

이 보수가 많아 보이는가? 하지만 경찰력을 투입하는 데 드는 비용에 비하면 새 발의 피에 지나지 않는다. 핵심 정보 하나만 있으면 수만 파운드를 아낄 수도 있는 것이다. 하지만 교착 상태가 지속되고 비용이 점점 증가하자 템스 밸리 경찰 당국은 전례 없는 조치를 취했다. 정상적인 절차를 벗어나면서까지 요원을 모집한 것이다.

경찰은 민간 보안 회사에서 일하는 어떤 인물에 대한 이야기를 들었다. 그는 시위대에 침투하는 데 독보적인 기술과 완벽한 성공률을 자랑한다고 했다. 일반적으로 경찰은 이런 회사와 거리를 두게 되어 있는데, 이런 회사는 자신이 가진 정보를 가지고 돈을 벌기 때문이다. 템스 밸리는 이런 관례를 어기고 과감하게 요원을 고용하기로 마음먹었다. 경찰서장은 이 요원 및 그가 일하는 보안 회사와 계약을 추진하라고 지시했다. 경찰서장은 이 요원의 정보 가치가 비용보다 훨씬 크리라고 생각했다.

계약이 체결된 이후 이 요원의 주요 임무는 시위 지도부에 최대한 가까이 접근하고, 특히 건설 업체가 공사를 시작할 수 있도록 주 터널을 뚫는 데 가장 알맞은 시점을 경찰에 알려주는 것이었다.[22] 이 특별한 침투 임무에 연루된 회사가 국제위협대응이었는지는 확인이 불가능했다.

피터 테일러는 낡은 수첩을 뒤지더니 도로 반대 운동에 연관된 회사 세 곳을 언급하기 시작했다. "릴라이언스 시큐리티Reliance Security에다 브레이스Brays와 핑커턴스Pinkertons가 있네요. 이 두 곳은 자체 요원을 운용하고 있습니다."[23]

르 셴과 템스 밸리 경찰의 관계에 대해 정보 공개를 요청했으나 부정적인 답신만이 돌아왔다. "템스 밸리 경찰이 뉴버리 도로 건설 기간 동안 요원을 고용하여 시위대에 침투시켰는지를 알려줄 기록

과 문서를 추적하고 찾아내는 일"도 불가능했다.[24]

폴러드 서장은 2002년 BBC 텔레비전과의 인터뷰에서 민간 요원과 계약을 맺은 사실을 인정했으나 이제는 아무것도 생각나지 않는다고 주장했다. 테일러는 자료가 전혀 남아 있지 않다는 사실에 놀라지 않았다. "물론 당시에는 철저히 비밀을 유지했을 것이다. …… 회사 이름은 내막을 아는 사람들끼리만, 그것도 암호로 불렀을 것이다."[25]

뉴버리 요원은 과연 어떻게 되었을까? 테일러는 이렇게 썼다. "그는 훌륭하게 위장했고 매우 정확한 정보를 캐냈다. 그 덕분에 공안부는 동물권리운동에도 그를 침투시켰다."[26] 이것은 당시에 프랑크가 관심을 보인 분야와 일치한다. 하지만 프랑크는 과격 시위와 연관된 것이면 무엇에든 흥미를 느꼈기 때문에 프랑크가 그 요원이었다고 단정할 수는 없다.

결론

국제위협대응에서 만든 첩보 문서의 사례에서 볼 수 있듯이, 이른바 기업 정보 활동은 그 영역 변화를 반영하여 새로 정의할 필요가 있다. 정부와 기업의 정보 활동이 서로 겹치게 되었기 때문이다. 어떤 단체가 힘 있는 기업이나 정치 조직에 심각한 위협을 가한다고 판단되면, 이것이 사실이든 아니든 이 단체는 상대방의 협공을 당하게 된다.

　예전에는 성공한 캠페인을 깎아내리거나 운동 단체를 무력화시키는 것이 국가 정보기관의 몫이었다. 하지만 이제는 민간 또는 민영화된 첩보 업체들도 똑같은 수단을 이용한다. 때로는 국가 정보기관에서 도움을 제공하기도 한다. 이들의 목표는 고객의 요구에 따라 달라질 수 있지만, 대개 똑같은 감시 방법을 이용한다. 공익 단체나 운동가가 자기 자신을 보호하고 대의를 지키려면 이런 전술을 더 널리 폭로하고 논의하며 주지시켜야 한다. '국제위협대응' 문서는 이런 논쟁을 일으킬 수 있는 드물고도 중요한 기회다.

09

신자유주의 풍조의 형성
독일의 개혁 시도

울리히 뮐러

2004년 여름 베를린. 슈프레 강을 따라 공관 지구 근처에 이르면 모래밭에 벤치가 놓여 있는데, 바로 이곳이 정치인과 언론인이 즐겨 찾는 인공 '해변 클럽'이다. 물가에는 포스터가 하나 붙어 있는데, 포스터에는 "지금이야말로 개혁할 때다"라는 문구가 쓰여 있고, 그 밑에 굵은 글씨로 "독일"이라고 적혀 있다. 그런데 독일이란 나라 이름이 반쯤 물에 잠겨 있다. 이것이 무엇을 뜻하는지는 쉽게 알 수 있다. 독일은 지금 깊은 물속에 잠겨 있으니 개혁이 필요하다는 얘기다. 2004년에 독일에서 벌어진 정치 논쟁의 맥락에서 보면, 이 포스터가 말하는 개혁이 어떤 것인지는 분명하다. 복지 예산을 삭감하고 노동시장의 규제를 완화하는 개혁인 것이다.

그림 9-1 지금이야말로 개혁할 때다   사진 제공: AP/INSM

　이 사진은 독일 언론에서 진행 중인 정치 논쟁을 다룰 때 널리 쓰였고, 이 장면을 연출한 '신新사회적 시장경제Initiative Neue Soziale Marktwirtschaft, INSM'라는 단체는 홍보 효과를 톡톡히 누렸다. 후원금을 두둑이 받으며 홍보 캠페인을 펼치는 이곳은 독일의 신자유주의 정책을 지지하고 장려하기 위해 지난 수년 동안 설립된 여러 '개혁운동' 단체 중 하나다. 이런 단체로는 시민대회Bürgerkonvent, 독일이 나서다Deutschland packt's an, 정치에 투명성을Klarheit in die Politik, 독일을 위한 회의Konvent für Deutschland 등이 있다. 이 단체들의 캠페인은 정치적으로 복지국가에서 벗어나는 행위를 옹호하기 위해 현대적인 커뮤니케이션 기법을 이용한다. 사회운동에서 교훈을 얻은 이들은 시민 단체처럼 보이려고 애쓰고 있지만, 자세히 들여다보면 시민 단체라고 할 수 있는 곳은 거의 없다. 이 장에서는 새로운 '의회 밖 야당' 단체의 허울을 벗겨보고, 이 단체들 중 몇 곳을 조사하여 이들의 전략과 언론의 역할, 그리고 참여민주주의에 가하는 위협을 논의할 것이다.

신사회적 시장경제

이 새로운 단체들 중 가장 오래된 축에 드는 신사회적 시장경제는 2000년 10월 12일에 '독일 금속·전자산업 고용주 협회'를 대변해 활동하기 시작했다.[1] 협회는 이 캠페인에 해마다 1000만 유로를 지원하며, 신사회적 시장경제를 위한 홍보 대행사 'berolino.pr'까지 설립했다. 신사회적 시장경제 상임이사 디터 라스Dieter Rath는 수년간 독일산업연맹Bundesverband der Deutschen Industrie, BDI의 수석 언론 담당을 지냈다. 얼마 후에 독일 《파이낸셜 타임스Financial Times》의 언론인 타소 엔츠바일러Tasso Enzweiler도 상임이사가 되었다. 핵심 운영진은 7명으로 이루어져 있다. 이들은 외부 홍보 회사와 커뮤니케이션 회사에서 지원을 받는데, 신사회적 시장경제는 이 외부 지원팀이 20명 정도라고 주장한다.

이 캠페인의 목적은 '기업 정신'을 진작하여 독일의 정치 풍토를 바꾸는 것이다. 고용주 협회는 독일 대중에게 신자유주의 개혁의 이

점을 깨우치고 싶어 한다. 특히 노동시장의 규제를 완화하고 대학 교육을 유상으로 바꾸며 세금과 복지 프로그램을 줄이고 사회보장제도를 민영화하려고 한다. 그리고 이런 정책을 표현하기 위해 '신사회적 시장경제'라는 용어를 고안해 냈다. '신사회적 시장경제'는 독일 정치에서 매우 긍정적인 함의를 지니고 있으며, 연방 공화국의 기초로 간주된다. 하지만 사람들은 이 말의 의미를 제각기 다른 식으로 파악하고 있기 때문에, 특정한 경제적·사회적 개념이나 프로젝트가 아닌 허구처럼 보이기도 한다.

이 용어를 고안한 것은 1950년대 전후 독일에 시장경제 질서를 도입하려는 사람들이었다. 흥미로운 사실은 이 집단이 프리드리히 아우구스트 폰 하이에크와 밀턴 프리드먼을 비롯한 외국 신자유주의자들과 가까운 사이였다는 것이다. 이들에게 시장경제란 사회 그 자체였다. '사회'라는 말을 붙인 것은 당시 케인스주의나 사회주의 이념에 공감하던 대중의 마음을 얻기 위한 지엽적인 술책이었다.[2] 노동조합과 사회민주주의자들이 복지 프로그램을 개선하고 노동자 참여와 보호를 늘려 시장경제에 사회주의적 요소를 결합시킨 것은 그 후의 일이다. 시간이 지나면서 '사회적 시장경제'라는 용어는 복지제도와 공적 규제를 통해 시장경제를 제한하고 균형을 맞춘다는 의미를 지니게 되었다. 신사회적 시장경제는 원래의 신자유주의적 개념이며 이 단체는 이후에 일어난 '개악'을 되돌리고 싶어 하지만, 이 용어를 이용한 덕분에 '사회적 시장경제'가 복지제도와 사회민주주의를 뜻한다고 생각하는 사람들과 비슷한 인상을 줄 수 있었다.

일반적으로 신사회적 시장경제는 고용주 협회 캠페인으로 비치지 않으려고 애를 쓰며, 이를 위해 믿을 만한 제삼자로서 공공 캠페인을 상징하는 여러 이사와 대표의 힘을 빌렸다. 주목할 만한 인물은 전 독일 연방은행장 한스 티트마이어Hans Tietmeyer이며, 나머지는 경제학자나 정치인이 아니면 기업, 업종별 협회, 싱크탱크의 대표 등이다.

이 집단들은 저마다 다른 역할을 수행한다. 경제학자는 캠페인을 학문적으로 뒷받침하고 신뢰성을 부여하며, 정치인은 정당과 연결하는 고리 역할을 한다. 이들은 신사회적 시장경제가 초당파적 운동이라는 주장을 뒷받침하기도 하는데, 이 주장은 신사회적 시장경제가 중립적이며 정당정치에 관여하지 않는다는 인상을 주는 데 이용된다. 독일에서는 정당이 주요한 정치 행위자이기 때문에, 정치적으로 중립인 것처럼 보이기 위해서는 특정 정당과 연계되어 있지만 않으면 된다. 즉, 다른 특정한 이해관계(신사회적 시장경제의 경우 고용주 협회)에 결부되어 있어도 상관이 없다. 그런데 2004년 여당인 사회민주당Sozialdemokratische Partei Deutschlands, SPD-녹색당Grüne 연정에서 정치인들이 이탈하기 시작하면서 이러한 이미지 관리에 차질이 생겼다. 당 안팎에서 비판 여론이 일어난 이후의 일이다. 이제 캠페인에 소속된 정치인은 두 명밖에 없는데, 이 정치인들은 정치적 권한이 없으며 현재 정치적 의사결정에 참여하지 못하고 있다. 마지막으로 기업, 협회, 싱크탱크의 대표들은 이 캠페인을 중요한 파트너와 대상 단체에 연결시켜 준다. 예를 들어 신사회적 시장경제는 신자유주의 지식인의 국제 네트워크인 몽펠르랭 협회와 구성원이 겹치며, 시장경제재단Stiftung Marktwirtschaft, 프리드리히 아우구스트 폰 하이에크 재단Friedrich-August-von-Hayek-Stiftung, 프라이부르크의 발터 오이켄 연구소Walter Eucken-Institute, 루트비히 에르하르트 재단Ludwig Erhard-Stiftung 같은 수많은 신자유주의 싱크탱크와도 교류하고 있다.[3]

신사회적 시장경제는 이런 기관들의 지원을 이용하여 '시민, 기업, 협회의 초당파적 개혁운동'을 자처하지만, 광고와 출판물에 쓰이는 이런 규정은 명백히 잘못된 것이다. 이 캠페인은 고용주 협회가 설립했으며 자금도 이곳에서 나온다. 전략 목표를 제시하는 곳 역시 고용주 협회다. 공공의 제삼자 후원자들은 캠페인을 계획하고 조율하는 데 거의 영향력을 행사하지 못하며, 이사회는 사실상 한 번도 열리지 않았다.[4] 이사와 대표 들은 언론 매체나 토크쇼, 텔레비전 토론 등에서 논평을 하거나 의견을 제시하는 인력 자원에 지나지 않는다. 즉, 캠페인 언론 대책의 일환에 불과한데, 여기에 대해서는 이후에 분석할 것이다. 대중적 비판이 거세지자 신사회적 시장경제는 2005년에 후원 협회를 새로 설립하여 개인이 후원자로 참여할 수 있도록 했다. 하지만 이곳은 아직까지도 고용주 협회의, 고용주 협회에 의한, 고용주 협회를 위한 캠페인이다. 후원 협회는 신사회적 시장경제의 활동이나 재정에 대해 아무 역할도 하지 못한다. 후원 회원들은 소액의 후원금을 내지만, 고용주 협회에서 해마다 신사회적 시장경제에 지급하는 수백만 유로에는 비할 바가 못 된다. 또한 신사회적 시장경제는 새 후원 협회의 회원이 얼마나 되는지 밝히지 않고 있다. 후원 협회의 주목적은 논란이 되고 있는 신사회적 시장경제의 정당성을 강화하는 것이다.

시민대회

'시민대회'는 신자유주의 개혁을 옹호하는 또 다른 신흥 단체다. 이 단체는 2003년 5월에 텔레비전과 주요 신문에 광고를 내는 등 대규모 대중 캠페인을 벌여 관심을 불러일으켰는데, 당시 언론은 대규모 홍보를 위한 자금을 어떻게 충당했는가에 주목했다. 시민대회는 600만 유로의 종잣돈을 제공한 후원자들을 밝히지 않았다. 몇 달이 지난 후에 기다란 후원자 명단이 공개되었지만 아무런 설명도 없었다. 창립 자금을 댄 주요 후원자와 캠페인이 시작된 후에 참여한 소액 후원자를 구분할 수도 없었다.[5]

시민대회의 대변인이자 공식 창구는 마인하르트 미겔Meinhard Miegel이었다. 그는 본에 있는 경제사회연구소Institut für Wirtschaft und Gesellschaft, IWG의 상무이사다. 경제사회연구소는 미겔과 보수 정치인 쿠르트 비덴코프Kurt Biedenkopf가 1977년에 설립한 싱크탱크로, 주로 신자유주의적인 활동을 펼친다.[6] 미겔은 도이체 방크Deutsche Bank의 후원을 받는 독일연금연구소Deutsches Institut für Altersvorsorge 자문도 맡고 있다. 이 연구소는 연금제도 민영화를 지지하는데, 이 정책은 민간 은행과 보험 회사에 엄청난 이익을 가져다줄 것이다.

시민대회 사무총장은 게르트 랑구스Gerd Langguth였다. 그의 경력은 보수적인 기독교민주당Christlich Demokratische Union, CDU과 밀접하게 연관되어 있는데, 하원의원과 차관, 기독교민주당의 싱크탱크 격인 콘라트 아데나워 재단Konrad-Adenauer-Stiftung 이사를 역임했다. 그는 2004년에 사무총장에서 물러나 토마스 그룬트만 출판사로 자리를 옮겼다. 부대변인으로는 볼프 디터 하젠클레버Wolf-Dieter Hasenclever가 선임되었다. 그는 독일 자유민주당Freie Demokratische Partei, FDP에서 교육 전문가로 활동하고 있는데, 이 정당은 주로 신자유주의 의제를 추구한다.

시민대회는 거친 수사를 동원해 정당을 비판하고 신자유주의 개혁을 옹호한다. 이들은 국가의 기능을 줄이는 대신 민간 부문의 공적 역할을 더 확대해야 한다고 생각한다. 예를 들어 기존의 공적 연금제도를 최소한으로 축소해야 한다고 주장하는 것이다. 시민대회는 등록된 비영리 단체이며 풀뿌리 지지를 받기 위해 애쓰고 있다. 2005년 7월 기준으로 각 시에 14개 지부가 있고 전국 단위의 주제별 실무 그룹도 여러 곳이 있다(www.buergerkonvent.de). 시민대회는 이 지부들 덕분에 풀뿌리 기반을 지니고 있다고 주장할 수 있는 유일한 '개혁운동' 단체가 될 수 있었다.

그러나 여기에는 모순이 있다. 시민대회는 평범한 시민의 역할을 강조하지만, 창립 회원과 주도적인 회원 상당수가 사회적·정치적 엘리트 집단과 밀접하게 연관되어 있기 때문이다. 시민대회는 엘리트 집단에게 이들이 영향력을 행사하던 기존 통로를 대중에게 확대할 수 있는 새로운 기회를 제공한다. 대상 집단, 주 활동층과 개인적 배경, 이념적 지향 등을 볼 때 시민대회는 보수적 중상류층에 기반을 두고 있는 것이 틀림없다. 시민대회가 설립된 것 또한 기독교민주당이 2002년에 두 번째로 연방 선거에서 패배한 데 따른 보수 엘리트 집단의 대응으로 이해할 수 있다.[7]

그런데 2004년이 되자 시민대회의 활동과 이들을 향한 관심이 잠잠해졌다. 지역 조직을 만드는 데는 시간과 노력이 많이 드는 데다가 대규모 언론 캠페인을 하느라 초기 자금을 써버린 탓에 재정도 취약한 듯하다. 새 캠페인 '스스로 행동하라 Beweg Dich'는 유료 광고 대신 언론사 무료 광고에 치중하고 있다.

캠페인

요즘 들어 신사회적 시장경제와 시민대회 외에도 '개혁운동' 단체가 많이 생겨났다. 홍보 캠페인 '독일이 나서다'는 2001년에 시작되었는데, 독일의 산업계 텔레비전 방송인 n-tv 출신들이 펼치고 있다. 캠페인 이름은 독일의 전 대통령 로만 헤어초크 Roman Herzog 의 유명한 연설에서 따왔다. 그는 이 연설에서 독일이 산업을 진작시키고 경제·사회 개혁을 시작해야 한다고 역설했다. 캠페인은 행정 규제 철폐와 교육·보건·복지 개혁에 초점을 맞추었다. 미디어 회사, 대기업, 홍보 대행사, 일부 업종별 협회, 보수 성향의 여론조사 기관인 알렌스바흐 여론조사연구소Institut für Demoskopie Allensbach 등이 이 캠페인을 지원했다. 이 캠페인은 신문사와 방송사에서 무료로 제공하는 광고를 이용했지만 결국 용두사미로 끝나고 말았다.[8]

또 다른 단체는 '독일을 위한 회의'로, 독일 연방제도에 대한 헌법 개혁을 뒷받침하기 위해 2003년에 설립되었다. 이 단체의 목표는 주끼리의 경쟁을 토대로 연방을 줄 세우는 것이다. 독일을 위한 회의는 주들 간의 세금 경쟁을 부추겨 연방 권력을 재편하고 싶어 한다. 예를 들어 교육에서 주의 영향력을 높인다면 나머지 부문에서는 연방의 의사결정을 강화하려는 것이다. 현재는 독일 의회에서 결정을 내리면 주 정부의 대표체인 상원Bundesrat에서 이를 비준해야 하는데, 이 제도에는 정치적인 의도가 들어 있다. 독일을 위한 회의의 후원자인 컨설턴트 롤란트 베르거Roland Berger는 이렇게 표현했다. "현재 독일의 정치제도를 보건대 마거릿 대처가 독일 총리를 맡았더라도 하나도 개혁하지 못했을 것이다."[9]

신사회적 시장경제와 마찬가지로 독일을 위한 회의도 '대표'를 활용한다. 여기에는 독일산업연맹의 전직 의장, 도이체 방크 총재, 롤란트 베르거 같은 기업 컨설턴트, 여러 원로 정치인 등이 포함되며, 이 중에는 신사회적 시장경제의 후원자도 있다. 독일을 위한 회의는 자금원을 밝히지 않았다가 나중에야 여러 은행과 RWE나 TUI 같은 기업과 재단 명단을 웹사이트에 올려놓았다.[10] 후원자의 기부금 내역은 공개되지 않았다. 일부 언론 보도에 따르면 최초 자금은 도이체 방크에서 제공했다고 한다.[11] 처음에는 홍보 캠페인을 하다가 점점 정당에 로비하고 독일 연방제도 개혁을 위한 공식 위원회 위원들에게 접근하는 데 집중했다. 위원회는 독일 상·하원이 설립했다. 2004년 말 연방제도 개혁을 위한 첫 번째 시도가 실패했는데, 대부분 안건에 대해서는 주요 정당들 사이에 합의가 이루어졌지만 교육 경쟁에 대한 의견이 일치하지 않았기 때문이다. 독일을 위한 회의는 아직도 이 의제를 추진하고 있다. 2005년 이후 이들은 독자적인 활동을 모색하고 있으며 대중을 지향하는 전략으로 돌아섰다. 2005년 3월에 언론 담당관을 채용하고 10월에는 언론 워크숍을 개최했다. 얼마 전에 열린 언론 인터뷰에서 대표들은 자신이 독일을 위한 회의에 참여하고 있다는 사실을 밝혔는데, 이는 이전의 언론 대응 방식과 확연히 다른 것이다. 기억에 남는 사례는 각기 다른 정당에서 나온 대표 두 명이 텔레비전에서 연방 개혁을 논의하는 장면이었는데, 이들은 자기가 독일을 위한 회의의 후원자라는 사실을 밝히지 않았다.

독일 헤드헌터인 디터 리케르트Dieter Rickert는 '정치에 투명성을'이라는 재단을 설립해 새로운 시도를 펼치려고 했다. 경영 컨설턴트인 리케르트는 독일 내 일류 기업인들을 많이 알고 있다. 그의 목표는 업계에서 해마다 1억 유로를 모아 신자유주의 개혁을 홍보하는 캠페인을 진행하는 것이다.[12] 그는 2006년까지 '사회정의'라는 단어가 '올해 최악의 단어'로 선정되도록 한다면 자신의 신생 재단이 성공을 거두는 것이라고 말했다.[13] 리케르트는 이러한 캠페인을 진행하면서 신사회적 시장경제와 협력하려고 계획했지만, 재단 설립에 필요한 자금을 모으는 일은 생각보다 힘들었다. 2004년 8월 리케르트는 '정치에 투명성을' 설립을 철회했으나 신사회적 시장경제와는 협력을 지속했다. 그는 대중을 대상으로 하는 자유시장 교육을 오락에 접목한 텔레비전 쇼를 제작하려 하고 있었다.[14]

새 단체들과 각종 캠페인은 모두 밀접하게 연관된 듯하다. 이 사이에서는 한 사람이 여러 단체의 대표나 후원자를 맡는 경우를 종종 볼 수 있다. 어떻게 보면 이들은 모두 같은 악보를 보며 노래한다고 말할 수 있다. 하지만 이 단체들 사이에는 다른 점, 심지어 긴장도 있는데 신사회적 시장경제와 시민대회는 긴장 관계에 놓여 있다. 시민대회는 훨씬 공격적인 방식을 이용하며 정치인을 적으로 여기는 반면에 신사회적 시장경제는 정치인과 상부상조하는 관계를 유지한다. 신사회적 시장경제는 신자유주의 개혁을 추진하는 정치인을 지지한다. 신사회적 시장경제는 그 자체로 제도권의 일부이며 탄탄하게 조직화된 소수가 영향력을 행사하는 수단이지만, 이는 시민대회의 강령에서 비난하는 부분이기도 하다.[15] 리케르트는 시민대회의 지역 조직에 의구심을 지니고 있는데, 왜냐하면 지부들은 통제하기가 힘들기 때문이다.[16] 따라서 이런 캠페인과 단체의 목표와 구성원이 비슷할지라도 전적으로 조화로운 관계를 맺고 있는 것은 아니다. 2004년 5월 10개 단체가 모여 새로운 상위 기구인 독일 행동 그룹 Aktionsge meinschaft Deutschland을 결성했다. 참여 단체로는 지금 깨어라 Aufbruch jetzt, 베를린폴리스BerlinPolis, 시민대회, 독일이 나서다, 매력적인 독일을 위하여Für ein attraktives Deutschland(독일산업연맹의 캠페인), 신사회적 시장경제, 정치에 투명성을, 자유주의 네트워크 재단 Stiftung Liberales Netzwerk, 독일 시장 Marke Deutschland, 새로운 길 프로젝트 Projekt Neue Wege 등이 있다. 그러나 새 기구가 출범한 지 1년도 더 지났지만 이룬 것은 별로 없다.

대중에게 영향력을 행사하기 위한 전략

다양한 행위 주체의 관계와 네트워크 외에도 이들의 전략을 자세히 들여다볼 필요가 있다. 이제부터는 신사회적 시장경제의 전략에 초점을 맞추려고 하는데, 새로운 단체들 중에서 신사회적 시장경제가 가장 중요하고 자금도 풍부하기 때문이다. 신사회적 시장경제의 핵심 전략 중 하나는 엘리트 이익집단이 아니라 시민 기반의 단체처럼 보이도록 만드는 것이다. 여기에는 대표들의 역할이 중요하다. 오래전부터 홍보 대행사들은 캠페인을 진행할 때 신망이 높은 제삼자를 이용하라고 기업에 조언해 왔다. 현재 여러 기업이 겪고 있는 신뢰성 부족에 직면해 있는 업종별 연합도 마찬가지다. 후원자는 캠페인의 신뢰도를 높여줄 뿐만 아니라 신문에 글을 기고하고 의견을 내거나 텔레비전 토크쇼에 출연하는 등 홍보에도 중요한 역할을 한다. 언론에서는 압력단체가 기업 후원을 받는 캠페인과 어떤 관계인지 잘 밝히지 않는다. 예를 들어 2004년 6월에 공영 텔레비전 방송 피닉스는 독일 연방제도에 대한 토론회를 방영했는데, 토론자는 보수적인 전 독일 대통령 로만 헤어초크와 사회민주당의 클라우스 폰 도흐나니Klaus von Dohnanyi였다. 이들은 두 정당을 대표하여 토론에 참석한 것처럼 보였지만 둘 다 '독일을 위한 회의' 소속이었다. 이 중요한 사실이 시청자에게 공개되지 않은 것이다.

신사회적 시장경제는 대표들이 스스로의 명망 덕분에 개인 자격으로 언론에 초청받았다고 주장하는데, 이 말은 아마도 사실일 것이다. 그러나 신사회적 시장경제가 텔레비전 출연 일정을 잡고 토크쇼에 출연하기 전에 미디어 훈련을 제공하여 언론 노출을 적극적으로 돕고 있다는 것은 분명하다.[17] 전략적으로 원로 정치인이나 기업가를 특정 분야의 전문가로 육성함으로써 여론에 큰 영향을 미치고 미디어의 현재 관행을 이용할 수 있다. 미디어는 새로운 전문가를 조사하거나 관계를 형성할 시간이 없기 때문에 미디어 경험이 있는 거물급 인사를 원한다. 따라서 외부의 도움을 받아 적절한 전문가와 의견을 구할 수 있으면 그걸로 만족한다. 전문가에게 미디어 경력만 있다면 똑같은 사람을 부르고 또 부른다. 또 유명 정치인과 전문가를 소개할 때 압력단체와 연관이 있다는 사실은 밝히지 않는다. 이런 메커니즘을 통해 인적 자원이 풍부한 이익집단은 정치 토론의 외양을 유지하면서도 미디어에서 목소리를 높일 수 있다.

신망이 높은 제삼자를 끌어들일 경우, 중요한 정치적·사회적 행위 주체와 교류하고 영향력을 행사할 기회도 생기는데, 정당과 가톨릭교회가 좋은 예다. 신사회적 시장경제는 가톨릭 단체와 공동으로 한스 티트마이어에게 가톨릭 청중을 상대로 강연하고 글을 기고하도록 했다. 신사회적 시장경제는 2002년 6월에 자신들이 주최한 첫 번째 루트비히 에르하르트 강연에 독일 주교 회의 의장인 카를 레만Karl Lehmann 추기경을 초청했다. 레만은 그 답례로 복지제도에 대한 새로운 정책 선언을 준비하는 자문 단체에 티트마이어와 또 다른 신사회적 시장경제 대표를 초대했다. 마침내 2003년 12월 〈사회를 다시 생각한다Das Soziale neu denken〉라는 보고서가 발표되었다. 보고서의 내용은 복지제도가 개혁을 방해하고 이전지출移轉支出을 복잡하게 만든다는 신자유주의적 주장을 되풀이했다. 이 정책 선언은 신자유주의자들이 보기에 성공적이었다. 이제 가톨릭교회도 자신들의 정책 분석을 일부 지지한다고 주장할 수 있으니 말이다.

이 캠페인이 노동조합, '전통주의자', 정당과 대중 속에서 현상 유지를 옹호하는 정적을 대놓고 공격하는 것은 놀라운 일이 아니다. 독일 철강 노동자 조합IG Metall 위원장 위르겐 페터스Jürgen Peters는 고집불통이라는 비난을 듣고 있다. 2003년 11월 그를 조롱하기 위해 '올해의 훼방꾼' 상이 수여되었다. '올해의 훼방꾼' 상과 '올해의 개혁가' 상을 제정한 곳은 신사회적 시장경제와 보수 성향 일간지 《프랑크푸르터 알게마이네 차이퉁Frankfurter Allgemeine Zeitung, FAZ》의 일요판인 《프랑크푸르터 알게마이네 존탁스차이퉁Frankfurter Allgemeine Sonntagszeitung, FAS》이다. 독자들은 두 명씩 미리 정해진 개혁가와 훼방꾼 후보를 놓고 표를 던진다. 독자 투표는 50퍼센트가 반영되며 나머지 50퍼센트는 신사회적 시장경제의 대표들로 이루어진 심사위원단 투표로 결정된다. 이런 식으로 신사회적 시장경제가 결부되어 있다는 사실을 독자들은 몰랐다. 위르겐 페터스가 훼방꾼 상을 받는 동안, 신사회적 시장경제 대표 파울 키르히호프Paul Kirchhof는 감세 제안 덕에 개혁가로 선정되었다. 2004년에 두 번째 '선거'가 실시되었다. 《프랑크푸르터 알게마이네 존탁스차이퉁》은 지난번 선거에서 비난을 받은 탓에 이번에는 신사회적 시장경제가 고용주 협회에서 자금을 후원받는다는 사실을 독자에게 밝혔다. 하지만 신사회적 시장경제가 심사위원단과 연계되어 있다는 사실은 이번에도 언급하지 않았다.

이러한 협력 관계는 '개혁운동' 단체들이 여론을 제한하려 한다는 사실을 보여주는 좋은 예다. 독자들은 투표권을 가졌지만 미리 정해진 후보에게 표를 던질 수 있을 뿐이다. 이 선택 과정에는 주요한 정치적 선언이 들어 있다. 개혁가 후보가 될 수 있는 인물은 시장 자유 정책을 옹호하는 사람뿐이며, 사회정의나 국가 규제를 주장하는 사람은 '훼방꾼'이 된다. 이런 방식은 비판적인 목소리를 잠재우는 한편 제한된 다양성을 허용한다. 어떤 주제에 대해 명사들에게 의견 표명을 요구하는 광고, 예를 들면 '사회적'이라는 말의 의미를 묻는 광고에서도 비슷한 전략을 발견할 수 있다. 신사회적 시장경제 후원자와 대표들의 의견이 뒤섞인 광고 캠페인은 열린 토론처럼 보이지만, 의견의 범위가 매우 제한적이며 압력단체의 입장으로 기울어 있다.

미디어 공세

'개혁운동'은 미디어를 전문적인 방식으로 이용하려 한다. 출판물, 웹사이트, 소식지, 광고 캠페인, 텔레비전뿐만 아니라 미디어를 대상으로 하는 행사와 행동 등을 이용하는 것이다. 어떤 경우에는 풀뿌리 운동가들이 즐겨 쓰는 저항 방식을 이용하기도 한다. 이들은 언론과 폭넓고도 직접적인 협력 관계를 조성하는데, 이 방면의 선구자가 바로 신사회적 시장경제다. 이 단체는 유수의 신문, 잡지, 텔레비전 방송사와 손잡고 온갖 순위, 설문조사, 연구 따위를 발표했다.

신사회적 시장경제의 배경을 설명하는 경우는 드물며, 많은 미디어가 이 단체를 '시민, 기업, 협회의 초당파적 개혁운동'으로 허위 선전했다. 또한 신사회적 시장경제를 전혀 언급하지 않을 때도 있다. 뉴스 방송사 n-tv가 새로운 노동 조건을 다룬 시리즈 프로그램을 제작하면서 신사회적 시장경제의 역할을 얘기하지 않은 것처럼 말이다.[18] 2005년 9월 신사회적 시장경제가 2002년에 〈마리엔호프 Marienhof〉라는 인기 드라마를 사들였다는 사실이 탄로 났다. 이 드라마는 공영방송인 ARD를 통해 전파를 탔지만, 제작은 별도의 프로그램 제작 업체에 외주를 주었다. 신사회적 시장경제는 드라마 줄거리와 대사에 자신들의 메시지를 직접 집어넣는 대가로 약 5만 8000유로를 지불했다.

이들은 임시 고용을 장려하고, 학교와 교과 과정에 기업이 더 긴밀하게 개입하며, 세금 정책과 공공 지출을 비난하는 따위의 메시지를 전파했다. 신사회적 시장경제는 텔레비전 프로그램에 이런 메시지와 주제를 몰래 집어넣는 전략에 유감을 표했지만,[19] 시청자에게 기초적인 경제 교육을 제공하겠다는 목표에는 변함이 없다. 자세히 살펴보면 이런 메시지가 다른 주요 발간물과 행사를 대상으로 하는 폭넓은 대중 홍보 캠페인의 일환이었다는 사실을 알 수 있다.[20] 신사회적 시장경제는 사설 지면을 얻는 대가로 광고를 사주었다는 사실을 털어놓기도 했다.[21]

신사회적 시장경제의 홍보 전략이 지닌 또 다른 특징은 언뜻 보기에는 비정치적인 것처럼 보이지만 자조, 경쟁, 근면을 강조하는 이야기를 만들어낸다는 것이다. 자영업이나 신생 기업을 다룬 이야기를 신사회적 시장경제를 대신해 텔레비전 프로그램 제작 업체 두 곳에서 제작한 다음, 텔레비전 방송사에 제공했다. 방송사가 흥미를 느끼면 실제 프로그램 제작을 위한 비용을 지불한다. 신사회적 시장경제는 이런 이야기를 조사하고 홍보하면서 자기 견해를 내세울 기회를 얻을 수 있다. 상임이사 디터 라스는 이런 유형의 메시지 전달 방식이 성공적이라고 자평했다.[22]

전략적 언어 표현

신사회적 시장경제와 같은 단체의 캠페인에서는 미디어를 상대하면서 전략적으로 특정한 용어를 내세운다. 주문을 외듯 '자조'나 '경쟁' 같은 단어를 끊임없이 되뇌는 것이다. '사회적 시장경제'나 '경제 기적' 같은 용어를 쓸 때는 사회적 신화에 기대기도 한다. '기회 균등' 따위의 용어가 중요한 이유는 온갖 의미로 해석될 수 있으며 다양한 사회 집단과 담론에 붙을 수 있기 때문이다. 신사회적 시장경제가 내거는 구호는 '모두를 위한 기회'이지만, '기회 균등'이 무슨 뜻인지는 제대로 설명하지 않는다. 기회 균등에 필요한 조건은 무엇인가? 부와 문화 자본의 분배는 개인의 기회에 얼마나 영향을 미치는가? 이런 질문은 이들의 관심사가 아니다. '기회 균등'은 물질적 평등을 대체하는 의미로 쓰이며, 이를 통해 소득과 부의 불균등한 분배가 정당화된다.

또한 신사회적 시장경제는 좌파의 핵심 용어, 특히 '사회적'이란 말을 새롭게 정의하려 한다. 신사회적 시장경제의 목표는 부의 재분배라는 측면에서 사회정의에 대한 대중적 지지를 낮추는 것이다. 신사회적 시장경제는 광고 캠페인, 카툰 공모전, 간행물 등에서 '사회적'이란 단어를 재해석하려 애쓴다. 예를 들어 "일자리를 창출하는 것은 사회적이다"라거나 복지제도를 빗대어 "다른 사람에게 의존하지 않는 것은 사회적이다"와 같은 표현을 쓰는 것이다.[23] 이런 개념을 쓴다면 기업에 유리한 조건을 만드는 것도 일자리를 창출하니 사회적이 된다. 또 복지를 축소하는 것도 사회적일 것이다. '사회적'이라는 용어를 이렇게 왜곡하는 행위는 사회민주당과 보수 정당 내 일부 세력이 오래전부터 추진해 온 것이다. 2005년 선거 당시 보수 진영에서 이런 경향이 두드러졌다.

일상생활과의 연계

신자유주의 홍보 무기는 미디어와 용어 재정의 말고도 또 있다. 새 캠페인은 자신의 활동을 사람들, 특히 젊은이의 일상생활과 연결하려 한다. 신사회적 시장경제는 학교용 특별 웹사이트를 운영하는데, 이곳에서는 경제와 사회 문제에 대한 학습 자료를 제공한다. 또한 젊은이를 상대로 한 다른 웹사이트도 있다(www.wassollwerden.de). 이 웹사이트는 직업 선택, 자격 요건, 입사 지원, 면접 등에 대한 정보와 조언을 제공한다. 이것은 중립적인 서비스처럼 보이지만 젊은이에게 경쟁, 노력, 자조에 바탕을 둔 생활 방식을 내면화하라고 부추긴다. 신사회적 시장경제가 독일 음악 방송 MTV, 민간 라디오 방송, 라이프스타일 잡지와 벌이는 공동 캠페인에서도 이런 목표를 찾아볼 수 있다. 2004년 여름 캠페인은 견습생 제도에 초점을 맞추었다. 캠페인의 첫 보도 자료는 의욕과 동기가 결여된 탓에 견습생 수가 줄어든다며 비난의 포문을 열었다. 그 결과, 독일 기업들이 헌신적이고 열성적인 견습생을 찾느라 애를 먹고 있다는 것이다.[24] 당시 독일에서는 견습생 자리가 부족한 것이 정치 문제가 되었으며, 기업들이 '무임승차'를 하고 있는지에 대한 논의가 분분했고, 일자리 창출을 지원하기 위해 기업들이 비용을 지불해야 한다는 의견이 제시되었다. 업계에서는 이 제안을 결사반대했는데, 신사회적 시장경제와 MTV의 공동 캠페인에서 구조적 문제가 청년 자신의 문제로 둔갑한 것이다. 캠페인에서는 청년들에게 더 열심히 일하고 능력을 닦으라고 조언했다.

정권을 바꾸지 못한 절반의 성공

지난 수년간 이런 캠페인은 독일의 정치적 분위기를 바꾸는 데 성공했고, 이들의 대변자와 대표는 끊임없이 미디어에 등장했다. 여론과 정치 영역의 변화가 전적으로 이런 캠페인의 탓이라는 말은 아니다. 시장경제재단 같은 싱크탱크, 업계 단체, 전문가도 각자의 임무를 다했다. 하지만 '개혁운동'이야말로 대중의 지지를 조직화하고 비판의 목소리를 덮어버리는 데 매우 중요한 역할을 했다. 이들은 여기에 만족하지 않고 자신의 임무가 아직 남았다고 생각하며, 지난 적녹 연정에서 단행한 시장 개혁은 시작에 불과하다고 여긴다.

이들은 2005년 총선에서 신보수-신자유주의 정부에 대한 호감을 분명히 드러냈다. 요즘 들어 금속·전자산업 고용주 협회는 보수 정당인 기독교민주당과 기독교사회당 Christlich Soziale Union, CSU의 최대 후원자 중 하나다. 이들은 슈뢰더 Gerhard Schröder 총리의 노동시장 '개혁' 시도에 대놓고 박수를 보내기도 했다. 선거전이 치열하게 벌어진 몇 주 동안 신사회적 시장경제는 경제지 《주간 경제 Wirtschaftswoche》와 함께 주요 정당의 선거 공약을 분석했다. 1위는 자유주의 정당인 자유민주당, 2위는 두 보수 정당이었다. 사회민주당과 녹색당은 한참 뒤처졌다.

신사회적 시장경제는 사회정의에 대한 일곱 가지 질문을 담은 전단을 발간하기도 했는데, 일곱 가지 질문 중 여섯 가지가 보수 정당들의 핵심 정책 제안을 옹호했다. 이에 화답이라도 하듯 보수 진영의 지도자 앙겔라 메르켈Angela Merkel은 선거 드림팀을 꾸리면서 신사회적 시장경제의 대표이자 급진적 세금 개혁 지지자인 파울 키르히호프를 세금·재정 정책 전문가로 영입했다.

신사회적 시장경제와 시장경제재단 등의 단체는 정권 교체를 준비하고 있었다. 선거 다음 날, 보수 성향의 신문《프랑크푸르터 알게마이네 차이퉁》은 새 정부가 취해야 할 다음 단계에 대한 시장경제재단의 정책 제안을 지면에 실었다. 여기에는 노동시장의 규제 완화, 연금제도와 보건제도의 점진적인 민영화, 장기적인 세금 개혁이 들어 있었다. 저녁이 되자 공영방송인 ARD도 복지제도 개혁에 대한 프로그램을 방영했다. 여기에 등장한 전문가 세 명은 모두 신사회적 시장경제의 대표였다.

신사회적 시장경제는 '우리가 결정해야 할 다음 단계Die nächsten Schritte entscheiden'라는 구호를 내건 광고 캠페인을 제작하기도 했다. 광고에서는 새 정부를 선택한 유권자의 요구가 뚜렷하다고 주장했으며, 정부가 더 많은 일자리와 성장을 창출해야 한다고 말했다. "시장자유주의적 개혁만이 우리를 선두에 돌려놓을 수 있다." 이 모두는 선거를 염두에 두고 계획된 것이 틀림없다. 이들의 의도는 정부의 변화, 특히 시장의 급진적인 개혁을 수용하도록 여론과 미디어를 움직이려는 것이었다.

그러나 유권자의 선택은 달랐다. 9월 18일 보수-신자유주의 연합은 다수당이 되지 못했으며, 뚜렷한 유권자의 요구도 찾아볼 수가 없었다. 2005년 선거 결과는 신자유주의 정책을 추진하려는 시도가 완전히 성공하지는 못했다는 사실을 보여준다. 독일 사회에는 사회적 안전망 축소에 대한 반감이 여전히 남아 있다. '복지제도는 더 이상 효과가 없다'거나 '시장자유주의적 개혁 말고는 대안이 없다'는 주장이 되풀이되어 대중이 사회 일부의 신자유주의 개혁을 받아들인다 하더라도 이는 대부분 진정한 확신에서 비롯한 것이 아니다. 아직도 많은 사람들은 사회정의의 가치를 중요시한다. 선거 기간에 사회민주당은 신자유주의 개념에 큰 영향을 받기는 했지만, 급진적인 시장자유주의 개혁에 대항하는 공격적인 입장을 취했다. 파울 키르히호프는 투표일 몇 주 전에 격렬한 공격을 받았다. 선거가 끝난 뒤, 정치인 상당수는 선거 결과에 비추어 더 강력한 사회 정책을 추진해야 한다고 주장했다. 하지만 '개혁운동'은 건재하며 계속해서 정치 논쟁에 영향을 미칠 것이다. 따라서 업계와 엘리트 중심 캠페인을 펼치는 이 새로운 단체가 독일 민주주의에 어떤 영향을 미치는가에 대해 치열하게 논의하는 한편, 투명하고 개방적인 대중 논쟁이 있어야 한다.

민주주의의 취약점

모든 이익집단은 캠페인을 비롯해 온갖 저항 방식을 이용할 수 있다. 신자유주의나 업계와 연관된 단체라고 해서 사회운동에서 교훈을 얻거나 전문 홍보 방식을 동원하지 말라는 법은 없다. 그러나 이들의 캠페인과 전략에는 커다란 문제가 있다.

첫째, 투명성이 부족하며 자금원이나 개인적 이익과의 연관성 등과 같은 진짜 배경을 숨기려 든다. 정보는 투명성과 민주주의에 필수적인 요소이므로 대중은 압력집단의 이해관계와 자금 내역을 알아야 한다. 이보다 훨씬 중요한 사실은 이런 집단이 보편적 이익을 추구한다는 명목 뒤에 자신의 이익을 숨기려 한다는 것이다.

둘째, 조작적 홍보 기법을 이용하고 미디어의 약점을 악용한다. '올해의 개혁가' 상이나 '올해의 훼방꾼' 상을 제정하는 것, 겉으로는 독립적인 전문가로 보이나 실은 압력집단의 대표나 후원자인 사람들을 끊임없이 미디어에 출연시키는 것, 출처를 밝히지 않고 뉴스를 제공하는 것 등은 우려를 자아내는 몇 가지 사례에 지나지 않는다.

미디어에서는 신자유주의 운동의 배경에 대해 사실상 전혀 보도한 적이 없다. 신사회적 시장경제에 대해 논란이 일기 시작한 것도 2004년 후반에 들어서였다. 비판적인 기사가 쏟아졌으며, 노조에서 설립한 재단이 정치학자에게 의뢰해 신사회적 시장경제를 연구한 결과를 발표한 뒤에야 이런 현상이 두드러졌다. 신사회적 시장경제는 스스로를 시민 기반 개혁운동이라고 주장하면서 대중을 호도하고 있으며, 여전히 미디어와 손잡고 연구 결과와 기사를 발표하고 있다. 일부 원로 정치인과 기업가가 이런 압력단체에 연루되어 있다는 사실은 거의 알려져 있지 않다. 미디어는 이들의 자료를 이용하고, 신사회적 시장경제와 연관되어 있다는 사실도 밝히지 않은 채

전문가를 인터뷰하며, 이들의 전략에 동조한다. 공영방송사 역시 마찬가지다.[25] 이들이 경제적·정치적 엘리트 집단과 연루되어 있으며 경영 전략을 통해 노동자와 노동조합에 경제적 영향력을 행사한다는 사실을 고려할 때, 이런 현상은 강자의 이익과 약자의 이익 사이에 존재하는 힘의 불균형을 더욱 악화시킨다. 그리고 사회적 약자 운동, 소비자 운동, 환경운동 따위를 조직화하기도 더 힘들어질 것이다. 이런 이익은 더 보편적이고 분산되어 있기 때문이다.

　독일 내의 정치적 결정권이 의회 밖의 전문가 위원회로 옮겨지면서 이 문제는 더욱 악화되고 있다. 베텔스만 재단 같은 싱크탱크나 컨설팅 회사 등의 민간 행위 주체는 의사결정에 점점 더 깊숙이 개입하고 있다. 이러한 정치적 맥락에서 민주적 논쟁과 절차는 폐쇄적 의사결정과 대중 선전으로 전락할 위험에 처해 있다. 위축된 민주주의, 사회운동, 비판 세력을 되살리려면 새로운 민주화를 옹호하고 사회적 보호제도를 강화하는 데 힘을 보태야 한다. 민주적 논쟁의 장을 여는 첫 단계는 신자유주의와 기업의 후원을 받는 캠페인의 배경과 방법 및 전략 변화를 밝히는 것이다.

3부

권력 브로커의 지하 세계

10

정치의 세계화
미국 '민주주의 지원' 프로그램의 정보 조작

제럴드 서스먼

> 우리는 전 세계 부의 50퍼센트를 차지하고 있지만 인구는 6.3퍼센트밖에 안 된다. 이런 상황에서는 시기와 분노를 사지 않을 도리가 없다. 앞으로 우리가 진짜 해야 할 일은 이 격차를 유지할 관계 패턴을 만들어내는 것이다.
> — 조지 F. 케넌George F. Kennan(미국 국무부 정책기획실장, 1948년)[1]

현대의 세계 정치에서 주목할 만한 변화는, 구소련을 비롯한 국가에서 전국 선거를 치르기 위한 조직을 만들 때 외국 기관, 컨설턴트, 민관 기구가 거침없이 개입한다는 사실이다. 이 국가들에서는 공산당 기구가 몰락했을 뿐만 아니라 지배 절차 또한 외국, 특히 미국의 정치 경영 제도에 종속되었다. CIA가 무모한 첩보 활동을 벌이던 시절이 지나고 외국의 선거를 통제하는 방법도 바뀌었지만, 제국주의적 지배라는 목표는 변함이 없다. 오늘날에는 CIA의 역할이 축소되고 민주주의를 위한 국가원조기금National Endowment for Democracy(이하 NED), 미국 국제개발청, 프리덤 하우스Freedom House, 조지 소로스의 '열린 사회Open Society'와 같은 민관 기구가 수행하는 더 개방적인 방법이 그 자리를 대신하고 있다. NED의 설립을 도운 인물인 앨런 와인스타인Allen Weinstein은 "NED가 현재 하고 있는 일 중 상당수는 25년 전에 CIA가 은밀히 수행하던 것들이다"라고 털어놓았다.[2]

정치적 세계화(경제적 세계화의 신자유주의적 귀결)가 세계 정치에서 매우 활발한 움직임을 보이고 있는 데 비해 그에 대한 논의는 그다지 이루어지지 않았다. 미국은 초국적 투자 자본에 국가 자산을 내주고 러시아를 고립시키거나 편입시키며 미국이 통제하는 유럽-아시아 석유 송유관을 안전하게 지킬 수 있는 주도적 국가를 구소련 국가들 중에서 세우고 싶어 한다. 미국의 '민주주의 지원' 기관과 국가 권력을 차지하기 위해 훈련하는 해당 국가 내 집단을 이끄는 필수적인 수단이 바로 선전과 정보 조작이다.

최근 미국의 컨설턴트, 외국 근무 인력, NED와 이곳에서 지원하는 기관, 기타 민관 기구는 동유럽 나라 중 러시아, 우크라이나, 조지아(2010년부터 국명이 그루지야에서 조지아로 바뀌었다-옮긴이), 유고슬라비아(세르비아)의 전국 선거에 개입했다. 여기에다 정치인과 정당에 미국의 자금이 흘러들고 백악관, 국무부, CIA가 후원하는 국가도 부지기수다. 1940년대 후반부터 1970년대 중반까지 CIA가 꾀한 호전적인 비밀공작과 비교하면, 이런 선거 개입은 상당수가 비교적 투명하다. 하지만 러시아, 독일, 캐나다 같은 여러 나라에서 아직도 외국의 정치적 자문이 논란을 일으키고 있으며, 언론에서는 이를 전혀 다루지 않는다. '민주주의 건설'이라는 이름으로 저질러지는 선거 개입은 미국이 지구적 정책 목표를 달성하는 데 필수적인 요소다. 이는 미국과 외국 정부의 연계를 강화하고 경제 동맹을 구축해 장기적인 국가·산업 계획에 기여한다. 이 장에서는 우선 최근의 정치 공작과 기관들의 신자유주의적 목표를 설명하기 위해 전후 초기 미국의 선거 개입을 간단하게 논의할 것이다. 그다음 '민주주의 지원'이라는 이데올로기적 구실을 동원해 초국적 기업 지배에 대한 민족주의적·사회주의적 저항을 분쇄하는 행위를 정당화하는 과정을 현재의 맥락에서 살펴본다. 특히 러시아와 그 주변국에 초점을 맞출 것이다. 선거 개입은 수십 개국에서 벌어지고 있지만 이 장에서는 미국의 이익에 특히 중요한 4개국, 즉 러시아, 유고슬라비아, 조지아, 우크라이나를 중점적으로 살펴볼 것이다. 마지막으로, 정부와 미디어가 외교 정책의 표현 방식을 조작해 세계 정치에 대한 대중의 이해를 좌우함으로써 '민주주의 지원'이라는 개념과 국가의 전반적인 선의에 정당성을 부여하는 과정을 고찰할 것이다.

전후 권력의 맥락

핵심적인 '정치적 현실주의자'이자 전후 초기의 자유주의적 반공산주의 정책을 입안한(하지만 냉전에 대한 관점은 온건파에 속한다) 조지 케넌은 1948년에 미국 정부에 이렇게 조언했다.

우리는 생활수준 향상, 인권, 민주화에 대한 이야기를 중단해야 한다. 벌거벗은 권력 개념을 다루어야 할 날이 머지않았다. 이데올로기적 구호에 발목이 잡히지 않을수록 더 바람직하다.³

더 공세적인 '밀어붙이기' 입장을 취하고 있는 강경 보수파는 루스벨트, 처칠, 스탈린의 얄타 회담이 배신행위라고 주장했다. 이들은 유럽의 공산당과 전 세계의 모든 사회주의를 뒤엎겠다는 생각이 확고했다. 미국 내 엘리트들은 한결같이 미국의 세계 지배 말고는 아무것도 받아들이지 않았다. 다른 점이라고는 어떤 수단을 쓰느냐 뿐이었다.

케넌이 간과한 것은 미국 헤게모니에 저항하는 정부를 뒤흔들면서 '이데올로기 구호'를 설파하는 복합 전략이었다. 따라서 2005년에 브라티슬라바에서 열린 정상회의에서 조지 부시가 블라디미르 푸틴에게 "법률의 지배, 언론 자유, 비판 허용, 소수자 보호"⁴에 신경을 써야 한다고 가르친 것은 도덕적 우위를 점하고 미국의 제국주의 정책을 정당화하려는 미국 대통령의 꼼수에 지나지 않았다. 부시 행정부가 공화당의 정치적 지배력을 굳건히 하기 위해 선거구 개편과 투표 부정에 개입하고, 부유층과 대기업의 세금을 깎아주기 위해 온갖 법률적 선례를 뒤집고, '애국자 법 Patriot Act'을 들고 나와 유서 깊은 수정헌법 제1조의 보호 조항들을 왜곡하고, 언론인에게 돈을 주면서 그들을 보수 입법과 대통령 기자회견을 위한 꼭두각시로 활용하고, 야당의 합법적인 의사방해議事妨害에 위협을 가하고, 중하류층 백인과 소수 인종을 보호하는 공공 부문 개혁과 복지 개혁을 감축했다는 사실을 눈치챈 사람은 부시의 열성적인 부하들 말고는 사실상 아무도 없었다. 칼 로브가 이끄는 부시의 '스핀 닥터' 팀은 민주주의의 미덕으로 일컫는 부의 이전을 장려하는 임무를 맡았다.

집요한 정치적 설득과 선전은 독재 정권에서 주로 이용된다. 이들은 '위대한 지도자' 이미지와 공식 이데올로기를 만들어내고 이를 발전시키며 대중을 복종시키는 전문가들을 동원한다. 이를 극명하게 보여주는 것이 나치, 스탈린주의, 파시즘이다. 하지만 에드워드 허먼Edward Herman과 노엄 촘스키Noam Chomsky가 주장하듯, 조직화된 정치적 설득을 가장 필요로 하는 동시에 가장 뛰어나게 하는 쪽은 바로 자본주의적 '민주주의'다.[5] 우드로 윌슨Woodrow Wilson의 공공정보위원회Committee on Public Information('크릴 위원회Creel Commission'라고도 한다)는 여론을 과학적으로 관리함으로써 미국인이 고립주의적 태도를 버리고 제1차 세계대전 참전을 지지하도록 유도했다. 위원회의 홍보전문가로는 평생 동안 미국 악덕 기업robber baron을 위해 일했으며 급사하기 직전에는 독일 나치당의 산업적 이익을 대변했던 아이비 리와 '홍보의 아버지'이며 미국 재벌 기업과 CIA의 선전 활동을 관리했고 "윌슨이 민주주의를 위해 세계를 구했다"라는 표현을 만들어낸 에드워드 버네이스가 있었다.[6] 공공정보위원회는 당대 "가장 비싼 홍보 캠페인"이라는 평을 들었다.[7]

제2차 세계대전이 끝나고 미국과 유럽에서는 정부 측 미디어와 CIA가 여론 관리(미국 전략사무국Office of Strategic Services, OSS과 전시정보국Office of War Information, OWI의 전시 선전 활동은 여론을 심각하게 왜곡했다)에 행사하는 영향력을 늘려갔다. 미국은 '민주주의 지원'이라는 공식 명칭을 내세우기는 했지만, 실제로는 냉전 시대의 신화에 기댄 채 여러 나라의 억압적 독재 정권을 지지하고 묵인하며 후원했다. 지식인들은 이를 '정치적 현실주의'로 합리화했다. 유럽에서는 CIA, 미국 언론, 국내 반공산주의자, '전향한' 나치와 파시스트들이 합세하여 사회주의나 공산주의 정당이 정치권력을 잡지 못하도록 가로막았다.

미국이 현재 다른 나라의 정치 문제에 개입하는 통로는 수많은 정부·비정부기구다. 이들은 국제정치 컨설턴트와 첩보원이 활동할 수 있는 환경을 조성해 준다. 그러나 유서 깊은 국제법 원칙은 "국민이 외국 세력의 개입 없이 자국 문제를 해결할 권리"를 보장하며[8] 이는 유엔 헌장에도 명시되어 있다. 예를 들어 미주 기구Organization of American States, OAS는 "어떠한 국가나 단체도 어떠한 이유에서든 다른 국가의 내부적·외부적 문제에 직간접적으로 개입한 권한이 없다"라고 선언했다.[9] 이런 제한을 비웃기라도 하듯 강대국들은 타국의 정치 주권에 빈번히 개입했다. 미국은 돈이나 여타의 수단을 동원해 외국의 선거 결과를 조작할 수 있는 특권을 당연하다는 듯이 주장했다. 하지만 클린턴 행정부가 중국 정부에서 재선 캠페인 자금을 받아들였다는 이유로 공격을 당하자, 민주당 전국위원회는 비난에 직면했으며 아시아계 미국인 두 명이 후원한 불법적이거나 부적합한 기부금 280만 달러를 내놓아야 했다.[10] 이 같은 자금, 특히 외국 공산당이 지원하는 돈은 미국의 정치 체제를 전복하려는 시도로 간주된다. 하지만 미국의 국가전략가들은 외국의 공산당과 좌파 정당을 파괴하는 행위가 정당하다고 우긴다. 미국은 자국의 힘을 앞세우는 한편 외교 정책 활동에서 '자주'라는 원칙을 존중한다는 도덕적 우위를 무기 삼아 숱한 반민주 정권을 세우거나 보호했다.[11]

소련이 무너진 후 미국은 옛 사회주의 지역인 동유럽, 중앙아시아, 러시아까지 영향력을 확대할 기회를 맞았다. 1990년대 미국의 정치 컨설턴트들은 이런 국가에서 자유시장의 금맥을 찾는 행렬을 뒤따랐다. 이들은 '민주주의 건설' 시도에 참여했으며 미국식 선거공학을 도입하려 애썼다. 미국 국제개발청은 '초당파적 정치 전문성'을 전 세계에 퍼뜨리기 위해 1991년 여러 개발도상국에 원조와 차관을 확대할 때 '민주주의 추진democracy initiative'이라는 조건을 내걸었는데, 이는 2년 전 유럽연합에서 채택한 방식과 비슷하다.[12] '민주주의 추진'에 연관된 워싱턴의 국제선거제도재단International Foundation for Election Systems, IFES은 이렇게 주장했다. "1989년 냉전이 종식되면서, 민주주의와 지배 구조 면에서 기술적이며 초당파적인 전문성을 원하는 엄청난 요구에 대응할 기회가 창출되었다." 국제선거제도재단은 35개국에 지부가 있으며 1500명의 컨설턴트 군단을 거느리고 있다고 주장한다.[13] 여기에는 빌 클린턴에게 1992년 대선 캠페인의 방향을 제시한 스탠리 그린버그Stanley Greenberg 같은 쟁쟁한 컨설턴트가 포함되어 있다. 국제선거제도재단의 컨설턴트는 민주주의 지원 활동을 핑계로 외국의 정치 입후보자와 계약을 맺기도 한다.[14] 국제정치 컨설턴트 협회International Association of Political

Consultants를 창립한 조지프 나폴리탄Joseph Napolitan을 비롯해 미국의 이름난 캠페인 전문가 여러 명이 국제선거제도재단 이사회에 참여하고 있다.

'민주주의 지원'과 NED

80여 개국의 민주주의 프로그램에 자금을 지원하는 NED는 의회에서 후원하는 준민간 기구다. 1983년에 레이건 행정부가 설립한 이 기구의 목적은 "해당국의 토착 민주 세력과 협력하여 적절한 조치를 취함으로써 …… 민주적 선거 절차를 강화하기" 위해 돈, 설비, 정치 컨설턴트, 기타 전문가를 다른 나라에 투입하는 것이다.[15] NED의 존재 이유는 대중적 선거 민주주의로 이행하는 나라에 선거를 장려하고 선거가 이미 제도화된 나라에서는 다른 활동을 지원하는 것이다. NED는 "정치 집단, 민간 기구, 노동조합, 반정부운동, 학생 단체, 출판사, 신문, 기타 미디어를 선택할 수 있도록 자금, 기술, 필요 물품, 교육 프로그램, 미디어 대응 방법, 홍보, 최신 장비를 지원하는 토털 서비스 기반 구축 정보 센터"로 포장되었다. 아이러니하게도 '비정부기구'를 자처하는 이들의 최우선 목표는 "진보운동, 특히 사회주의나 민주적 사회주의를 지향하는 운동을 무력화하는 것"이었다.[16]

좌파와 우파를 막론하고 정부 안팎에서 이들을 비난하는 수많은 사람들은 NED가 초당파라는 허울을 쓰고는 있지만 실제로는 개입주의적이자 반공산주의적인 냉전의 유물이라고 생각한다. 공화당 전 의원이자 NED 이사장인 빈 웨버Vin Weber는 컨설팅 회사 수석 임원이다. NED에서 밝힌 개인 이력에 따르면, 이 회사는 "연방 정부의 법적·행정적 지부 이전의 문제와 이에 대한 정부 절차에 관심이 있는 기관에 전략적 조언을 제공한다". 웨버는 전직 공화당 정치인이자 정부 관리였던 잭 켐프Jack Kemp, 윌리엄 베넷William Bennett, 그리고 2006년에 사망한 진 커크패트릭Jeane Kirkpatrick과 동업하기도 했다. 한때 사회민주주의자였으나 이후에 보수주의자가 된 NED 회장 칼 거슈먼Carl Gershman은 NED가 후원하는 국제공화주의연구소International Republican Institute, IRI의 이사이기도 했던 진 커크패트릭의 수석 자문을 맡았다. 이는 레이건 정부 시절 커크패트릭이 유엔 주재 미국 대사를 지낼 때의 일이다.[17] 수년 동안 의회에서는 여러 차례 이 기관을 해체하려고 시도했으며, 얼마 전에는 텍사스 출신의 자유주의자 의원인 론 폴Ron Paul이 이를 기도했다. 그는 NED가 "미국 시민이 낸 세금으로 외국 정치인과 정당을 후원하는 값비싼 프로그램에 지나지 않는다"고 말했다.[18] NED는 현재 민주당과 공화당 의원 대다수와 친밀한 관계를 유지하고 있다.

    NED가 후원하는 주요 기관 네 곳은 민주당의 전국민주주의연구소National Democratic Institute, NDI, 공화당의 국제공화주의연구소, 상공회의소의 국제민간기업센터Center for International Private Enterprise, CIPE, 미국 노동 총연맹 산업별 조합회의AFL-CIO의 미국국제노동연대센터American Center for International Labor Solidarity다. NED 설립의 배후 인물 중 하나이자 민주당 플로리다 주 의원으로 하원 외교위원회 위원장을 역임한 단테 파셀Dante Fascell은 이런 구도가 각 집단에게 한몫씩 떼어주기 위한 것이라고 말했다. "그들은 한몫씩 챙겼다. 민주당과 공화당, 상공회의소, 그리고 노동계까지 말이다."[19]

NED는 과거의 독재국가에 민주주의 제도를 심는 CIA의 대체 수단으로 간주되었다. 그런데 CIA와 달리, NED의 폭넓은 외국 활동은 정치전략가에게 기회를 제공했다. 이들은 숨어 살면서 신원을 숨길 필요가 없으며, NED가 제국주의적 목적을 숨기면서 겉보기에 투명한 이미지를 유지한 덕에 CIA보다 훨씬 효과적인 국가 정책 기구가 될 수 있었다.[20] 이것이 바로 부드러운 제국주의다.

독재에서 벗어난 나라의 국민은 대부분 투명한 다당제 정치 구조를 두 손 들어 환영한다. 하지만 국내 정치제도를 외국이 지원하는 것에 대한 의혹이 널리 퍼져 있는 것 또한 사실이다. NED가 1988년 칠레 선거에 자금을 지원하여 발톱 빠진 호랑이인 피노체트Augusto Pinochet 장군을 권좌에서 끌어내리는 데 기여했는데도, 이를 통해 덕을 본 야당들은 미국의 개입에 분노를 표출했다.[21] 이런 의심에는 그럴 만한 이유가 있다. 상공회의소의 국제민간기업센터와 미국 노동총연맹 산업별 조합회의 기구의 정치적 입장이 중도 우파라는 사실은 분명하다. 전국민주주의연구소도 그렇지만, 특히 국제공화주의연구소 소속 기관들의 배경과 연계망(64개 기업과 재단이 '후원 기관'으로 등록되어 있다)을 살펴보면 정치와 자본이 복잡하게 얽혀 있다는 사실을 알 수 있다. 후원 기관에는 미국기업연구소를 비롯하여 에너지, 자동차, 미디어, 국방 분야의 포춘 500대 기업이 포진하고 있다.[22] 셰브런 텍사코, 엑손 모빌, 엔론 같은 기업은 전국민주주의연구소와 국제공화주의연구소를 둘 다 후원한다. 이들은 얼마 안 되는 후원금으로 다른 나라들, 특히 NED의 주요 대상국인 베네수엘라, 이라크, 기타 중동 국가까지 크나큰 영향력을 행사하고 있다. NED가 특별히 유용한 수단이 될 수 있는 것은 NED 기구들이 연방의 자금을 지원받으면서도 의회에 활동 보고를 하지 않기 때문이다.

국제공화주의연구소는 자신들의 사명을 밝히는 문서에서 국제공화주의연구소의 프로그램이 "초당파적이며, 미국의 근본 원칙인 개인의 자유, 기회 균등, 경제 발전을 촉진하는 기업가 정신을 분명히 고수한다"고 주장한다.[23] 하지만 보수적 지도자 존 매케인 John McCain 이 이끄는 국제공화주의연구소는 '미국의 원칙'을 따른다면서도 좌파 기관을 받아들이는 '초당파성'은 보여주지 않는다.[24] 국제공화주의연구소의 세계관에서 자유는 '기업 자유'를 뜻하며, 경제 개방 정책에 저항하는 이들에게는 비민주적이라는 낙인이 찍힌다. 국제공화주의연구소는 전국민주주의연구소보다 한술 더 떠서 자금 후원 프로그램을 운용할 때 이데올로기 잣대를 들이댄다.[25] 하지만 두 기관 모두 개발 업무에 숙련된 사람보다는 "대통령 선거 캠페인이나 의회와 로비 업무에 종사했거나 최고위층 당 간부들과 친밀한 관계가 있는 사람"을 주로 고용한다.[26]

미국 구조대: 러시아의 교두보

1990년대에 소련이 붕괴되자 미국 선거운동 업계는 국경을 넘어 활동하기 시작했다. 이를 떠받친 것은 '자유'라는 명목 아래 신자유주의 경제 정복의 교두보를 확립하기 위한 국가의 자금과 정책 지원이었다. 선거운동 업계에서 러시아는 굴러든 복덩이였다. 1993년 텔레비전 정치 광고를 제작하기 위해 처음으로 미국인 컨설턴트가 모스크바에 들어갔다. 1996년 러시아 대선 때는 자본주의와 보리스 옐친 Boris Yeltsin 의 편에서 공산당 KPRF 맞수인 겐나디 주가노프 Gennadiy Zhuganov 를 물리치기 위해 정치 공작을 벌였다. 선거 캠페인이 시작되기 직전, 미국은 옐친에게 140억 달러라는 거액을 빌려주었다. 독일의 헬무트 콜 Helmut Kohl 총리도 27억 달러를 내놓았다. 대부분 아무런 조건도 달지 않았기 때문에 대규모 '매표 행위'에 동원할 수 있었다. 프랑스의 알랭 쥐페 Alain Juppé 총리는 3억 9200만 달러를 보냈는데, 이 돈은 모두 "러시아 국가 금고로 들어갔다". 국제통화기금 International Monetary Fund (이하 IMF) 총재 미셸 캉드쉬 Michel Camdessus 는 옐친의 민영화 계획을 지원하는 것이 '도덕적 의무'라며 자신의 기관을 동원했다. IMF 자금은 대부분 국고로 들어가 임의로 지출되었으나, 공산당이 선거에서 승리한다면 재정 지원이 중단될 것이라는 경고가 뒤따랐다.[27] "결국 공산당의 가가호호 방문 캠페인은 대규모 조사와 풍부한 자금을 기반으로 미디어를 석권한 옐친 진영의 현대적 캠페인에 무릎을 꿇었다."[28]

옐친 캠프에서는 미국인 컨설턴트 조지 고턴George Gorton, 조 슈메이트Joe Shumate, 리처드 드레스너Richard Dresner가 은밀히 활동했다. 이들은 피트 윌슨Pete Wilson의 캘리포니아 주지사 선거 때도 함께 일했다.29 옐친의 여론 지지율이 바닥을 길 때 이 삼인방은 미국식 대규모 선전을 통해 옐친의 인기를 올려달라는 부탁을 받았다. 이 작업에는 미국인 홍보전문가 스티븐 무어Steven Moore와 러시아 텔레비전 광고 제작 업체인 비디오 인터내셔널Video International이 참여했다. 드레스너는 딕 모리스Dick Morris의 사업 파트너였으며 빌 클린턴의 주지사 선거 캠페인 컨설턴트를 맡기도 했다. 모리스는 클린턴의 핵심 정치 자문이었으며(그 전에는 보수적인 남부 출신 상원의원 트렌트 롯Trent Lott과 제시 헬름스Jesse Helms를 위해 일했다) 미국 대통령과 옐친 진영에 있는 자기 동료들 사이에서 연락책으로 활동했다. 이 컨설턴트들은 서로 밀접히 얽혀 있으면서도 러시아 선거 캠페인과 백악관 사이에 아무런 관계도 없었다고 주장했다.30

비디오 인터내셔널 직원들은 초국적 광고 회사 WPP의 자회사인 미국 광고 회사 오길비 앤드 매더에서 선거에 대비한 교육을 받았다. 캠페인 전략은 스탈린의 잔인함을 기록한 필름을 써먹는 등 갖가지 반공산주의 전술을 동원하여 공산당과 주가노프를 공격하는 것이었다. 소련이 무너진 지 몇 년도 지나지 않아 러시아 정치는 180도 변신했다. 비디오 인터내셔널과 인터뷰를 진행한 어느 교수의 말에 따르면, 이 회사 제작자들은 주가노프가 정치 마케팅의 중요성을 이해하지 못한다며 그를 조롱했다.31 이것은 러시아인의 사고방식이 훌륭하게 적응했다는 사실을 보여준다.

비디오 인터내셔널의 사장은 전직 KGB 요원인 미하일 마골레프Mikhail Margolev였는데, 그는 5년 동안 미국 광고 대행사에서 일했고 푸틴의 홍보팀에 합류하여 2000년 선거 캠페인을 치렀다. 그때 이후로 그는 러시아 상원인 연방회의의 의원이 되었다. 그를 비롯해 푸틴의 가까운 조언자들은 "미국 선거 캠페인의 전략과 기법에 대한 직접적인 통찰"을 얻었다.[32] 이들은 그런 교육이 푸틴의 원대한 정치적 야망을 실현하는 데 도움이 되리라 생각하는 듯했다. 비디오 인터내셔널의 또 다른 임원 미하일 레신Mikhail Lesin은 푸틴의 언론 장관이 되었는데, 그는 러시아 내에서 푸틴 정권에 비판적인 미디어를 공격하는 것으로 악명이 높다.[33] 이는 푸틴 정권이 점점 독재적 통치 스타일로 바뀌고 있다는 사실을 보여준다.

미국의 캠페인 컨설턴트들은 옐친의 딸이자 캠페인 운영 담당관인 타티아나 디아첸코Tatyana Dyachenko와 긴밀히 협력했고, 러시아 측에 미국의 정보 조작 기법을 전수했다.[34] 발표된 뉴스 보도에 따르면, "이들은 반공산주의의 핵심적인 선거 캠페인 메시지"를 가지고 "기관을 대상으로 하는 캠페인, 여론조사와 포커스 집단의 전략적·전술적 활용을 조언했다". 버슨 마스텔러를 비롯한 미국 홍보 회사들이 이 역할에 동참했다.[35] 이들은 옐친에게 독재적인 통제력을 행사하고 국영 텔레비전 방송국을 "자기 뜻대로 주무르라"고 강권했다. 컨설턴트들은 옐친을 패배의 위기에서 구해내 러시아가 다시 냉전으로 돌아가지 않도록 막았다고 떠벌렸지만, 러시아인에게 두려움을 심어주는 광고 전략을 통해 갖가지 조작 기법을 써먹었다는 사실을 인정했다.[36] 이런 스타일은 공화당 정치전략가들이 숱하게 예행연습을 한 것이다. 이 선거를 다룬 《타임》의 보도는 "양키 구조대가 러시아를 공산주의에서 구하다"라는 뻔뻔스러운 제목을 달았다(케이블 방송사인 쇼타임Showtime은 이 사건에서 영감을 얻어 영화 〈보리스를 선전하라Spinning Boris〉를 제작했다).[37]

대부분 옐친이 통제하는 국영 텔레비전과 라디오[38]를 통해 전파를 탄 컨설턴트들의 정치 광고는 주가노프가 승리하면 계획경제와 공포의 시대가 다시 돌아오리라는 메시지를 끊임없이 늘어놓았다.[39] 미국인 컨설턴트들은 젊은 유권자를 사로잡을 '개성적' 스타일을 연출하기 위해 옐친에게 록 콘서트에 참석하여 무대 위에서 몸을 흔들라고 말했다. 옐친의 러시아 측 자문단 중 일부는 이런 곡예를 받아들이지 않았다.[40] 선거 캠페인 구호에는 통제 불능의 경제, 옐친의 건강 이상과 알코올 중독, 광범위한 억압 정책 등이 쏙 빠졌다. 물론 클린턴 행정부도 이런 것들을 무시하기는 마찬가지였다. 옐친은 독재자 성향이 있었고, 헌법에서 보장하는 자유를 무시했으며, 돈세탁 추문에 자주 연루되었고, 체첸을 무자비하게 공격했다. 그런데도 주요 시장경제의 지도자들은 그를 무조건 승인했다. 시장 개방이 민주주의의 유일한 척도인 양 말이다.[41] 《타임》 통신원은 순전히 마키아벨리적인 논리로 미국의 개입을 정당화했다. "민주주의가 승리를 거두면서 미국인에게 아주 친숙한 속임수와 사기를 비롯한 현대 선거 캠페인의 수단이 도입되었다. 이런 도구가 항상 바람직한 것은 아니지만 이를 통해 러시아에서 거둔 결과는 분명 바람직하다."⁴² 러시아인 또한 마키아벨리적 정치 책략의 어두운 기법을 배웠다. 모스크바는 정치 조작과 왜곡 분야의 저명한 이론가 이름을 딴 정치 컨설팅 센터 '니콜로 M Niccolo M'을 운영하고 있다. 2002년이 되자 니콜로 M(이 기관의 설립자들은 전국민주주의연구소와 국제공화주의연구소가 주최하고 NED가 자금을 댄 세미나에서 교육을 받았다⁴³)은 여러 신흥 정치 컨설팅 그룹이 진행하는 러시아의 새로운 선거운동 사업에 뛰어들었다. 이들의 역할은 선거 캠페인 전략을 짜고 선거 업계와 크렘린 관료를 연결하는 것이다. 니콜로 M 직원들은 멘토에게 배운 모든 방법, 즉 후보자 마케팅, 여론조사, 포커스 집단, 홍보 우편, 녹음된 전화 음성, 대중 매체의 대규모 활용, 비난 광고, 정보 조작을 이용했다. 공산당 역시 1996년 선거에서 패배한 이후 서구의 선거 캠페인 매뉴얼을 연구하고 같은 전술을 채택했다.⁴⁴ 러시아 업계 단체들은 정책 결정을 더 효과적으로 통제하기 위해서는 후보자가 아니라 컨설턴트에게 직접 자금을 제공해야 한다는 사실을 배웠다.⁴⁵ 이것은 미국의 소프트 머니 선거 자금 모금에 해당한다.

민주당의 전국민주주의연구소가 내놓은 연구에서는 자신들이 소개한 미국식 선거 공학 기법이 러시아 사회를 변화시켰다며 후한 평가를 내렸다. 이 연구는 미국의 영향을 받은 러시아 정당들이 다음과 같이 바뀌었다고 설명했다.

> 유권자와 의사소통을 할 때는 인구학적·지리적 정보를 토대로 한다. …… 포커스 집단과 여론조사 …… 소규모 면담, 민간단체와의 연대,

가가호호 방문, 녹음된 전화 음성, 길거리 전단 살포 등을 통해 유권자 여론을 조사한다. 뉴스를 생산하고 사건에 대응하는 좀 더 정교한 언론 활동을 조직한다. …… 이런 변화 중 상당수는 전국민주주의연구소의 교육 덕분이다.[46]

미국이 전국민주주의연구소에서 주장한 것만큼 러시아 정치에 영향을 미쳤다면, 푸틴이 부상한 것은 미국 선거 캠페인 활동이 민주주의 제도화와 별로 관계가 없다는 것을 암시한다.

미국이 러시아에 제공한 '민주주의 지원'은 이 나라를 시장 개방 경제로 전환하는 동시에 선거로 선출된 안정적이고 믿을 수 있는 친자본주의, 친미 지도자 손에 맡기려는 거대 프로그램의 일환이었다. 이런 지도자의 반민주 이력이나 성향은 상관없었다. 1990년 초 하버드 대학 국제개발연구소 Harvard University's Institute for International Development, HIID (이 기관은 미국 국제개발청 자금과 G7 국가 국민들의 세금, 유상 원조, 기타 서구의 자금 수억 달러를 지키는 문지기 노릇을 했다)는 제프리 삭스 Jeffrey Sachs 가 이끄는 경제적 '충격 요법' 팀을 파견했다. 국제개발연구소는 러시아에 민영화 프로그램을 판매하는 절차를 지원하는 대형 국제 회계법인 여섯 곳과 초국적 홍보 회사 버슨마스텔러에 미국 국제개발청의 지원금 3억 달러가 흘러 들어가도록 조율하는 데도 영향을 미쳤다.[47] 국제개발연구소는 옐친의 초대 부총리이자 재무 장관 겸 비서실장인 아나톨리 추바이스 Anatoly Chubais 와 긴밀히 협력하면서 국영 대기업을 민간에 넘기는 작업을 도왔고, 이를 위해 "크렘린 당국의 명령 중 상당수를 초안하기도 했다".[48]

우크라이나를 비롯한 '이행기 민주주의'를 구원하다

NED, 그리고 특히 공화당의 국제공화주의연구소는 러시아 이외의 구소련 국가들에도 자금을 쏟아부었다.[49] 1990년 당시, 미국의 정치 컨설턴트들은 공산당 치하에 있던 국가의 선거 캠페인 담당자들을 훈련했는데, 여기에는 폴란드, 체코슬로바키아, 헝가리 같은 '이행기 민주주의' 국가들도 포함되었다. 폴란드 공산 정권이 무너지기 전인 1980년대에도 NED는 레흐 바웬사Lech Walesa의 연대 노조운동에 500만 달러를 제공했다.[50] 공교롭게도 같은 시기에 레이건 정부는 미국 내 노동조합을 무자비하게 짓밟고 있었다. 그해 체코슬로바키아에서는 국내 정당 지도자들이 NED에 비난을 퍼부었는데, 바츨라프 하벨Václav Havel과 연계된 정당 두 곳에만 자금을 지원하면서 정권을 얻기 위해 경쟁하는 나머지 21곳은 무시했다는 것이다. NED는 정치 개입을 부인했지만, 미국 정부의 예산 자료에 따르면 NED가 두 체코슬로바키아 정당 중 하나인 시민 포럼에 자금을 제공한 것은 틀림없이 "6월 8일 선거에 대비하고 이들의 위치를 체코슬로바키아의 주도적 민주화 운동으로 다지기" 위해서였다. 독일, 영국, 캐나다를 비롯한 외국의 정치 단체들도 체코슬로바키아 기독교민주당을 지원했다.[51] 페테르 메드제시Péter Medgyessy가 이끄는 헝가리 사회당은 메드제시의 2004년 재선 도전을 위한 여론조사를 벌이면서 워싱턴 로비 회사 두 곳의 도움을 받았다. 업계 출판물에 따르면 1989년 동유럽 혁명은 "집요하고 말재주가 좋은 여론조사원

과 컨설턴트 때문에 왜곡되었다".[52]

소련이 무너진 이후 불가리아에서는 불가리아 공산당이 불가리아 사회당으로 이름을 바꿔 1990년 6월 전국 선거에서 승리를 거두었다. 이들은 대통령과 총리 자리를 차지했으며 의회에서도 다수당이 되었다. 하지만 뒤이어 일어난 쿠데타가 불가리아 사회당을 전복했다. 널리 인용된 한 연구에 따르면, 이 쿠데타는 "NED에서 조종하고 자금을 댄 것이었다".[53] 1994년 12월 불가리아 사회당이 정권을 되찾았고 전 공산당 당수가 총리로 임명되었다. NED는 알바니아에서도 정부를 무력화시키려는 음모에 자금을 지원하여 옛 공산당이 이끄는 정부를 무너뜨렸다. 이 덕분에 알바니아 민주당은 정권을 유지할 수 있었으나 클린턴 대통령조차 이 과정을 '부정 선거'라고 말했다.[54] 냉전이 끝난 후 미국이 다른 나라의 선거 과정에 개입하는 방법은 다소 바뀌었지만, 헤게모니를 장악하려는 목표는 그대로다.

1992년 루마니아 선거 당시, 국제공화주의연구소는 반공산주의 주요 야당들을 지원했으며 전국민주주의연구소와 함께 감시단을 후원했다. 두 기관에는 야당 후보와 함께 일하는 정치 컨설턴트가 적어도 한 명씩은 들어 있었다. 국제공화주의연구소의 목표는 옛 공산주의자 이온 일리에스쿠Ion Iliescu가 재선되지 못하도록 막는 것이었다. 국제공화주의연구소는 미국인 컨설턴트 16명이 일리에스쿠를 위해 일하고 있다고 주장했다.[55] 국제공화주의연구소가 야당을 위해 작성한 문서가 루마니아 국영 언론에 유출되었는데, 이 문서는

국제공화주의연구소가 아버지 부시 행정부와 공화당의 손발에 지나지 않는다는 사실을 보여준다.[56]

반은 공공 기관이고 반은 민간 기관인 NED가 공식적인 외교 정책과 비공식적인 외교 정책의 경계를 이토록 흐릿하게 할 정도라면, 미국 시민 개인의 정치 개입은 말할 것도 없다. 2003년 말 부정 선거와 뒤이은 국가 소요 사태로 고르바초프 시절 소련 외무 장관을 지냈던 예두아르트 셰바르드나제Eduard Shevardnadze가 조지아 대통령에서 물러났을 때, 억만장자 투자가이자 국제정치 운동가인 조지 소로스는 권력 이동을 지휘한 핵심 인물로 평가되었다. 소로스가 이끄는 기관들은 민족주의 정권을 무너뜨리는 데 개입하고 있으며, 당시 소로스는 반체제 텔레비전 방송국 루스타비 2, 신문 《24시》, 조지아 청년운동 단체 크마라Kmara를 지원했다. 그는 3년 전에 세르비아에서 또 다른 학생운동 단체인 오트포르Otpor를 지원한 적도 있는데, 오트포르는 슬로보단 밀로셰비치Slobodan Milošević를 축출하는 데 핵심적인 역할을 했다.

조지아 학생 지도자들은 세르비아 봉기를 그대로 흉내 냈다는 사실을 인정했다. "오트포르 운동가들은 사흘짜리 강좌를 열어 조지아 학생 1000여 명에게 무혈 혁명을 일으키는 방법을 가르쳤다. 두 번의 강좌 모두 소로스의 '열린 사회 연구소'에서 후원했다."[57] 셰바르드나제를 몰아낸 세력 중에서 두드러진 것이 소로스이긴 했지만 미국 국제개발청, 전국민주주의연구소, 국제공화주의연구소, 프리덤 하우스, 미국 국무부 또한 다양한 방법으로 조지아 선거 결과에 영향을 미쳤다. 베오그라드 주재 미국 대사이며 밀로셰비치를 축출하는 데 핵심적인 역할을 한 리처드 마일스Richard Miles는 조지아의 수도인 트빌리시로 자리를 옮겨 같은 수법을 되풀이했다. 그는 셰바르드나제를 끌어내릴 방법을 미하일 사카슈빌리Mikheil Saakashvili에게 가르쳤다.[58] 당시 우크라이나 대통령이었던 레오니드 쿠치마Leonid Kuchma는 셰바르드나제가 패배한 것은 "서방이 꾸민 쿠데타" 때문이었다고 주장했다.[59] 사카슈빌리가 2003년 1월에 96.24퍼센트의 지지율로 승리를 거두었는데도, 미국은 선거 민주주의가 제대로 표출되었다며 찬사를 늘어놓았다.[60]

조지아의 바쿠–제이한 송유관은 미국의 이익에 매우 중요한 시설이며 부시 행정부는 셰바르드나제가 러시아와 석유 계약을 맺고 있다는 사실을 우려하고 있었는데, 이런 점으로 미루어 조지아 야당은 CIA에서 은밀히 도움을 받았을 것이다.[61] 백악관에서 셰바르드나제의 대안으로 맨 처음 낙점한 인물이 조지 워싱턴 대학과 컬럼비아 대학 로스쿨을 졸업한 사카슈빌리였다는 사실은 분명하다. 미국은 여론조사원, 선거전략가, 컨설턴트를 동원하여 그의 선거 캠페인을 지원했다.[62] 셰바르드나제가 쫓겨난 이후, 미국은 조지아 정부 공무원의 임금을 지급하라며 1400만 달러를 제공했다. 2004년 1월 사카슈빌리는 대통령에 임명되었고, 의회의 사카슈빌리 지지 세력은 그의 승리를 확실히 하기 위해 유권자 재등록을 실시했다. 그리하여 등록 유권자 수는 3분의 1로 줄었고, 투표자 수를 선거가 효력을 발휘하기 위한 최소 기준인 유권자 수 대비 50퍼센트로 끌어올릴 수

있었다.[63]

2004년 11월 우크라이나 대선은 미국과 서유럽이 동유럽을 소련의 정치적 유산에서 독립시킬 수 있는 또 다른 기회였다. 미국과 유럽연합에서 낙점한 후보는 빅토르 유셴코Viktor Yushchenko였다. 미국과 유럽 동맹국들은 그가 우크라이나를 NATO에 가입시키고 WTO의 일반 프로그램을 받아들일 거라 생각했다. 1990년대 초에 우크라이나 중앙은행 총재를 지낸 유셴코는 IMF의 구조 개혁 프로그램을 충실히 따랐다(그의 미국인 부인은 레이건 행정부에서 일했다). 경제적 구조조정으로 상품과 서비스 가격이 폭등하고 실질 임금이 하락하면서 경제가 전반적으로 부실해지는 바람에 우크라이나 국민은 심각한 위기를 맞았다.[64]

유셴코의 라이벌은 빅토르 야누코비치Viktor Yanukovych였다. 그는 전 대통령 쿠치마와 러시아 대통령 푸틴의 지지를 받았다. 하지만 미국 국무부는 그가 부패하고 부적절하다며, 그가 표를 '강탈'한다면 제재를 가하겠다고 위협했다. 여러 미국 정부 기관이 전국민주주의연구소, 국제공화주의연구소, 소로스의 국제 르네상스 재단을 비롯한 민간 기구와 함께 유셴코의 선거 캠페인에 수백만 달러를 지원했다. 미국 홍보 회사 록 크리크의 임원은 미국·유럽연합 측 후보를 위해 우크라이나의 "민주화 운동을 위한 사실상의 자유 광장"인 웹사이트를 만들었다고 떠벌렸다.[65] 독일의 콘라트 아데나워 재단과 프리드리히 에베르트 재단Friedrich Ebert Foundation, 유럽인민당(기독교민주당)도 유셴코 지지 대열에 동참했다. 아이러니하게도 부시 행정부는 공정 선거를 감독할 사절로 전 대통령이자 CIA 국장 출신인 아버지 부시와 전 국무 장관 헨리 키신저Henry Kissinger를 선택하여 키예프에 보냈다. 키신저는 동남아시아와 라틴아메리카에서 정부 전복을 꾀한 것으로 유명하다. 국제공화주의연구소는 야누코비치가 승리를 선언하자 자신들이 자금을 지원한 출구 조사 결과를 토대로 이를 반박했는데, 이 또한 '상황 윤리'에 해당했다. 출구 조사로 선거 결과를 결정하는 방법은 이미 플로리다(2000년)와 오하이오(2004년)에서 부적절한 것으로 치부된 바 있다.

미국과 유럽연합 모두 유셴코를 위한 사전 선거와 출구 조사에 자금을 지원했다. 야누코비치가 승리할 경우 불공정 선거로 몰아가려는 속셈이었다. 미국법조협회American Bar Association는 이토록 분명한 편파성에도 아랑곳하지 않고 대법원 판사 5인을 비롯한 우크라이나 판사들을 교육하는 일을 떠맡았다. 이들은 11월의 투표 결과를 뒤집고 재선거를 요구했다.[66] 유고슬라비아, 조지아와 마찬가지로 서구의 후원을 받는 유셴코의 원동력은 외국에서 자금을 지원받는 학생운동 단체로, 우크라이나의 경우 포라Pora였다. 세르비아의 오트포르와 조지아의 크마라가 우크라이나에 들어와 포라 운동가들에게 전술 훈련을 제공했다는 것은 공공연한 비밀이었다.

우크라이나의 대표적인 정치 NGO인 국제정책연구센터, 서우크라이나 지역교육센터, 정치·법률개혁센터는 유셴코와 대놓고 결탁했다. 부시의 출신 지역인 텍사스의 공화당 하원의원 론 폴에 따르면, 첫째 단체는 조지 소로스가, 둘째와 셋째 단체는 미국 정부가 자금을 대주었다고 한다. 미국 국제개발청 또한 민간 '민주주의 지원' 기구인 프리덤 하우스가 운영하는 '폴란드-미국-우크라이나 협력 활동'을 통해 우크라이나 선거 자금으로 수백만 달러를 쏟아부었다. 이러한 직접적인 연계를 비롯해 이름뿐인 수많은 정치 '개혁' 단체와 유셴코의 관계는 매우 노골적이다.[67] 미국 정부와 비정부기구들은 야누코비치 측이 선거 부정을 저질렀다며 목소리를 높였지만, 친유셴코 성향의 서우크라이나에서도 투표 조작은 공공연히 저질러졌다.

《가디언》 칼럼니스트 조너선 스틸Jonathan Steele에 따르면, 미국 정부는 1996년 선거에서 옐친이 저지른 대규모 조작, 2003년 아제르바이잔 대통령 선거, 헌법에 위배되는 조지아의 셰바르드나제 축출, 2002년 민중적 대통령 우고 차베스Hugo Chavez에 대항한 베네수엘라의 군사 쿠데타 시도 등에 대해서는 이렇다 할 분노를 보이지 않았다.[68] 최근 베오그라드, 트빌리시, 키예프에서는 선거를 치르기 전 국제공화주의연구소가 대규모 길거리 시위를 선동하고 조종했으며 불끈 쥔 주먹처럼 정형화된 저항의 상징을 만들어냈다.[69] 미국의 주류 언론은 조사도 하지 않은 채 이런 소요와 상징물이 민중적·친서방적 물결이라고 보도했다. 독재 치하에서 언론 통제라도 당하는 것처럼 고분고분하게 굴던 이 미디어들은 미국이 이라크를 침공하기 전날 미국, 영국, 기타 여러 나라에서 벌어진 대규모 항의 시위를 모른 체했다.

국제적 선거 공학: 거대한 정보 조작

1949년 베이징에서 공산당이 정권을 잡은 후 미국 국무부는 '누가 중국을 잃었나'라며 직원들을 닦달하기 시작했다. 이는 저개발국과 그 국민은 강대국이 마음대로 주무를 수 있는 속국에 지나지 않는다는 오랜 제국주의적 사고방식을 보여준다. 미국의 개입주의적 행위가 순전히 민주주의 원칙에 대한 존중에서 비롯한 적은 한 번도 없다. 하지만 이들의 수사, 즉 일반 대중의 감수성에 대한 찬양은 항상 민주주의 원칙을 들먹인다. 1798년부터 2005년까지 미국의 직접적인 군사 개입 사례는 200건이 족히 넘는데, 이 중 103건은 1895년 이전에 발생했다. 이것은 미국 대륙에서 일어난 인디언 학살을 제외한 수치다. 얼마 전까지도 미국은 소통을 중시하는 세계 환경에서 전 세계의 독재 정권에 대규모 지원을 제공했으며, 현재도 이 방식을 포기하지는 않았다. 다만 이제는 '민주주의 지원'이라는 장황한 수사를 동원하여 신자유주의적 목적을 이루는 것이 정치적으로 더 구미에 맞는다고 생각한다.

영국, 프랑스, 미국이 러시아에 군사 개입한 1918년에 영국 외무장관 밸푸어 경 Lord Balfour이 다음과 같이 선언한 이후 러시아와 동유럽에 대한 영국과 미국의 구상은 거의 바뀌지 않았다. "캅카스 지방에서 내 관심사는 오로지 바쿠에서 바투미로 석유를 실어 나르는 철로뿐이다. 원주민들은 어떤 철로든 조각조각 끊을 수 있다. 이것이 내 유일한 관심사다."[70] 카스피 해와 중앙아시아 나라들에 외국이 개입한 이유인 석유 자원을 통제하기 위한 지정학적 전략 뒤에는 초국적 자본의 침투를 위해 길을 닦으려는 포석이 숨어 있다. '민주주의 지원'이라는 표현에는 정치적 정당성을 확보함으로써 지배하려는 의도가 들어 있다. 온갖 초국적 기업과 국가의 이익, 국내 매판 세력은 이러한 요구를 공통으로 지니고 있다. 이들은 지역 내 거점을 마련하기 위해 홍보 선전과 선거 공학의 전문가에게 손을 벌린다. 정치 컨설턴트이자 국제정치 컨설턴트 협회 전 회장인 릭 리더 Rick Ridder는 멕시코에서 2000년 선거를 앞두고 인 컨설팅 열풍에 대해 이렇게 말했다. "미국이 멕시코에 가르쳐줄 수 있는 것이 하나 있다. 그것은 민주주의가 수지맞는 장사라는 사실이다."[71]

실제로도 '민주주의 지원'이라는 산업은 계속 성장하고 있다. 미국식 선거제도를 도입한 곳에서는 선거 캠페인 전략가, 여론조사원, 포커스 집단 전문가, 모금 전문가, 연설문 작성가, 웹 디자이너, 미디어 구매 전문가, 정치 광고 전문가에다 홍보 우편, 텔레마케팅, 대중 홍보, 커뮤니케이션, 유권자 분석을 비롯하여 그 밖의 선거 공학 전문가들이 활약할 수 있는 공간이 무한히 펼쳐진다. '자유시장'을 신봉하는 정치인과 정당이 당선되면, 온갖 국제 투기 자본이 몰려들기 시작한다. 그렇다고 해서 서구 전문가와 자본이 항상 환영받거나 성공을 거두는 것은 아니며, NED와 '민주주의 지원'에 대해 의혹의 눈길을 보내는 나라도 있다. 폴란드인은 외국인 선거 캠페인 컨설턴트와 홍보전문가를 '메리어트 부대'라고 조롱했다. 이들이 주로 바르샤바의 메리어트 호텔에 묵었기 때문이다.[72]

NED와 미국의 '민주주의 지원' 프로그램 배후에 있는 제국주의 방식은 민주주의와 신자유주의적 팽창주의를 버무린 것이다. 이 장에서 들여다본 러시아와 동유럽의 사례는 강대국과 그 하수인이 수행하는 초국적 지배 공작, 그리고 전 지구적 자본주의에 대한 사회주의적 대안과 국가 주권에 맞서는 세계 전쟁의 극히 일부에 지나지 않는다. 파키스탄, 이집트, 사우디아라비아, 싱가포르, 카자흐스탄, 적도 기니, 이스라엘, 콜롬비아 같은 친서방의 억압적인 속국, 그리고 초국적 기업에 안방을 내준 수많은 옛 군사 독재 정권에서는 엘리트 지배층이 선거를 악용하며 외국 후견 세력이 이를 승인한다. 이는 "민주적 불확실성의 위험을 감수하지 않고도 선거적 정당성이라는 열매를 거두기" 위한 것이다.[73]

장기적으로는 거짓 민주주의가 실패하고 평화, 인권, 민권, 주권, 협력을 통한 참여적 발전을 존중하는 진정한 국제주의 담론이 싹틀 것이라 예상된다. 이렇게만 된다면 정치 정보 조작을 비롯한 신식민주의적 헤게모니에 기대지 않아도 될 것이다.

11

기업 로비와 유럽연합의 방송 정책

그랜빌 윌리엄스

지속적인 대중 토론을 거쳐 생산되지 않은 정보는 대부분 부적절하며, 최악의 경우에는 왜곡되고 조작된다. 점점 더 많은 정보가 제품, 목적, 정치인 후보, 공직자 등 무언가 또는 누군가를 내세우려는 사람들에게서 흘러나오고 있다. 이들은 주장할 때 이익을 겉으로 내세우지 않으며 광고할 때 이기심을 드러내지도 않는다.[1]

20세기 초에 미디어 정책이 발전함에 따라 정부, 미디어 업계, 초국적 미디어 그룹, 보수적 싱크탱크는 국가, 유럽, 또는 국제적 규모로 집중적인 로비를 벌이기 시작했다. 그 결과 미디어 정책은 대중 토론과 대안적 주장 제시라는 과정보다는 정보의 부분적인 공개(이 정보는 상업적 미디어 그룹의 이익에 부합하도록 거르고 고른 것이다)를 통해 형성되고 있다. 이 장에서는 미디어가 이렇게 발전한 이유와 그 결과, 그리고 우리가 해야 할 일을 분석할 것이다.

공개적인 설득 과정인 로비는 단체가 여론에 영향을 미치고 정책의 틀을 형성하는 정당한 수단이다. 하지만 로비가 은밀하고 투명성이 결여되어 있으며 공개되지 않을 경우, 그리고 기업의 이익에만 복무하는 목표를 지니고 있을 경우, 민주적 절차에 크나큰 손상이 생길 수 있다. 미디어 정책의 발전 과정에서 다양한 이해관계를 지닌 사람들이 열린 자세로 토론하고 참여한 사례가 아주 없는 것은 아니다. 미국과 영국의 사례를 하나씩 들어보겠다.

1928년에서 1934년 사이 "현대 미국 역사에서 기존 대중 매체의 구조와 통제가 대중 토론의 정당한 주제가 된 유일한 사례"가 있었다.[2] 미국인 학자 로버트 맥체스니는 미국 방송 역사에서 일어난 이 사건에 '수정주의적' 분석을 수행했다. 그는 대중을 "공공 정책을 좌지우지하는 기업 권력 앞에서 수동적이고 무지하며 거의 존재감을 지니지 못하는 존재"로 보는 견해를 비판하고 미국 사회의 다양한 세력이 힘을 합쳐 방송개혁운동을 이끌어낸 과정을 묘사했다. "교육, 노동, 종교, 언론, 시민 단체, 지식인 등이 반대 전선을 형성했다. 이는 당시에 태동하고 있던 상업적 시스템에 대한 사회적 불만을 반영했다."[3] 방송개혁운동은 여론, 의회, 백악관에 영향을 미치기 위해 다양한 활동을 벌였다. 이들은 미국 내 방송 시간의 25퍼센트를 비영리 기구에 할당해야 한다는 법률을 제정하기 위해 치열하게 싸웠다. 상업 방송사를 대표하는 미국의 전국방송협회 National Association of

Broadcasters, NAB는 그때부터 이미 로비 기술을 다듬고 있었고, 이 덕분에 엄청난 정치적 영향력을 지니게 된다. 1933년 연방 라디오 위원회Federal Radio Commission가 보고서에 들어갈 정보를 얻기 위해 설문을 실시하자, 전국방송협회는 "미국 대중에게 미국 방송산업의 진실을 알려주기 위해" 긴급 자금을 마련했다. 전국방송협회 회원사에 보낸 편지는 다음과 같이 모금을 요청했다. "민간 소유와 광고 지원에 기반한 미국 전체의 방송 계획이 풍전등화 상태다."[4]

방송개혁운동의 중요한 점은 태동기 미국 방송 정책의 기본 신조, 즉 전파는 오로지 민간의 몫이며 그 기본 구조는 업계 연합이 지배하고 광고로 수익을 얻는 형식이어야 한다는 생각에 도전장을 내밀었다는 것이다. 비록 이러한 목표는 실패했지만, 이 운동은 다양한 단체를 끌어들이고 대안적 미디어 정책에 대한 논의를 이끌어냈다.

1954년 영국 보수당 정부는 상업 방송사 ITV의 모태가 된 텔레비전 법을 통과시켰다. 이에 앞서 기업들은 영국 미디어를 재편하기 위해 집요한 로비를 벌였다. 보수적인 영국 의회 의원 연합은 방송정책위원회Broadcasting Policy Committee, 라디오와 텔레비전 제조업체, 주요 영미 광고 회사, 금융 기관 등과 손잡고 영국에 상업 방송을 도입하기 위해 온갖 노력을 기울였다.

상업 방송 도입 캠페인의 특징 중 하나는 논쟁이 매우 대중적이고 개방적이었다는 사실이다. 두 상위 기구가 각자의 견해를 내세웠는데, 새 상업 방송 서비스를 도입하는 것에 대해 전국 텔레비전 협회National Television Council, NTC는 반대 입장을, 대중 텔레비전 연합

Popular Television Association, PTA은 찬성 입장을 취했다. 하지만 두 기관이 자신의 주장을 펼치는 방법은 그 효과 면에서 확연히 차이가 났다. 대중 텔레비전 연합은 정교한 홍보 캠페인을 진행했으며 막대한 자료를 '뉴스'로 포장하여 내보냈다. 그 덕분에 이것들이 대중 텔레비전 연합의 선전이라는 사실을 숨길 수 있었다. 신문사 1400곳의 메일링 리스트에 기사가 연이어 배포되었고, 옥스퍼드 대학의 사학자 A. J. P. 테일러A. J. P. Taylor, 유명한 크리켓 선수였던 알렉 베드서 Alec Bedser를 비롯한 유명 인사가 필자로 참여했다. 그리고 BBC에 대해서는 부정적인 기사가 나돌았다. 대중 텔레비전 연합의 회원들은(회원 수가 1만 2000명이라고 주장하지만 비공개 정책 탓에 회원 수나 재정 규모를 확인할 방법이 없다) '경쟁 텔레비전'을 당장 도입하라는 편지를 신문사에 보냈는데, '상업'이라는 표현을 극구 피했다. '에임스 오브 인더스트리'는 1942년에 설립된 자유 기업 로비 단체로, 설탕과 철강 업계를 위해 반민족주의 캠페인을 벌여 이름을 날렸다. 이들은 직원 두 명을 대중 텔레비전 연합에 보냈으며 특집 기사, 뉴스, 영상을 배포하는 일에도 협력했다.[5]

    1920년대 이후 미국과 영국의 미디어 시스템은 각기 다른 방식으로 발전했지만, 두 나라 모두 정부에서 법률로 규제를 가하고 소유권을 제한했다. 1970~1980년대 들어 이 모든 것이 변화하기 시작했다. 규제와 정부 개입이라는 낡은 제도가 폐기되고 완전히 새로운 조건과 개념이 등장했다. 이들은 변화된 경제적·정치적·문화적 현실을 반영했다. 규제 완화, 민영화, 자유 무역, 세계화, 신자유주의 따위 말이다. 물론 부르디외 Pierre Bourdieu의 지적은 적절하다.

신자유주의 진영의 경전(보편적으로 부과되고 만장일치로 승인된 탓에 토론과 논쟁의 대상을 벗어난 경제적·정치적 정통 교리)은 저절로 생겨난 것이 아니다. 이것은 대규모의 지적 노동력을 오랫동안 계속 동원하여 얻어낸 결과로 사실상 생산, 유포, 개입이라는 사업을 통해 집중되고 조직되었다.

그는 "브뤼셀에서 유럽위원회 European Commission, 유럽이사회 European Council, 유럽의회의 복도를 어슬렁거리는 전문 로비스트 수만 명"을 예로 들었다.[6]

유럽기업감시는 브뤼셀의 정책 결정 과정이 기업 로비스트에게 특별히 취약하다는 사실을 사람들에게 경고하기 위해 무척 애썼다.

위원회마다 기업에 연루된 정도가 다르다. 하지만 이런 현상은 나날이 늘고만 있다. 인력과 인맥이 부족한 위원회에는 기업과 로비 집단이 유용한 정보를 제공하는 경우도 많다. 어떻게 보면 기업 로비 집단은 위원회에 결여된 시민 참여를 대체한다고도 말할 수 있다.[7]

브뤼셀에 로비가 등장한 이유는 1980년대 말에서 1990년대 초, 단일 유럽 시장의 틀을 이루는 권고안의 초안을 유럽위원회가 작성하고 있었기 때문이다. 이런 권고안 중 하나이며 1989년 10월에 발효된 '국경 없는 텔레비전 Television Without Frontiers'(이하 TWF)은 유럽 텔레비전 방송국이 유럽에서 제작된 프로그램을 50퍼센트 이상 내보내야 한다는 조건을 달았다.[8] 그 후 이 권고안에 대규모 로비가 집중되었다. 경제적·문화적 이유로 유럽 영화와 방송을 보호하고 홍수처럼 밀려드는 미국 방송을 막기 위해 제정된 프로그램 할당제를 미국 정부와 마당발 회장 잭 발렌티 Jack Valenti가 이끄는 미국영화협회 Motion Pictures Association of America, MPAA 같은 강력한 단체들이 알아챈 것은 1989년 후반에 들어서였다. 잭 발렌티는 레이건 대통령에게 경보를 띄웠고, 레이건은 대처에게 연락을 취했다. 당시 외무 장관이었던 존 메이저가 손을 쓴 덕에 권고안에는 '가능한 경우 where practicable'라는 두 단어가 추가되었다.[9] 이 두 단어는 권고안을 종이호랑이로 만들었으며 위성 방송과 케이블 방송, 특히 어린이 방송은 대부분을 미국 프로그램으로 채울 수 있게 되었다.

권고안이 작성된 이후, 미국은 '관세 및 무역에 관한 일반 협정 General Agreement on Tariffs and Trade'(이하 GATT) 협상 테이블로 자리를 옮겼다. 발렌티는 권고안에 대한 반대 견해를 이끌어내려 했고, 반대로 유럽연합의 협상단은 시청각 부문에 대한 확실한 면제를 얻어내려 했다. 발렌티는 할리우드와 클린턴 행정부의 돈독한 관계를 이용하여 권고안 반대에 힘을 실었다. 1993년 10월 15일 회의에서 발렌티와 할리우드의 유명 인사 16명은 모든 GATT 협상안에 시청각 서비스를 포함해야 한다는 내용의 성명서를 발표했다.[10] 하지만 결국 유럽의 입장이 관철되었고, 여기에는 유럽의 문화적 면제 지위를 지켜야 한다는 프랑스 정부의 단호한 주장이 한몫을 했다. 미국은 GATT 협상을 마무리 짓기 위해 양보할 수밖에 없었다. 권고안은 효력을 유지할 수 있었고, 미국 정부는 전 세계를 상대로 하는 시청각 로비 전략을 더욱 분명히 세우고 한층 더 노력해야 한다는 사실을 깨달았다. 1995년에 작성된 미국 정부 문서는 여기에 필요한 활동 분야를 나열했다. 문서의 머리말에서는 "증가하는 시청각 문제에 대한 미국 정부의 체계적인 조치"를 설명했다. "우리의 시청각 산업이 전 세계에서 활약하게 되면서 이런 문제가 발생했다." 문서는 핵심 지역 중 하나로 유럽을 지목했으며 미국 정부, 미국영화협회 같은 단체, 개별 미디어 회사, 그리고 '방송과 지적재산권 분야 전문가'들이 시청각 프로그램의 무역 규제를 완화하고 교역을 자유화하기 위해 마련한 자세하고도 통합적인 전략이 기술되어 있었다. "미국 정부와 민간 부문 대표는 국제 세미나와 회의에 참석하여 미국의 입장을 설명하고 민간 부문, 정부 관리와 친분을 맺어야 하며 미국의 활동에 우호적인 보고서가 언론에 실리도록 노력해야 한다." 문서는 놀랍게도 자유시장의 전제를 전적으로 받아들이고 있으며, 이익의 공통분모를 매끄럽게 연결해야 한다고 주장했다. 또한 로비 대상국과 대상 지역에서 다양한 정부 각료, 공무원, 민간 부문의 대표들을 끌어들이기 위해 협력해야 한다고도 했다.[11] 다양한 로비 집단은 유럽연합 내 미디어 정책 논쟁에 관심을 쏟기 시작했다. 1997년 TWF 권고안을 확정하기 위한 개정 작업이 진행될 때, 영국의 한 언론인은 1996년 11월 12일 유럽의회에서 "가능한 경우"라는 표현을 빼는 것과 신기술 중심의 서비스를 추가하는 문제를 놓고 열띤 공방이 벌어지는 장면을 기술했다.

지난 며칠 동안 유럽의회에서는 진풍경이 펼쳐졌다. 전 세계의 미디어 거물이 모여(이들은 모두 거대한 유럽 방송시장에 뛰어들기 위해 안간힘을 쓰고 있었다) 귀를 기울이고 로비하고 뇌물을 먹이고 으름장을 놓고 있었다. 베를루스코니처럼 유럽의회 의원을 거느리고 있는 사람들도 있다. …… 미국 행정부는 자국의 영화와 텔레비전 산업을 위해 총력을 기울였다. 베텔스만, 키르히Kirch, 머독, 터너Turner, 로이터 통신, 브리티시 텔레컴, 소니, 마이크로소프트, 도이체 TV 등 헤아릴 수 없을 만큼 많은 기업이 참석했다. 초국적 대기업은 모두 로비스트를 파견했다.[12]

TWF 권고안은 2002년에 다시 개정하기로 되어 있었지만, 위원회가 최종본을 내놓은 것은 2007년 3월이었다. 개정 작업이 이토록 지연된 것은 다양한 집단이 권고안을 뜯어고치려고 치열하게 로비를 벌였기 때문이다. 이 중에서도 특히 두 단체가 눈에 띈다. 세계광고주연맹World Federation of Advertisers, WFA은 자신의 유럽 실무 그룹을 동원하여 권고안 개정을 연기하는 데 핵심적인 역할을 했으며 "예비 조사와 유럽연합 위원회 청문회에도 깊숙이 관여했다". 세계광고주연맹은 사회 책임 기관을 자처한다. 예를 들어 광고가 젊은 층에 미치는 영향에 주의를 기울이고 미디어 정보 해독력을 높이는 일을 추진한다고 주장하는 것이다. 이것은 영국 초등학교 학생들이 광고를 비판적으로 사고할 수 있도록 가르치는 미디어 스마트 프로그램을 통해 이루어진다. 세계광고주연맹의 영국 지부인 ISBA가 주최하고 유럽 보건 및 소비자 보호 위원회 사무국장 로버트 매들린Robert Madelin이 참석한 한 회의에서 맥도날드 상임 부사장 겸 글로벌 마케팅 담당 래리 라이트Larry Light는 '책임 있는 광고'라는 개념을 선보였다. 그는 아이들에게 몸에 좋은 식단과 적극적인 생활 방식을 가르치는 글로벌 마케팅 캠페인을 발표했다.[13] 세계광고주연맹은 TWF 권고안을 개정하는 문제에 대해 분명한 입장을 취하고 있다. 첫째는 '출신국 원칙country of origin principle'에 대한 강력한 지지인데, 이 원칙은 유럽의 한 나라에서 합법적인 활동은 다른 나라에서도 합법적이어야 한다는 것이다. 스칸디나비아 국가에서는 아동 대상의 광고를 제한하고 있지만, 이 원칙에 따르면 국외 위성 시스템에서 가정으로 송출하는 광고에는 제한을 둘 수 없게 된다. 둘째는 자율 규제에 대한 강력한 요구다. "자율 규제는 자기 스스로 수정하고 개선함으로써 변화하는 사회적 감수성에 재빨리 적응할 수 있기 때문에 법제화보다 훨씬 장점이 많고 소비자가 비용을 부담하지도 않는다." 세계광고주연맹은 새로운 광고 기법, 즉 화면 분할 가상 광고와 대화형 광고를 도입하려고 거센 로비를 벌였다. 이 문제에 대해서도 마찬가지 주장을 했다. "가벼운 규제가 더 적절하다. 이렇게 하면 혁신 기술이 발전하고 보급될 수 있기 때문이다".[14]

유럽의회와 유럽위원회가 TWF 권고안을 개정하는 과정에서 엄청난 로비를 벌인 또 다른 기관은 국제 커뮤니케이션 원탁회의 International Communications Round Table, ICRT이다. 이 기관은 타임워너, 월트 디즈니, 뉴스 인터내셔널/뉴스 코퍼레이션, 리드 엘스비어 Reed Elsevier, 소니 엔터테인먼트, 베텔스만, 필립스, 지멘스, 마이크로소프트를 비롯한 유수의 미디어, 컴퓨터, 커뮤니케이션 회사 25

곳을 대표한다. 이들은 권고안의 향후 목표가 "시청각 부문이 TWF 권고안을 대체할 융통성 있고 덜 제한적인 규제 틀을 만드는 것이어야 한다"고 주장한다. 이들은 규제에도 반대한다. "다른 미디어 분야에서 나온 규제의 족쇄를 콘텐츠, 특히 방송 콘텐츠에 채워서는 안 된다. 유럽 내 제작 프로그램에 대한 쿼터제는 전 세계가 기술적으로 융합하는 현재 상황에 걸맞지 않다." 또한 광고에 대해서는 이렇게 말했다. "유럽연합은 시장의 힘과 자율 규제를 더 신뢰해야 한다."

> TWF 권고안의 광고 규정은 1980년대 텔레비전을 겨냥한 법률이 기술 발전으로 사문화되는 현상을 보여주는 전형적인 예다.[15]

유럽연합 집행위원장 주제 마누엘 바로주 José Manuel Barroso는 2004년 11월에 새 집행위원 명단을 발표하면서 리스본 의제에서 합의한 바대로 자유화를 증진시키는 데 우선순위를 두겠다고 밝혔다. 그는 친시장적 자유 무역 정책을 추진하기 위해 경제, 무역 및 경쟁 분야에 집행위원을 선임했다. 독일 귀터슬로에서 열린 베텔스만 포럼(미디어 규제 완화 정책을 옹호하는 중요한 포럼이다)에서 TWF 권고안의 책임자인 정보 및 사회 분야 집행위원 비비안 레딩 Viviane Reding도 같은 주장을 되풀이했다. 그녀는 새로운 광고 제한이 리스본 의제와 경제 개혁에 초점을 맞추고 있는 의제의 취지에 위배된다며 반대 의사를 밝혔다. 오히려 텔레비전 광고에 대한 기존 제한을 개혁하면 유럽 미디어 산업의 경쟁력이 향상될 수 있을 거라고 말했다.[16] 유럽연합의 발전이 새로운 국면에 접어든 이 시점에서 '유럽 기업감시'가 1999년에 내놓은 다음 논평은 어느 때보다도 적절하다. "현재 유럽연합의 신자유주의 경제 전략(이 전략은 사실상 모든 분야의 규제 완화와 민영화를 추진하고 모든 정책 분야를 국제 경쟁이라는 목표에 종속시킨다)을 어떻게 분석하든 기업 로비 집단의 활동을 무시할 수는 없다."[17] 개정된 TWF 권고안도 이와 다를 바 없었다.

기업 로비 활동의 또 다른 주요 공략 대상은 공공 서비스 방송public service broadcasting, PSB이다. 국가 및 유럽 차원에서 그 활동 규모는 눈에 띄게 증가했다. 유럽 상업 미디어 단체 연합인 유럽 상업 텔레비전 연합Association of Commercial Television in Europe, ACTE, 유럽 라디오 연합Association Européenne des Radios, AER, 유럽 출판인 협회European Publishers' Council, EPC는《유럽 시청각 시장의 미래 보장을 위한 보고서Safeguarding the Future of the European Audiovisual Market》를 둘러싼 논쟁에 개입했다.[18] 이 보고서는 유럽연합의 시청각 부문이 "다른 부문은 상상할 수 없을 정도로 정치적 의지가 결여되어 있다"고 포문을 열었다. 이는 공영방송publicly funded broadcaster, PFB에 막대한 보조금을 지급해서 시장을 왜곡하기 때문이라는 것이다. 보고서는 공영방송을 "전적으로 국고 보조를 받거나 국고 보조와 광고 등의 상업 자본을 받는 공익 목적의 텔레비전과 라디오 방송"이라고 정의했다. 보고서는 유럽연합의 15개 회원국의 자료를 이용해 공영방송이 특권적 지위를 누리고 있다고 주장했다. "공영방송은 150억 유로에 달하는 엄청난 국고 보조를 받았다(1996년에서 2001년 사이에 받은 보조금은 822억 유로를 넘는다). 이렇게 막대한 보조금 덕분에 공영방송은 유럽에서 보조금을 세 번째로 많이 받는 '산업'이 되었다." 또한 공영방송이 유럽연합의 경쟁법을 위반했지만 유럽연합이 조치를 취하지 않은 사례를 무수히 인용했다. 공영방송이 민간 라디오와 텔레비전 방송보다 특권적 지위를 누릴 수 있었던 것은 "예측할 수 있고 안정적이며 신뢰할 수 있는 수입 구조"를 이용하여 "민간 라디오와 텔레비전 방송, 그리고 언론과 인터넷 출판을 희생시켜 가며 위상을 높였기" 때문이라고 지적하면서 공영방송이 규제를 제대로 받지 않고 있다고 비난하기도 했다. 그 덕분에 황금 시간대에 인기 프로그램을 주요 채널에 편성해 상업 방송과 경쟁하고 시청률을 높일 수 있었고, 이 때문에 공영방송 특유의 진지한 시사 교양 프로그램이 밀려나고 있다고 언급한 것이다. 보고서는 공영방송이 이런 전술을 채택함으로써 공공 서비스 방송의 의무를 저버리고 있다고 주장했다. 이 보고서가 중요한 이유는 여기에서 이루어진 정책 제안이 새 유럽연합 집행위원회에 분명한 영향을 미쳤기 때문이다.

예를 들어 독일 상업 방송사들의 상위 기구인 민간방송통신협회 Verband Privater und Rundfunk und Telekomminkation 에서 독일 공영방송사인 ARD와 ZDF가 공공 서비스보다 전자 상거래에 치중하는 웹사이트를 운영하고 있다고 이의를 제기하자, 유럽연합 경쟁 담당 집행위원 네일리 크루스 Neelie Kroes는 2005년 3월 이에 대한 위원회의 답변을 발표하면서 일부 공공 서비스 방송의 역할과 재무 구조를 강력히 비판했다.

> 위원회는 독일, 아일랜드, 네덜란드에 공공 서비스 방송의 역할과 재무 구조를 밝히라고 요구했다. …… 위원회의 잠정적 견해는 이렇다. 공공 서비스 방송의 현재 재무 구조는 유럽위원회 조약에서 회원국이 경쟁을 왜곡할 수 있는 보조금을 지급하지 못하도록 한 87조 규정에 위배된다.[19]

미디어 정책에 대한 이런 분석을 보면, 오래전에 구축되었으며 유럽위원회 같은 기관은 여전히 지지하는 사회적 시장 방송 모델이 위협받고 있다는 사실을 분명히 알 수 있다.[20] 1989년 TWF 권고안 원문에 구현된 유럽의 문화와 시청각 공간을 지키려는 취지 또한 훼손당하고 있다. 1990년대에 유럽위원회와 유럽의회에서 벌어진 정책 논쟁을 현재 벌어지고 있는 논쟁과 비교하면 상황이 얼마나 바뀌었는지를 쉽게 알 수 있다. 1992년에 유럽위원회는 미디어 집중에 대한 보고서를 발표했으며,[21] 유럽의회 내에서 적극적으로 활동하는 단체들은 TWF 권고안을 더 강화해야 한다고 강력하게 주장했다. 유럽의회 영국 측 의원이자 '미디어 문제에 관한 사회주의자 단체 Socialist Group on Media Issues' 대변인 캐럴 텅 Carole Tongue 은 〈문화인가, 단일 문화인가? 유럽 시청각의 과제 Culture or Monoculture? The European Audiovisual Challenge〉를 발표했다.[22] 그녀는 유럽 문화가 '미국화'되고 나라와 지역의 고유한 문화 정체성이 사라질지도 모른다며 심각한 우려를 나타냈다. 지금은 이런 문제가 다른 식으로 논의되고 있다.

문화 담당 집행위원 비비안 레딩은 미디어의 소유와 집중에 대한 '만능' 권고안을 피하려 했다. 그녀는 당사국 정부 또는 경쟁법을 통해 이 문제를 해결해야 한다고 생각했다. 프로그램 할당제가 유럽 프로그램과 독립 제작 프로그램을 장려하는 효과에 대한 연구에서는 TWF 권고안까지도 조사 대상으로 삼고 있다.[23]

영국에서 미디어 정책에 대한 기업 로비 활동의 좋은 예는 문화·미디어·스포츠부Department of Culture, Media and Sport, DCMS가 BBC 온라인을 상대로 수행한 평가 작업이다. BBC는 여러 해 동안 각종 평가에 시달렸다. 뉴스 인터내셔널은 BBC의 〈뉴스 24〉가 자사의 24시간 뉴스 서비스 〈스카이 뉴스〉와 불공정한 경쟁을 하고 있다며 불만을 제기했고, 이에 따라 2002년 〈뉴스 24〉에 대한 평가가 진행되었다. 지금도 BBC 디지털 텔레비전과 라디오 방송에 대한 두 건의 평가가 별도로 이루어지고 있으며, 2001년에도 어린이용 디지털 채널 CBeebies와 CBBC에 대해 문제가 제기되었다. 하지만 디즈니, 뉴스 코퍼레이션, 비아컴Viacom의 이러한 시도는 성공을 거두지 못했다. 〈BBC 온라인 독립 평가 보고서Report of the Independent Review of BBC Online〉[24]가 발표된 것은 영국 인터넷 출판인 협회British Internet Publishers Alliance, BIPA에서 로비를 한 덕분이었다. 이들은 몇 년 전부터 BBC 온라인이 시장을 지배하고 나머지 온라인 프로그램에 대한 상업 투자를 방해함으로써 악영향을 끼쳤다고 주장하기 시작했다.[25] 영국의 지역 신문 또한 신문협회Newspaper Society를 통해 BBC 온라인이 지역 뉴스를 내보내면서 자신들의 사업 영역을 침범하고 있다며 불만을 제기했다. 이 온라인 보고서의 책임을 맡은 필립 그래프Philip Graf는 《데일리 미러》, 《선데이 미러》, 《피플》을 소유하고 있는 트리니티 미러Trinity Mirror의 전임 최고 경영자이며, 영국 내 200여 개의 지역 신문을 소유하고 있다. 영국 인터넷 출판인 협회는 다음과 같은 보고서의 권고 사항을 로비가 거둔 성과로 여겼다. "향후 BBC의 온라인 사업은 면밀한 감시를 받을 것이며 뉴스, 시사, 교육에 우선순위를 두어야 한다. BBC 이사회는 이사를 두 명 새로 선임하되, 한 명은 뉴미디어 분야에서, 또 한 명은 경쟁법 분야에서 뽑아야 한다. BBC는 뉴스를 제외한 콘텐츠의 25퍼센트를 외부 제작사에서 공급받아야 한다."[26] 흥미로운 사실은 그래프의 보고서에 대한 영국 인터넷 출판인 협회의 입장을 알려주는 연락 담당이 앤절라 밀스 웨이드Angela Mills Wade라는 것이다. 그녀는 앞에서 언급한 유럽 출판인 협회, 유럽 라디오 연합, 유럽 상업 텔레비전 연합 보고서의 연락 담당이기도 했다.[27] 앤절라는 몇 년 동안 루퍼트 머독의 뉴스 인터내셔널을 위해 맹활약했으며, 지금은 유럽 출판인 협회 사무총장을 맡고 있다.

기업 로비의 권력에 도전하라

대중이 정보를 얻거나 참여하지 못하는 닫힌 문 뒤에서 상업적 이해관계를 지닌 세력이 정책을 주무른다면(자신의 이익을 추구하는 상업적 집단이 '전문가'라 부르는 사람들이 여기에 동원된다) 결과는 뻔하다. 힘센 기업의 이익을 최우선적으로 떠받드는 미디어 시스템이 생겨나는 것이다. 협상 테이블에 앉지 못하면 협상에 참여하지 못한다.[28]

기업 로비 문제를 부각시킨 최근의 중요한 움직임 중 하나는 2004년 10월에 비영리 기구 토론회에서 유럽연합 집행위원장 주제 마누엘 바로주에게 보낸 공개편지다. "로비스트 수천 명이 공공 홍보 컨설턴트 부대의 지원을 받으며 유럽연합 정치 과정에 강력하고도 비민주적인 역할을 수행하고 있다. 이 문제를 해결하기 위해서는 우선 훨씬 엄격한 윤리와 투명성을 요구해야 한다." 편지는 이렇게 주장했다. "로비스트들이 유럽의 제도에 영향력을 행사하려 할 경우, 이들이 등록 및 보고 의무를 지도록 개선하지 않으면 유럽연합의 정책 결정 과정을 효과적이고도 민주적으로 조사할 수 없다." 그러면서 편지는 다음과 같이 제안했다.

> 유럽은 미국과 캐나다의 로비 공개 입법에서 교훈을 얻어야 하며, 유럽연합의 제도를 로비 대상으로 하는 기업과 기관은 로비 예산이 일정 기준을 초과할 경우 로비 대상과 고객, 예산을 정기적으로 자세히 보고하도록 해야 한다.[29]

공개편지는 대중의 관심을 불러일으켰으며 언론의 주목을 받았다. 유럽연합 부위원장 심 칼라스는 로비의 규모와 문제점을 인정했다. "2600개가 넘는 이익단체가 유럽 수도에 상주 사무실을 두고 있다. 로비 활동은 6000~9000유로에 달하는 연간 수입을 올리는 것으로 추산되지만 투명성이 결여되어 있다." 그는 "자율적인 행동 수칙은 참여한 기업도 거의 없고 제재 조치도 미비하기 때문에" 효과가 없다고 비판했다. 그리고 "이들은 자신의 행동이 미치는 영향에 비해 투명성이 너무나 부족하다"고 주장했다.[30]

기업 로비와 미디어에는 뿌리 깊은 문제가 한 가지 더 있다. 그것은 타임워너, 비아컴, 뉴스 코퍼레이션과 같은 글로벌 미디어 그룹으로 대표되는 미디어 권력이 정치권력까지도 행사한다는 점이다. 미국의 미디어 기업들은 여러 해 동안 기업 친화적이며 우호적인 법을 위해 수백만 달러를 투자했다.[31] 영국과 유럽에서도 글로벌 미디어 그룹과 유럽연합의 강력한 미디어 그룹이 같은 방법을 이용해 영향력을 행사하고 있다. 이들은 공공 서비스 방송과 맞서고 상업 미디어에 대한 규제 완화를 추진한다는 공통의 정책 목표를 지니고 있다.

우리는 이 장 첫머리에서 대중 토론이 미디어 정책을 형성한 두 가지 긍정적인 사례를 살펴보았다. 이제 최근 사례를 두 개 더 살펴보자. 2003년 미국에서는 미디어 소유 규정을 완화하려는 연방통신위원회Federal Communication Commission, FCC 제안에 반대하는 여론이 대규모로 형성되었다. 2003년 1월부터 9월까지 9개월 동안(이 기간은 '미국 미디어 역사상 전례 없는 놀라운 순간'으로 회자된다) 미국인 약 300만 명이 미디어 소유 규정 완화에 반대 의견을 밝힌 것이다.[32]

영국에서는 BBC의 사례에서 교훈을 얻을 수 있다. BBC는 2003

년 4월에 두 가지 공격을 받았는데, 첫 번째는 정부 과학자 데이비드 켈리David Kelly가 자살한 뒤 벌어진 사건들이다. 진상을 밝히기 위해 허턴 조사위원회Hutton Inquiry가 구성되고 보고서가 발표되었으며, BBC 사장 그레그 다이크Greg Dyke와 이사장 개빈 데이비스Gavyn Davies가 사임했다. 두 번째는 2006년 BBC 칙허장 재검토를 둘러싼 논쟁인데, 여기에서 수신료를 시청료로 바꾸는 것을 비롯하여 BBC의 장래에 대해 급진적인 아이디어가 제시되었다.

언론·방송자유 캠페인Campaign for Press and Broadcasting Freedom, 전국언론노조National Union of Journalists, 시청자와 청취자의 목소리Voice of the Viewer and Listener 등 상당수 영국 기관은 BBC가 당하고 있는 위협을 널리 알리려고 애썼다. 이런 활동의 결과로 문화·미디어·스포츠부에서 보고서를 준비하며 폭넓은 자문을 구하는 과정에서 테사 조웰Tessa Jowell 장관은 BBC를 전폭적으로 지지한다고 밝혔다.

> 여론조사, 포커스 집단, 공개 토론, 그리고 우리 웹사이트를 통해 청취자, 시청자, 온라인 이용자 수천 명이 견해를 밝혔다. 이들의 견해, 즉 여러분의 견해는 매우 분명하다. 그것은 바로 수백만이 BBC를 좋아하고 신뢰한다는 것이다. BBC 방송은 가치와 즐거움을 선사한다. BBC는 뉴스를 보도하고 영국의 민주주의를 지키고 교육하는 데 필수적인 역할을 하는 것으로 평가된다.[33]

공공 서비스 방송에 적대적인 언론과 상업 미디어가 치열한 로비를 벌였으나, 보고서는 칙허장을 10년에 걸쳐 개정하고 수신료 정책을 유지하라고 조언했다. BBC를 지키려는 측이 승리를 거둔 것이다.

두 사례에는 모두 중요한 의의가 있다. '상업적인 특권과 이익을 누리는 미디어와 기업 로비 집단' 대 '다양하고 책임성 있는 미디어를 바라는 개인과 단체'의 길고도 불평등한 투쟁에서 거둔 승리이기 때문이다. 어쨌든 결국에는 승리를 따냈으며, 이는 소중한 출발점이다.

후기: 2006년 7월 TWF의 상황

2005년 12월 12일 TWF 권고안 개정에 관한 초안이 발표되었다. 일정에 따르면 2006년 12월까지 권고안을 합의하고 회원국들은 2010년까지 권고안의 정책 제안을 각국의 법률로 제정하도록 되어 있다. 권고안 제목은 '시청각 미디어 서비스 권고안 Audiovisual Media Services(AMS) Directive'으로 바뀔 것이다.[34] 1997년 문서에 뉴미디어를 추구하려는 시도는 반대에 부딪혔지만, 이번에는 인터넷과 휴대전화에 대한 '주문형 on demand' 시청각 콘텐츠가 새 권고안에 포함되었으며, 이는 주목할 만한 변화다. 위원회의 표현에 따르면, 권고안의 범위에 텔레비전 방송(순차적)과 뉴미디어(비순차적) 서비스가 모두 포함될 것이다. 또한 권고안은 간접광고 금지 조치를 철회하고 광고 규정을 완화하라고 제안하고 있다.

정부, 미디어 규제 기관인 오프컴 Ofcom, 광대역 관계자 협회 Broadband Stakeholder Group, BSG, 디지털 콘텐츠 포럼 Digital Content Forum, 그리고

영국 신기술 산업의 업계 연합인 인털렉트Intellect를 비롯한 영국 내 기관 연합은 한결같이 권고안의 범위를 넓혀야 한다는 위원회 주장에 반대 목소리를 높였다. 또 영국과 유럽에서는 비판적인 입장에 대한 폭넓은 호응을 얻기 위해 로비 활동을 열성적으로 펼쳤다.

영국과 유럽위원회의 견해차는 2005년 9월 20~22일에 리버풀에서 열린 영국 의장과 유럽연합 집행위원회의 합동 시청각 회의 '문화와 상업 사이'에서 극명하게 드러냈다. 이 회의는 집행위원 비비안 레딩의 정보 사회·미디어 이사회Information Society and Media Directorate에서 작성한 성명서 여섯 건에 대한 대응 방안을 논의하는 자리였다.[35] 이 회의는 유럽연합 정보 사회·미디어 이사회와 문화·미디어·스포츠부가 공동으로 주최했으며 유럽연합, 유럽연합 후보국, 유럽자유무역연합European Free Trade Association, EFTA의 업계 대표, 규제 기관, 정부 관료가 참여했다. 회의는 실무 그룹들이 특정 주제를 다룬 논문을 논의하고 기조 강연을 여는 식으로 진행되었다.

영국의 입장은 분명했다. 리버풀 회의 첫날인 9월 20일 인털렉트와 광대역 관계자 협회는 유럽연합 집행위원회에 '백지상태에서 새로 시작하자'며 공동 청원을 제기했다. 언론에 발표한 성명서는 단호했다. "유럽연합 집행위원회에서 제시한 정책 규제 방식은 절대 성공할 수 없다. 이것은 유럽연합이 인터넷을 몰래 규제하려는 술책이다." 위원회의 제안은 "설익었고 타당하지 않으며 부적절하고 불가능하다"는 평을 들었다. "유럽연합이 지금 해야 할 일은 정책 추진을 중단하고 논의를 새로 시작하는 것이다. 우리는 제안된 권고안에 연관된 업계 당사자들을 모두 참여시킬 것을 유럽연합에 요청한다."[36] 미디어 규제 기관인 오프컴의 의장 커리 경Lord Currie도 비판적인 입장이었다. 그는 강연을 이렇게 끝맺었다. "오프컴의 견해를 단적으로 표현하자면, 우리는 현재 태동기에 머물러 있는 서비스까지 규제를 확대하는 것에 회의적이며, 이로 인해 발생할 문제에 대해 우려를 품고 있다."[37]

리버풀 회의에서 영국의 입장은 그다지 지지를 받지 못했다. 회의 말미에 집행위원 레딩은 이렇게 선언했다. "귀를 기울일 시기는 지났다. 이제는 구체적인 내용을 내놓을 때다." 하지만 영국의 정치권, 규제 기관, 업계 등 다양한 이해 당사자들은 리버풀에서 시청각 미디어 서비스 권고안에 반대하는 주장을 열성적으로 제기했다. 이들은 적극적인 로비 활동을 통해 영국과 유럽에서 세력을 넓혔으며 방송, 통신, 기술, 뉴미디어, 광고 부문의 연합을 형성했다. 이들은 영국, 유럽연합, 더 나아가 전 세계에서 활동하는 기업과 기관을 대변한다.[38]

슬로바키아 말고는 어느 곳도 영국의 입장에 동조하지 않는 듯하며, 슬로바키아 역시 정권이 바뀌면서 지지를 철회할 가능성이 있다. 2006년 12월 유럽의회에서 시청각 미디어 서비스 권고안의 최종 초안을 논의할 때, 영국의 로비가 얼마나 효과를 발휘했는지가 판가름 날 것이다.

12

돈을 둘러싼 정보 조작
기업홍보와 런던 증권거래소

애런 데이비스

이 장에서는 기업의 정보 조작 중에서 학계의 관심을 거의 받지 못한 유형에 대해 살펴보려 한다.[1] 일반적으로 관심을 받는 분야는 기업홍보가 대중에 미치는 영향이나 로비가 정부에 미치는 영향인데, 이 장에서는 기업과 금융 분야의 엘리트 집단을 대상으로 하는 기업의 정보 조작 활동과 그 결과를 분석할 것이다. 기업 엘리트 집단이 다른 엘리트 집단을 상대로 수행하는 정보 조작은 일반적인 정보 조작 못지않게 사회와 경제에 영향을 미친다. 다만 메커니즘에는 다소 차이가 있다.

이 장에서는 런던 증권거래소London Stock Exchange, LSE에서 기업 주식을 거래할 때 일어나는 홍보 활동을 주로 살펴볼 것이다. 2003

년에 증권거래소에서 매매된 기업 주식의 양은 1조 3500억 파운드 어치나 된다. 대다수 기업의 최고 경영자들은 매일같이 대주주들을 상대한다. 대형 금융 기관에서 일하는 전문 펀드 매니저가 기업 주식의 85퍼센트를 운용하기 때문에 기업들은 이런 금융 엘리트 집단과의 소통을 중요시한다. 따라서 기업에서는 금융 홍보 또는 대투자자 홍보를 필수적인 활동으로 여긴다. 자기 회사를 중개인과 엘리트 투자자에게 홍보해야 하기 때문이다. 투자 측면에서 보면, 기관 투자가들은 대부분 은행, 연금 기금, 보험 회사 등이다. 다시 말해서 국민 대부분의 연금, 보험금, 기타 예금, 거기다 정부 채무까지를 펀드 매니저 엘리트 집단이 운용하는 것이다. 이들은 기업 및 금융 홍보의 주요 대상이기도 하다. 이런 수준의 기업 정보 조작은 일반 사회에 두 가지 잠재적 영향을 미친다. 첫째, 정보 조작이 만연한 시장에서는 개인 예금, 주택 담보 대출, 보험료, 연금 등의 수준이 오르락내리락한다. 둘째, 정보 조작이 투자 결정을 좌우할 경우 경영 활동, 고용 패턴, 자본 배분 등에 크나큰 영향을 미친다.

금융 정보 조작 메커니즘의 등장

정보와 홍보는 둘 다 주식시장이 돌아가는 데 중요한 요소인데, 이 둘을 구분하기가 쉽지 않다. 규제 당국과 금융 이론가들은 시장이 효과적으로 돌아가기 위해서는 '가격 민감성' 정보의 생산과 유포가 필수적이라고 생각한다. 시장에서 분석과 투자를 수행하는 사람들에게는 투자 결정을 내릴 때 이런 정보가 필수적이다. 이와 동시에 금융시장은 치열한 경쟁이 이루어지는 곳이기도 하다. 기업은 투자를 얻기 위해 서로 경쟁을 벌인다. 주식 중개인과 투자 은행은 금융 서비스를 제공하기 위해 서로 경쟁을 벌인다. 펀드 매니저는 외부 투자가의 돈을 주무르고 라이벌보다 높은 실적을 올리기 위해 경쟁한다. 따라서 서로 자신의 제품과 서비스를 남들에게 홍보하는 일에 관심이 크다. 홍보와 정보는 불가분의 관계다. 전직 금융인은 런던 시티(옛 런던 시가지를 가리키며 금융의 중심지를 뜻한다—옮긴이)를 "거대한 기대의 기계"로 묘사했다.[2] 또한 경험 많은 펀드 매니저는 다음과 같이 표현했다. "모든 것이 바뀌었다. 거래를 성사시키는 것

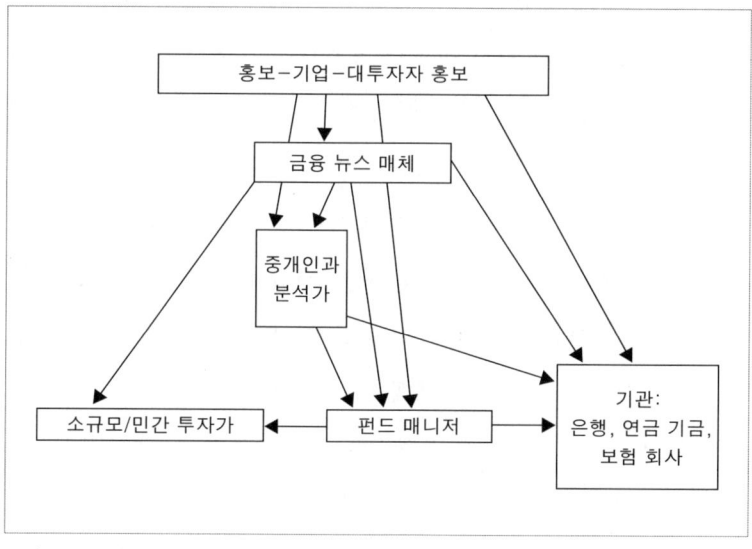

그림 12-1 런던 증권거래소의 정보 조작 흐름

은 한마디로 거대한 마케팅 메커니즘이다."[3]

〈그림 12-1〉을 보면, 최근 몇 년간 정보와 홍보의 메커니즘이 엄청나게 커졌다는 것을 알 수 있다. 이 메커니즘을 이끄는 것은 상장되는 기업 그 자체다. 업계 조사(홍보 컨설턴트 협회 연례 보고서 참조)에 따르면 1980년대와 1990년대를 거치면서 기업홍보 분야는 덩치가 11배 이상 커졌다.[4] 이러한 성장세 속에서 홍보 회사 네 곳 중 세 곳은 다른 기업 및 금융 기관과의 소통에 주력했다.[5] 몇 년 동안 금융 홍보 분야의 성장세가 가장 컸으며, 금융 홍보전문가들은 최고의 찬사와 금전적 보상을 받았다.[6] 1990년대 들어 대투자자 홍보는 더욱 성장했고, 대투자자 홍보협회 Investor Relations Society가 출범하기도 했다. 대투자자 홍보는 전문적인 금융 홍보 업무로 대형 기관 투자가와의 소통을 지향한다.

이런 금융 홍보 활동 중 하나는 정부 내의 금융 규제 기관 및 정책 결정권자와 소통하는 것이다. 하지만 주된 일상 업무는 런던 시티의 엘리트 집단과 소통하여 주가를 최대한 끌어올리고, 인수 합병을 지원받으며, 투자를 더 많이 이끌어내고, 대주주들과 우호적인 관계를 유지하는 것이다. 이러한 임무를 맡은 기업 관리자와 금융 홍보 담당자는 금융 미디어를 관리하려 드는 동시에, 시장에 영향을 미칠 수 있는 런던 시티 내부자들에게 관심을 쏟는다. 어느 전직 펀드 매니저는 이렇게 말했다. "기업 경영의 주 업무란 투자자의 기대를 관리하는 것이라고 생각하는 사람이 아주 많다. 이것은 일종의 자기 충족적 예언 self-fulfilling prophecy이다. 내가 사람들에게 '당신 직업은 쓰레기야'라고 말했을 때 아무도 반박하지 않는다면 이들의 직업은 정말 쓰레기가 되는 것이다."[7]

소통의 경로는 여러 차원에 걸쳐 있는데, 그중 하나가 금융 관련 뉴스 미디어다. 1980~1990년대 금융 관련 언론에 대한 어떤 연구 결과를 살펴보든 뉴스 생산 부문에서 금융 및 경제 뉴스가 많아졌다는 사실을 알 수 있다.[8] 금융 및 경제 관련 언론은 규모가 점점 커져 대중의 관심을 거의 받지 못하면서도 이제는 신문 뉴스의 3분의 1을 차지하고 있다. 또 한 가지 중요한 사실은 뉴스 미디어의 다른 어떤 분야보다도 홍보와 광고의 영향을 많이 받는 것이 바로 금융 뉴스라는 점이다. 홍보 컨설턴트 협회에서 실시한 여론조사[9]에 따르면 《파이낸셜 타임스》는 어떤 전국 신문보다도 홍보성 기사를 많이 싣는다. 홍보 업계에서 만들어낸 기사는 종합면의 경우 26퍼센트, 기업·증시면의 경우 62퍼센트에 달한다. 그 결과, 금융 언론은 금융 홍보라는 목표에 맞게 왜곡되어 버렸다. 파슨스W. Parsons의 말에 따르면 "우려스러운 사실은 예전과 달리 금융 언론이 관찰자보다는 참여자와 '바람잡이' 역할을 하고, 독립적인 해설자나 기자보다는 홍보 회사 노릇을 한다는 점이다."[10]

그러나 금융 미디어의 정보 조작은 런던 증권거래소에서 이루어지는 홍보 활동의 일부에 지나지 않는다. 규제가 발전함에 따라 기업이 내보내고 조작하는 정보의 양도 늘었다. 기업은 영업 보고서와 수지 보고서를 매년 또는 반년마다 발표하며 기업의 발전 상황에 대한 '가격 민감성' 정보를 분기마다 공개하고 정기적으로 공시한다. 이 정보는 인쇄 매체나 전자 형태로 공개될 뿐만 아니라 거래소의 규제 뉴스 서비스Regulatory News Service, RNS를 통해 전달되기도 한다.

정보가 개인적으로 유포되거나 홍보되는 경우도 많다. 기업 최고 경영자와 회계 책임자는 대투자자 홍보전문가의 도움을 받아 펀드 매니저 및 분석가와 소통하는 데 시간을 많이 투자한다. 1990년대 말에 실시한 대투자자 홍보 관련 조사에 따르면, 최고 경영자 중 4분의 3 이상은 펀드 매니저와 1년에 11번 이상 일대일로 면담하며, 최고 경영자 중 10퍼센트는 대투자자 홍보에 업무 시간의 3분의 1 이상을 쓴다.[11] 또 다른 연구에서는 기업 관리자가 분석가나 펀드 매니저와 1년에 평균 52번 일대일로 면담한다는 통계가 나왔다.[12] 대투자자 홍보전문가 또한 분석가에게 관심을 쏟는다. 분석가는 기업에 대한 연구, 분석, 평가를 전문으로 수행하며 정보와 자원이 언론인보다 풍부하다. 이들의 평가는 투자자에게 널리 보급되며 금융 관련 뉴스에 정기적으로 실린다. 여러 자료에 따르면, 기업과 분석가 사이의 통제되고 사적인 정보가 급속히 유포되는 데는 대투자자 홍보의 역할이 필수적이다.[13] 1990년대 말에는 분석가 중 77퍼센트가 대투자자 홍보 담당자와 적어도 일주일에 한 번씩 면담했다.[14]

이 밖에도 관리자, 홍보 담당자, 분석가, 언론인, 펀드 매니저 사이에는 전화 통화, 이메일, 회의가 수없이 이루어진다. 그 결과로 주식 홍보, 서비스, 거래를 비롯해 런던 증권거래소에서 이루어지는 금융 활동을 둘러싼 치밀하고도 거대한 소통망이 탄생했다.

런던 증권거래소에서 이루어지는 정보 조작

금융 정보 조작은 여러 차원에서 이루어진다. 기본적인 차원의 홍보 활동은 대부분 투자 집단이 주식을 계속 찾도록 하여 주가를 높게 유지하기 위한 것이다. 기존 주주에게는 만족감을 선사하고 새 투자자에게는 주식을 살 동기를 부여해야 한다. 기업의 정보 조작은 기업이 미래에도 계속 이익을 올릴 수 있으리라는 장밋빛 회계 자료를 제시하기 위한 것이다. 기업의 수입, 순이익, 배당금과 같은 단순한 회계 수치는 몇 가지를 시사한다. 그러나 아무리 단순한 수치라도 교묘하게 표현할 수 있으며, 알려지지 않은 요인과 추측만 가능한 요인도 많다. 기대 '성장률'과 미래 '시장 점유율' 같은 요인은 예측하기 힘들다. 신제품과 투자뿐만 아니라 더 폭넓은 사회적·경제적 발전이 성공할지 예측하는 일은 훨씬 더 힘들다.

금융 홍보전문가들이 회계 정보를 비롯한 '가격 민감성' 정보를 마음껏 주무를 수 있는 것은 이 때문이다.[15] 금융 홍보 회사의 한 최고 경영자는 이렇게 말했다.

> 시장은 그다지 효율적이지 않다. 시장이 정말 효율적이라면 우리 같은 사람이 있을 필요가 없다. 장기적으로 보면, 자신의 청중을 살펴보고 이들이 무엇을 믿는지 알아내고 원하는 것을 줌으로써 시장에서 성공을 거둘 수 있다. …… 자신의 회사에 대해 진실을 말하면서 청중의 편견과 이해관계를 체계적으로 교묘하게 이용할 방법은 많다.[16]

기업들은 경영진을 부각시켜 홍보에 활용하기도 한다. 한 펀드 매니저는 이런 조사 결과를 얻었다.

> 최고 경영자의 평판은 기업의 평판 중 40퍼센트를 좌우한다. …… 응답자 중 75퍼센트는 기업이 투자 자본을 끌어들이고 위기 상황을 모면하는 데 최고 경영자의 명성이 영향을 미친다고 생각한다.[17]

따라서 최고 경영자와 회계 책임자를 비롯한 고위 임원들은 자신을 홍보하려고 무척 애를 쓴다. 이들은 미디어에 얼굴을 내밀고 런던 시티의 주요 인사들을 만난다. 한 고참 펀드 매니저는 이렇게 회상했다.

> 보다폰의 크리스 젠트Chris Gent는 카리스마가 넘치는 인물이었다. 나는 보다폰이 크리스 젠트와 동일시되며 그가 엄청난 영향력을 행사했다고 생각한다. …… 그를 만나면 현혹되기 쉽다. 나는 그에게 빠져들지 않으려 정신을 바짝 차려야 했다. 사람들은 겉모습으로 상대방에게 최면을 걸려고 든다. 이 세상이 바로 프레젠테이션 무대다.[18]

기업이 시장 정보 조작의 첫 번째 차원이라면 주식 중개인과 분석가는 두 번째 차원을 이룬다. 중개인은 기업의 주식을 사고파는 대가로 투자자에게 수수료를 받는다. 1986년에 런던 증권거래소의 규제가 풀리기 전까지는 수수료율이 고정되어 있었다. 따라서 중개인은 재무 분석과 조언을 토대로 고객을 끌어들였다. 언론인과 펀드 매니저는 이런 분석을 기업에 대한 권위 있는 '전문 지식'으로 받아들였다. 하지만 규제가 완화된 이후 투자 은행에 매각된 증권 회사들은 모순되는 역할을 수행하게 되었다. 이들은 다양한 활동을 통해 수수료를 거두어들이며 인수 합병을 장려하고 협력 기업을 과대 포장하며 투자를 부추기고 주식 투자를 치켜세우려 든다.

그래서 분석가들은 규제 완화 이후로 주식을 사거나 투자하라고 권고하는 경향이 커졌다. 이들은 '매도' 권고보다는 '매수' 권고를 훨씬 많이 한다. 2000년에 '매도' 권고는 전체의 1~2퍼센트에 지나지 않았다. 이후 3년 동안 주식시장은 분명히 내리막길을 걸었지만 여전히 매수 권고가 매도 권고보다 다섯 배나 많았다.[19] 중개인은 개별 주식뿐만 아니라 투자 행태에도 바람을 넣는다. 지난 10년 동안 생명공학, 통신, 미디어, 인터넷, 석유, 천연가스 회사의 주식은 모두 시장의 상승 종목이었다. 이러한 결과, 과잉 투자 때문에 거품이 일었다 꺼졌다. 대투자자 홍보전문가는 다음과 같이 말했다.

> 투자는 유행을 타는 업종이다. 이것은 틀림없는 사실이다. 투자는 의류, 주택, 대학과 다를 바 없는데, 이들은 모두 유행을 타는 산업이다. …… 아무리 오래 두고 보아도 기업이 시절을 잘 탔는지, 아니면 진짜 경영을 잘하고 있는지를 알기란 쉽지 않다.[20]

중개인, 펀드 매니저, 주식시장 내부자가 얽혀 있는 세 번째 차원의 금융 정보 조작은 주식시장 자체의 홍보다. 중개인은 온갖 종류의 거래와 기타 금융 활동으로 이익을 얻는다. 이들은 활동 영역을 넓힐수록 수수료를 더 많이 챙길 수 있기 때문에 주식 투자 자체를 부추기려 든다. 스미더스A. Smithers와 라이트S. Wright는 이렇게 설명했다.

과학자는 데이터와 일치하지 않는 가설을 거부하지만, 주식 중개인은 자신의 가설과 일치하지 않는 데이터를 거부한다. …… 주식 중개인의 '가설'은 주식이 대단하다는 것이다. 이 가설을 받아들이지 않는 주식 중개인은 곧 주식 중개인 노릇을 하지 못하고 쫓겨날 것이다. …… 과학자들은 진실을 추구하는 대가로 먹고살지만, 주식 중개인은 주식을 파는 대가로 생계를 유지한다.[21]

마찬가지로 펀드 매니저는 대형 외부 기관이 주식시장에 돈을 투자하도록 부추기고 자기 회사가 이 돈을 관리하게 함으로써 이익을 얻는다. 펀드 매니저는 대부분 실적과 상관없이 자기가 주무르는 액수에 비례하여 고정된 수수료를 받는다. 따라서 이들의 주된 목표는 돈을 더 많이 주무를 수 있도록 주식시장에 더 많은 투자를 이끌어내는 것이다. 이 돈이 채권이나 외환, 부동산 시장, 또는 경쟁 관계에 있는 주식시장에 흘러들면 안 된다. 한 고참 회계사는 이렇게 말했다.

펀드 매니저의 회계 모델은 결함이 있는 것이 틀림없다. 이들은 자금을 얼마나 관리하느냐에 따라 수입을 올린다. …… 이렇게 되면 시장이 불황일 때도 자신의 수입을 증가시키기 위해 거래량을 늘리는 짓을 하게 된다. 시장이 활황이고 거래가 활발할 때는 벌려놓은 일을 수습하기에 바쁘다. 중개인은 엄청난 이익을 누릴지 몰라도 사람들은 불만을 느낀다. 그러니 이런 식으로 제품에 가격을 매기는 것은 완전히 잘못된 방법이다.[22]

1990년대를 지나 2000년 주가 폭락에 이르기까지 주식시장에서 이러한 홍보 행위는 뚜렷이 드러났다. 펀드 매니저와 시장 내부자가 쓴 수많은 책은 주식시장이 앞으로 성장하리라는 장밋빛 전망을 쏟아냈다. 시걸 J. Siegal 의 《주식 장기 투자 Stocks for the Long Run》, 글래스먼과 해셋 K. Hassett 의 《다우지수 36000 Dow, 36000》 같은 책들은 증시를 과대 포장하여 베스트셀러가 되었다.[23] 금융 미디어 논평가 역시 '비이성적 과열'을 조장하는 데 한몫했다. 내부자, 외부자, 대형 기관, 소규모 투자자 모두 이 열풍에 휩쓸렸다.[24] 펀드 매니저와 중개인은 모두 이런 홍보 활동으로 이익을 누리려 들지만 상당수는 이 허풍이 진짜라고 믿는 듯했다. 실러 R. Shiller 의 연구에 따르면 강세 시장이 폭락한 이후인 2000년에도 전문 투자가 중 97퍼센트는 증시에 투자하는 것이 가장 바람직하다고 생각했으며, 80퍼센트는 증시가 2년 이내에 원상회복되리라고 생각했다.[25]

네 번째 차원의 홍보는 시장 이데올로기 자체다. 시장 이데올로기가 뜻하는 바는 시장이 언제나 옳으며 시장 참여자들은 시장의 작용에서 비롯되는 부정적인 여파에 책임을 지지 않아도 된다는 것이다. 일상적인 차원에서 보면, 제대로 돌아가는 경제의 중심에 항상 주식시장이라는 놀라운 메커니즘이 자리 잡아야 한다는 의미가 된다. 이러한 '효율적 시장' 철학에 따르면 시장 참여자들은 합리적인 존재이며, 비합리적인 개인이나 시장 움직임은 시장 자체의 장기적 힘에 진압되고, 주식시장은 자본을 투자하는 가장 효율적인 방법이 된다. 한 펀드 매니저는 워런 버핏 Warren Buffett 의 유명한 표현을 들어 이렇게 설명했다.

> 단기적으로 보면 주식시장은 자동 투표 집계기다. 하지만 장기적으로 보면 계량기와 같다. 다시 말해 주식시장은 전체적으로 볼 때 자본을 효율적으로 배분한다. '주식stock'이라는 단어는 '재고'를 뜻하기도 한다. 따라서 주식시장은 자본에서 생기는 재고를 거래하는 시장이다. 이렇듯 주식시장은 자본을 배분하고 이익을 제대로 얻지 못하는 기업에서 자본을 빼내 높은 위험 조정 수익률을 올리는 부문에 배분한다. 따라서 주식시장은 언제나 효율적이다.[26]

시장 이데올로기는 자유시장적인 사고가 모든 사회·정치 문제를 해결하리라는 믿음이다. 런던 시티의 여러 관찰자들이 말했듯이 친시장 정당과 친시장을 지지하는 정당은 하나의 '확립된 기준'이다.[27]

주식시장 안팎에서 금융 엘리트 집단은 방대한 홍보 자료를 생산하고 소비한다. 기업들은 자사와 자사의 주식을 홍보한다. 중개인과 투자 은행은 자신의 서비스와 거래에서 인수 합병까지 일반적인 시장 활동을 홍보한다. 펀드 매니저는 자신의 서비스와 주식 투자를 전반적으로 홍보한다. 런던 증권거래소에 몸담은 사람들은 모두 런던 증권거래소 자체를 홍보한다. 상당수는 이 홍보 활동에 관여할 뿐만 아니라 이를 사실이라고 믿기까지 한다.

금융 정보 조작의 사회적·경제적 결과

금융 정보 조작의 결과는 과연 어떻게 나타날까? 금융 엘리트 집단 사이의 정보 조작은 일반 사회, 경제, 정치에 어떤 영향을 미칠까? 두 가지 일반적인 차원에서 살펴보자. 첫 번째 결과는 대부분의 홍보성 정보 조작과 마찬가지로 금융 엘리트 집단의 소통과 의사결정 또한 내부 시장의 문제에 지나치게 집중되고, 따라서 시장 이외의 요인은 토론과 평가 과정에서 배제된다는 것이다. 두 번째 결과는 투자자들이 규모와 상관없이 주식시장이라는 예측할 수 없는 메커니즘에 막대한 공적·사적 자금을 쏟아붓도록 유도한다는 것이다. 이번에도 책임지지 않는 도박이 벌어진다.

첫 번째 문제 때문에 경영 목표와 재무 보고는 금융 정보 조작에 크나큰 영향을 받는다. 기업 경영은 투자자에게 주주의 이익이 중단기적으로 향상되리라고 설득하는 과정으로 전락한다. 고용 조건, 환경, 장기적 연구 투자, 개발은 모두 뒷전으로 밀려난다. 런던 시티의 여론을 조사해 보면, 기업을 평가하는 기준은 예외 없이 경영진의 명성과 투자 수익률이라는 것을 알 수 있다. 고객 응대, 직원 처우, 사회적 책임 따위를 언급한 응답자는 극소수에 불과하다.[28] 마찬가지로 주류 매체의 금융 및 경제 보도 또한 이런 문제에 무관심하다. 그렇다고 금융 관련 보도가 경제 정책, 재정 정책, 경제 이론, 세계화, 그리고 환경과 지역 사회에서 기업이 수행하는 역할과 같은 폭넓은 주제를 다루는 것도 아니다. 기관 투자자든 개인 투자자든 관

심 주제는 오로지 투자자에게 주식을 팔아치우는 것뿐이다.[29]

기업 경영진과 핵심 투자자가 기업의 전략적 발전 계획에 동의한다면 더 심각한 문제가 일어날 수 있다. 이런 계획은 언제나 주주에게 돌아가는 이익을 늘리는 데 치중하며, 생산성 향상 운동productivity drive, 효율성을 통한 절약efficiency saving, 인수 합병 등에 동원된다. 이것은 다시 직원들에게 직접 영향을 미쳐 일자리 감소, 고용 계약 유연화, 다중 작업 부과, 장시간 노동, 복지 및 연금 축소, 환경오염 같은 결과를 가져온다. 하지만 이런 문제는 주주 이익에 비해 사소한 것으로 치부되기 때문에 무시당하기 십상이다. 시장에 내재하는 투자 선입견도 중요한 문제다. 영국은 장기적 연구 개발에 대한 투자가 주요 경쟁국보다 상당히 저조했기 때문에 산업 기반은 급속도로 약화되었다. 신생 기업과 시장 가치가 낮은 기업은 투자를 받기 힘들다.[30] 상당수 펀드 매니저와 기업 경영진은 해가 갈수록 단기 수익에 대한 압박에 더 많이 시달린다.

두 번째 일반적인 영향은 사회 전반에서 자본이 잘못 분배되고 낭비된다는 것이다. 이것은 일반 사회에도 골칫거리다. 더 효과적으로, 또는 더 안전하게 투자할 수 있는 공적 자금과 민간 자금이 주식시장에 흘러들기 때문이다.

1980~1990년대 내내 공적·사적 자본이 런던 증권거래소, 특히 주식시장으로 대폭 흘러든 것은 주로 금융 정보 조작 탓이다. 1979년에서 1996년 사이에 국영 기업 59개 사가 대규모로 공개 매각되었다.[31] 이는 현재 런던 증권거래소에서 거래되는 시가 총액의 약 20

퍼센트를 차지한다. 생명보험 회사와 주택 조합 또한 런던 증권거래소에서 자금을 조달하려고 상호 부조 기관의 지위를 잇달아 포기했다. 이러한 변화 때문에, 공적으로 관리되던 대량의 공공 자금이 힘센 민간 투자 회사의 손으로 넘어갔다. 공공 기관은 거래할 수 있는 상품으로 바뀌었을 뿐만 아니라 잉여 자본 상당수를 주식시장에 투자하기까지 했다. 이 중에서도 연금 회사들은 기금을 대부분 주식시장에 쏟아부으며 전문 펀드 매니저에게 맡겼고, 상당수 은행도 마찬가지였다. 마찬가지로 많은 사람들이 개인 저축을 정부에서 보증하는 투자 상품에 투자하라는 조언을 받았고, 이런 자금은 주식시장에 직접 투자되었다. 분명한 사실은 재무 관료, 기업 경영진, 연금 기금 수탁 기관, 보험 회사 이사회, 소매 은행 모두 잉여 자본을 런던 증권시장에 투자하는 것이 가장 바람직하다고 믿게 되었다는 것이다.

앞에서 언급했듯이 펀드 매니저는 실적이 아니라 자신이 주무르는 자금의 규모에 따라 고정된 수수료를 받는다. 남의 돈으로 도박을 벌이는 것이다. 이들은 실패해도 잃을 것이 없지만 성공하면 엄청난 보너스를 얻는다. 남의 돈으로 도박하면서 고객이 아니라 자기 기준으로 위험을 계산하는 것이다. 경험 많은 전직 펀드 매니저는 이렇게 설명했다.

> 문제는 아주 간단하다. 주식 중개인, 펀드 매니저, 자본 소유주는 이해관계가 충돌한다. 이것은 절대 주식 중개인이나 펀드 매니저의 잘못이 아니다. 경영 위험business risk이 고객의 자산 위험을 초과한다면 이를 감수해서는 안 된다.[32]

하지만 주식시장의 여러 내부자가 털어놓았듯이, 사회적 관점이나 고객 중심의 시각에서 투자 문제를 평가하는 자리에 펀드 매니저가 있어야 할 이유는 무엇인가? 펀드 매니저와 기관 투자가는 대부분 자신이 쥐락펴락하는 업계에 대해 아는 것이 전혀 없다. 대부분은 해당 분야에 종사한 적도, 자격을 취득한 적도 없다. 이들이 집착하는 재무 부문은 정보 조작에 좌우된다. 한 기업의 대표이사는 다음과 같이 말했다.

> 비경영인에게 사업을 맡기는 것은 나를 올림픽에 내보내는 것과 마찬가지다. 그러고는 이렇게 말하는 것이다. "아무개는 버스를 잡느라 이따금 달리기를 하고, 대런 캠벨Darren Campbell(영국 육상 선수-옮긴이)은 일주일 내내 훈련한다. 그러니 아무개를 200미터에 출전시키자." 이들이 어떻게 전략을 세울 수 있겠는가? 이것은 미친 짓이다. 펀드 매니저들은 기업을 주무르지만 사업을 경영하는 법을 아는 사람은 아무도 없다.[33]

이러한 런던 시티의 정보 조작은 무지, 근시안, 이기심과 결합해 사회에 막대한 손해를 끼쳤다. '비이성적 과열'이 주식시장의 거품과 거품 붕괴를 몰고 온 것은 한두 번이 아니다. 이때마다 중복되는 인프라, 연구, 그리고 도산하는 기업에 외부 투자자의 막대한 자금이 헛되이 쓰인다. 최근 사례는 2000년에 일어난 사건이다. 주식시장은 이성을 상실한 듯 치솟았다. 1929년 월스트리트 대폭락 직전의 상황과는 비교도 되지 않았다. 미국 시장을 나타낸 〈그림 12-2〉

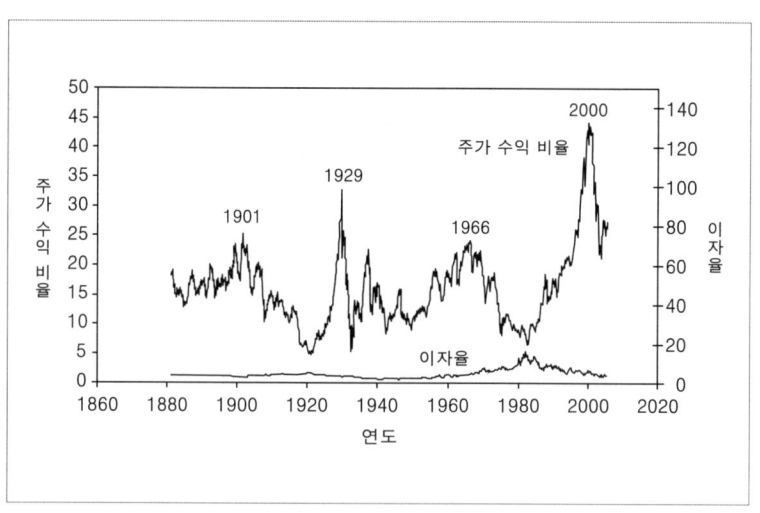

그림 12-2 S&P 종합주가지수의 주가 수익 비율

에서 알 수 있듯이, 수익과 비교한 기업의 주가에 따르면 합리적인 투자 수익은 도무지 기대할 수 없었다.[34] 결국 거품은 꺼졌고 영국 증시는 3년 동안 불황의 늪에 빠졌다. 첨단 기술 기업과 인터넷 기업들이 점유율을 높이려 안간힘을 쓰는 동안 5억 파운드에 달하는 자금이 쓸모없는 인프라에 낭비되었다. 연금 기금은 대규모 부족 사태를 맞았다. 보험 회사들은 보험금을 지급할 자금이 모자랄 지경이었고, 양로보험 담보 대출endowment mortgage은 만기일이 되어도 상환이 불가능했다. 개인 저축도 엄청난 손실을 입었다. 거품에서 붕괴로 이어진 11년 동안 크든 작든, 공공이든 민간이든 투자가들이 모두 고금리 계좌에 투자했다면 막대한 이익을 얻었을 것이다. 또 수많은 기업과 개인이 파산하는 일도 없었을 것이다.

앞으로 해야 할 일

이런 문제를 해결하려면 정보 조작의 핵심을 공격해야 한다. 이런 발상과 행위가 발전하는 현장에서, 예를 들어 런던 시티의 금융 엘리트 집단 속에서 정보 조작과 시장을 지배하는 사고에 맞서야 한다. 정보 조작을 없애기란 쉬운 일이 아니기 때문에, 그보다는 정보와 보도가 정보 조작과 시장 내부자의 홍보 목표에 따라 설정되지 않은 의제를 따르도록 만들어야 한다. 금융 부문에 있는 모든 차원의 의사결정권자들은 이러한 의제를 넘어설 수 있도록 정보 출처를 넓혀야 한다.

금융 언론을 회복하는 것은 중요한 과정이다. 과거 금융 언론은 경제와 정책을 논의하는 자리였으며, 이들의 독자는 단순한 투자가나 금융 상품의 소비자에 머물지 않았다. 금융 부문에 종사하지 않는 엘리트 집단도 금융 및 경영 뉴스에 발언권을 행사하려 애써야 한다. 사람들이 거의 읽지 않는 경제면에서 이런 뉴스를 빼내야 한다. 금융이라는 주제를 대중에게 더 친숙하게 만들어야 하며, 1년에 한 번 예산을 논의할 때만 다루는 주제가 되어서는 안 된다. 이렇게 되면, 펀드 매니저에서 규제 기관에 이르기까지 금융의 핵심을 이루고 있는 사람들이 자신의 행위에 더욱 공개적으로 책임을 질 수 있을 것이다. 우리는 정치인이나 공공의 대변자에 대해 모든 것을 알고 있지만, 장관들보다 훨씬 많은 공적 자금을 주무르는 사람들에 대해서는 아는 것이 전혀 없다.

둘째, 비시장적 사고가 시장의 작용에 더 많은 영향을 미쳐야 한다. 재무부에서 금융 서비스 당국에 이르기까지 정책 결정 기관과 규제 기관은 비경제학자와 런던 시티 외부자의 의견에 귀를 더 기울여야 한다. 현재 대부분 규제는 자율 규제에 머물러 있으며, 런던 시티를 평가하는 주체는 주류 경제학자와 런던 시티 내부자다. 기업 경영진은 모두 시장의 좁은 가능성과 고전 경제학의 가정에서 벗어나지 못한다. 필자는 금융계 핵심 인사에서 브로커와 펀드 매니저에 이르기까지 시장 내부자 100여 명을 인터뷰했다. 이 중 상당수는 시장적 사고가 현실에서 실패하는 사례를 종종 경험했다. '효율적 시장'이 규범이기보다는 극단적인 경우라고 생각하는 사람들도 있다. 한 고참 펀드 매니저는 이렇게 말했다. "나는 한물간 이후 줄곧 시장의 문제점에 대한 책을 쓰고 싶었다. 그것은 내가 여기까지 오게 된 과정과 완전히 모순된다. 나는 시장 기능이 위험할 정도로 장애를 겪고 있다고 본다."[35]

셋째, 공적 자금을 투자하고 금융 부문의 인센티브와 보상을 결정하는 사람들은 금융을 잘 알아야 하며 사회 문제에 관심이 많아야 한다. 그러나 연금 기금 수탁자에서 주택 담보 대출 회사에 이르기까지 우리 돈을 투자하는 사람들은 투자의 위험성을 깨닫지 못하는 경우가 허다하며, 이 때문에 쉽게 정보 조작의 대상이 된다. 이들은 펀드 매니저와 기업가의 행위와 그들이 얻는 보상을 거의 문제 삼지 않는 듯하다. 따라서 이들은 자기도 모르는 사이 펀드 매니저들이 고객에게 손해를 끼칠 수 있는 목표를 설정하며, 금융 엘리트 집단의 활동에 이의를 제기하지도 못한다.[36]

13

신노동과 영미 싱크탱크의 관계

윌리엄 클라크

데모스는 영국의 공공 부문에서 이름난 싱크탱크다. 많은 사람들은 데모스가 공공정책연구소Institute for Public Policy Research, IPPR 같은 싱크탱크 및 정책 기관과 함께 신노동당 정부의 이념적 기반을 제공하는 좌파 기구인 줄 알고 있을 것이다. 그런데 데모스가 어떤 일을 하는지, 정부를 비롯한 사회의 힘센 이익집단들과 어떤 관계인지를 살펴보니 흥미로운 사실이 발견되었다.

    싱크탱크는 현대 서구 사회에서 묘한 정치적 공간을 차지하고 있다. 이들은 정책 결정권자에게 유용한 기관이 되는 것을 목표로 삼으면서도 후원에 의존하는 경우가 많은데, 그 후원사는 대개 대기업이다. 싱크탱크의 역할에 대해서는 중요성에 비해 이론화나 연구가 그다지 이루어지지 않았다. 싱크탱크는 오래전부터 정책과 여론을 형성해 왔다. 20세기 후반 신자유주의 혁명의 최전선에 선 몽펠르랭 협회[1]처럼 영향력 있는 집단을 필두로 경제문제연구소,[2] 애덤 스미스 연구소, 정책연구센터를 비롯한 기관들이 열심히 뒤따랐다. 이들 집단은 우파적 지향과 철학을 공공연히 드러냈는데, 데모스와 공공 정책연구소가 좌파를 지향하는 것으로 알려진 것은 이 때문이기도 하다. 이 장에서는 데모스와 기존 신자유주의 싱크탱크의 관계를 밝히고, 데모스와 기업 로비 집단, 국가, 정보기관의 관계를 살펴볼 것이다. 이는 기업과 정치권이 노동운동을 구슬리고 노동당을 거대 기업의 정당으로 탈바꿈시키는 마지막 단계에서 데모스가 모종의 역할을 수행했다는 뜻이다.[3] 우리 이야기는 좌파의 위협(일방적 군축이라는 노동당 정책과 전국 지방 의회에서 노동당 좌파의 세력이 커지고 있는 것)에 대한 미국과 영국의 대응에서 시작된다.

MI6와 CIA 요원을 지낸 브라이언 크로저Brian Crozier의 회고록 《프리랜서 요원Free Agent》을 읽어보면 1980년대 중반 영국 좌파에 맞선 은밀한 공작의 전개 과정과 미국의 역할을 파헤칠 실마리를 얻을 수 있다. 크로저는 전도유망한 금융인과 중요한 면담이 있다며 1985년 2월 27일에 런던 히드로 공항에 가라는 명령을 받는다. 이 금융인은 보수 정계에 잘 알려진 인물이었다. 그는 전날 저녁 총리 관저에서 대처 총리, 키스 조지프, 그리고 또 다른 미국 재벌과 저녁을 먹고 막 돌아온 참이었다. 크로저는 이렇게 기록했다.

대화 주제는 소련의 위협도 …… 경제 상황도, 총선도 아니었다. 국내에 잠재해 있는 문제가 이날의 주제였다. 광역 런던 의회Greater London Council, GLC와 여러 지방 의회의 자칭 '인민 공화국' 정부라는 골칫거리 말이다.[4]

대처는 신문에 이에 대해 경고하는 전면 광고를 싣고 싶어 했지만, 이 금융인의 생각은 달랐다. 크로저는 이렇게 썼다. "우리에게 필요한 것은 적의 방법을 그대로 이용하는 전면적인 역공 프로그램이었다. 자신의 기존 조직을 통해 이런 프로그램을 지원할 수 있는 사람은 한 명밖에 없었다. 그 사람이 바로 나다." 크로저는 다음 날 반드시 총리를 만나라는 지시를 받았다. 대처는 "민간 부문에 도움을 구하고 있다"고 말했다. 정부 안에서 역공을 추진하려던 시도가 좌절되었기 때문이다. '위대한 금융인'은 거물 기업인 네 명에게 기부를 받아 '적절히 큰 예산'을 마련하라고 조언했다. 크로저는 작업에 착수했다.

영국 좌파를 처리하는 문제는 백악관에서도 골칫거리였다. '계승자 세대successor generation'라는 개념이 처음 등장한 것은 2년 전 크루즈 미사일과 퍼싱 미사일 배치에 반대하는 운동 등 반미 감정이 고조되자 이에 대처하려고 연 회의 자리였다. 유럽 내 미군 기지의 안전과 반미 감정의 증폭을 염려한 레이건은 냉전 시대의 네트워크를 다시 가동시켰다.[5] 아일랜드 주재 미국 대사가 소환되었는데, 그는 반대 세력을 물리칠 전략을 개발하는 임무를 부여받았다. 1983년 3월 21일에는 '민간 부문 기부자'를 모집하는 회의가 열렸다. 비밀 해제된 국가안전보장회의National Security Council, NSC 문서에 따르면, 이 날 회의에는 레이건 대통령, 크로저와 친분이 두터운 미국 금융인 제임스 골드스미스James Goldsmith, 루퍼트 머독, 조지 갤럽George Gallup, 미국 해외공보처US Information Agency의 찰스 윅Charles Wick 등이 참석했다. CIA 국장이 남긴 메모에 따르면, 회의는 "특히 유럽 내에서 우리에게 무엇이 필요한가에 …… 초점을 맞추었다".[6]

크로저와 냉전주의자 동료들에게는 하늘이 주신 기회였다. 이들은 영국의 핵심적인 여론 형성 집단에 친미 성향을 주입하려 했다. 레이건은 회의 자리에서 이렇게 말했다. "계승자 세대에 특히 관심을 기울여야 한다. …… 이들은 국방과 안보 문제에 협력해야 할 것이다."[7]

2년 뒤인 1985년에 '계승자 세대를 위한 영미 프로젝트British American Project for the Successor Generation'(이하 BAP) 첫 회의가 열렸다. "28~40세 미국인 24명과 영국인 24명이 모였다. 이들은 현재까지 달성한 성과에 비추어 볼 때 다음 세대에는 자국의, 어쩌면 세계의 지도자가 될 것이다."[8] BAP의 범대서양주의자Atlanticist '계승자 세대'는 좌파와 우파의 미래 지도자들을 새롭고도 특별한 관계로 엮은 것이었다. 여기에는 세계 초강대국에 걸맞은 생각과 정서를 심어주려는 목적이 있었다. 톰 이스턴Tom Easton의 분석에 따르면 이러한 움직임은 반좌파 연대, 예를 들어 CIA의 후원을 받는 문화자유회의Congress for Cultural Freedom, CCF가 주도한 네트워크를 구시대의 유물로 만들었다.[9]

크로저는 1983년과 1987년 영국 총선에서 좌파의 표를 분산시키는 데 성공한 사회민주당Social Democratic Party, SDP을 창당하는 데 관여했다. 그는 당시 총리였던 마거릿 대처에게 보수당 정부 정책에 반대하는 대표적인 단체들, 즉 정치인 켄 리빙스턴Ken Livingstone을 비롯한 비핵 지대 지지자들, 광역 런던 의회, 영국 공산당Communist Party of Great Britain, CPGB, 그리고 과격파 사회주의자 단체인 '밀리턴트Militant' 지도부에 맞서 노골적인 전복 공작을 수행하라는 임무를 받았다.¹⁰ 이에 대한 기록이 사회주의를 비난하는 선전 출판물의 형태로 남아 있는데, 저자는 크로저의 친구인 경제문제연구소의 고故 아서 셀든Arthur Seldon이다.¹¹ 몇 년 뒤 셀든은 데모스에 합류하여 영국 공산당의 마틴 자크Martin Jacques와 함께 이사회에 참여하게 된다. 자크는 셀든과 경제문제연구소가 예전에 '빨갱이 위협red threat'으로 간주한 인물이었다.

좌파를 공격하기 위한 크로저의 공작은 보수당 장관 마이클 헤슬타인Michael Heseltine이 추진하고 있던 계획을 보완한 것으로 보인다. 헤슬타인은 그 당시 막 출범한 핵 비무장 운동에 초점을 맞추고 있었다.¹² 1980년대 중반 노동당 안에서도 반좌파 운동이 격화되고 있었다. 반대 진영은 '밀리턴트'를 대놓고 비난했으며, 공공정책연구소, BAP, 대서양이사회Atlantic Council, 노동당 금융산업 그룹Labour Finance and Industry Group, LFIG처럼 현대적인 기구를 내세웠다. 신노동당의 뛰어난 정치조정가이자 모략가인 피터 맨덜슨은 이 네트워크의 핵심 인물이었다. 그는 당시 컨설팅 회사 SRU에서 일하고 있었다.¹³

이 장에서 필자는 데모스와 '메저닌The Mezzanine'이라는 회사를 설립한 위성 기관 내에서 범대서양주의자들이 어떤 관계를 맺고 있는가에 주목했다. '메저닌'이라는 이름은 이들이 함께 이용한 런던 중심부의 사무용 건물에서 따왔다. 신노동의 출현을 제대로 이해하려면 신노동의 허울을 정당화하려는 여러 대리 기관들의 상호 작용을 먼저 이해해야 한다. 이를 위해서는 데모스를 중심으로 메저닌에 모여 있는 기관들의 체계를 살펴보아야 한다. 이상하게도 사무실(정부 부처가 이용하는 두 층 위아래에 몰려 있다. 맞은편에는 데모스의 주요 후원사인 셸의 본사가 있다)을 임대한 기관은 모두 메저닌 무역 회사 소속이었다. 이 기관들은 모두 일사불란하게 움직이는 듯했다.

메저닌을 매개로 얽혀 있는 신노동당의 연결 관계는 문화자유회의 네트워크를 빼닮았다. 1940년대 마셜 플랜, 1950~1960년대 CIA의 노동당 정책 개입, 1980년대 초 사회민주당의 붕괴, 그리고 현재 신노동당의 친미 성향에 이르는 사건들 사이에는 어떤 일관성이 있는 듯하다. 필자는 이것이 미국 외교 정책, 궁극적으로는 미국 자본의 이익을 위해 영국 좌파에 영향을 미치고 타격을 가하려는 장기적 과정의 일환이라고 생각한다. 9·11 이후 블레어가 부시에게 충성을 바치는 모습이 의아했다면, 여기에서 밝힐 뒷이야기에 귀가 솔깃할 것이다.

데모스

데모스의 창립자 제프 멀건Geoff Mulgan의 이력에는 1996년에 BAP 회원이었으며 '밀리턴트'에 몸담았다는 사실이 빠져 있다.¹⁴ 그가 노동당을 위해 '붉은 쐐기Red Wedge' 연예 홍보 활동을 조직했다는 사실도 밝히지 않았다.¹⁵ 노동당 청년 사회주의자Labour Party Young Socialists는 '붉은 쐐기' 결성 작업에서 배제된 것으로 알려져 있는데, 이들이 '밀리턴트'의 지휘를 받았으며 노동당 지도부를 대놓고 비난했기 때문이다.¹⁶ 1988년에 BAP에 합류한 피터 맨덜슨은 이렇게 털어놓았다. "이 모든 일이 시작된 것은 내가 홍보국장을 맡고 있을 때였다. 나는 '밀리턴트'를 소탕하고 있었다. 이 세계의 토니 벤Tony Benn, 켄 리빙스턴, 데릭 해턴Derek Hatton 패거리가 나의 적이었다."¹⁷

맨덜슨은 자신의 싱크탱크인 정책 네트워크Policy Network에서도 반좌파 활동을 계속했다. 이 기관 또한 메저닌에 근거를 두고 있으며 미국의 '제3의 길' 기관들과 연계되어 있다. "맨덜슨은 정책 네트워크의 유명세를 이용하여 반세계화 운동가들의 정책에 대해 공격을 시작할 거라고 말했다."¹⁸ 정책 네트워크에는 블레어의 이너 서클, 즉 어도니스 경Lord Adonis, 로저 리들Roger Liddle, 어데어 터너Adair Turner, 필립 굴드Philip Gould, 앤서니 기든스Anthony Giddens가 대거 포진해 있었다.¹⁹

멀건이 데모스에서 수행한 작업은 한마디로 '무익한 비인간화'라고 할 수 있다. 그는 "사회에서 낙오하여 사회 질서를 위협하는" 젊은이들을 악당으로 몰기 위해 '패배한 늑대underwolves'라는 단어를 만들어냈다. 이것은 하층계급underclass를 다룬 찰스 머리Charles Murray의 책에서 힌트를 얻은 것이다. 머리는 빈곤 계층을 '쓸모 있는' 부류와 '쓸모없는' 부류로 나누어 국가적 지원의 부당한 철회를 정당화했다. 이를 계기로 데모스는 '사회적 배제social exclusion'에 관심을 두기 시작했다.[20]

1990년부터 1992년까지 멀건은 고든 브라운Gordon Brown의 특별 자문을 지냈는데, 브라운이 예비 내각의 통상 장관을 맡고 있을 때였다.[21] 멀건은 자신이 "클린턴 선거 캠프와 노동당의 연락책이었으며, 미국 측과 수많은 전화 통화를 나누었다"고 말했다. 그가 어떻게 이런 인맥을 쌓았는지는 밝혀지지 않았다.[22] 멀건은 1995년에 맨덜슨이 이끄는 '비밀 위원회'에 몸담았다. 이들은 노동당의 현대화에 필수적인 정책 변화를 연구했다.[23] 웨스트민스터에서 격주로 열린 이 위원회는 블레어가 루퍼트 머독을 만나러 떠나기 직전인 1995년에 설립되었으며, 공식적으로는 노동당 지도부를 위해 '연설문과 성명서 작성을 돕는' 외부 전문가 집단으로 통했다. 영국 의회의 원로 의원 중에는 이 위원회가 정책을 결정하는 배타적 포럼이라고 말하는 사람들도 있었다. 배제된 인사 중에 대표적인 인물로는 고든 브라운과 로빈 쿡Robin Cook이 있었다. 위원회에는 의원이 한 명도 들어 있지 않았으며, 로저 리들(당시 런던 시티의 경제 전문가였으며 로비스트로 활동하기도 했다. 블레어가 총리를 지낼 때 특별 자문을 맡았고, 현재 브뤼셀 유럽위원회에서 무역 담당 집행위원인 맨덜슨을 위해 일하고 있다), 데릭 스콧Derek Scott(리들과 함께 사회민주당에 몸담은 경력이 있다), 퍼트리샤 휴잇Patricia Hewitt(당시 글로벌 회계법인 아서 앤더슨에서 일했다), 텔레비전 연출가 마이클 윌스Michael Wills(이후에 영국 의회 노동당 의원이 되었다) 등이 참여했다. 여기에서 맨덜슨과 리들은 블레어에게 사회민주당을 이용하라고 부추겼다. 이들은 사회민주당이 정당 모델로서 "지지 기반이 넓고 특정 이해관계에 매여 있지 않다"고 말했다.[24] 스콧과 멀건은 1998년 2월 정부 차원의 첫 대규모 미국 방문 때 블레어를 수행했다.[25]

멀건이 총리 정책실에 들어가 정부 공무원이 되자 데모스의 실험은 사회적 배제, 복지에서 노동으로welfare to work, 가족, 자발적 부문voluntary sector, 기타 빈곤층을 대상으로 하는 이슈 등의 새로운 구호로 둔갑했다. 보수당은 이번 인사가 '정실 인사'이며 행정부를 노동당 밑에 두고 정치적으로 이용하려는 수작이라고 비난했다.[26] 멀건은 내각부 산하 성과혁신국Performance and Innovation Unit, PIU 국장에 이어 총리 공관에 있는 블레어의 미래전략국Forward Strategy Unit 국장을 맡았다. 그는 정치 자문에서 어엿한 공무원으로 탈바꿈한 초창기 신노동계 인사 중 하나다.

멀건은 《계간 정치Political Quarterly》와 리오 틴토Rio Tinto의 사이비 환경 단체 녹색연대Green Alliance, 그리고 《프로스펙트Prospect》의 이사를 맡고 있기도 하다. 데모스는 미국에도 지부가 있으며 《프로스펙트》도 미국판을 발행한다(문화자유회의의 대니얼 벨Daniel Bell이 이사로 있다). 멀건의 책 《연계Connexity》는 벨의 《자본주의의 문화적 모순The Cultural Contradictions of Capitalism》을 모델로 삼고 있다. CIA가 후원하는 잡지《뉴 리더New Leader》의 전임 편집장 벨은《이데올로기의 종언The End of Ideology》에서 계급투쟁을 외치는 마르크스주의 이론은 불필요하다고 주장했다. 경제적 풍요 덕에 노동자 계급과 중산층을 구분할 수 없게 되었다는 것이다.[27] 벨이 이 말을 한 때는 베트남 전쟁 기간이었다.

멀건이 정확히 어떤 역할을 했는지는 그의 글만큼이나 아리송하다. 그는 데모스의 '정책사업가'로서 핵심 이슈에 대한 지식인의 합의를 이끌어낼 수 있도록 다양한 아이디어를 노동당에 제공했다. 그가 '이데올로기의 종언'이라는 개념을 이용하고 홍보한 것은 새로운 관점을 만들기보다는 좌파의 기존 관점을 조작하는 데 치중한다는 점에서 1950년대 냉전 시기를 연상시킨다.[28]

데모스는 미국의 공동체주의Communitarian 운동 같은 친시장적인 유행을 수입했는데, 생산지는 대부분 미국이었다. 하지만 2002년 7월 25일 린든 존슨Lyndon Johnson 미국 대통령의 조카인 필립 보빗Philip Bobbitt이 현대예술학교Institute of Contemporary Art, ICA에서 전쟁은 "필연적이다"라고 주장하면서 선전 활동은 새로운 국면에 들어섰다. 미국의 기획 분야 엘리트 중에서도 핵심 인물인 보빗은 1980년부터 1981년까지 레이건의 법률 자문을 지냈으며, 1987년부터 1988년까지 이란과 니카라과의 '저항운동'에 대한 비밀 군사 지원과 관련된 특별위원회에 몸담았고, 1997년부터 1998년까지는 국가안전보장회의 정보국장으로 일했다. 그는 정부 유지Continuity of Government 위원회 위원이며, 국가안전보장회의의 정보 담당 보좌관, 핵심 기반 시설 담당 수석 보좌관, 전략 기획 수석 보좌관을 맡고 있다.[29]

사악한 정치적 목적

팀 펜드리Tim Pendry가 데모스에 합류하면서 주요한 발전 계기가 마련되었다. 그는 노동당 금융산업 그룹에서 급여를 받으며 멀건을 도와 데모스를 발전시켰다.

> 해결책은 간단했다. 자금 여유가 있고 미래를 위한 '보험'에 투자할 만한 동기가 있는 사람들을 대상으로 삼으면 된다. 이를 달성하기 위한 '민관 협력' 이데올로기는 내가 만들었다고 주장해도 지나친 말이 아니다. 하지만 이것은 사실 '새 시대New Times' 모델의 논리적 결과였다. 그래서 나는 민간 부문과 공공 부문이 각각 50퍼센트씩 참여하는 자문위원회(이데올로기적 포장 역할을 한다)를 만들자고 제안했다. 우리의 대상은 수정된 이데올로기적 요구에 들어맞았다. 이 대상들은 자문위원회의 면면과 현대적인 조직 및 운영 방식을 보고 확신을 얻을 것이며, 좌파의 현대화를 위한 '비정치적' 이념 프로그램을 후원하라는 요청을 받을 터였다.[30]

펜드리는 데모스를 비롯해 메저닌에서 사무실을 함께 쓰는 다른 기관들이 "훨씬 사악한 정치적 목적으로 이용되었다"고 덧붙이며, 이를 "중앙집권적 안보 국가"로 규정했다.[31]

1993년에 데모스 자문위원회는 경제문제연구소의 핵심 인물 세 명을 받아들였다. 그 첫 번째 인물인 아서 셀든은 몽펠르랭 협회 부회장이었다. 전임 회장은 프리드리히 아우구스트 폰 하이에크와 밀턴 프리드먼 등이었다. 몽펠르랭 협회는 쿠어스Coors 가문이 설립한 보수적 싱크탱크인 헤리티지 재단Heritage Foundation이 출범하는 데 주도적인 역할을 했다. 셀든은 독립연구소Independent Institute에도 자문을 제공했다. 《뉴욕 타임스》는 이 기관이 반독점 소송에서 마이크로소프트를 지나치게 편든 로비 단체라고 폭로했다. 연구소에서 유출된 내부 문서에 따르면 마이크로소프트는 1999년 동안 20만 3217 달러를 몰래 기부했으며, 이 자금은 주로 로비에 쓰였다고 한다.[32]

셀든은 이스라엘 사회경제진보센터Israel Center for Social and Economic Progress(이하 ICSEP)에도 몸담았다. 소장 대니얼 도런Daniel Doran은 이스라엘의 전직 정보 요원이자 1957년 텔아비브 주재 미국 대사관 특별 자문을 맡았으며 몽펠르랭 회원이다. 미국 ICSEP 이사회에는 어빙 크리스톨Irving Kristol이 참여한 반면, 영국 ICSEP에는 2001년부터 2003년까지 보수당 재무 장관을 지낸 스탠리 캄스Stanley Kalms, 경제문제연구소와 몽펠르랭 협회 소속의 해리스 경Lord Harris, 브리티시 텔레컴, 케이블 앤드 와이어리스, 브리티시 에어로스페이스의 영 경 Lord Young, 시그먼드 스턴버그Sigmund Sternberg와 로널드 코언Ronald Cohen(2001년에 10만 파운드를 노동당에 기부했다),[33] 그리고 사기 행위로 유죄 선고를 받은 제럴드 론슨Gerald Ronson 등이 포진하고 있다.[34]

셀든은 애덤 스미스 연구소와 정책연구센터 등의 우익 쪽에도 인맥이 더 있었다. 2000년 6월까지도 경제문제연구소는 에임스 오브 인더스트리의 나이절 모브스Nigel Mobbs와 함께 '에임스 오브 인더스트리 자유기업상' 시상식을 개최했다. 셀든은 자유주의자 연대Libertarian Alliance 자문위원회에도 이름을 올렸다. 이곳에서 발행하는 잡지《프리 라이프Free Life》에서는 데모스를 "좌파의 성채에 침투한 트로이 목마의 기사"로 묘사하고 있다. "이들은 좌익의 방식으로 연구 의제를 다루고 좌익의 용어를 구사한다. 그러나 의제를 들여다보면 대처주의와 거의 다르지 않다."[35]

셀든은 브라이언 크로저와《사회주의 분석Socialism Explained》을 공동 저술했으며, 스티븐 해슬러Stephen Haseler와 네빌 샌덜슨Neville Sandelson이 1988년에 창간한《래디컬The Radical》의 편집을 맡기도 했다.[36] 샌덜슨은 원래 우익 성향이 강한 노동당 의원이었으나 사회민주당 창립 회원을 맡고 대처의 급진주의와 역전복 로비를 뒷받침했다. 해슬러 또한 데모스에 글을 기고하고 광역 런던 의회에 몸담았다. 해슬러는 미국 국립전략정보센터National Strategy Information Center, NSIC의 좌파 얼굴마담 노릇을 했다. 이 기관은 크로저의 후원을 받았으며, 광대한 반공산주의 네트워크와 위장 단체 중에서 핵심적인 조직이었다. 그가 개입했다는 사실은 노동당과 CIA의 연계가 아직까지 이어지고 있다는 것을 보여준다. 해슬러는 로이 고드슨Roy Godson, 조 고드슨Joe Godson과도 손을 잡았다. 둘은 1970년대 대서양이사회를 등에 업고 '대서양 양안의 이해 증진을 위한 노동위원회Labour Committee for Transatlantic Understanding'(지금은 '유럽과 대서양 양안의 이해 증진을 위한 노동조합위원회Trade Union Committee for European and Transatlantic Understanding'로 이름이 바뀌었다)를 설립했다. 여기에 통합된 'NATO를 통한 평화Peace Through NATO'는 마이클 헤슬타인이 1980년 초에 핵 비무장 운동에 맞서 국방부 캠페인을 진행할 때 주요한 역할을 수행했다.[37]

경제문제연구소에서 데모스에 참여한 두 번째 인물은 더글러스 헤이그Douglas Hague다. 그 또한 정책연구센터에 관여했으며, 1981년 총리 정책실에서 활동하면서 1989년까지 보수당 전략의 토대를 마련했다. 헤이그는 국제경제학회International Economic Association 회원이었는데, 1950년에 설립된 이 단체는 영국 외무부에서 주최하는 윌튼 파크 학술대회와 디칠리 파크에서 열린 영미 간담회 같은 행사를 주관한다. 여기에서 언급한 인물은 거의 모두 디칠리 재단에 소속되어 있다. 그는 애덤 스미스 연구소와도 연관되어 있으며 퍼트리샤 휴잇, 악명 높은 로비스트로 하원에서 BAP 모집 회의를 이끈 데릭 드레이퍼Derek Draper와 함께 '열린 사회' 세미나에서 강연을 하기도 했다.[38]

그레이엄 매더Graham Mather는 데모스와 경제문제연구소 이사를 겸하고 있는 세 번째 인물이다. 유럽정책포럼European Policy Forum 창립자인 매더는 "정부가 학교와 병원을 제공하지 말고 세금을 깎고 빈민에게 식권을 제공하라"는 경제문제연구소의 주장에 동조했다.[39] 그는 1992년에 경제문제연구소에서 물러났는데, 영국 의회 보수파가 대처를 권좌에서 몰아내고 매더, 해리스, 셀든이 몇 달 동안 싸움을 벌인 뒤였다. 고의로 정보가 유출된 이후 자선사업 감독위원회에서는 경제문제연구소의 자선 단체 지위를 조사했다. 이들은 경제문제연구소가 은밀하게 정치 기관으로 활동하고 있다고 주장했고, 영국 은행 총재와 증권거래소 소장을 비롯한 후원자들은 당혹감을 감추지 못했다. 경제문제연구소의 하위 기구인 키비타스Civitas 역시 메저닌 사무실에 입주해 있었다.

매더는 관리자 협회Institute of Directors, IoD에서 정책 책임자로 이름을 날렸다. 그의 주요 관심사는 "시장을 정부 자체로 발전시키는 것"이다.[40] 매더는 자신을 "시장 신도를 거느린 사제"로 여기며 "사회주의의 …… 위협"에 맞서 자유주의 우파의 이데올로기를 설파한다고 생각한다. 그는 데모스에서 영혼의 고향을 찾았다.[41] 공공정책연구소의 퍼트리샤 휴잇은 1990년에 매더와 의기투합했다.

> 라이벌 싱크탱크 사이에도 새 의제에 대해서는 합의가 존재한다. …… 경제문제연구소와 공공정책연구소는 합동 세미나를 기획하기로 했다. …… 매더는 이렇게 말했다. "해결책에 동의한 것은 아니지만 목표에 대해서는 합의가 이루어졌다." 퍼트리샤 휴잇은 다음과 같이 말했다. "우리는 방법에 대해서도 일부 의견 일치를 볼 수 있다."[42]

왕초와 똘마니

초창기 데모스 이사회의 또 다른 핵심 인물로는 스티븐슨 경Lord

Stevenson을 들 수 있다. 억만장자 은행가이자 경영 컨설턴트이며 BAP의 핵심 인물인 스티븐슨은 수많은 기업의 대표이사를 지냈다. 스티븐슨의 주요 업무는 사람을 끌어들이는 것이다. 그는 자신이 대표이사로 있으며 《파이낸셜 타임스》와 《이코노미스트The Economist》를 소유하고 있는 미디어 그룹 피어슨Pearson의 최고 경영자로 마저리 스카르디노Marjorie Scardino를 앉혔다. 그녀는 NATO를 지원하는 미국 대서양이사회 소속이다.

스티븐슨은 멀건을 처음 만난 것이 뉴욕에서 열린 외교협의회 Council on Foreign Relations, CFR에서 강연할 때라고 말했다. 스티븐슨은 1990년에 피터 맨덜슨을 자신의 비밀스러운 컨설팅 회사인 SRU로 영입했는데, 맨덜슨이 노동당 홍보국장을 지내다가 영국 의회 의원으로 선출될 때였다. 스티븐슨은 거대 기업이 신노동당에 접근하는 비밀 통로였다. 그는 이렇게 말했다. "블레어는 여러 기업인과 두루 얽혀 있다. …… 기업인에게 권력을 넘겨준 것이나 마찬가지다. 이것이 얼마나 정당한지 의문이 드는 것은 당연하다."[43]

《선데이 타임스》는 스티븐슨이 "관직을 채우는 일을 도왔다"고 보도하면서, 영국 산업을 신노동당 색채로 변모시키려는 '영국 브랜드 혁신Rebranding Britain' 운동은 거대 기업을 정부 태스크포스에 유입시키는 와중에 발생한 해프닝이라고 주장했다.[44] 스티븐슨은 기업 권력을 중개하고 사회 정책을 수립하는 싱크탱크를 마음대로 오가며 민간 부문과 공공 부문의 모호한 영역을 활용하는 겉보기에 비공식적인 제안을 내놓는다. 그는 1995년 빌더버그 세계화주의자

회의에 참석했으며 2004년까지 데모스 자문위원을 지냈다.

스티븐슨은 데모스에 관여하면서 연례 빌더버그 회의의 사무총장인 마틴 테일러Martin Taylor를 끌어들였다.⁴⁵ 테일러는 공공정책연구소의 민관 협력Public Private Partnerships 전문가위원회를 이끌었다. 공공정책연구소 보고서는 정부에 "대중의 반대를 자극하지 않는 방식으로 보건과 교육 서비스를 민영화하라"고 요구한다는 비난을 들었다.⁴⁶ 테일러는 행정특별위원회에 출석하여 마찬가지로 데모스 소속인 홀릭 경Lord Hollick이 제지하기 전까지 이렇게 열변을 토했다. "제정신을 지닌 정부라면 보건 서비스라는 짐을 벗어던지고 싶을 것이다. 이것은 내각을 끊임없이 곤란에 빠뜨리며 앞으로 10년이 지나도 마찬가지일 것이다."⁴⁷ 국민건강보험이 흡혈귀처럼 국민의 피를 빨아먹는 것은 사실이다.

데모스는 미래학자이자 헨리 센터Henley Centre의 전직 이사장인 밥 티럴Bob Tyrrell도 영입했다. 헨리 센터는 WPP 그룹에서 소유하고 있는 '마케팅 및 전략 기획 컨설팅 회사'이다. 홍보 회사인 힐 앤드 놀턴과 버슨 마스텔러도 WPP 그룹 소속이다. 데모스 구성원 중에는 헨리 센터와 연관된 인사가 여러 명 있다. 데모스는 이곳과 스티븐슨의 SRU을 활용하여 신노동 관련 개념을 런던 시티와 주고받았다.⁴⁸

데모스의 이언 하그리브스Ian Hargreaves는 《파이낸셜 타임스》에서 일하다 지금은 유럽개혁센터Centre for European Reform, CER에 몸담고 있다. 이곳은 미국기업연구소와 대서양이사회에 깊숙이 연계된 로비 집단이다.⁴⁹ 유럽개혁센터는 다양한 범대서양주의 입장을 관철하기 위해 로비를 벌이며 정치 로비 컨설팅 회사인 APCO와도 긴밀히 협력하고 있다. 피터 맨덜슨은 유럽개혁센터 회의에서 자주 발언했다. 유럽개혁센터는 WPP, 《이코노미스트》, 피어슨, 미국의 '독일 마셜 기금German Marshall Fund', 이사들과 연관된 은행과 무기 회사 등에서 후원을 받았다. '신노동 싱크탱크'로 통하는 유럽개혁센터를 설립한 인물은 브리티시 석유의 닉 버틀러Nick Butler인데, 그는 세계경제포럼World Economic Forum과 채텀 하우스Chatham House도 운영하고 있다. 두 기관은 영국의 대표적인 엘리트 싱크탱크이며 미국의 외교협의회와 비슷한 역할을 한다. 버틀러는 노동당 우익과 연계되어 있으며, BAP를 설립하는 데 핵심적인 역할을 했다. 버틀러는 자신의 목표가 미래의 노동당 주도 세력을 길러내는 것이라고 말했는데, 그가 밝힌 이유는 이렇다. "전통적인 영국 좌익은 미국, 특히 미국의 외교 정책과 안보 문제에 깊은 의구심을 지니고 있다. BAP는 이러한 의구심에 맞서 미국식 '시장의 힘'을 선전하기 위해 출범했다."⁵⁰

유럽개혁센터 이사 찰스 그랜트Charles Grant는 전 《이코노미스트》 편집장이다. 그는 영국과 미국의 정보기관에 대한 글을 쓰며 외무부와 긴밀히 협력하고 있다. 그랜트는 로저 리들, 외교정책센터Foreign Policy Centre, FPC와 미국기업연구소의 마크 레너드Mark Leonard 같은 인사들과도 손잡고 있다. 또한 《인디펜던트Independent》에 유출된 노동당 후보 공식 명단에도 이름이 올라 있었다.

영국 측 대서양이사회는 영국 대서양위원회British Atlantic Committee 와 'NATO를 통한 평화'가 통합한 1994년에 설립되었다. 'NATO를 통한 평화'는 핵 비무장 운동을 무력화하기 위해 마이클 헤슬타인이 써먹은 단체다. 여기에서도 우리는 인사들의 면면과 반좌파 활동이 대처와 크로저 시기와 연결되는 것을 알 수 있다. 유럽개혁센터는 웨스트민스터 터프턴 가 29번지 사무실을 토리 개혁 그룹Tory Reform Group과 함께 쓰고 있었는데, 유럽행동센터Action Centre for Europe도 이 사무실에 입주해 있었다. 이 단체에는 캐링턴 경Lord Carrington(BAP 회장), 하우 경Lord Howe, 브리턴 경Lord Brittan, 케네스 클라크Kenneth Clarke, 스티븐 도럴Stephen Dorrell, 크리스토퍼 패튼Christopher Patten 등이 포진하고 있었다. 같은 계열의 유럽 보수주의자 그룹Conservative Group for Europe도 한 사무실을 썼으며, 유럽운동European Movement 사무실은 바로 아래인 11번지에 자리를 잡고 있었다.

사무실

주류 언론에서는 눈치채지 못했지만, 데모스의 위치와 배경, 즉 메저넌은 서로 얽혀 있는 신흥 단체들의 기묘한 집합체였다. 여기에 가짜 풀뿌리 단체, 부유한 후원 기관, 기타 싱크탱크 등이 가세했다. 그중 일부는 이 장의 말미에서 간단하게 언급할 것이다.

외교정책센터는 MI6의 메타 램지Meta Ramsay 남작 부인을 통해 정보기관과 직접 연관을 맺고 있다. 그녀는 대서양이사회에도 몸담고 있으며 데모스 후원자이자 노동당 금융산업 그룹 회원이다. 스티븐 도릴은 MI6의 역사를 다룬 책에서 램지가 CIA의 전위 단체로 의심받는 국제학생회의 International Student Conference 사무국장이었다고 주장한다. 이 단체의 지부는 해외학생기금 Overseas Students Trust 과 사무실을 같이 쓴다. 도릴은 이 단체 또한 정보기관과 연계되어 있으며 전국학생연맹 National Union of Students 밑에서 활동했다고 주장한다. 외교정책센터는 공공정책연구소와 더불어 자금줄로 지목되었다.[51] 《타임아웃 Time Out》과 《뉴 스테이츠먼 New Statesman》의 전임 편집장인 존 로이드 John Lloyd 는 외교정책센터와 데모스에 모두 관여했다.

로이드가 데모스를 통해 발간한 《저항 윤리 The Protest Ethic》는 새뮤얼 헌팅턴 Samuel Huntington 의 《문명의 충돌 Clash of Civilizations》에서 영향을 많이 받은 듯하다. 로이드는 이슬람교가 다른 어떤 종교 문화보다 본질적으로 더 적대적이라고 단언했다. 그는 기꺼이 이렇게 주장했다. "반전운동은 …… 최악의 도덕적 등가성 moral equivalence 오류를 저지르는 일이다. 부시와 블레어를 사담과 빈 라덴과 동류로 치부하는 것이다. 반미주의가 이를 부추겼다."[52] 로이드는 《저항 윤리》에서 이 주제를 발전시켰다.

> 전 세계적 운동에서 발전한 전술, 즉 통제할 수 없고 예측할 수 없는 네트워크를 통한 산발적인 폭력과 반대주의를 이용하는 유일한 정치 집단이 바로 빈 라덴의 알카에다이다. …… 이들은 이런 전략·전술의 파괴적 가능성을 치명적인 극한까지 밀어붙인다.[53]

메저닌이 만든 가짜 풀뿌리 단체인 지역사회활동 네트워크 Community Action Network, CAN는 이언 하그리브스의 부인 아델 블레이크브러Adele Blakebrough가 운영하며, 데모스 이사인 톰 벤틀리Tom Bentley가 관재인으로 참여하고 있다.54 영국핵연료공사, 브리티시 가스British Gas, 맥도날드 등을 위해 일한 로비스트 고故 제프리 터커 Geoffrey Tucker는 1997년에 지역사회활동 네트워크를 GTech(도박 솔루션 회사—옮긴이)에 소개했다. GTech는 그 자리에서 13만 파운드를 내놓았다. 터커는 복권 인쇄업체들의 지주회사인 드 라 루De La Rue와 GTech가 캐멀럿Camelot으로 합병하는 과정을 중개했다.55 지역사회활동 네트워크 덕분에 GTech는 복권 수익금을 배분하는 의사결정 기구에 자사의 재무 담당 임원을 앉힐 수 있었다.

뉴딜 태스크포스New Deal Task Force와 통상산업부 경쟁력위원회에 말없이 끼어든 사람이 있었다. 바로 지역사회활동 네트워크의 어밀리어 포셋Amelia Fawcett이었는데, 그녀는 영국과 미국의 이중 국적을 지니고 있었다.56 포셋은 모건 스탠리에 입사하기 전에 미국 CIA와 연관된 국제적 법률 회사 설리번 앤드 크롬웰Sullivan & Cromwell에서 일했다.57 그녀는 다음과 같이 말했다. "모건 스탠리는 내게 정부 감시 임무를 맡겼다. 나는 영국과 유럽연합 정부의 법안을 감시하고 민영화 계획을 지원했으며 정부와의 사업 기회를 모색했다."58 그녀가 영국 정부에 로비하고 총리 공관을 수시로 드나드는 모습이 뻔히 그려진다.

코카콜라 청년 재단의 후원을 받은 젊은 사회사업가 10명이 얼마 전에 지역사회활동 네트워크에 발탁되어 다우닝 가 10번지에 있는 총리 공관에 초대를 받았다. 이것은 사회적 기업의 역량을 북돋우기 위해 지역사회활동 네트워크가 실시하고 있는 프로그램의 일환이다. 이들은 총리 정책실의 제프 멀건을 만나 관심사를 나누었다. 제프는 이들과 지역사회활동 네트워크 회원 모두에게 지역사회활동 네트워크 본부를 통해 총리 정책실에 연락할 수 있는 이메일 계정을 주었고, 그 덕분에 정부와 계속 소통할 수 있었다.[59]

코카콜라 영국 지사가 상무이사 크리스토퍼 N. 뱅크스Christopher N. Banks를 내세워 지역사회활동 네트워크 이사회에 참여한 것은 놀랄 일이 아니다.

아쇼카Ashoka는 메저닌에 둥지를 튼 또 다른 미국 기관이다. 이곳 또한 '사회적 기업'을 추구한다. 아쇼카는 1960년대에 설립되었는데, 창업자 빌 드레이턴Bill Drayton은 미국 환경보호국에서 일하다 '배출권 거래제도' 도입을 테마로 '창업'했다고 밝히고 있다.[60] 아쇼카 협회Ashoka Society는 매킨지 앤드 컴퍼니의 컨설팅 파트너였으며, 하버드 대학과 옥스퍼드 대학 졸업생으로 구성된 아쇼카 회원들은 매킨지, 힐 앤드 놀턴과 협력하여 활동하고 있다.[61] 이들은 카네기 재단, 록펠러 재단과도 연계되어 있다. 이들의 업무 중에는 민관 협력과 사회 참여가 있는데, 이것은 공공 포럼을 통제하고 '독립적인' 단체를 조직해 기업의 대변자로 삼은 다음 비판 세력을 분열시키려는 수작이다.[62]

메저닌의 카네기 청년기금Carnegie Youth Trust 같은 기관들조차 의심스러운 구석이 있다. 국제 관계를 전공한 전후 세대 학자 중 상당수는 전략사무국과 CIA의 후원을 받았다. 이들에게 자금을 지원한 것은 카네기, 록펠러, 포드 재단이었다. 런던에 있는 전략사무국의 비밀정보국 초대 국장을 지낸 휘트니 셰퍼드슨Whitney Shepardson은 카네기 재단의 영국 기금British Fund 이사이자 CIA가 후원하는 자유유럽위원회Free Europe Committee 위원장이었다.[63]

카네기 국제평화기금Carnegie Endowment for International Peace, CEIP은 독일 마셜 기금의 모태가 되었으며, 존 포스터 덜레스John Foster Dulles가 이사회를 이끌었다. 이 단체는 지금까지도 CIA 보고서를 인용하고 있다.[64] 워싱턴 매사추세츠 가에 있는 사무실은 BAP, 니체 국제관계대학원Nitze School of Advanced International Studies, 헤리티지 재단, 케이토 연구소, 외교협의회, 브루킹스 연구소, 영국 대사관과 한 건물을 쓰고 있어 발품을 팔지 않아도 된다. "CIA와 협력하여 얼굴마담 노릇을 하는 자선 재단, 기업, 기타 기관과 개인의 연합"을 결성해 문화자유회의 자금을 한곳에 모아두려고 생각한 사람은 앨런 덜레스Allen Dulles였다.[65]

이런 모습은 우리가 살펴볼 마지막 기관인 ERA(지역·문화 단체—옮긴이)에서도 찾아볼 수 있다. 이들은 메저닌을 "새로운 관계가 형성되고 새로운 아이디어가 현실적인 가능성으로 탈바꿈하는 …… 개방적 시장"으로 묘사했다.[66] 이들은 자선 기관을 표방했지만, 실제 목적은 값비싼 고급 컨설팅 사업인 듯하다. 위원회는 낯익은 이름들로 이루어져 있다. 애슈턴Ashton 남작 부인, 앤서니 기든스, 이언 하그리브스, 윌 허턴Will Hutton, 스티븐슨 경, 린다 타르 웰런Linda Tarr-Whelan(전 영국 주재 미국 대사로 데모스 미국 지부를 운영한다. 이 단체는 포드 재단, 록펠러 재단, 카네기 재단에서 후원을 받고 있다) 등이다.[67]

이 장에서는 메저닌이라는 장소와 데모스라는 기관을 중심으로 얽혀 있는 이익집단과 단체 들을 살펴보았다. 이러한 유착 관계에서 나름의 결론을 이끌어내는 것은 독자의 자유다. 하지만 이러한 정책 기관과 자선 단체가 연대하고 융합하는 패턴, 아니 구조를 찾아보는 일은 의미가 있을 것이다. 데모스와 메저닌의 사례는 연줄과 이해관계를 공유하는 행위자의 네트워크를 대표한다. 이들로 대표되는 영국 내 공적 영역의 흐름에 대해서는 연구가 거의 이루어지지 않았을 뿐만 아니라 제대로 알려지지도 않았다. 하지만 음모 이론에 기대어 이를 설명하려는 시도를 경계해야 한다. 이 장에서 논의한 내용은 대부분 비밀이 아니며, 어디에 있는지만 알면 공개적으로 구할 수 있는 공공 기록들이다. 엘리트 집단과 권력 구조 분야의 뛰어난 전문가 윌리엄 돔호프William Domhoff는 이렇게 말했다.

> 우리는 눈에 보이는 기관을 연구하고, 엘리트 집단이 자신의 가치와 의도에 대해 말하는 것을 대부분 받아들이며, 엘리트 집단도 때로는 양보하고 때로는 패배한다는 사실을 알고 있다. 반면에 음모이론가들은 막후의 집단을 연구하고, 엘리트 집단이 말하는 것을 모두 책략이라 여기며, 엘리트 집단은 절대 패배하지 않는다고 주장한다.[68]

돔호프는 입수할 수 있는 증거에 들어맞지 않는 음모적 세계관에 여러 문제점이 있다고 지적한다. 예를 들어 권력욕에 사로잡힌 소수의 부유층 집단이 세계를 지배하기 위해 은밀히 음모를 꾸미고 있다는 주장에는 증거가 없다. "지도자들이 일반적인 동기, 즉 이윤 추구나 선출된 공직자로서의 제도화된 역할에 따라 행동한다고 가정하는 것이 더 타당하다." 이런 관점은 데모스 같은 집단을 살펴보는 데도 쓸모가 있다. 이와 같은 정책 중심 기관들은 꼼꼼한 연구 조사가 필요하다. 이 장의 분석 방법은 다양한 증거를 모아 싱크탱크와 의사擬似 정치 기구 들이 정치와 정책 영역에서 수행하는 역할에 대한 대안적인 설명을 내놓는 것이다.

우리는 몇 가지 결론을 이끌어낼 수 있다. 첫째, 데모스를 둘러싼 정책 기업들은 대처주의를 옹호하는 우익 네트워크 및 이들의 미국 파트너와 뒤얽혀 있다. 물론 이 중심에는 BAP가 있다. 둘째, 정보 업무와 외교 정책은 복잡다단하게 얽혀 있다. 이것들을 이어주는 것은 영국과 미국의 정보기관, 미국의 외교 정책과 안보 정책 기구들이다. 셋째, 싱크탱크 연구자, 로비스트, 신노동 세력의 상호 침투 상황은 놀랄 만하다. 이런 네트워크, 행위 주체, 기관은 모두 신노동 정부의 생명 유지 체계를 이룬다. 이들은 담론과 논쟁을 형성하여 여론을 주도하고 신자유주의 정책 의제를 전파하고 구현한다.

이 장에서 제시한 분석 결과가 이 시기를 설명하는 주류 역사관에 정면으로 도전하기 때문에, 우리의 주장을 허구나 음모론으로 치부하려는 사람들도 있을 것이다. 우리는 이런 행위 주체와 정치 프로젝트를 기록하고 설명함으로써 신노동의 정보 조작을 폭로하고 노동당이 지난 20년 동안 '현대화'했다는 주장을 재검토하려고 한다.

4부

정보 조작에 대항하는 운동과 기업 권력에 대한 반격

14

홍보를 폭로하다

밥 버턴

2005년 1월 스위스의 눈 덮인 휴양지 다보스에서 열린 세계경제포럼에서 홍보 회사 에델만의 대표이사 회장 리처드 에델먼Richard Edelman은 정부와 초국적 기업의 평판을 깎아내리는 여론의 칼바람을 되새겼다.

제6차 연례 '에델만 신뢰도 지표Edelman Trust Barometer'(6개국에서 연수입이 7만 5000달러를 넘는 대학 졸업 이상 '여론 주도층' 1500명을 대상으로 시장조사한 결과를 모은 자료) 결과를 발표하면서 에델먼은 기업, 정부, 미디어에 대한 대중의 신뢰가 급격히 추락한 반면 비정부기구의 지지도는 뛰어올랐다고 지적했다.[1] "기업, 정부, 미디어 같은 기관의 지지도 공백을 비정부기구가 채우고 있다. 미국에서 비정부기구의 신뢰 등급은 2001년 36퍼센트에서 2005년 55퍼센트로 상승했다." 그는 조사 결과를 발표하는 기자회견 자리에서 이렇게 말했다. "이제 비정부기구는 중국을 제외한 모든 시장에서 가장 신뢰받는 기관이다."2

에덜먼이 이런 결과를 발표한 것은 홍보 회사가 기업홍보 예산에서 더 많은 몫을 챙기도록 하기 위해서였다. 그는 이렇게 말했다. "어떤 시장이든 열에 아홉은 신문이나 뉴스의 정보를 광고보다 더 신뢰한다. 전체 응답자의 80퍼센트 이상은 여러 출처에서 보거나 들은 정보가 아니면 믿지 않는다."

리처드 에덜먼은 2001년 2월 '글로벌 기업 시민' 컨퍼런스에서 그해 신뢰도 지표 조사 결과를 발표했는데 "다섯 가지 핵심 항목에 대한 신뢰도와 호응도"를 조사한 것이었다. 기업과 정부에게는 정신이 번쩍 드는 결과였다.3

에덜먼에 따르면 비정부 운동 기구가 "승리를 거두고 있다". 그의 파워포인트 자료에는 "정부와 기업이 겪고 있는 신뢰도 위기는 비정부기구에게 기회다"라고 되어 있었다. 그는 최근 유럽에서 일고 있는 논란을 증거로 제시했다. "석유 회사 셸의 브렌트 스파 사건, 몬산토와 유전자 변형 식품 문제는 낡은 설득 모델이 실패했다는 사실을 보여준다."

세계 최대의 민간 홍보 회사인 에델만은 전 세계 39개 지사에 직원을 약 1800명 거느리고 있다. 《오다이어스 PR 데일리O'Dwyers PR Daily》에 따르면 마이크로소프트, 파이저, 유니레버, 홈디포를 비롯하여 수많은 정부 기관이 이들의 고객이라고 한다. 홍보 분야에서 에델만은 제약 회사를 홍보하고 신기술 상품을 판촉하며 투자자의 마음을 사로잡고 식품을 선전하는 능력이 뛰어난 업계의 거물이다.

2005년 조사 결과를 개관하는 기사에서 리처드 에델먼은 '기업의 사회적 책임'이 필요하다고 역설하고, 비정부기구의 높은 신뢰도에 비추어 볼 때 "공익 단체와 기업이 협력하면 분명히 이익을 얻을 수 있다"고 말했다.[4] 그가 말한 '분명한 이익'이란 자신의 고객인 기업의 이익을 말하는 것이다. 에델먼은 2001년 발표 현장에서 이런 질문을 던지기까지 했다. "기업과 협력하면 비정부기구의 신뢰도가 추락할까?"

에델만은 고객을 비판하는 세력에게 다리 역할을 하는 홍보 회사로 자리매김하려고 한다. 리처드 에델먼은 2001년에 이렇게 말했다. "치키타 우림 연합과 홈디포 산림 관리 협의회 등 지금까지의 사례는 고무적이다." 그는 "현명한 기업이 비정부기구를 어떻게 다루는지"를 설명했다. "자사의 문제에 관심이 있는 비정부기구를 가려내기 위해 우대 프로그램을 시행하라. 중도적인 집단에 접근하여 관계를 맺으라. 자신의 업계와 관계가 있는 긍정적인 의제를 발굴하라. 극단적인 상황에서는 기꺼이 투쟁하라."

에델먼은 "적대적인 비정부기구와 맞서는 법"도 조언했다. "비정부기구와 비슷한 분위기 및 전술을 이용하라. 자사에 유리한 용어를 쓰라." 그는 "인터넷 채팅을 모니터링하거나 온라인에 글을 적극적으로 올리는 등 뉴미디어를 공격적으로 이용하라"라고도 말했다.

에덜먼은 분할 정복divide-and-conquer 전략을 쓰면 효과적이라고 주장하기도 했다. "비정부기구를 토론에 참여시키고, 핵심 비정부기구와 관계를 강화하라. 그들이 해결책에 참여하고 결과에 이해관계를 가지게 하라."

물론 에덜먼의 발표는 기업과 정부의 거물을 자신의 고객으로 삼으려는 선전에 지나지 않았다. 그는 다음과 같이 말했다. "우리는 신망이 높은 제삼자를 동원하고 다양한 이해 당사자 환경에 대처하는 법을 알고 있다."

홍보 업계에서는 기업 경영진과 정부 공직자를 더욱 신망 있는 인물로 교체하는 것을 '제삼자 기법'이라고 부른다. 에델만의 의료 부문 사장이자 글로벌 부문 이사인 낸시 튜렛Nancy Turett은 《제약 경영Pharmaceutical Executive》 2002년 9월호에 이렇게 썼다.

> 홍보의 심장은 제삼자 신뢰다. 제삼자 메시지는 과학적 신뢰성을 입증하고 제품을 정당화하며 브랜드와 질병을 인식시키고 위기에 대비한 방어막을 치기 위한 필수적인 홍보 수단이다. 옹호자가 목소리를 높일수록 제약 회사는 연대를 형성하여 내 편으로 만들어야 한다.[5]

에델만 런던 지사의 의약품 담당 차장인 폴 키어넌Paul Keirnan은 2004년 인터뷰에서 다음과 같은 말을 아무렇지도 않게 했다. "이것은 여론 주도층에게 선전을 맡기는 것이 아니다. 기본적으로 제삼자를 이용하여 정보를 전달하되 제약 회사에서 이 정보를 조작했다는 사실을 숨기는 것이다."[6]

1995년에 시드니에서 열린 광고 대회에서 당시 버슨 마스텔러의 고위 임원이었던 어맨더 리틀Amanda Little은 이렇게 발표했다. "제삼자 지지를 얻고 기업의 민감한 주요 메시지를 인정받는 것은 필수적인 작업이다. 이상적인 경우 의료 당국, 정치 지도자, 노조 간부, 관련 분야 학자, 소방 경찰 간부, 환경운동가, 규제 기관에서 이런 지원을 얻어내야 한다."[7]

2005년 신뢰도 지표 조사 결과에 따르면 "사람들은 기업과 이해관계가 없는 것으로 간주되는 전문가, 즉 의사나 보건 전문가(56퍼센트 이상), 학자(49퍼센트 이상), 일반인(49퍼센트 이상), 비정부기구 대표(47퍼센트 이상)의 말을 가장 신뢰한다".[8]

홍보산업이 성공한 비결은 복잡한 기법이 아니라 대중에게 모습을 드러내지 않았기 때문이다. 홍보 회사가 토론의 전면에 나서면 이들의 메시지는 '조작spin'된 것으로 치부되어 신뢰성을 잃는다.

물론 모든 홍보가 마키아벨리적인 것은 아니다. 금연 캠페인이나 자연재해 시 효과적인 위기 커뮤니케이션처럼 공익을 위한 홍보 캠페인도 있다. 또한 기껏해야 무해한 홍보 캠페인도 있다.

하지만 홍보 업계는 주머니가 두둑한 사람들을 주 고객으로 삼기 때문에 부와 권력을 지닌 사람들의 요구에 치중하는 경향이 있다. 따라서 고객 명단을 떳떳이 공개하는 홍보 회사는 거의 없다. 공개한다고 해도 어떤 이슈를 다루고 있는지 정확하게 밝히기를 극히 꺼린다. 홍보 회사가 고객사의 '투명성'을 선전하면서 자기 자신은 정작 비밀스럽게 행동하는 모순에 대해 홍보 업계 내부에서도 비판이 일고 있다.

《PR 위크》는 기업의 사회적 책임에 대한 2003년 12월 온라인 조사에서 익명의 참여자의 말을 빌려 이렇게 말했다. "커뮤니케이션 업계가 한쪽에서는 기업의 사회적 책임을 내세우면서 다른 쪽에서는 제3세계 독재자들을 대변하는 것은 아이러니다." 비판적인 입장의 한 홍보업 종사자는 이렇게 썼다. "자신의 임무가 추악한 대기업의 몰골을 덜 나쁘게 포장하는 일이라면, 홍보산업에서 활발하고 정당하며 현실성 있는 기업의 사회적 책임을 수행하기란 매우 힘든 일이다."[9]

그런데 홍보 담당자들이 자신의 일에 이렇게 비판적인데도 홍보산업을 폭로하는 전문가가 이토록 적은 것은 무엇 때문일까? 홍보 업계의 활동이 너무나 무미건조해서 미디어를 소비하는 대중이 흥미를 느끼지 못하기 때문일까?

홍보와 언론

홍보산업이 성공을 거두려면 현대 언론의 약점을 잘 활용해야 한다. 조사 결과를 보면 일부 홍보 활동에서 언론 보도의 상당수가 만들어지지만, 홍보 업계에 종사하는 대다수(이들은 전직 언론인인 경우가 많다)는 순진한 표정으로 보도 자료를 내보내는 것 말고는 보도할 거리가 거의 없다고 주장할 것이다.

최근의 주류 언론 보도에서 대형 홍보 회사, 즉 힐 앤드 놀턴, 에델만, 버슨 마스텔러, 웨버 샌드윅, 포터 노벨리, 플레시먼 힐러드, 오길비 PR 그룹의 자회사들을 언급한 것만 찾아도 자료를 두둑이 수집할 수 있다. 이 경우에도 기사들의 상당 부분은 홍보 업계 내부자를 취재원으로 인용할 것이다.

가장 효과적인 홍보 전술은 자기편을 꼼꼼하면서도 은밀히 길러 내는 한편, 반대 입장을 소외시키는 것이다. 홍보산업의 흙투성이 발자국은 싱크탱크, 규제 기관, 비영리 단체, 내각, 업계 협회와 노동조합에도 남아 있다.

홍보 업계에서 즐겨 쓰는 전략 중 상당수는 담배 업계에서 개발한 것이다. 주머니가 두둑한 담배 회사는 담배 규제 조치를 무력화시키거나 지연시키려 안간힘을 썼다. 수백만 쪽에 달하는 업계 내부 문서가 공개되자 여러 공공 정책 논쟁에서 어떤 전략이 쓰였는지 알 수 있게 되었다. 예를 들어 최근 문서에서는 담배 로비스트들이 미국의 주요 뉴스 보도 기관의 편집부를 구워삶으려 했다는 사실이 드러났다. 1999년에 빌 클린턴 대통령은 갈취 및 부패 방지법 Racketeer-Influenced and Corrupt Organizations Act 에 의거하여 주요 담배 회사에 소송을 제기하겠다고 발표했다. 이들이 건강상의 위험을 숨겨 흡연자에게 사기를 쳤다는 이유에서였다.

필립 모리스는 홍보 회사 BSMG(지금은 세계 최대의 홍보 회사 웨버 샌드윅의 자회사가 되었다)를 고용하여 법적 조치에 대한 대중적·정치적 지지를 무력화할 계획을 꾸미도록 했다. BSMG의 홍보 전략은 여러 주요 언론사의 편집부와 은밀히 접촉하는 동시에 "우리의 메

시지에 부합하는 의견을 전파할" 보수 진영의 원군을 모집하는 것이었다.[10]

이러한 제삼자의 허울 뒤에 거대 담배 회사의 메시지를 숨기는 방법으로는 "우리 메시지를 전달할 대변인 집단을 확대하여" 홍보 부서를 설립하고 "이런 대변인을 지역 라디오 프로그램 등에 출연시키는 것"이 있었다.

BSMG는 자신의 목표를 "정부가 거대 담배 회사에 소송을 제기해 봐야 이득이 없다는 주장을 줄기차게 내놓는 것"이라고 설명했다. 필립 모리스는 메시지를 전파할 준비가 끝나자 제이컵 설럼Jacob Sullum, 조지 윌George Will, 윌리엄 새파이어William Safire, 폴 지고트Paul Gigot, 제임스 글래스먼 같은 보수 진영의 영향력 있는 칼럼니스트들에게 자료를 배포했다. 그리고 미디어 시장의 상위 25개사 편집부에 브리핑을 제공할 시스템을 갖추었다.

이후에 반복된 홍보 계획에 비추어 보면, 이들의 목적은 단순히 필립 모리스의 입장을 담은 정보를 제공하는 것이 아니었다. 이들은 "각 신문의 핵심적인 사설 필자를 찾아내 업계 대변인을 붙인 다음 지속적으로 소통하고 즉각적으로 대응하도록" 하려 했다.[11]

대다수 언론계 종사자는 기업이 외국 방문을 후원함으로써 보도에 영향을 미쳤다는 사실을 부인했지만, 브리티시 아메리칸 토바코British American Tobacco, BAT의 내부 기록을 보면 이들이 효과를 확신하고 있었다는 사실을 알 수 있다.[12]

1994년에 브리티시 아메리칸 토바코의 커뮤니케이션 부서에서는 남아메리카의 편집자와 언론인을 런던 본사로 초청하고 여행 경비를 댈 수 있는지 알아보았다. 일부 미디어 기관에서 기업의 후원을 받는 언론인 여행을 거절했기 때문에 이들은 당혹스러웠다. 일부 미디어 기관은 이런 방문이 "단순한 외유성 방문이나 홍보 활동이 아니라는" 확신이 들 때만 참여하고 경비도 직접 대겠다고 말했다.

브리티시 아메리칸 토바코의 속내는 이랬다. "이런 면에서는 프리랜서들에게 투자하는 편이 더 낫다. 이들은 여행 경비를 지원받는 것을 꺼리지 않기 때문이다. 프리랜서들은 다음에도 이런 기회를 놓치지 않고 싶어 하기 때문에 '먹이를 주는 손을 물지' 않는다."[13]

언론인과 편집부를 구워삶는 행위가 탄로 나지 않는 것은 놀랄 일이 아니다. 그러나 언론계를 대상으로 하는 공격적인 홍보 활동이 역효과를 낼 때도 있다. 1998년 4월 《로스앤젤레스 타임스》는 주 법무국장 10여 명이 마이크로소프트 반독점 소송에 참여하지 않도록 하기 위한 캠페인을 에델만에서 기획했다고 폭로했다. 이 계획에는 프리랜서 저술가들을 동원해 편집자에게 편지를 보내고, 독자 투고, 기사 등으로 마이크로소프트를 지지하는 글을 내보내는 것도 있었다.[14]

캠페인의 목적 중에는 "주 법무국장이 이끄는 부정적이고 반동적인 언론 보도"에 대항하는 것도 있었다. 이들은 "주에 기반을 둔 로비스트들의 효과적인 수단"으로 쓸 수 있는 언론 보도를 쏟아내려 했다.

언론 관련 토론에서 홍보 업계가 위협을 가하고 있다는 주장은 흔히 제기되지만 이것이 실제 보도로 연결되는 일은 드물다. 글로벌 주류 미디어는 점성술에서 요트에 이르기까지 온갖 분야의 칼럼니스트와 필진을 보유하고 있지만, 홍보산업만을 파고드는 언론인은 한 명도 없다. 여기에 가장 가까운 것은 홍보와 마케팅이 결합된 분야나 매우 폭넓은 미디어 전반을 다루는 사람들이다.

주류 언론계에서 홍보를 보도하지 않는 이유 중 하나는 홍보가 고객과 고용주의 결정을 설명하는 사소한 역할만 수행한다는 생각 때문이다. 그러나 사실은 정반대다. 지난 10년 동안 고위급 홍보 자문역들은 기업과 정부의 의사결정에서 핵심적인 위치로 올라섰다.

하지만 대부분 홍보 캠페인은 여전히 눈에 보이지 않는다. 편집자는 비용을 줄이라는 압력에 시달리고 언론인은 부족한 자원으로 더 많은 기사를 생산해야 한다는 언론계의 취약점을 공략하는 탓이다. 유별난 홍보 캠페인일수록 꼭꼭 숨어 있고 자료가 유출되는 경우가 드물기 때문에, 평범한 기자가 골라낼 수 있는 손쉬운 기삿거리는 찾아보기 힘들다.

리처드 에덜먼은 다보스 포럼이 끝난 뒤 자신의 블로그에 2005년 회의의 중요한 교훈을 이렇게 표현했다. "뉴스를 전달하는 통로가 점점 좁아지고 있다. 텔레비전은 시청자를 잡아두기 위해 흥미와 오락성 뉴스를 더 많이 내보낸다. 핵심적인 딜레마는 흥미로운 뉴스와 중요한 뉴스 중에서 무엇을 선택하느냐다."[15]

많은 언론인은 홍보 캠페인을 제대로 파고들 시간과 자원이 부족한 탓에 '정보 조작'이라는 말로 숨어 있는 홍보 전략과 전술을 표현한다. 하지만 '정보 조작'이라는 단어에 지나치게 의존하면 홍보가 말장난, 즉 홍보 담당자의 치사한 정보 통제 수법이나 임기응변에 불과하다는 인상을 주기 때문에 오히려 역효과가 날 수 있다.

대다수 홍보 업계 종사자는 홍보 활동이 보도되지 않는 이유가 기자 대부분이 먹이를 주는 손을 물지 않으려 하기 때문이라고 주장한다. 이 말은 일리가 있다. 심지어 홍보와 언론이 '제휴 관계'를 맺고 있다고 말하는 사람들도 있다. 또 다른 요인으로는 대다수 주요 미디어 기업이 규제 기관과 대중에 맞서 상업적 이익을 추구하기 위해 홍보와 로비 캠페인을 이용한다는 사실을 들 수 있다.

물론 언론인 개인으로서는 홍보 회사 이름과 홍보 활동에 연루된 기업을 공개하는 것만으로도 홍보 회사들의 위장막을 조금은 벗겨낼 수 있다. 이렇게 하면 시간을 두고 홍보 업계에서 영업 비밀로 간주되는 고객사 명단을 수집할 수 있기 때문이다.

주류 언론에서 홍보산업을 보도하지 않는다면 《오다이어스 PR 데일리》, 《홈스 리포트Holmes Report》, 《PR 위크》 같은 홍보 업계 잡지는 어떨까? 홍보 업계와 맺는 긴밀한 관계는 이 잡지들에게 이익이 되기도 하고 장애가 되기도 한다. 《오다이어스 PR 데일리》는 미국 정부 규정에 따라 공개되는 로비 정보를 열심히 추적한다. 반면에 《홈스 리포트》는 정기적으로 장문의 흥미진진한 특집 기사를 실어 업계 내부자들이 동료와 나누는 이야기를 보여준다. 이 잡지들은 특정 기업의 캠페인에 대해 중요한 정보를 제공하고 업계의 지나친 홍보 활동을 비판하기도 하지만, 대부분 기사는 홍보 회사가 알리고 싶은 내용, 즉 새 고객을 확보했다거나 직원을 구한다는 이야기로 이루어져 있다.

홍보와 비정부기구

에델만을 비롯한 거대 홍보 회사들은 비정부기구에 대한 대중의 지지를 이용하거나 차단하는 활동을 핵심 서비스로 제공한다. 비정부기구는 홍보 업계의 주요 표적이 된 것에 어떻게 대응할까?

거대 비정부기구 중 상당수는 자신을 표적으로 삼는 홍보 회사를 연구하고 비판하는 일에 무관심한 듯하다. 고위급으로 올라갈수록 이런 경향이 두드러진다. 과연 그 이유는 무엇일까?

비정부기구의 고위급 임직원은 대다수 언론인과 마찬가지로 홍보 캠페인과 홍보산업이 무해하며 신경 쓸 필요가 없다고 생각한다. 무엇보다도 매일같이 조직을 유지하고 운동 전술을 짜느라 다른 생각을 할 여유가 없다. 비정부기구의 상근자는 과로와 자원 부족에 시달리기 때문에 홍보 회사의 은밀한 전략과 캠페인을 쉽게 눈치채지 못한다. 어떤 사람들은 홍보 캠페인의 잠재적인 영향을 깎아내림으로써 이 문제를 한쪽 구석에 밀어놓고 싶어 한다.

홍보 회사의 캠페인이 폭로되어도 비정부기구 운동가들이 자신과 직접적인 관련이 없다며 무시하는 신기한 일이 종종 일어난다. 자기 단체나 운동이 홍보 캠페인의 표적이 아니었다는 주장도 흔히 들을 수 있다. 홍보 캠페인에 끊임없이 노출되는 사람들이 홍보산업의 존재를 밝히지 않는다면 대체 누가 홍보의 정체를 파악할 수 있겠는가?

하지만 자신의 운동이나 조직이 홍보의 표적이 되었다는 확실한 증거가 나타났을 때에는, 홍보 전략을 이해하려는 개인적인 관심이 촉발되는 경우가 많다. 현명한 운동가 중에는 자신을 대상으로 하는 홍보 전략을 더 잘 이해하고 예상할수록 승리할 가능성이 커진다는 사실을 깨닫는 사람이 많아지고 있다. 노동, 여성, 환경, 인권 문제를 다루는 비정부기구의 지지자 중에는 홍보산업이 무슨 짓을 하는지, 자신의 관심사에 어떤 영향을 미치는지 알고 싶어 하는 사람들이 많다.

그런데 비정부기구 중에는 홍보 회사를 두 손 들어 환영하는 곳도 있다. 대규모 비정부기구는 홍보 회사를 고용하거나 무료 서비스를 이용하기도 한다. 홍보 회사로서는 비정부기구에 무료 서비스를 제공하더라도 단체 및 이 단체와 협력하는 기구에 대한 귀중한 정보를 얻을 수 있기 때문에 남는 장사다.

비정부기구는 미국의 펜턴 커뮤니케이션스Fenton Communications처럼 진보적이라는 평판을 듣는 홍보 회사를 고용할 수 있는데, 홍보 회사를 이용한다는 사실만 봐도 홍보산업 전반에 비정부기구가 입을 다무는 이유를 알 수 있다. 여기에는 위험이 숨어 있다. 2000년 국제동물복지기금International Fund for Animal Welfare, IFAW은 영국에서 여우 사냥을 금지하는 캠페인에 이용한 홍보 회사 샌드윅(웨버 샌드윅으로 바뀌었다)이 일본포경협회Japanese Whaling Association를 위해 고래잡이 확대를 옹호한다는 사실을 알고 경악했다. 국제동물복지기금은 샌드윅과 관계를 끊었다.[16]

자신의 단체가 홍보 업계에서 고안한 '분할 정복' 전략의 잠재적 수혜자라 생각하는 비정부기구라도 홍보 업계의 활동에 대해 잠자

코 있는 것이 유리하지만은 않다.

지난 10년 동안 일어난 주목할 만한 변화는 운동 단체와 홍보 업계 사이에 이루어진 '회전문 인사'다. '지구의 벗' 영국 지부의 의장을 지낸 데스 윌슨Des Wilson은 거대 홍보 회사 버슨 마스텔러의 공공 홍보 담당 부회장이 되었다. 그는 이후에 영국공항공단British Airports Authority, BAA의 기업 및 공공 홍보 이사로 자리를 옮겼는데, 이 회사는 지역 주민의 반대를 무릅쓰고 런던 공항들을 확장하려 했다. 윌슨은 2000년 7월에 사임했지만 아직까지도 영국공항공단 자문역을 유지하고 있다.

회전문을 제대로 돌린 사람들도 있다. 전직 언론인 조너선 우틀리프Jonathan Wootliff는 플레시먼 힐러드와 힐 앤드 놀턴을 비롯한 주요 홍보 회사에서 일하다 암스테르담에 있는 그린피스 커뮤니케이션 부문을 맡았다. 우틀리프는 그린피스에 잠시 몸담은 후 에델만의 회계 이사가 되었는데, 현재 "초국적 기업이 비정부기구와 생산적인 관계를 형성하도록 지원하는 기업 책임 컨설턴트"로 일하고 있다. 코카콜라, 브리티시 석유, 인도네시아의 종이 펄프 제조업체인 아프릴APRIL 등이 고객이다.[17] 우틀리프는 에델만에서 일할 당시 어떤 발표 현장에서 기업인 청중에게 이렇게 말했다. "비정부기구라고 해서 전부 기업을 묵사발로 만들려 하지는 않는다."[18]

회전문 인사의 또 다른 변형은 홍보 회사에서 일하면서도 비정부기구에서 적극적으로 활동하는 경우다. 피터 멜체트Peter Melchett는 2001년 1월까지 그린피스 영국 지부를 이끌었고, 이후에 버슨 마스텔러 내 기업의 사회적 책임 부문에 합류했다. 멜체트는 그린피스의 모든 직위에서 사임해야 했지만 영국 최대의 식품 농업 단체인 영국 토양협회에서는 아직까지도 정책 이사로 활동하고 있다.

그런가 하면 2003년 중반에 멜체트와 함께 버슨 마스텔러 내 기업의 사회적 책임 부문에서 일한 베넷 프리먼Bennett Freeman은 세계적 구호 단체인 옥스팜Oxfam 미국 지부 이사회에 몸담고 있다. 그는 앰네스티 미국 지부의 기업 및 경제 관계 그룹Business and Economic Relations Group 회원이기도 하다.[19]

비정부기구 안에서 홍보 활동은 양면성을 지니고 있기 때문에, 공동체 운동을 표적으로 하는 홍보 전략을 기록하고 조사하기가 힘들다.

1990년 초 미국의 반환경운동이 다시 시작되었을 때 여러 재단에서 환경옹호연구센터Clearinghouse on Environmental Advocacy and Research, CLEAR를 후원했다. 환경 실무 그룹Environmental Working Group의 이 프로젝트는 기업 위장 단체와 로비 활동을 추적하여 온라인 데이터베이스를 구축했다. 이 프로젝트의 목표는 일선 운동가들이 예전에 몰랐던 단체들의 정체를 파악할 수 있도록 돕는 것이었다.

환경옹호연구센터는 귀중한 역할을 수행하고 있었지만, 자금을 장기적으로 지원받고 반환경주의의 세계화를 추적하는 역량이 매우 부족했다. 미국의 반환경주의가 의회 밖의 반대 운동에서 벗어나 상승세인 공화당 인사들과 관계를 맺자마자 환경옹호연구센터는 자금줄이 말라버렸다. 그린피스와 같은 여타 단체에서도 기업 위장

단체를 문서화하는 지침을 발표했다.[20]

담배 반대 운동은 법률 소송 과정에서 수백만 쪽에 달하는 업계 내부 문서를 확보한 덕에 기업홍보 전략을 가장 성공적으로 문서화할 수 있었다. 아직도 한 달에 수천 쪽씩 쏟아져 나오는 이런 문서는 업계의 제삼자 지지 세력을 폭로하고 분할 정복 전략을 무력화시키는 데 중요한 기능을 수행한다.

홍보 퍼즐 맞추기

주류 언론과 여러 비정부기구가 점점 더 홍보에 말려들고 있는 현재, 커져만 가는 홍보산업의 영향을 폭로할 희망은 어디에서 찾을 수 있을까?

1980~1990년대에 홍보산업을 처음 조사하려고 시도한 것은 조이스 넬슨Joyce Nelson[21]과 수전 트렌토Susan Trento[22]였다. 환경운동과 공동체 운동에 잔뼈가 굵은 존 스토버는 1993년 위스콘신에 미디어 민주주의 센터를 세웠다. 당시만 해도 홍보산업을 추적하는 감시 단체는 이곳 하나뿐이었다.

미디어 민주주의 센터는 인력과 자금이 부족했지만 이들의 활동과 대표적인 출판물《PR 워치》는 인기를 더해만 갔다. 스토버와 셸던 램턴이 쓴《유독성 슬러지가 몸에 좋다니!Toxic Sludge is Good for You》는 운동가와 홍보 업계의 내부자에게는 고전으로 통한다.[23] 미디어 민주주의 센터는 최근 영국의 스핀워치와 손잡고 유럽의 홍보산업을 추적하고 있다.

홍보를 파헤치려는 노력은 10년 전보다 훨씬 커졌다. 하지만 미디어 민주주의 센터와 스핀워치의 1년 예산을 합쳐봐야 초국적 홍보산업의 하루 수입보다도 훨씬 적다. 홍보산업의 정확한 총 매출액은 알려져 있지 않지만 일반적으로 해마다 두 자릿수씩 성장하는 것으로 보인다.

홍보산업을 문서화하는 것은 여러 측면에서 4000조각짜리 퍼즐을 맞추는 것보다도 훨씬 힘들다. 조각이 몇 개나 되는지, 모양은 어떻게 생겼는지, 정확히 어디에서 조각을 찾아야 하는지도 모르는 채 시작해야 하기 때문이다.

홍보산업의 특징은 참여자들이 대부분 자신의 활동을 숨기려 하며 좀처럼 내보이지 않는다는 것이다. 그러므로 퍼즐 조각은 한 번에 한두 개씩 튀어나오는 것이 고작이다. 하지만 인터넷이 발전하고 공동 연구와 저술을 돕는 소프트웨어가 새로 개발되면서 흥미진진한 가능성이 열리고 있기도 하다.

소스워치

2003년 10월 필자는 미디어 민주주의 센터에서 소스워치(www.sourcewatch.org, 2005년 1월까지는 '디스인포피디아Disinfopedia'라는 이름이었다)를 편집하기 시작했다. 소스워치는 오픈소스인 위키 소프트웨어에 바탕을 두고 있으며, 누구든지 언제나 온라인 데이터베이스에 글을 추가하거나 편집할 수 있다. 소스워치의 목적은 홍보산업을 추적하고 여론을 형성하려는 사람들을 파헤치는 것이다.

아무나 글을 수정할 수 있다면 글과 자료의 수준을 보장할 수 없다고 생각했기 때문에 필자는 처음에 냉소적이었다. 상식으로는 이해하기 힘들겠지만, 일단 핵심 필진이 임계점을 넘어서면 글의 수준이 획기적으로 높아진다. 기존 필진은 새 기고자가 요점을 짚는 등 합의된 기준을 충족하도록 하기 위해 노력을 아끼지 않는다.

위키 소프트웨어의 특징 중 하나는 기본적인 워드 프로세서 사용법을 아는 사람이라면 누구나 쉽게 글을 올릴 수 있다는 것이다. 수정 내역을 추적하고 지워진 글을 복구하기도 간편하다. 기술적인 장벽이 낮아진 덕에 훨씬 많은 사람들이 필진으로 참여할 수 있다.

위키 소프트웨어는 기고자와 편집자를 자원봉사로 모집하기 때문에 관리에 시간을 별로 투자하지 않고도 많은 문서를 생산해 낼 수 있다. 또 지역적 주제를 놓고 국제적으로 공동 작업을 수행하기도 수월하다. 예를 들어 일본의 한 기고자는 캘리포니아 대학의 온라인 도서관인 레거시 담배 문서 도서관Legacy Tobacco Documents Library에서 얻은 담배 업계 문서를 토대로 싱크탱크와 기후 변화 회의론자들의 프로필을 여럿 작성했다.[24] 관심이 있는 독자는 기사의 링크만 클릭하면 원본 문서를 볼 수 있다.

웹사이트 방문자 수(조회 수가 2004년에만 800만 페이지를 넘었다)

를 보면 전문 웹사이트는 방문자가 소수에 지나지 않는다는 오해가 사라질 것이다. 어디에서도 볼 수 없는 내용 덕에 구글 검색에서도 높은 순위를 차지하고 있으며, 이것은 웹사이트를 방문하는 것으로 이어진다. 예를 들어 공화당과 연계된 '진실을 찾는 쾌속정 참전용사 모임'이 출범한 바로 그날, 소스위치 필자 한 명이 이들에 대한 페이지를 개설했다. 이 단체가 대선 후보 존 케리의 참전 기록을 두고 그를 비난하는 텔레비전 광고를 띄우자 웹페이지 조회 수는 구글 검색에서 2위로 뛰어올랐다.[25] 소스위치의 다른 글과 마찬가지로 이 웹페이지의 자료와 기사도 주류 매체의 뉴스로 채택되었다. 시간에 쫓기는 언론인들이 이 단체 정보를 구글에서 찾았기 때문이다.

위키의 장점은 또 있다. 홍보 회사나 홍보 전략을 파헤치는 기존의 방식은 개인이 꾸준히 자료를 수집하여 글을 써내는 것이었지만, 위키는 집단적 방식으로 퍼즐 조각을 모을 수 있다. 여기저기에 올라와 있는 홍보 회사의 고객 명단이나 문서는 중요한 정보 토대가 되어 더 폭넓은 기사로 이어진다.

소스위치와 같은 위키는 완벽하지 않다. 기고자의 수준이 천차만별이기 때문에 어떤 글은 손을 많이 봐야 하며, 필진이 이탈하는 경우도 생긴다. 새 기고자가 글을 수정하지 않으면, 이전 기고자가 쓴 글은 미완성인 상태로 남는다. 또한 인터넷에서 구할 수 있는 자료에 지나치게 의존하는 경향도 있다.[26]

주류 미디어가 빠져 나간 좌파의 공백을 메울 신기술이 소스위치만은 아니다.[27] 위키의 잠재력을 의심하던 필자 역시 이제는 홍보라는 퍼즐 조각을 모으기가 훨씬 수월해졌다는 사실을 알게 되었다.

물론 홍보 업계 역시 이 사실을 눈치챘다. 호주 홍보 회사 잭슨 웰스 모리스Jackson Wells Morris 이사이자 홍보 관련 블로그를 운영하는 트레버 쿡Trevor Cook은 보수적 언론인 암스트롱 윌리엄스Armstrong Williams가 홍보 회사 케첨Ketchum에서 24만 달러를 받고 부시 행정부의 교육 정책을 바꾸려 한다는 사실을 알고 깊이 고민했다. 쿡은 소스워치에 이 사실을 알렸다. "우리가 퍼즐을 맞추고 미디어 환경을 더 투명하게 만들도록" 하기 위해서였다.[28]

15

유럽의 기업 권력
브뤼셀의 로비크라시

올리비에 호에드만

지난 20년 동안 기업, 로비 단체, 홍보 회사는 자석에 이끌리듯 브뤼셀로 몰려들었다. 새 유럽연합 조약 덕분에 유럽위원회와 유럽의회를 비롯한 유럽연합 기관들의 힘이 더 커졌기 때문이었다. 현재 25개 유럽연합 회원국의 법률과 규제 중 유럽연합의 결정에서 비롯된 것은 50퍼센트를 훌쩍 넘는다. 환경 분야는 80퍼센트 이상이다. 적게 잡아도 1만 5000명 이상 되는 전업 로비스트가 유럽연합 기구에 영향력을 행사하려 하고 있다. 이들이 일하는 사무실은 대부분 유럽위원회와 유럽의회에서 4제곱킬로미터 이내, 이른바 '유럽 지구 European quarter'에 있으며, 로비스트 중 70퍼센트 이상은 대기업을 위해 일한다. 브뤼셀의 기업 로비 현장에는 로비 집단 1000여 곳, 홍보 회사 수백 곳, 로비 서비스를 제공하는 수많은 법률 회사, 기업의 후원을 받는 싱크탱크 수십 곳, 개별 기업이 운영하는 대對유럽연합 홍보 사무소 수백 곳이 진을 치고 있다.[1] 브뤼셀에서 기업 로비로 발생하는 연 매출액은 7억 5000만~10억 유로에 달한다.[2]

유럽의회의 독일 측 의원 한 명은 《인터내셔널 헤럴드 트리뷴 International Herald Tribune》에 기고한 글에서 로비스트와 마주치는 일상을 이렇게 그렸다. "그들은 내게 전화를 걸고, 아래층에서 나를 기다리고, 내게 하루에 100통씩 편지를 보낸다. 이곳에서 현관까지 가보라. 반드시 로비스트와 마주치게 된다."[3] 유럽문제전문가협회 Society of European Affairs Professionals, SEAP에서 유럽의회 내 공간이 부족하다고 불평하는 것을 보아도 브뤼셀에 로비스트가 급증했다는 사실을 알 수 있다. 이 전문 로비스트 단체는 2004년 봄에 쓴 공개 편지에서 회원들이 의회위원회 회의를 참관할 때 자리가 없어서 서 있어야 했다며 불만을 토로했다. 유럽의회 건물은 아주 크지만, 늘어만 가는 로비스트들이 다 들어갈 만큼 크지는 않다.

명심할 점은 기업 로비 집단이 유럽 통합에 수동적으로만 대응하지는 않았다는 사실이다. 유럽 기업인 원탁회의 European Roundtable of Industrialists, ERT는 유럽위원회와 전략적 제휴를 맺어 유럽 통합 과정을 준비하고 가속화하는 데 매우 적극적인 역할을 수행했다.[4] 1980년대 후반과 1990년대 전반, 유럽 최대 기업의 최고 경영자 45명이 모인 이 유력 단체는 시장 중심의 통합을 추진하고 향후 수년 안에 유럽을 휩쓴 신자유주의 개혁의 길을 닦는 데 한몫을 했다.

로비스트의 천국

브뤼셀에는 전문 로비스트들이 유럽연합의 어떤 개별 회원국보다도 훨씬 큰 영향력을 발휘하는 정치 풍토가 등장했다. 로비에도 정당한 역할이 있는 것은 분명하다. 문제는 로비가 지배적인 정치 행위로 둔갑할 때다. 브뤼셀의 의사결정 과정에서도 이런 추세가 눈에 띈다. 유권자와는 거의 소통하지 않는 전문 권력 브로커와 의사결정권자의 일대일 만남만으로는 민주주의를 이룰 수 없다. 이런 모델이 힘을 발휘하는 이유 중 하나는 유럽에서 진짜 대중 토론이 실종되었으며 범유럽 시민사회 네트워크와 사회운동이 상대적으로 취약하기 때문이다(발전한 부분도 있지만 유럽연합 차원에서는 아직 제대로 성숙하지 못했다).

이는 기업 로비 집단과 떠오르는 브뤼셀 홍보 업계가 활동하기에 이상적인 조건이다. 홍보 업계의 거물 버슨 마스텔러는 브뤼셀에 로비스트가 5만 5000명 있다고 주장한다. 이것은 유럽위원회 관료, 유럽의회 의원과 보좌관을 로비스트의 범주에 포함했기 때문이다. 버슨 마스텔러의 주장에 따르면 의사결정에 영향을 끼치려는 사람은 모두 로비스트다. 고용된 로비 컨설턴트든, 대기업의 유럽연합 홍보 담당자든, 시민사회 운동가든, 유럽위원회나 정부 관료든, 민주적으로 선출된 의원이든 다 마찬가지라는 것이다. 다행히도 아직까지는 이 정의가 널리 받아들여지지 않고 있다. 하지만 이것은 브뤼셀 의사결정 과정에서 로비 전문가들이 누리고 있는 지위를 잘 보여준다.

로비를 일종의 정치 게임으로 본다면, 로비 방법에 대한 강좌가 브뤼셀에서 눈부시게 성장하고 있는 것도 놀랄 일이 아니다. 2004년 7월의 뜨거운 여름날, 메리어트 호텔 회의실에는 100명이 넘는 사람들이 빼곡히 들어차 있었다. 이들은 한 사람당 300유로가 넘는 참가비를 내고 버슨 마스텔러와 유력 주간지 《유럽의 목소리 European Voice》가 주최한 오후 특별 강좌 '브뤼셀에서의 효과적인 로비'에 참석했다. 강연자는 네덜란드 유수의 학자 리누스 반 쉔델렌 Rinus van Schendelen이었다. 그는 브뤼셀의 로비 행위란 다양한 이해관계가 서로 균형을 맞추는 '사상의 시장 marketplace of ideas'에 지나지 않는다며 현상 유지를 주장하는 인물이다. 또 한 명의 강연자인 크레이그 위네커 Craig Winneker는 미국의 강경 '자유시장' 싱크탱크인 테크 센트럴 스테이션의 브뤼셀 지부를 운영하고 있다.

한 유럽의회 영국 의원은 참석자들에게 이렇게 말했다. "나는 로비스트가 필요하다. 나는 로비스트에게 의존한다." 유럽의회 의원들은 온갖 세세한 문제를 결정해야 하기 때문에 로비스트와 부적절한 의존 관계를 맺게 된다. 방금 언급한 유럽의회 의원은 정치 문제에 대한 일반적인 의견을 원하는 것이 아니라고 강조했다. 자신이 로비스트에게 바라는 것은 유럽의회 상임위원회나 본회의에 법안으로 제출할 구체적인 개정안이라는 것이다. 이것은 유럽의회에서 이미 관행이 되었다. 그런 탓에 산업 로비스트(때로는 시민사회 단체)가 초안한 개정안이 유럽연합 법률로 이어지는 경우가 허다하다. 의원들은 로비 집단의 요구를 유럽연합 의사결정 기구에 전달하는 매개자로 전락할 지경이다. 이런 정치 풍토에서 상당수 유럽의회 의원들이 임기를 마친 뒤 기업 로비 세계로 진출하는 회전문 인사는 당연하다. 유럽의회의 영국 자유민주당 의원 닉 클레그Nick Clegg와 노동당 의원 데이비드 보우David Bowe를 예로 들어보자. 이들은 둘 다 2004년에 유럽의회 임기가 끝나자 로비 회사 지플러스 유럽GPlus Europe 브뤼셀 지사로 자리를 옮겼다.

유럽위원회 관료 중에도 회전문을 지나 기업 로비로 진출하려는 유혹을 이기지 못하는 사람들이 늘고 있다. 위원회에서 자신이 맡고 있던 분야의 로비를 담당하는 경우도 많다. 고위직의 사례로는 전 환경총국장 짐 커리Jim Currie와 기업총국장 장 폴 맹가송Jean-Paul Mingasson을 들 수 있다.[5] 커리는 2001년에 위원회를 떠나 영국핵연료공사의 유급 비상임이사로 옮겼다. 그는 기업총국에 재직할 당시 이 분야를 감독하는 위치에 있었다. 맹가송은 2004년에 유럽연합 고용주 협회Union of Industrial and Employers' Confederations of Europe, UNICE로 자리를 옮겨 수석 로비스트로 일하고 있다. 유럽위원회 집행위원은 기업에서 자신의 분야에 해당하는 직무를 맡을 경우 1년의 유예 기간을 두어야 하지만 위원회의 나머지 관료는 그런 제한을 받지 않는다.

이런 정치 풍토는 유럽연합 기관 언저리에서 활동하고 있는 수많은 잡종 기관이 자라는 토양이 된다. 이곳에서는 산업과 정치의 경계가 모호하다. 예를 들어 범대서양 정책 네트워크Transatlantic Policy Network는 의회와 기업 지도자들이 유럽연합과 미국의 자유 무역 지대를 구축하기 위해 공동으로 로비를 벌이는 연합체다. 2004년 4월 유럽의회는 정확히 이를 목표로 협상을 시작하자는 범대서양 정책 네트워크의 제안을 채택하는 결의안을 승인했다. 독일 기독교민주당 의원 엘마 브로크 Elmar Brok가 결의안을 미리 손봤다고는 하지만, 초안은 범대서양 정책 네트워크가 작성한 문서에서 문장을 빼고 더했을 뿐이었다. 브로크는 범대서양 정책 네트워크의 주요 구성원이며 초국적 멀티미디어 기업인 베텔스만에서 급여를 받고 있다.[6] 독일 사회민주당 유럽의회 의원 에리카 만 Erika Mann을 비롯해 이번 결의안에 관여한 의원 중에는 범대서양 정책 네트워트에 소속된 의원이 여남은 명이나 된다. 하지만 이런 이중적 역할을 털어놓은 사람은 아무도 없다.[7]

브뤼셀의 코피 아난

코르텐베르흐 가 118번지 브뤼셀 유럽 지구 한가운데 자리한 5층짜리 건물은 기업 로비와 홍보 업계의 축소판이다. 이곳은 법률 회사, 홍보 회사, 개별 기업, 업계 연합으로 가득 차 있다. 유니레버의 유럽연합 로비스트들이 홍보 회사 힐 앤드 놀턴과 버슨 마스텔러를 이웃하고 있으며, 브롬과학환경포럼 Bromine Science and Environment Forum, BSEF이라는 단체도 옆 사무실에 자리 잡고 있다. '포럼'이라는 이름 때문에 학술 단체나 환경운동 단체처럼 들리지만, 실은 버슨 마스텔러가 유독성 물질인 브롬 방염제를 생산하는 화학 회사를 대리해 유럽연합이 이 제품을 금지하지 못하게 만들려고 세운 위장 단체다.[8] 얼마 전까지만 해도 브롬과학환경포럼이 기업과 연루되어 있으며 버슨 마스텔러가 핵심적인 역할을 맡고 있다는 사실은 숨겨져 있었다. 코르텐베르흐 가 118번지 사무실에서 일하는 브롬과학환경포럼 직원은 모두 버슨 마스텔러의 컨설턴트이다. 또한 버슨 마스텔러의 브뤼셀 사무소는 유럽 소비자 화재안전 연합Alliance for Consumer Fire Safety in Europe, ACFSE과 유럽 브롬화 방염제 산업위원회European Brominated Flame Retardant Industry Panel, EBFRIP(브롬과학환경포럼 회원사 네 곳 중 한 곳이 여기에 속해 있다) 같은 브롬 업계 단체를 여러 곳 운영하고 있다. 미국에서는 수십 년 전부터 기업과 홍보 회사가 위장 단체와 다양한 유사 비정부기구를 세우는 것이 기업 로비의 기본이 되어왔다. 이제는 불행하게도 브뤼셀에서까지 기만적인 로비와 홍보 행위가 벌어지고 있다.

　유니레버는 유럽연합에서 로비를 아끼지 않는 회사 중 하나다. 브뤼셀에서 일하는 유니레버의 수석 로비스트 샤를 라로슈Charles Laroche는 메리어트 호텔 워크숍 참석자들에게 자기 회사는 유럽위원회가 새 법안을 초안하기도 전에 로비를 시작한다고 말했다. 라로슈는 유니레버를 모든 차원의 정치 행위자로 묘사했다. "로비는 기업의 핵심이어야 한다." 따라서 유니레버는 로비를 엄청나게 벌이면서도 홍보 컨설턴트가 따로 필요하지 않다고 말했다. 유니레버가 외부 컨설턴트를 쓰는 경우는 로비 캠페인을 준비하면서 남의 눈에 띄고 싶지 않은 초기 단계처럼 특별한 목적이 있을 때뿐이다. 라로슈는 《인터내셔널 헤럴드 트리뷴》에서 자신이 소비자의 요구를 대변한다고 주장했다. "시민은 소비자이기도 하다. 우리는 의회에 가서 이들과 함께 법안 초안을 훑어보고는 이렇게 묻는다. '이 법안에서 소비자에게 이익이 되는 점은 무엇일까?'" 과연 기업 로비스트가 소비자를 옹호하는 연기를 잘 해낼 수 있을까? 브뤼셀은 이런 곳이다.

유럽연합 수도의 로비 활동은 워싱턴의 공격적인 방식보다 온건하며 동의를 추구하는 것으로 종종 묘사된다.[9] 하지만 유럽연합과 관련된 업계가 더 공격적인 로비 전략을 채택하면서 둘의 차이는 빠르게 줄어들고 있다. 메리어트 호텔에서 열린 '브뤼셀에서의 효과적인 로비' 강좌의 연사 중 한 명인 크리시 시먼스Chrissie Simmons는 수백 곳에 이르는 브뤼셀의 '유럽연합 문제' 컨설팅 회사 중 한 곳을 이끌고 있다. 글락소 스미스클라인의 전직 로비스트인 시먼스는 기업들이 유럽연합에서 로비할 때 선택할 수 있는 주요 전략을 소개했다. 그녀는 우선 '코피 아난' 전략과 '제삼자' 전략을 함께 써보라고 조언했다. 브뤼셀 로비스트의 용어로 '코피 아난' 전략이란 의사결정권자들이 타협을 이루도록 함으로써 최악의 규제 시나리오를 피하는 것이다. '제삼자' 전략이란 비정부기구 및 노조와 협상하는 것이다. 이 두 가지 방식은 지난 10년간 브뤼셀에서 가장 흔한 로비 전략이었다. 하지만 '치과의사'(우선 법안에서 마음에 들지 않는 부분을 찾아 '가장 심하게 썩은 이빨을 뽑아낸' 다음 후속 '치료'를 한다)나 '전투 헬기'(정책 제안을 철회하지 않으면 사업을 철수하겠다고 협박하는 등 공격적인 로비 방식)처럼 더 적극적인 전략이 점점 널리 쓰이고 있다. 2005년 5월 유럽연합의 베테랑 로비스트인 다니엘 귀에겡Daniel Guéguen은 한 인터뷰에서 브뤼셀 로비스트들이 아슬아슬한 전략을 쓰는 등 점점 더 무모해지리라고 내다보았다. "우리는 점점 더 거친 로비 전략을 구사하고 있다. 경제 정보에 대해 조작, 무력화, 거짓 정보와 같이 더 정교한 방법을 쓰는 것이다."[10]

우익의 돌풍

로비 방식이 비유화적인 전술로 바뀌고 있다는 것을 보여주는 또 다른 사례는 유럽연합 고용주 협회의 최근 요구 사항이다. 이들은 유럽연합을 세계에서 가장 경쟁력 있는 경제 단위로 만들려는 '리스본 의제'를 달성할 때까지 모든 사회적 조치를 연기해야 한다고 주장했다. 유럽연합 고용주 협회와 유럽 기업인 원탁회의에서 격렬하게 로비를 벌인 끝에, 2004년 봄 유럽연합 국가들은 유럽연합의 기존 정책과 새 정책 모두에 대해 기업 영향 평가를 도입하기로 합의했다. 기후 변화에 대처하기 위한 유럽연합의 교토의정서가 첫 재평가 대상인데, 이는 기후 변화 대응 노력을 더 약화시킬 것이다. 이러한 재평가가 시작되기도 전에, 지난 수년 동안 유럽연합의 환경 보호 정책은 경쟁력에 영향을 미친다는 업계의 불만 때문에 하나둘씩 축소되었다. 화학물질 등록과 검사를 위한 '새 화학물질 관리제도

Registration, Evaluation and Authorization of Chemicals, REACH'가 집중포화를 맞았다. 2001년 2월에 발의된 애초의 안은 유럽에서 현재 쓰이고 있는 화학물질 10만여 종을 등록하고 검사하기로 되어 있었다. 지금은 모든 화학물질의 99퍼센트가 충분한 환경 및 보건 평가를 받지 않은 채 쓰이고 있지만, 이 안이 통과되면 기존의 땜질식 규제는 수명을 다하게 될 터였다. 이 안은 유럽 최대의 업계 로비 캠페인을 촉발했다.[11] 유럽화학산업협회 European Chemical Industry Council, CEFIC가 선두에 서고 독일 거대 기업 바스프 BASF가 핵심적인 역할을 맡았으며 미국 화학 기업들과 부시 행정부가 적극적으로 지원했다. 유언비어, 기만적인 영향 조사, 지연 전술을 동원한 공격적인 반대 캠페인 때문에 초안은 힘을 잃었다. 2003년 10월 유럽위원회는 초안보다 형편없이 약화된 개정안을 내놓았는데, 화학 기업이 위험한 화학물질을 계속 생산하고 판매할 수 있는 허점이 가득했다. 의사결정이 막바지에 이른 지금, 업계에서는 법안을 더 약화시키려고 로비를 계속하고 있다. 향후 유럽에서 화학물질 규제 분야의 위험한 공백을 메울 유일한 가능성을 차단하려는 것이다.

2004년 10월 주제 마누엘 바로주가 유럽위원회 위원장이 되었다. 그가 재임 기간에 리스본 의제의 경쟁력 강화 목표를 최우선적으로 추진하겠다고 밝히자 기업들은 이구동성으로 환호했다.[12] 바로주가 유럽위원회에 입성하면서 유럽연합은 노골적인 신자유주의에 한 발짝 더 다가섰고 《월스트리트 저널》은 환영의 뜻을 밝혔다. "경제적으로 중요한 자리는 모두 자유시장주의자를 자처하는 사람들에게 돌아갔다." 새 유럽위원회가 출범한 지 몇 달 지나지 않아 네일리 크루스(경쟁 부문)와 피터 맨덜슨(국제 통상) 같은 신자유주의 강경파들이 위원회를 틀어쥐었다. 바로주는 2005년 2월에 경제 전략의 청사진을 공개한 이후 유럽의회의 중도 좌파 의원, 노동조합, 시민사회 운동가에게 거센 비난을 받았다. 《파이낸셜 타임스》에 따르면 "얼마 전까지만 해도 유럽은 환경을 고려하고 노동자의 권익을 향상시키는 데 성장 못지않은 우선순위를 부여했으나 바로주의 계획은 이에 정면으로 위배된다".[13]

아이러니한 사실은 유럽위원회가 규제 완화 쪽으로 방향을 튼 시점이 프랑스와 네덜란드가 국민 투표에서 유럽연합 헌법을 부결시킨 뒤라는 것이다. 양국의 국민 대다수가 유럽연합 헌법을 거부한 이유는 이 헌법이 지나치게 신자유주의적인 탓에 사회적 유럽이라는 목표에 어긋나기 때문이다. 하지만 유럽위원회는 이런 사실을 깨닫지 못했다. 오히려 유럽위원회 위원장 바로주와 집행위원 페어호이겐 Günter Verheugen은 '불합리한' 법률을 철폐하고 업계에 추가 비용을 전가하는 규제 조치를 재검토하겠다며 강도 높은 정책을 들고 나왔다. 노동조합과 환경운동 단체들은 사회 및 보건 분야의 중요한 규제들에 부정적인 영향이 미치지 않을까 우려하고 있다. 예를 들어 냉장고와 에어컨의 온실 가스 이용을 규제하는 법안은 2005년 내내 유럽의회에서 논의되었는데, 페어호이겐은 자신의 사명을 이렇게 밝혔다. "지난 2월부터 기업들을 만나기 시작하면서 지나친 규제가 유럽 내 투자와 일자리 창출에 가장 큰 장애물이라는 확신이 들었다."[14]

한편 무역 담당 집행위원 맨덜슨은 거대 산업의 로비 집단에 정치적 특권과 영향력을 아낌없이 내주었다. 유럽 서비스 포럼European Services Forum, ESF이 그 좋은 예다. 이들은 WTO의 서비스 자유화 협상(서비스 무역에 관한 일반 협정General Agreement on Trade in Services, GATS)에 영향을 미치려 애쓰는 유럽 내 서비스 대기업의 로비 연합이다. 유럽 서비스 포럼은 1999년에 유럽위원회의 발의로 설립되었다. 유럽위원회가 원한 것은 '서비스 자유화 협상'에서 유럽연합을 뒷받침할 기업 로비 집단이었다. 유럽 서비스 포럼은 세계의 나머지 지역에서 서비스 자유화를 요구하는 유럽연합 요구안의 초안 작성을 도왔다. 여기에는 물과 교육 등 필수적인 공공 서비스의 자유화와 민영화가 포함된다. 유럽기업감시에서 입수한 유럽위원회 문서는 유럽 서비스 포럼이 유럽연합 통상협상단과 매우 가까운 사이라는 사실을 잘 보여준다.[15] 유럽 서비스 포럼은 유럽위원회와 회원국 통상 관료로 이루어져 있는 133조 위원회 회의에 정기적으로 참석하며, 브뤼셀 중심가에 있는 유럽 서비스 포럼 사무실에서 회의가 열릴 때도 있다. 회의가 끝나면 칵테일파티가 이어진다.[16]

싱크탱크 유행

1990년대 후반 이후 중도 우파 성향의 싱크탱크 여러 곳이 브뤼셀에서 활동을 시작했는데, 유럽정책센터European Policy Centre와 유럽

정책연구센터 Centre for European Policy Studies가 가장 유명하다. 이 싱크탱크들은 주목을 받기 위해 경쟁할 때도 있지만 정치적 영역이 대부분 겹치며 기업 회비 의존도가 매우 높다. 여기에 지난 수년 동안 더 과격한 '자유시장' 이데올로기를 옹호하는 새로운 싱크탱크들이 대거 출범했다. 이들은 신자유주의 정치 풍토와 기업 후원을 등에 업었다. 이 신세대 싱크탱크 중 가장 눈에 띄는 것은 유럽연합 경쟁력 의제인 '리스본 의제'에서 이름을 따온 리스본 위원회 Lisbon Council다. 리스본 위원회는 "브뤼셀에 기반을 둔 시민 행동 단체"를 자처한다. 하지만 일반적인 시민은 도통 찾아볼 수 없다. 대변인은 세계경제포럼과 《월스트리트 저널》 출신이다. 리스본 위원회는 미디어를 효과적으로 활용하여 브뤼셀에 있는 기존 싱크탱크들의 부러움을 샀다. 위원회는 신자유주의 개혁의 파도를 막아서는 것이라면 시민사회 단체든 노동조합이든 가리지 않고 사나운 공격을 퍼붓는다. 2005년 3월 볼케스테인 권고안 Bolkestein Directive으로 널리 알려진 유럽연합 서비스 권고안에 반대하는 범유럽 시위에 10만 명 가까운 군중이 참여했다. 이때 리스본 위원회의 안네 메틀러 Anne Mettler 소장은 언론에 이렇게 쏘아붙였다. "좋게 말하면 무지하고 나쁘게 말하면 멍청한 자들이다."[17] 하지만 사람들이 볼케스테인 권고안을 반대한 것은 더할 나위 없이 합리적인 행동이다. 권고안의 출신국 원칙이 유럽의 사회적 기준을 심각하게 침해하기 때문이다.[18]

리스본 위원회와 이데올로기는 거의 비슷하지만 훨씬 더 과격한 우익 싱크탱크로는 새유럽센터, 유럽기업연구소, 몰리나리 경제연구소Institut Economique Molinari, 그리고 국제자본형성위원회와 테크 센트럴 스테이션 같은 미국 싱크탱크 자매기관이 있다. 이들은 자금원을 꼭꼭 숨기고 있지만 대기업들의 후원금이 큰 몫을 차지하고 있는 것이 틀림없으며, 유럽의 심장부에서 자유시장 근본주의를 옹호하는 것이 자신의 상업적 이익에 가장 부합한다고 생각한다. 이 싱크탱크들은 기업 활동을 거의 제약하지 않는 경제적 정글 사회를 지지할 뿐만 아니라 대기업이 환경, 보건 규제에 맞서 싸우는 데도 기꺼이 힘을 보태기 때문에 사실상 기업의 전위대 노릇을 한다. 예를 들어 교토의정서를 결사적으로 반대하는 엑손 모빌은 2004년에 새유럽센터와 비슷한 성향을 가진 런던의 싱크탱크인 국제정책 네트워크에 '지구 기후 변화 교육 프로그램'이라는 명목으로 각각 8만 달러와 11만 5000달러를 기부했다. 유럽 '자유시장' 싱크탱크의 주 연락 채널은 런던에 있는 스톡홀름 네트워크다. 회원 기관 수가 123개라고 주장하는 스톡홀름 네트워크는 '사상의 전투'에서 승리하기 위한 방편으로 브뤼셀에서 정기적인 워크숍을 개최한다. 목표는 유럽 전역에서 신자유주의 싱크탱크의 모금 전략과 미디어 홍보 기술을 향상시키는 것이다.

로비 정보 공개에 대한 논쟁이 가열되고 있다

로비스트 수와 거대 기업의 정치적 영향력이 나날이 증가하고 있지만 유럽연합 기관을 대상으로 하는 로비는 사실상 아무런 규제를 받지 않는다. 반면에 미국과 캐나다는 1990년대에 로비 정보 공개 및 윤리 법률을 제정했다. 이에 따르면 로비스트는 등록을 거쳐야 하며 자신이 맡고 있는 업무와 비용을 보고해야 한다. 물론 이 때문에 기업의 로비력이 약해지지는 않았고, 특히 미국에서는 정치인이 기업의 선거운동 자금 후원에 목을 매고 있기 때문에 로비의 힘이 재앙을 초래할 만큼 커졌다. 하지만 이런 법률 덕분에 유럽에서는 찾아볼 수 없는 로비의 투명성이 확보되기도 한다. 유럽의회에는 출입증이 있는 로비스트가 5000명 이상 등록되어 있지만, 명단에는 이름과 소속만 나와 있다. 유럽위원회는 예전부터 로비를 규제하자는 말만 나오면 극심하게 반대했다. 2004년 10월 유럽위원회의 바로주 위원장은 공개편지를 한 통 받았다. 수많은 비정부기구의 서명을 받은 이 편지는 "기업 로비 집단이 유럽연합 정책 결정에 지나친 영향을 미치지 못하도록 당장 조치를 취하라"고 요구했다.[19] 편지의 주장은 이렇다. "이러한 문제를 해결하기 위한 첫 단계로 유럽은 윤리와 투명성 요건을 훨씬 엄격하게 바꾸어야 한다." 하지만 유럽위원회는 예전과 마찬가지로 유럽문제전문가협회를 비롯한 전문 로비스트 단체의 자율적인 행동 수칙만 들먹였다.[20] 이런 행동 수칙에는 외부에서 투명성을 강제할 수 있는 조항이 없으며, 기만적이거나 비윤리적인 로비 행위를 방지하기에도 역부족이다.

이 때문에 2005년 3월 3일 유럽위원회 집행위원 심 칼라스가 유럽 투명성 계획을 발표했을 때 많은 사람들이 놀라움을 금치 못했다.[21] 칼라스는 인상적인 연설에서 브뤼셀의 1만 5000여 로비스트가 크나큰 영향력을 행사하고 있다는 사실을 부각시키며 "유럽연합에서 이루어지는 로비 활동을 보고하고 등록할 의무 규제가 전혀 없다"는 사실을 꼬집었다.[22] 칼라스는 "로비 자체는 잘못된 것이 하나도 없다"고 조심스럽게 이야기했다. "의사결정을 할 때는 언제나 여러 차원에서 적절한 정보를 얻어야 하기" 때문이다. 칼라스가 지적한 문제는 바로 이것이다. "로비스트는 자신의 활동이 미치는 영향에 비해 투명성이 터무니없이 부족하다." 칼라스의 유럽 투명성 계획은 로비 단체가 활동 내역을 보고하도록 만드는 유럽연합 규정을 제정할 수 있는 절호의 기회다. 투명성이라는 취지를 살리려면 유럽 대중이 온라인 데이터베이스에서 보고서를 자유롭게 검색할 수 있어야 한다. 이런 정도의 투명성이 확보되어야만 훨씬 민주적인 감시가 이루어질 수 있으며 기업의 로비 권력이 지나치게 비대해지지 않도록 막을 수 있다. 하지만 여기에는 저항도 만만치 않다.

가장 극심하게 반대하는 곳은 유럽문제전문가협회다. 1997년 설립 이후 이 단체의 존재 이유는 로비를 규제하려는 모든 시도를 막는 것이었다. 칼라스의 깜짝 발표 이후 유럽문제전문가협회의 로지에 코루스Rogier Chorus는 이 같은 변화가 "다소 당혹스럽다"고 언론에 말했다. 유럽문제전문가협회는 불과 몇 주 전에 로비 윤리 수칙 개정안을 시행했다.[23] 이렇게 자율적인 행동 수칙은 매우 취약할 뿐만 아니라 외부에서 투명성을 강제할 수 있는 수단이 전혀 없는데도 유럽문제전문가협회는 규제가 필요하지 않다고 주장한다.[24] 하지만 유럽문제전문가협회의 행동 수칙이 훨씬 엄격하고 강제력을 지니더라도 이것은 해결책이 되지 못한다. 유럽문제전문가협회의 개인 회원은 150명밖에 안 되며 브뤼셀의 로비스트 1만 5000명에 비하면 새 발의 피에 지나지 않기 때문이다.

베테랑 로비스트 크리스티앙 드 풀로이Christian de Fouloy가 운영하는 웹사이트 'EUlobby.net'는 좀 더 교묘한 방식으로 저항했다.[25] 드 풀로이는 칼라스의 제안을 환영하면서도 자신의 상업적 웹사이트, 즉 일종의 로비스트 명부가 규제의 대안이 될 수 있다고 선전했다. 지금처럼 규제받지 않는 로비를 옹호하는 또 다른 집단은 유럽 공공문제 컨설팅 연합European Public Affairs Consultancies Association, EPACA이다. 이 단체는 브뤼셀의 공공 홍보 회사들이 모인 새로운 연합체로 2005년 1월에 출범했다. 유럽 공공문제 컨설팅 연합은 몇 달 전에 '유럽기업감시'에 편지를 보냈다. 회원들이 유럽연합의 화학물질 규제를 상대로 벌이는 로비 정보를 공개하라는 요구를 거절한다는 내용이었다. 그러면서 "모든 이해 당사자 집단이 모여 정보 공개와 등록을 어느 수준으로 하는 것이 적절한지에 대해 합리적으로 논의해야 한다"고 주장했다.[26] 유럽 공공문제 컨설팅 연합은 APCO, 버슨 마스텔러, 에델만, 힐 앤드 놀턴, 휴스턴 컨설팅 유럽Houston Consulting Europe, 웨버 샌드윅 애덤슨Weber Shandwick Adamson 등 28개 사로 이루어져 있다.[27] 2005년 5월 유럽 공공문제 컨설팅 연합 회장 존 휴스턴John Houston은 《파이낸셜 타임스》와의 인터뷰에서 "현행 자율 규제 체제가 비효율적이라는 증거는 하나도 없다"고 말했다.[28]

얼마 지나지 않아 《월스트리트 저널》은 금융 서비스 회사들이 유럽연합의 돈세탁 규제 강화를 막기 위해 로비를 벌일 때 휴스턴이 주도적 역할을 수행했다는 사실을 폭로했다. 휴스턴은 유럽의회 금융 서비스 포럼 European Parliamentary Financial Services Forum을 운영하고 있다. 이곳은 유럽의회와 은행 부문 로비스트가 합친 잡종 단체다.[29] 휴스턴과 유럽 공공문제 컨설팅 연합은 정보 공개 의무화에 반대하면서 "비윤리적 로비에 대한 심각한 우려나 추문을 찾아보기 힘들다는 것은 놀라운 현상이다"라고 주장한다. 투명성을 높이려는 제안이 달갑지 않은 것은 유럽연합 고용주 협회와 같은 업계 로비 집단도 마찬가지다. 유럽연합 고용주 협회의 크리스티안 포이스텔 Christian Feustel은 칼라스의 제안을 이렇게 평했다. "규제를 강화하려는 제안은 모두 헛소리다."[30]

칼라스가 연설한 지 2주도 지나지 않아, 로비 정보 공개 반대 진영에서는 주요한 반대 논리를 만들어냈다. 예를 들자면 규제는 불필요한 관료화와 비용 부담으로 이어지리라는 주장이다. 하지만 전자 보고 시스템을 구축하는 데는 돈이 별로 들지 않는다. 유럽연합 기구를 상대로 하는 로비 집단에게는 전혀 부담스럽지 않을 것이다. 이와 관련하여 유럽문제전문가협회 회장 로지에 코루스는 《유럽의 소리》에 편지를 보내, 등록과 보고를 의무화하면 "소규모 이해 당사자가 자신의 요구 사항을 알리기가 더 힘들어진다"고 주장했다.[31] 하지만 이런 논리는 잘못되었다. 어차피 이러한 의무 조항은 대규모 기관과 회사(미국과 캐나다처럼 지정된 최소 로비 예산을 넘는 경우)에만 적용되기 때문이다. 소규모 이해 당사자는 전문 로비 컨설턴트의 서비스를 이용할 형편이 못 되기 때문에 이런 주장은 빈말에 지나지 않는다. 로비 정보 공개를 반대하는 사람들이 써먹는 두 번째 논리는 버슨 마스텔러의 데이비드 언쇼David Earnshaw가 말한 것처럼 유럽위원회에서 로비스트를 정의하는 일이 만만치 않으리라는 것이다. "사회주의자가 보기에는 업계가 로비스트지만, 기독교민주당의 입장에서는 그린피스와 같은 비정부기구가 로비스트인 것이다."[32] 하지만 제약 업계의 거물 스미스클라인 비첨과 옥스팜, 그리고 기업 컨설팅 회사인 버슨 마스텔러를 넘나드는 언쇼의 이력을 보면 로비스트를 정의하기 어렵다는 말은 납득이 되지 않는다. 그는 어떤 역할을 수행하든 주저 없이 자신을 로비스트라고 불렀으니 말이다. 이런 주장은 혼란을 일으키려는 속셈인지도 모른다. 미국이나 캐나다와 마찬가지로 업계와 시민사회가 둘 다 보고 의무를 지는 것이 마땅하기 때문이다.

유럽위원회 집행위원 칼라스는 유럽 투명성 계획을 주장하면서 유럽위원회의 기금을 지원받는 비정부기구가 투명성이 부족하다는 사실도 지적했다. 그는 회계 정보를 비롯하여 비정부기구의 등록 정보를 강화하자고 제안했다. 비정부기구의 회계 투명성을 높이려는 시도는 환영할 만한 조치다. 특히 새유럽센터처럼 기업의 후원을 받는 싱크탱크의 비밀주의를 끝낼 수 있다면 말이다. 유럽과 미국에서 유럽연합 싱크탱크로 기업 후원이 밀려드는 지금, 후원받는 기관의 투명성을 보장하는 일은 매우 중요하다. 하지만 현상 유지를 원하는 사람들은 칼라스 집행위원의 말을 악용하여 논점을 흐리고 로비 정보 공개 규정의 취지를 훼손하려 한다.

유럽연합 로비 문제 전문가로 통하는 학자 두 명이 시민사회 단체의 정당성을 거세게 공격하는 것은 매우 의심스럽다. 로테르담 에라스무스 대학의 리누스 반 쉔델렌과 애버딘 로버트 고든 대학의 저스틴 그린우드Justin Greenwood는 유럽연합 기관을 겨냥한 로비를 평평한 경기장으로 묘사한다. 다양한 이해 당사자가 영향력을 얻기 위해 애쓰는 가운데 균형이 이루어진다는 것이다. 반 쉔델렌은 비정부기구가 높은 신뢰성 덕에 업계에 비해 부당한 혜택을 누리고 있다고 주장하기까지 했다. 그 덕분에 유럽연합 관료에게 더 수월하게 접근할 수 있다는 것이다.[33] 반 쉔델렌은 유럽위원회와 정부에서 비정부기구에 자금을 지원하는 것에 대해 툭하면 비난을 퍼붓지만, 업계와 시민사회의 재정 불균형에 대해서는 입을 다물고 있다. 그린우드는 브뤼셀에 자리 잡은 비정부기구 연합체의 대표성을 거세게 비난한다.[34] 하지만 기업 로비의 역할은 문제 삼지 않는다. 반 쉔델렌과 그린우드는 학계의 관찰자를 자처하고 있지만 실은 브뤼셀의 업계 로비 네트워크에 깊숙이 연루되어 있는 것이다.[35]

ALTER-EU

여러 '고용된' 로비 컨설턴트를 비롯해 기득권을 유지하려는 사람들이 저항하고는 있지만, 브뤼셀과 유럽 전역에서는 로비의 투명성과 윤리를 강화해야 한다는 요구가 시민사회 단체의 폭넓은 지지를 얻고 있다. 2005년 7월 EU의 로비 투명성 및 윤리 규제 연합(이하 ALTER-EU)이 출범했다. 140여 시민사회 단체, 노동조합, 학계, 공공문제 회사의 연합인 ALTER-EU는 유럽 투명성 계획이 무력화되는 것을 막기 위해 설립되었다.[36] ALTER-EU는 로비 투명성을 의무화하는 것뿐만 아니라 유럽위원회 관료의 행동 수칙을 개선하고(여기에는 관료들의 '회전문 인사'를 제한하는 것이 포함된다) 기업 로비스트의 특권적 접근권과 부당한 영향력을 차단하라고 주장한다.[37]

7월 19일에 브뤼셀에서 열린 ALTER-EU 출범식에는 칼라스 집행위원이 참석했다. 그는 유럽연합 로비스트들이 온라인으로 등록하도록 만들고 싶다고 주장했지만, 등록과 보고를 의무화할 필요성을 확신하지는 못했다.[38] 따라서 유럽 투명성 계획에 대한 의사결정 과정의 최종 결과가 어떻게 될지는 아직 오리무중이다. 우려스러운 상황은 유럽 투명성 계획이 만신창이가 되어 기업이 유럽연합 정책 결정에 어떤 영향을 미치는지를 효과적이고 민주적으로 감시하지 못하게 되는 것이다. 새 규정이 허술하고 무의미하다면 오히려 유럽연합 의사결정을 둘러싼 현재의 로비 행위를 정당화하는 데 악용될 것이다. 유럽 투명성 계획에서 제정하는 규정이 로비의 투명성을 제대로 확보하지 못한다면, 안 하느니만 못한 결과를 낳을 수도 있다. 이런 이유로 유럽이 발전하기 위해서는 유럽연합 기구에 영향력을 행사하려는 로비스트의 보고 의무를 장기적으로 개선하기 위해 싸우는 것이 무엇보다도 중요하다. 유럽연합에서 로비 정보 공개 법률이 제정된다고 해서 기업이 의사결정에 미치는 막대한 영향력이 사라지지는 않겠지만, 우리는 점차 이런 방향으로 나아가야만 한다. 이 문제를 둘러싸고 논쟁과 투쟁이 가열된 덕분에 대중은 유럽연합에 새롭게 등장한 로비크라시가 민주주의, 사회, 환경에 어떤 영향을 미치는지에 더 주의를 기울일 수 있을 것이다.

16

살인자 코카콜라

앤디 히긴보톰

2004년 11월 11일 코카콜라 최고 경영자 네빌 이스델Neville Isdell은 월스트리트 분석가들에게 '코카콜라 변화 선언The Coca-Cola Manifesto for Change'을 공개했다. 이것은 자사의 부진한 수익을 개선하기 위한 종합 계획이었다. 그 옆에는 코카콜라 최고 마케팅 책임자 척 프루트Chuck Fruit를 비롯한 임원들이 서 있었다. 네빌 이스델은 인도, 브라질, 중국, 러시아에 판매를 확대한다는 새 마케팅 전략을 발표했다. 2005년에 코카콜라는 해외 마케팅 비용 10억 달러에 4억 달러를 보탰다. 코카콜라 경영진은 새로운 아이디어를 발굴하기 위해 연구소 수십 곳에 조사를 의뢰했다. '이미지 마케팅iconic marketing'이라 불리는 새 마케팅 전략은 "기분을 띄우는 상쾌함, 불굴의 낙천주의,

보편적 연대감"이라는 핵심 특징을 내세우는 것이다. 코카콜라는 소비자들이 이런 특징을 자사의 제품과 연관시키리라 생각하며, 이스델은 코카콜라 브랜드의 본질이 "정직하게 제조하는 올바른 제품"이라고 주장했다.[1]

코카콜라를 생각할 때 '정직'이나 '올바름'이란 단어가 먼저 머리에 떠오르지는 않는다. 하지만 하루에만 700만 달러를 광고에 쏟아붓는 이 초국적 기업에게 사실과 허구를 뒤바꾸는 정도는 식은 죽 먹기다. 코카콜라의 문제는 낡은 이미지를 되살리는 것보다 훨씬 깊숙한 곳에 있다. 이 회사의 일류 홍보팀은 잇따른 홍보 실수를 만회하느라 애를 먹고 있다. 코카콜라는 영국에서 '다사니Dasani'라는 생수를 선보였으나 지하수가 아니라 수돗물을 정수하여 만든다는 사실이 들통 난 데다 암을 일으킬 수 있다는 이유로 퇴출당했다. 또한 아이들에게 탄산음료를 판매하면 공중 보건에 심각한 문제를 일으킬 수 있다는 사실이 의학적으로 입증되기도 했다.[2]

코카콜라는 잃어버린 신뢰를 회복할 수 없을 것이다. 이들이 주장하는 보편성이나 올바름은 저개발국에서 잇따른 인권 침해와 환경 파괴를 저질렀다는 혐의가 제기됨에 따라 만신창이가 되었다. 이것은 '홍보의 재앙'에만 머물지 않는다(이런 표현은 '재앙'이라는 단어를 평가 절하하는 짓이다). 진짜 재앙은 지구 남반구에서 무시당하고 인간 이하의 취급을 받는 사람들에게 찾아왔다.[3] 그리고 코카콜라의 거짓에 신물이 난 북반구 사람들은 코카콜라의 희생자들에게 공감하며 이들의 목소리에 귀를 기울이고 있다.

콜롬비아에서 벌어진 노동자 암살

코카콜라에 녹아 있는 것은 전문가 마케팅만이 아니다. 코카콜라가 전 세계에 퍼질 수 있었던 것은 거대한 집단적 노력 때문이다. 대개는 망각되지만 필수불가결한 특수 성분, 바로 코카콜라를 생산하는 노동자의 노력 말이다.

이시드로 세군도 힐Isidro Segundo Gil도 그중 한 명이었다. 이시드로는 콜롬비아 안티오키아 주의 우라바 북쪽 끝에 있는 카레파의 코카콜라 공장에서 일했다. 이시드로는 1996년 12월 5일 공장 안에서 암살당했다. 그는 식음료 노동조합인 시날트라이날SINALTRAINAL[4]의 지부장이었으며, 일주일 전 공장과의 연례 협상에서 노조의 요구 사항을 전달한 참이었다. 공장장이 "노조를 쓸어버리겠다"라고 말하고 다닌 지 얼마 지나지 않아 우익 준군사조직이 지역 노조 사무실을 불태우고 공장 안에서 이시드로를 총살했다. 이시드로는 이들에게 암살된 네 번째 노조 지도자였다. 이들은 이틀 뒤에 공장에 다시 찾아와 노동자들을 모아놓고 미리 준비한 노조 탈퇴 동의서에 서명하라고 강요했는데, 동의서는 회사 프린터로 출력한 것이었다. 서명한 동의서는 경영진에서 회수해 갔으며 노조 지부는 와해되었다. 이시드로의 부인 알시라 델 카르멘 에레라 페레스Alcira del Carmen Herera Perez 또한 살해된 남편을 위해 4년간 법정 투쟁을 벌이다 딸이 보는 앞에서 살해되었다. 카레파 공장은 플로리다 키비스케인에 소재한 미국 기업인 베비다스 이 알리멘토스가 운영하고 있었다. 이 회사는

커비 Kirby가 소유다.[5]

 이시드로의 암살은 이곳에서 벌어진 보기 드문 폭력 사태 중에서도 가장 참혹했다. 노동자는 총 아홉 명이 암살되었으며 부카라망가 공장에서는 지역 노조 지도자 세 명이 테러를 기도했다는 누명을 쓰고 6개월 동안 수감되었다. 쿠쿠타 공장의 노조 활동가들은 총격, 구타, 납치, 협박에 시달렸다. 바랑카베르메하 공장의 지역 노조 지도자들은 준군사조직의 우두머리인 AUC로부터 협박과 암살의 표적이 되었다.[6] 가족의 희생도 늘었다. 한 노조 지도자는 네 살배기 딸이 납치당할 뻔했으며, 다른 노조 지도자의 15세 아들은 실제로 납치됐다. 2004년 4월 20일에는 또 다른 노조 지도자의 처남, 처제, 조카가 암살되기도 했다.[7]

 여러 사건을 통해 코카콜라 콜롬비아 공장 관리자들이 준군사조직과 한통속이라는 정황이 드러났다. 시날트라이날은 1990년부터 2003년까지 조합원에 대한 인권 침해 사례가 179건 일어났다고 밝혔다. 이 자료에 따르면 협박, 구타, 암살 등은 주로 연례 단체 협상 직전이나 진행 중에 일어났다. 1994~1995년과 1997~1998년에는 노조에 가입한 코카콜라 노동자에 대한 폭력이 엄청나게 증가했다. 1993년에는 코카콜라 공장 노조의 조합원이 1440명이었지만 2004년에는 389명으로 급감했다.[8]

 노조 가입률이 15퍼센트에서 5퍼센트로 뚝 떨어졌다는 사실은 초국적 기업에 고용된 콜롬비아 노동자들이 당하고 있는 처우를 보여준다. 코카콜라는 투자의 '효율'을 개선하는 데 온 힘을 기울였다.⁹ 1990년대 이후 이 전략을 적극적으로 구현하기 위해 세 가지 요소가 결합되었다. 그것은 국가 정책, 기업 고용 정책, 그리고 계급에 기반한 폭력의 사회화다. 콜롬비아 정부는 1990년에 신자유주의 경제 모델을 그대로 받아들였다. 이때 통과된 '노동법 50'은 노동의 '유연화'를 목표로 삼고 있었다. 노동법 50은 영구 고용 계약의 법적 보호 장치를 죄다 없애버렸으며 하도급 계약과 임시 고용을 부추겼다. 그 이후 조합원 수는 100만 명 이하로 줄었으며 주로 공공 부문에서 감소했다. 민간 부문에는 노동조합 자체가 거의 남아 있지 않았기 때문이다.¹⁰

코카콜라는 이러한 법적 환경을 활용했다. 1990년에는 콜롬비아 '코카콜라 시스템'에 고용된 노동자 수가 1만 2000명이었다. 이 중 9000명은 영구 고용 계약을 맺고 있었다. 하지만 2001년이 되자 직접 고용된 노동자는 2500명밖에 되지 않았다. 2005년 초에는 안정된 고용 계약을 맺고 있는 노동자가 1000명 이내로 줄었다. 현재 노동자 수는 9000명가량인데, 이 중 90퍼센트 이상이 비정규 노동자다. 이들은 다양한 하도급 과정을 거쳐 간접 고용되었다. 2003년까지만 해도 생산 공장은 스무 곳이 있었지만, 전 세계에 신기술을 적용하는 과정에서 5개 대형 공장으로 생산이 집중되었다. 나머지는 유통 센터로 전락했다. 여기까지가 코카콜라가 펼친 전 세계 인력 감축 전략의 최근 상황이다.¹¹

노동력의 하도급은 폭력의 하도급과 동전의 양면이며, 실제 수치도 이를 입증한다. 준군사조직은 콜롬비아만의 현상이 아니다.

1980년대 과테말라에서는 내전 당시 반란을 진압하는 과정에서 15만 명이 준군사조직에 목숨을 잃었고, 이 중 상당수는 노조 조합원이었다. 그런데 콜롬비아에서는 이러한 현상이 특히 두드러진다. 인권단체들에 따르면 전투 이외의 상황에서 해마다 3000건씩 벌어지는 사회적·정치적 암살 중 적어도 80퍼센트는 준군사조직의 소행이라고 한다. 준군사조직은 군부와 연관되어 있다는 혐의도 받고 있는데, 이는 사회운동이나 정적에 맞서 '더러운 전쟁'을 수행하는 국가 정책의 존재를 입증하는 것이다.[12]

인도: "코카콜라를 추방하고 물을 살리자"

코카콜라의 정직함과 올바름을 시험할 수 있는 두 번째 사례는 인도의 생산 공장에서 지역 주민을 대하는 태도다. 코카콜라가 천연자원인 물을 뽑아 쓰는 바람에, 그동안 잊혔던 또 다른 주체, 즉 코카콜라 공장이 있는 곳의 지역 사회는 심각한 문제에 부딪혔다.

코카콜라와 싸우는 지역 사회의 이야기는 인도자원센터 India Resource Center에서 잘 정리해 놓았다. 이들은 피해를 네 가지로 구분한다. 첫째, 코카콜라 공장은 인근 농촌에서 지하수를 뽑아 쓴다. 둘째, 남아 있는 지하수도 공장 폐기물로 오염된다. 셋째, 케랄라와 우타르프라데시의 코카콜라 공장은 주변 토양에 독성 폐기물(카드뮴과 납)을 쏟아부었다. 넷째, 콜라에는 위험한 농약 성분(DDT, 린데인, 말라티온)이 미국과 유럽 보건 기준보다 30배나 많이 들어 있다. 안드라 프라데시와 차티스가르의 농민들은 코카콜라를 농작물에 뿌리기까지 한다. "비용 면에서 다른 농약보다 효율적"이라는 이유에서다.[13]

인도의 코카콜라 생산 공정에서는 콜라 1리터를 생산하는 데 물을 3.7리터나 소비한다.[14] 코카콜라 공장이 들어선 결과, 수자원이 독점되어 가난한 농민 수만 명이 물을 얻을 수 없게 되었으며 생존 수단을 잃어버렸다. 생활뿐만 아니라 목숨 자체가 위협을 받고 있는 것이다. 저항은 지역 사회 안에서 터져 나왔고 여자들이 선두에 섰다. 2005년 1월 15일 케랄라 주 남부 플라치마다의 코카콜라 공장 앞에서는 지역 주민 단체의 다르나dharna(농성)가 1000일째를 맞았다. 이 공장은 2004년 3월에 문을 닫았다. 코카콜라는 스스로 공장을 폐쇄했다고 말하지만 이것은 사실이 아니다. 케랄라 주 정부에서 이 지역의 가뭄을 해소하기 위해 생산 중지 명령을 내린 것이다. 한편 판차야트panchayat(부락 회의)는 코카콜라의 사업 허가를 갱신하지 않기로 결정했고, 코카콜라는 이에 항의하여 소송을 제기했다.[15]

플라치마다를 비롯한 여러 지역에서 저항이 일어나자 코카콜라는 국제적인 조사를 받아야 했다.[16] 외국에서도 집회와 시위가 이어졌다. 라자스탄 칼라데라에서는 2000여 명이 연좌 농성을 벌였다. 이들이 외친 구호는 "코카콜라를 추방하고 물을 살리자"였다. 발리아의 코카콜라 공장에서 우타르프라데시 메디간지까지 행진하던 시위대는 무장 경찰의 공격을 받았고 350명이 체포되었다. 메디간지 공장 밖에서는 지역 주민들이 항의 시위를 벌였다.[17] 아미트 스리바스타바Amit Srivastava는 인도의 사례를 콜롬비아와 비교하며 힘주어 말했다. "코카콜라는 자신의 행동에 책임을 지지 않는다. 폭력은 코카콜라가 세계 어디에서 사업을 벌이든 빠지지 않는 요소다."[18]

여기에서 문제는 기업이 천연자원을 좌지우지한다는 것이다. 인도에서 물을 두고 벌어진 투쟁은 반다나 시바의 표현을 빌리자면 '비인권의 세계화'이다. 이러한 유형의 경제적 세계화는 "기업의 권리를 국가와 국민의 권리보다 더 중시한다". 그녀는 이런 현상이 '식품 파시즘'으로 이어진다고 주장한다. 초국적 기업이 식품 생산과 유통을 독점하면서 토착 생산 활동의 지속 가능성과 품종 다양성이 사라진다는 것이다. 이것은 시날트라이날의 주장과 놀랍도록 비슷하다. 이들은 국가가 식품 주권을 행사하는 정책을 지지하며 상업적 음료의 대안으로 천연 과일을 내세운다.[19]

코카콜라의 폭력을 막기 위한 다방면의 국제적 캠페인

시날트라이날은 조합원의 암살을 막기 위해 두 가지 측면에서 국제적 노력을 기울였다. 첫 번째는 시날트라이날 희생자를 위한 시민 행동이다. 2001년 7월 20일 미국 철강 노조United Steelworkers of America와 국제 노동권 기금International Labor Rights Fund 소속 변호사들이 1789년 외국인 불법 피해자를 위한 배상청구법Alien Tort Claims Act에 따라 플로리다 남부 지방 법원에 소송을 제기했다. 소송 내용은 콜롬비아의 코카콜라 생산 업체에서 고용한 준군사조직이 자행한 폭력 행위에 대한 구제와 손해 배상이다. 피고는 코카콜라, 주 생산 업체인 파남코, 그리고 베비다스와 이사진이었다.[20] 2003년 3월 31일 미국 지방 법원 판사는 이들의 혐의에 대해 "준군사조직이 콜롬비아 정부와 결탁하여 활동한다고 판단하기에 충분하다"고 판결을 내렸다. 시날트라이날이 제기한 소송은 파남코와 베비다스에 적용되었다. 하지만 코카콜라와 콜롬비아 지사에 제기한 소송은 "회사의 생산 계약이 코카콜라가 콜롬비아 생산 업체의 노동관계 문제에 대한 통제권을 명시적으로 부여하지 않았다"는 이유로 기각되었다.[21] 이 판결은 납득할 수 없었다. 코카콜라는 콜롬비아 생산 업체와 맺었다는 실제 계약서를 제출하지 않았기 때문이다. 시날트라이날은 코카콜라가 피고에서 빠진 것에 대해 항소했다. 지금은 상황이 바뀌었고 생산 공장에서 발생하는 사건에 대한 모회사의 책임이 예전보다 더욱 커졌다. 2003년 6월 코카콜라 펩시는 파남코를 36억 달러에 사들였다. 코카콜라는 파남코 주식을 25퍼센트 보유하고 있었으나 이제는 코카콜라 펩시-파남코 주식을 40퍼센트 보유하게 되어 지배 지분을 획득했다. 2006년 9월 미국 지방 법원 판사 호세 E. 마르티네스 Jose E. Martinez는 파남코와 베비다스에 대한 소송을 기각했다.[22]

시날트라이날은 홍보와 대중 동원 캠페인을 통한 두 번째 노력을 시작했다. 노조는 지지 단체와 함께 애틀랜타, 브뤼셀, 보고타에서 '대중 공청회'를 개최했다. 코카콜라도 초청을 받았으나 참석하지는 않았다. 이 과정에서 코카콜라 제품을 불매하자는 의견이 제기되었다. 노조는 2003년 1월에 열린 세계사회포럼에서 국제적 소비자 불매운동을 제안했다. 불매운동이 몇 달이나 지체되는 동안 코카콜라는 조직적으로 대응할 시간을 벌었다. 시날트라이날은 코카콜라 제품 불매운동이 전술적 투쟁이지 장기적 전략이 아니라는 사실을 분명히 했다. 이들의 목표는 코카콜라가 노조와 진지하게 마주 앉아 조합원의 목숨을 구하는 문제를 논의하도록 만드는 것이다.[23] 코카콜라가 이에 화답하지 않자 시날트라이날과 콜롬비아의 주요 노조 연맹인 CUT는 2003년 7월 22일 보고타에서 불매운동을 시작했다. 이에 발맞추어 여러 나라에서 대중적 행사가 열렸다.[24]

주요 무대는 북아메리카다. '살인자 코카콜라를 막아라' 캠페인은 학생과 노동운동가를 움직였다. 교육과 항의를 통해 대학에서는 코카콜라 공급 계약을 철회하고 노조 지부에서는 자동판매기를 철거했다. 코카콜라의 2004년 연차 총회에는 캠페인 담당 레이 로저스Ray Rogers가 강도 높게 개입했다. 대학과 전문대학 13곳에서 학생들이 코카콜라 제품을 내다 버렸다.[25] 미국의 캠페인은 새로운 전기를 맞고 있는데, 건강을 위해 학교에서 탄산음료를 추방하자는 운동으로 발전한 것이다. 이것은 음료수 회사들에 대한 정면 도전이다. 코카콜라 엔터프라이즈 회장 존 암John Alm이 털어놓았듯 "브랜드 충성심을 다지는 장소인 학교"에서 이런 일이 벌어진 것이다.[26]

유럽에서는 아일랜드와 이탈리아에서 불매운동이 활발히 일어났다. 벨파스트의 존 휴잇John Hewitt 레스토랑은 아일랜드 술집 중에서 처음으로 코카콜라를 판매대에서 치웠다. 아일랜드어 문화 센터인

'쿨투란 마카담 오 피우크Cultúrlann McAdaimh O Fiaich'가 뒤를 이었다. 아일랜드 최대 캠퍼스인 더블린 단과 대학University College Dublin 학생들은 2003년 10월 13일과 14일 총투표를 실시하여 학생회 판매점에서 코카콜라를 판매하지 않기로 했다. 우익 학생들과[27] 서비스 산업 전문가 기술자 노조Services, Industrial, Professional and Technical Union 간부들은 교묘한 선전물을 돌렸다. 내용은 "즐겨요, 선택을. 즐겨요, 코카콜라"나 "선택은 당신의 권리. 코카콜라는 당신의 권리" 따위였다. 하지만 더블린 단과 대학 학생들은 한 번도 아니고 두 번이나 불매운동에 찬성표를 던졌다. 코카콜라는 라틴아메리카 커뮤니케이션 이사를 보내 마음을 돌리도록 학생들을 설득했다. 심지어 학생들을 일류 식당에 초대하기까지 했다. 하지만 이런 전술은 불매운동을 부추길 뿐이었다. 한 달 뒤에 실시된 2차 총투표에서 불매운동은 과반수의 지지를 얻어 통과되었다.[28] 1차 투표 때보다 찬성표는 더욱 늘어났다.

아일랜드 미디어, 노동조합, 정계에서는 이 문제가 아직도 첨예하게 논쟁 중이다. 2004년 4월에 열린 초등학교 교사 노조Irish National Teachers' Organisation 전국 대회에서는 콜라를 무료로 나누어주는 등 코카콜라에서 대회를 후원하는 것에 한 대의원이 이의를 제기하는 바람에 진행이 중단되기도 했다. 1년 뒤 초등학교 교사 노조는 코카콜라와 관계를 완전히 끊기로 했다. 메이누스 대학 학생들은 코카콜라를 추방하지 않기로 결정했지만, 이후에 불매운동 반대 진영의 핵심 인사가 아일랜드 전 총리 존 브루턴John Bruton의 아들이라는 사실이 탄로 났다. 코카콜라에서는 연설의 대가로 그에게 수고비를 지급했다.²⁹ 더블린 트리니티 칼리지 학생들은 2004년 2월에 불매 운동을 가결시켰다. 트리니티의 550여 직원을 대표하는 서비스 산업 전문가 기술자 노조 지부에서도 코카콜라에 투자한 노조 기금을 회수하기로 결정했다. 학생 25만여 명을 대표하는 아일랜드 학생 연맹 Union of Students in Ireland 은 2005년 전체 회의에서 코카콜라와 네슬레를 불매하기로 뜻을 모았다.³⁰

이탈리아에서는 2003년 12월 13일에 로마 시장이 행사를 주최하면서 코카콜라에게 시날트라이날에 답변하라고 요구했다. 코카콜라 이탈리아 지사의 대외 관계 부장은 책임을 면하려고 애썼지만, 코카콜라 브랜드 이름을 쓰는 생산 업체가 준수해야 하는 행동 수칙이 있다는 사실을 털어놓았다. 로마 11지구와 토스카나 엠폴린도 불매운동에 동참했고 11개 자치구가 그 뒤를 따랐다. 2005년 3월 로마 3대학 평의회는 학교 내 모든 자동판매기에서 탄산음료를 없애기로 했다.³¹

독일, 터키, 브라질, 캐나다, 멕시코, 스위스, 호주에서도 비슷한 조치가 잇따랐다. 영국에서는 2004년 중반까지 콜롬비아 연대 캠페인 Colombia Solidarity Campaign 에 후원금이 답지했다. 특히 시날트라이날 조합원을 스코틀랜드 의회에 초대하기도 했던 스코틀랜드 사회당 Scottish Socialist Party 과 2004년 6월에 투표로 불매운동을 지지했던 공공 노조 UNISON, 그리고 여러 대학 학생 운동가들의 참여가 두드러졌다. 언론인이자 코미디언인 마크 토머스 Mark Thomas 는 《뉴 스테이츠먼》에서 이 이슈를 제기했다. 그는 미술가 트레이시 샌더스 우드

Tracey Sanders-Wood와 함께 '코카콜라 나치 광고' 전시회를 열어 기삿거리를 더했다. 코카콜라가 히틀러 정권에 협력하면서 내보낸 광고를 공개하지 않고 있으므로[32] 이 광고가 어떤 모습이었을지를 일반 대중이 재구성해 보자는 취지였다.[33] 마크 토머스는 인도와 콜롬비아를 둘러보고는 자신의 코미디 쇼에 코카콜라에 대한 이야기를 넣었다. '코카콜라의 진실'이라는 코너에서는 토머스와 그의 조사원이 코카콜라에 대해 수집한 정보를 널리 알렸다. 수만 명이 이 공연을 보고 큰 웃음을 터뜨렸다. 상상력으로 충만한 반대 운동이 코카콜라를 겨냥하자 비로소 코카콜라도 압박감을 느끼기 시작했다.

불매운동 반대 캠페인

코카콜라의 폭력에 반대하는 캠페인만 있었던 것은 아니다. 회사를 비판하는 사람들을 비난하고 깎아내리려는 '불매운동 반대 캠페인'도 벌어졌다. 반대 캠페인이 내세운 주장은 두 가지다. 첫째는 시날트라이날보다 더 믿을 만한 노동조합이 따로 있으며, 시날트라이날은 코카콜라 공장의 여러 노동조합 중 하나에 지나지 않는다는 주장이다. 코카콜라는 다른 노동조합인 시날트라인베크 SINALTRAINBEC를 인용하여 이렇게 말한다. "생산 업체가 불법적인 무장 단체와 결탁하고 있다는 증거는 하나도 없다."[34] '누가 더 믿을 만한가' 하는 논란에 불을 지핀 것은 영국 노동조합 회의 Trades Union Congress, TUC와 영국 유수의 노조운동가들이었다. "콜롬비아에서 코카콜라 노동자를 대표하는 노동조합 세 곳 중 두 곳은 코카콜라 불매운동에 반대한다. 우리는 남아프리카 공화국의 아파르트헤이트에 반대하는 불매운동을 선두에서 이끌기도 했다. 하지만 당사자 대부분이 지지하지 않는 불매운동을 지원할 수는 없다."[35] 영국 노동조합 회의의 주장은 두 가지 면에서 틀렸다. 첫째, 코카콜라에서 일하는 노동자를 대표하는 노동조합은 3개가 아니라 14개다. 둘째, 노동자 중 노조에 가입한 사람은 소수에 지나지 않지만 시날트라이날이 이 중 절대다수를 차지한다는 것이다. 2002년 후반에는 810명 중 417명, 2004년 후반에는 550명 중 389명이 시날트라이날 조합원이었다. 시날트라인베크는 조합원이 40명도 채 되지 않는다.[36]

영국 노동조합 회의는 국제 식품 노동자 연맹International Union of Foodworkers, IUF의 조언에 따라 불매운동을 거부했다.[37] 국제 식품 노동자 연맹은 소속 노조인 SICO를 지지하고 있지만 이 노조는 카레파 공장에만 있다. SICO의 기원을 알려면 캐나다 노동조합 대표단이 1997년 10월에 우라바 지역을 방문한 뒤 작성한 보고서를 보면 된다. 이것은 코카콜라 불매운동이 국제적 이슈가 되기 오래전의 일이다(하지만 바로 전에 이 지역에서는 군대와 준군사조직이 좌파를 공격하여 유혈 사태가 일어난 바 있다).[38] 캐나다 대표단은 보고서에서 또 다른 노조인 신트라이나그로SINTRAINAGRO에 대해 우려를 표명했다. 바나나 노동자를 대표하는 이 노조의 지도부가 여느 노조와 달리 조합원의 안전 문제를 제기하지 않았기 때문이다. 신트라이나그로가 내놓은 설명은 군 지휘관 리토 알레호 데 리오Rito Alejo de Rio가 우라바의 상황을 브리핑한 것과 "정확히 일치했다". 그는 준군사조직에 연루되어 있는 것으로 악명이 높은 인물이다.³⁹ 장군은 신트라이나그로를 '모범적인' 노조로 추어올렸다. 군부의 지지를 등에 업은 신트라이나그로는 1999년에 새 노조를 설립할 수 있었다. 3년 전에 시날트라이날이 쫓겨난 바로 그 공장에서 말이다. 새 노조의 이름이 바로 SICO였다.⁴⁰

콜롬비아와 남아프리카가 완전히 똑같다고는 말할 수 없지만, 아파르트헤이트 정권이 즐겨 쓰는 전술은 꼭두각시를 내세워 불매운동을 물타기하는 것이었다. 콜롬비아도 다르지 않다. 대표성으로 따지면 시날트라이날의 10분의 1도 안 되는 단체를 지지하는 국제 식품 노동자 연맹의 태도는 콜롬비아 코카콜라 공장의 노동조합원 대다수에게 아주 불공정한 처사였다. 설상가상으로 이들은 회사의 분할 통치 전략에 말려들었다. 이런 일을 겪었으니 시날트라이날이 국제 식품 노동자 연맹를 대화 상대로 인정하지 않을 법도 하다. 콜롬비아 민간 부문 노조 중에서 살아남은 극소수 노조 중 하나인 시날트라이날이 국제 노동조합 운동의 공식 기구에게 받은 대접은 편협하고 부끄러운 것이었다. 이것은 노동운동의 전반적인 문제다.⁴¹

이보다 훨씬 더 추악한 짓은 시날트라이날 조합원들이 태업과 테러에 연루되어 있다고 코카콜라에서 주장한 것이다. 부카라망가 공장 공장장은 노조운동가들이 폭동을 지원한다고 비난했다. 지역 지도부 세 명이 실종된 사건을 다룬 재판 때는 이 주장이 쑥 들어갔다가, 2004년 11월 리즈 대학 학생들의 토론회에서 다시 급부상한 것이다. 코카콜라는 시날트라이날이 콜롬비아 2대 게릴라 집단인 FARC와 ENL에 연루되어 있다고 주장했다. 콜롬비아 연대 캠페인은 이런 꼬리표가 붙으면 대개 암살이 일어난다며 항의했지만, 코카콜라 대표는 그럴 의도가 아니었다며 발뺌했다. 하지만 이들이 오명을 씌우려 했던 것은 틀림없다. 코카콜라는 똑같은 발표 자료에서 시날트라이날 웹사이트를 인용하여, 노조가 미국의 군사 개입에 반대하며 노조 위원장이 기업 폭력에 반대하는 국제 캠페인을 요청했다고 언급했다. 두 사례 모두 정부 전복 음모로 치부되었다.[42] 마크 토머스는 인도에서도 비슷한 겁주기 전술이 자행되었다는 사실을 강조했다. 코카콜라는 "플라치마다 시위가 마르크스주의자 선동가들의 작품"이라고 주장했다.[43] 1950년대 냉전 시기의 사고방식으로 퇴보한 것이다. 이것은 부시 독트린을 위험스럽게 밀어붙인 결과다.

코카콜라는 의혹에 대응하기 위해 웹사이트를 따로 만들었는데, 이름은 '코카콜라의 진실'이었다.[44] 웹사이트에서는 코카콜라가 직원의 안전을 지켜준다고 주장하며 코카콜라가 취한 조치를 구구절절 늘어놓았다. 하지만 2년 만에 직원 15퍼센트를 해고하고 주요 노동조합에 오명을 씌우는 일이 안전 보장에 이로울 리 없다. 코카콜라가 말하는 '안전'은 우리가 알고 있는 뜻과 전혀 다른 것이다. 바라나크베르메자 노조 지부장 윌리엄 멘도사William Mendoza는 코카콜라의 '안전 조치' 때문에 시날트라이날 조합원 65명이 살해 협박을 받았다고 지적했다. 이들을 보호해 준 것은 노조의 끈질긴 캠페인과

CUT 인권 부서의 지원이었다.[45] 하지만 살해 협박, 폭파 위협, 구타, 암살 기도, 친지 암살 등은 계속되었으며, 더 근본적인 문제는 폭력을 저지른 자들을 보호하는 면책 조항이다.

코카콜라 경영진은 폭력에 대해 여러 변명거리를 가지고 있다. 국가는 너무나 취약하고 폭력이 일상화되어 있다. 노조운동가들만 희생되는 것은 아니다. 코카콜라 노동자 말고도 암살된 노조운동가들이 많다. 노동자뿐만 아니라 관리자도 살해당했다. 코카콜라는 양측을 제물로 삼는 무분별하고도 위압적인 폭력의 와중에도 최대한 애쓴 꼴이라고 항변하지만, 이는 책임을 회피하는 것에 지나지 않는다. 코카콜라는 공장 관리자와 준군사조직 암살단이 공모하여 벌인 사건에 책임을 져야만 한다.

코카콜라는 미국과 콜롬비아 법원에서 책임을 면해주었다고 주장했다. 하지만 미국 시민 행동을 대하는 사람들의 입장은 이중적이다. 코카콜라 대표는 필자와 인터뷰할 때 방어적인 태도를 취했으며, 플로리다 소송이 진행되는 동안에는 어떤 특정 진술에도 답변하지 않겠다고 말했다.[46] 코카콜라는 과연 미국 법원의 소송 사건에 연루되어 있을까, 연루되어 있지 않을까? 코카콜라는 펩시 주식의 40퍼센트를 소유하고 있다는 점에서 매우 깊이 연관되어 있다. 이것은 코카콜라의 입장 깊숙이 자리 잡은 모순을 보여준다. 생산 공장에서 일어나는 일은 코카콜라의 책임인가, 아닌가? 코카콜라는 직원을 고용한다는 점에서는 책임이 맞지만 이들의 생명을 책임져야 하느냐는 점에서는 아니라고 답할 것이다. 콜롬비아 법정에서 정의가 구현될 리 만무하다. 노동자들의 생명권은 여지없이 짓밟혔다. 코카콜라는 카레파 암살의 표적이 된 노조운동가를 보호하고 있지 않다고 증언했는데, 이는 웹사이트에서 밝힌 바와 다르다.[47]

코카콜라와 생산 업체들은 콜롬비아 헌법을 악용하여 시날트라이날을 박해하고 있다. 2003년에 파남코는 시날트라이날 지도부 일곱 명에게 '상해와 명예훼손' 혐의를 제기했다. 미국의 시민 행동을 출범시킨 기자회견에 참석한 것에 대한 보복이었다. 상해와 명예훼손은 콜롬비아에서 중범죄다. 파남코의 변호사 하이메 베르날 쿠엘라르Jaime Bernal Cuellar 박사는 1990년대 중반에 검사를 지낸 인물인데, 암살자를 제대로 찾아낸 적이 없다. 코카콜라는 노조 지도부 일곱 명을 공장에서 내쫓기 위해 금지 명령을 신청했고, 다음 단계는 노조를 범죄 집단으로 모는 것이었다. 코카콜라는 시날트라이날의 노조 규칙에 대한 승인을 취소해 달라고 사회 보장부에 청원했다. 그중에서도 소매상이나 비정규직 노동자, 농공업 종사자가 노조에 가입할 수 있다는 조항을 문제 삼았다. 이 청원의 결과에 따라 시날트라이날은 코카콜라 노동자 중 단체 협상과 고용법의 테두리 밖에 있는 92퍼센트를 합법적으로 모집하지 못할 수도 있다. 이들은 하도급 노동자나 독립 노동자 또는 임시 노동자이기 때문이다.[48] 미래를 위해서는 초국적 기업의 무자비한 착취에 저항하여 가장 억압받는 '비공식' 부문을 조직화하는 투쟁을 벌여나가야 한다.

코카콜라는 혐의를 모두 부인했지만 진실은 조금씩 흘러나오고 있었다. 코카콜라는 그제야 더 정교한 전략을 채택했다. 코카콜라는 앞선 사건들에 대해 전과는 다른 해석을 내놓았으며, 잠재적인 비판자들을 건설적으로 참여시킬 방법을 찾고, 이들 중 누구와 협력할 수 있을지도 알아보았다. 그리고 이러한 홍보 중심 대응을 추진하기 위해 국제노동기구 International Labour Organization 의 에드 포터 Ed Potter 를 국제 노동관계 담당으로 영입했다. 콜롬비아의 경우에는 캘리포니아 세이프티 컴플라이언스 코퍼레이션 Cal Safety Compliance Corporation(이하 CSCC)에 자신의 활동에 대한 조사를 의뢰했다. CSCC는 예상대로 노조 간부들이 "방해나 차별을 받지 않고" 활동할 수 있었다고 보고했다.[49] 코카콜라는 CSCC가 "평판이 좋고 독립적인 제삼자"라고 주장한다. 하지만 CSCC 조사관은 과거 사건을 하나도 조사하지 않았으며 시날트라이날 조합원 누구와도 면담하지 않았다.[50] 한마디로 회사에 면죄부를 주는 보고서였다. 또 코카콜라는 1000만 달러의 사회투자기금 Social Investment Fund 을 조성했는데, 이사는 대부분 엘리트 기업인이었다. 시날트라이날은 즉각 비판 성명을 내어 이 자금이 희생자나 그들의 가족에게 돌아가지 않는다는 사실을 지적했다.[51]

변화 선언, 과연 진실은?

우리는 전 세계에서 이윤을 추구하는 기업에 맞선다는 것이 어떤 일인지를 생각해 봐야 한다.

코카콜라는 외국 시장을 아주 중요시한다. 한 산업 분석가는 이렇게 추산했다. "코카콜라는 이익의 75퍼센트를 미국 밖에서 거두어들이며, 이 중 상당 부분이 라틴아메리카에서 나온다."[52] 코카콜라는 세계를 네 부분으로 나눈다. 기준은 코카콜라가 소비자 시장에 얼마나 깊숙이 침투했느냐 하는 것이다. '첨단 시장'은 1인당 평균 소비량이 연간 250인분을 넘는 멕시코, 에스파냐, 미국, 호주 같은 곳이다. 이들은 2002년에 코카콜라 판매량의 47퍼센트를 차지했다. '선진 시장'은 1인당 연간 소비량이 150~249인분인 영국 같은 곳이며, '개발도상 시장'은 50~149인분이다. 마지막으로 '신흥 시장'은 1인당 연간 소비량이 50인분에 못 미치는 나라다. 이들은 코카콜라 판매량의 11퍼센트를 차지할 뿐이며 세계 인구의 69퍼센트에 해당한다.[53]

이른바 선진 시장의 국민은 코카콜라가 자신의 눈과 귀를 점령하고 있는 상황에 진저리를 치고 있다. 특히 자녀의 건강을 염려하는 부모들은 코카콜라를 비롯한 즉석식품을 쉽게 구할 수 있는 것에 반대한다. 프랑스에서는 2005년 9월 이후 학교에 자동판매기를 둘 수 없다. 신노동당 정부에서도 비슷한 계획을 발표했다.[54] 코카콜라는 세계 어디에나 진출해 있기 때문에 원하는 사람은 어느 나라에 살고 있든 캠페인에 참여할 수 있다. 이 장에서 언급한 사례는 코카콜라에 저항하는 투쟁 중 빙산의 일각에 지나지 않는다. 코카콜라 펩시 베네수엘라 지사의 고위급 경영진은 차베스 대통령에 반대하는 청원서에 서명했다는 증거를 대지 못한다는 이유로 직원 50명을 해고했다. 페루의 코카콜라 공장에서는 경영진이 노조 지도부를 비롯한 233명을 해고하겠다고 위협하자 노동자들이 2004년 5월 31일부터 6월 1일까지 파업을 벌였다. 휴먼 라이츠 워치Human Rights Watch에서 같은 달에 펴낸 보고서에 따르면, 엘살바도르의 코카콜라 제품에 쓰이는 설탕에는 "아동 노동의 산물이 들어 있다". 미국과 영국의 이라크 점령을 반대하는 시민 저항은 코카콜라 불매운동으로 이어졌다. 밸먼힐 주민들은 코카콜라가 광천수를 뽑아내는 바람에 물을 구하지 못하게 된 동식물을 보호하려 애쓰고 있다. 이 밖에도 무수히 많은 사례가 있다.[55] 앤디 로얼의 말처럼 "코카콜라는 지속적인 글로벌 불매운동을 당하는 최초의 글로벌 기업이 될 수도 있다".[56]

이러한 투쟁에는 통일성뿐만 아니라 다양성도 잠재해 있는데, 우리는 이 다양성을 받아들여야 한다. 시날트라이날 같은 단체의 경험을 민주적으로 청취할 공간을 만들어야 한다. 정의를 위한 싸움에서는 희생자에게 필요한 것이 최우선이기 때문이다. 치열한 투쟁이 벌어지는 곳은 대개 남반구지만, 북반구의 수많은 노동자, 지역 주민, 소비자도 나름의 입장에서 코카콜라와 대립하고 있다. 전 세계 사람들을 이어주는 이슈가 있다면 공동 전선을 펼 수 있을 것이다.

콜롬비아와 인도에서 코카콜라가 저지른 잘못은 홍보로 해결할 수 없는 것이다. 인간의 목숨이 달린 문제이기 때문에 실질적인 대안이 필요하다. 마크 토머스가 케랄라를 방문하고 내린 결론처럼 "코카콜라의 실추된 이미지는 광고로 해결할 수 없는 듯하다".[57] 아무리 부인해도 코카콜라는 구제 불능의 모리배다. 인권은 팔 수도 없고 살 수도 없다. 오로지 존중해야만 하는 것이다. 물을 살리고 생명을 구하려면 코카콜라가 사라져야 한다. 네빌 이스델의 월스트리트 연설로 돌아가자. 그때 코카콜라의 최고 경영자는 자신의 선언이 "행동 요청"이며 "급격한 전략 변화가 아니라 실천의 변화"를 이루겠다고 약속했다.[58] 참으로 소극적인 선언이었다.

우리는 전 세계 노동자, 지역 주민, 소비자가 연대하여 코카콜라가 저지른 범죄의 책임을 묻고 희생자를 위해 정의를 실현하라고 요청한다. 이것이 현재 우리가 이루어야 하는 선언이다.

2004년 6월 콜롬비아를 방문한 국제생명순례자 International Caravan for Life의 동료 국제주의자 대표들에게 이 장을 바치고 싶다. 따뜻한 마음으로 헌신적으로 봉사한 에밀리오 로드리게스 Emilio Rodriguez와 투사이면서도 형제인 데이브 영거 Dave Younger에게 특히 감사한다. 둘은 중요한 시기에 자기 역할을 다했다. 아미트 스리바스타바, 제아로이드 올렝시 Gearoid O'oingsigh, 댄 코발리크 Dan Kovalik, 레이 로저스, 그리고 질문에 답변하고 초고를 검토해 준 시날트라이날 지도부에도 감사한다. 우리 모두는 시날트라이날 조합원들에게 깊은 감명을 받았다. 힘든 상황에서도 이들이 보여준 용기와 침착함은 매우 인상적이었다. 콜롬비아의 수많은 사람들과 마찬가지로 이들 또한 최전선에서 살아가고 있다.

결론

기업의 정보 조작에 맞서기

데이비드 밀러, 윌리엄 디난

이 책에서는 선진 사회의 기업 권력이 로비를 통해 직접 행사될 뿐만 아니라 홍보, 미디어, 여론을 통해 간접적으로 행사되기도 한다고 주장했다. 또한 우리는 홍보와 로비가 기업 권력의 첨단에 서 있다고도 주장했다. 이것들은 기업 권력을 방어하고 확장하는 중요한 수단이다. 앞의 장들에서는 홍보산업의 문제를 중점적으로 나열했지만, 이 책은 세계화와 기업 권력을 둘러싼 논쟁에도 의식적으로 참여했다. 우리는 속임수와 정보 조작을 폭로하는 일이 민주주의를 재건하기 위한 투쟁의 핵심적인 부분이라고 생각한다. 또한 우리는 실현 가능하다고 생각되는 적극적인 의제를 제시할 필요성을 느낀다.

이 책은 사회운동 등이 기업 정보 조작에 맞선 사례를 소개함으로써 이 의제에 기여했다. 소스워치, 코카콜라, 유럽연합 로비 등을 다룬 장에서는 기업 권력의 잘못을 바로잡으려는 적극적인 캠페인에 사회정의운동의 다양한 부문이 참여했다는 사실을 보여주었다.

하지만 이 책을 마무리하는 시점에서는 정보 조작에서 민주주의를 구하고 공공 기구를 되살리기 위해 우리가 구체적으로 할 수 있는 일을 더 포괄적으로 제시하려 한다.

이 책은 어떤 면에서 정보 조작에 저항하고 기업 권력에 도전하라는 동원 명령으로 비칠 수도 있다. 스핀 닥터들이 스스로를 치료하리라고는 기대할 수 없기 때문이다. 더욱 포괄적인 집단적 치료가 필요하다. 중요한 첫 단계는 민주주의 건전성과 공공문제에 관심이 있는 사람들이 자신의 이익을 추구하는 정보 조작 행위를 보았을 때 이를 인식하고 폭로하는 것이다. 이런 일이 항상 쉬운 것은 아니다. 하지만 앞에서 정보 조작을 필두로 신자유주의가 민주주의를 공격하는 방법과 결과를 제대로 보았으리라 기대한다.

투명성과 개방성

기만적인 홍보와 로비에 대해 할 수 있는 가장 분명한 일은 이것을 폭로하는 것이다. 첫 단계는 규제를 가하여 로비 집단과 홍보 회사가 고객이나 의뢰인, 다루고 있는 분야, 로비 비용 등의 정보를 모두 공개하도록 하는 것이다. 2005년에 유럽위원회 집행위원 심 칼라스가 유럽 투명성 계획의 일환으로 로비 등록제를 출범시키자 유럽에서는 논쟁이 벌어졌다. 물론 로비 업계에서는 '로비를 위한 로비 집단'을 새로 만들어 규제를 피하려 들었다. 이들은 자신의 자율적인 수칙이 효과를 발휘할 것이라고 주장했다. 따라서 독립적인 조사나 규제가 필요 없다는 것이었다. 업계에서 가장 바라는 것은 로비 활동의 일부가 로비라는 사실을 숨기는 것이다. 예를 들어 휴스턴 컨설팅 유럽은 이른바 '고객 원탁회의'가 전문 분야인 로비 회사다. 고객 원탁회의에서는 "유럽의회 의원과 위원회, 이사회, 의회에 있는 유럽연합 핵심 관료들과 정기적으로 회의를 열어(초청장이 있어야 참석할 수 있다) 업계의 관심 분야를 논의한다". 이 회사를 창업한 존 휴스턴 회장은 로비스트 그룹인 유럽 공공문제 컨설팅 연합의 회장도 맡고 있는데, 원탁회의가 로비와는 아무런 관련이 없으며 자기 회사의 '이벤트 관리' 차원일 뿐이라고 주장한다. 물론 이것은 매우 터무니없는 소리다. 유럽의회 금융 서비스 포럼도 이런 집단에 해당한다. 휴스턴이 은행 업계를 위해 운영하는 이 포럼은 스코틀랜드 보수당의 존 퍼비스John Purvis를 비롯한 유럽의회 의원, 2005년까지 자유민주당 유럽의회 의원을 지내다 영국 의회에 진출한 크리스 휸Chris Huhne, 그리고 은행 업계를 한자리에 모았다. 《월스트리트 저널》은 다음과 같이 보도했다.

> 이 단체의 의장을 비롯한 여러 구성원은 유럽연합 입법 의원이다. 이 중에는 은행 업계에서 유포되던 초안과 거의 똑같은 법 개정안을 내놓은 인물도 있다. 의회 자료에 따르면, 은행 업계 중에는 휴스턴의 고객이 여럿 있다. 이 때문에 어떤 위원회에서는 이례적으로 의원들이 저항하는 사태가 벌어지기도 했다. 바로 의원 절반이 개정안에 기권한 것이다. 프랑스 사회당 의원 뱅상 펠롱Vincent Peillon은 이렇게

말했다. "의원들 중에는 금융업자가 시키는 대로 개정안을 발의하는 사람들이 너무나 많다."¹

투명성과 개방성을 높이려면 이런 활동을 모두 동원해야 하며 규칙을 어기면 중대한 처벌을 가해야 한다. 캐나다와 미국은 이미 연방 차원과 대부분 주 의회에서 로비 정보공개법을 제정했다. 2005년 6월 폴란드와 헝가리에 로비 규제가 도입되었으며, 웨스턴오스트레일리아에서도 이를 발표했다.² 미국에서는 로비스트들이 투명성 규정을 하나라도 제정했다가는 끔찍한 결과가 닥칠 것이라고 협박했지만, 정보공개법은 아무런 문제없이 집행되고 있다. 로비스트와 정치인의 활동에 대해 비판적 여론이 존재하는 것은 분명하며, 이는 개방성에 대한 요구로 이어진다. 공화당이 권력을 잃었던 2006년 미국 중간 선거 출구 조사에 따르면, 투표에 영향을 미친 중요한 이슈 중 1위가 바로 '부패' 문제였다(투표자 42퍼센트가 이렇게 응답했다).³

하지만 로비스트들은 음침한 가장자리에 빛이 비치기를 바라지 않는다. 이들의 전술 중 하나는 로비 규제가 지나치게 거추장스러우며 규제를 준수하는 일 자체가 문제일 거라 주장하는 것이다. 하지만 이런 주장은 법을 무시하려는 의도를 드러낼 뿐이다. 이것은 규제를 마련해야 할 필요성이 작기는커녕 더욱 크다는 것을 뜻한다. 미국 법률의 현재 문제는 충분히 엄격하지 않다는 것이다. 로비스트들이 체계를 뒤엎으려는 노력은 연방 차원에서 더 거세어졌다. 2006년 초 소수파였던 민주당 하원의장 낸시 펠로시 Nancy Pelosi는

'2006년 정직한 리더십과 개방적 정부 법안' 초안을 여러 하원 위원회에 제출하는 것으로 만족해야 했다.⁴ 민주당이 다수당이 되었으니 이 문제가 진일보할 수 있는 실마리가 풀릴 것이다. 한편 홍보 회사는 민주당을 포위하고는 민주당이 거대 산업의 이익에 위협을 가하지 못하게 하려 애썼다. 거대 제약 회사는 일찌감치 전 민주당 상원의원 존 브로John Breaux를 영입했으며 다른 회사들도 뒤를 따랐다. 톰 딜레이Tom Delay의 K 가 프로젝트에서 로비스트들이 공화당 인사만 고용하도록 했을 때와는 상황이 바뀐 것이다. 로비 회사 phRMA의 부사장 켄 존슨Ken Johnson에 따르면 "선거가 끝난 이후 우리는 새로운 세상에 눈을 떴다. …… 앞으로는 민주당 의원, 특히 친기업 민주당 의원에게 연줄을 대고 접근하는 일이 다시금 중요해질 것이다."⁵

하지만 지구적 차원에서는 규제와 처벌의 모델이 이미 존재한다. 세계 대부분 나라가 받아들이고 있으며 벌써 매우 큰 효과를 발휘하고 있는 모델 말이다. WTO는 벌금과 무역 제재를 비롯하여 규정을 준수하도록 보장하는 아주 효과적이고 엄격한 체제를 갖추고 있다. 물론 기업 권력을 억제하기보다는 강화하기 위한 것이다. 하지만 이것은 로비 업계처럼 가벼운 규제를 주장하는 이론가들이라도 필요할 때는 이렇게 할 수 있다는 사실을 보여주는 것이다.

사회정의와 환경정의를 이루기 위해 기업 활동을 규제하는 일은 그 범위가 광대하다. 그리고 초국적 기업은 자신의 활동을 속박하고 좀 더 지속 가능한 방식으로 행동하도록 강제하는 규칙에 저항하기 위해 모든 정치적 힘을 동원한다. 유엔의 '산업과 인권에 대한 기준'을 무력화하려는 최근의 로비 캠페인은 이를 매우 분명하게 보여준다. 유엔은 기업이 "각자의 활동과 영향력이 미치는 범위 안에서" 인권을 직접적·간접적으로 침해하는 활동을 중단하고 인권을 적극적으로 신장하며 보호해야 한다고 제안하고 있다.[6] 이러한 보호 의무를 준수하지 못하면 희생자들에게 보상을 해야만 한다.

그러나 여러 기업은 이를 위협으로 받아들였으며, 셸은 이 제안을 무산시키려고 무진장 애를 썼다. 국제상업회의소와 같은 핵심적인 업계 로비 단체도 다수 참여했다. 유럽기업감시 보고서에 따르면 "유엔 기준에 족쇄를 채우려는 국제상업회의소의 시도를 이끈 것은 셸의 대외 관계 및 정책 개발 부사장 로빈 애럼Robin Aram이었다. 셸은 이 문제에 대해 침묵을 지켰다".[7] 국제상업회의소는 이렇게 불만을 제기했다.

> 우리는 기업이 인권을 보호하기 위해 노력하는 데 아무런 이의도 없다. 문제는 유엔 기준의 바탕이 되는 전제와 원칙이다. 이 기준은 자율적 노력의 영역을 없애버리려는 것이 분명하다. …… 우리가 보기에 이것은 자율적 노력을 장려하는 다른 유엔 기관에서 채택하는 방식과 모순된다.[8]

셸처럼 기업의 사회적 책임에서 선구자를 자처하는 기업과 국제상업회의소 같은 기관이 규제보다 자율적 방식을 선호하는 것은, 자기 나름대로 규칙을 만들면 원하는 대로 행동할 수 있는 자유를 누릴 수 있기 때문이다. 이들은 자율적 조치를 밀어붙여 로비 분야에서 지난 20년 동안 가장 눈부신 성과를 거두었다. 민주주의와 사회적 책임을 되살리려는 사람들은 기업 활동의 의무적인 규제를 위한 캠페인을 우선적으로 벌여야 한다. 이것이 가능한 분야이자 개방성, 투명성, 바람직한 지배 구조에 결정적인 영향을 미칠 수 있는 분야가 바로 로비이다. 유엔, WTO, 유럽연합 차원에서뿐만 아니라 영국을 비롯한 개별 국가, 의회 등 로비스트들이 모여 있는 곳이면 어디에서나 로비 규제를 도입해야 한다. 이것이 첫 번째 단계다.

하지만 단순히 규제가 존재하고 집행할 수단이 있다고 해서 투명성과 개방성이 보장되지는 않는다. 이를 위해서는 운동 단체와 운동가가 시간과 노력을 바쳐 정보 조작, 속임수, 기업의 영향력을 폭로해야 한다. PR 워치, 스핀워치, 기업감시, 유럽기업감시, 로비컨트롤, 로비워치, GM 워치, 언론·방송자유 캠페인, 콜롬비아 연대 캠페인과 같은 단체들이 하는 일이 이것이다. 모두가 이 책을 쓰는 데 도움을 주었다. 위키 소프트웨어를 이용하는 프로젝트에 동참한 단체들도 있다. PR 워치의 상위 단체인 미디어 민주주의 센터의 'Sourcewatch.org'와 'Spinwatch.org'가 운영하는 'Spinprofiles.org'(로비워치와 기업감시가 협력했다)가 이에 해당한다. 물론 이 방면에서 또 다른 캠페인과 투쟁이 벌어지기도 했다. 특히 그린피스의 'Exxonsecrets.org'는 엑손 모빌이 기만적인 홍보 전략의 일환으로 기후 변화 회의론자에게 자금을 지원하고 있다는 사실을 폭로한다. 이 웹사이트에서는 엑손의 지원을 받는 기관과 개인이 서로 어떻게 연결되어 있는지를 보여주는 조직도를 비롯한 여러 이미지를 동적으로 생성할 수 있다.

이런 시도는 기업 정보 조작과 기업 권력에 대한 진실을 널리 알리기 위한 것이며, 기업이 정치와 문화에 미치는 영향을 줄이려는 포괄적인 전략의 일환이다. 폭로와 투명성은 정보 공개만을 뜻하지 않으며, 기업과 정부가 책임을 다할 수 있도록 정보를 이용하는 것 역시 포함한다.

기만적인 홍보의 규제

기업의 잘못을 폭로하는 것은 투명성 입법이나 로비 등록 계획의 목적 중 하나다. 로비 정보공개법을 제정하고 기업이 어떤 싱크탱크, 위장 단체, 기관을 후원하는지를 밝히면, 시민들은 이를 더 잘 이해하고 기업이 책임을 다하도록 더 효과적으로 행동할 수 있을 것이다. 이러한 활동을 일반에 공개하여 얻을 수 있는 또 다른 구체적인 결과는 위장 단체나 가짜 연구소처럼 비밀스럽게 활동하는 기관들이 힘을 잃고 변화하거나 도태되리라는 것이다. 하지만 기만적인 홍보를 중단시키려면 개방성과 정보 공개 규제만으로는 부족하다. 다음 단계로는 기만적인 홍보 전술을 불법화하고 이런 짓을 저지르는 사람을 처벌해야 한다. 가장 먼저 생각할 수 있는 것은 제삼자 기법이다. 이 방법은 철저히 불법화해야 한다. 예를 들어 제약 업계는 의

약품 광고에 대해 특정한 규제 조치를 취하고 있다. 제약 업계 로비 단체인 영국제약산업협회는 의회 조사를 받은 후 제약 회사가 "자금을 지원하는 모든 후원 기관의 명단을 웹사이트나 연차 보고서에 공개하도록" 하는 새로운 규칙을 받아들였다.[9] 영국제약산업협회가 이렇게 한 것은 틀림없이 법적 규제를 피하려는 속셈이다. 이들은 자율 규제를 얻어내기 위해서라면 무슨 짓이라도 할 것이다. 주목할 점은 후원받는 단체의 명단을 공개할 뿐, 금액이나 후원 사유처럼 내막을 알 수 있는 자세한 정보는 밝히지 않아도 된다는 것이다.

기업 권력에 대한 반격

기업의 정보 조작과 속임수가 만연하고 있다. 하지만 정보 조작은 기업 권력의 부상과 지배라는 더 큰 문제의 증상일 뿐이다. 우리가 투명성을 추구하거나 속임수를 폭로하고 불법화하는 뿌리에는 기업 권력에 반격을 가하는 캠페인이 있다. 이를 위해서는 기업 권력을 직접 공격해야 한다. 브뤼셀에서 ALTER-EU가 벌이는 로비 정보 공개 캠페인에서 기업이 유럽위원회에 특권적 접근권을 가지지 못하도록 하는 것이 중요한 이유가 바로 이것 때문이다.[10] 각국 의회와 정부, 유엔, WTO, 기타 국제기구도 마찬가지다. 산업계 의회 협회Industry and Parliament Trust, 스코틀랜드 의회 산업계 교류회Scottish Parliament Business Exchange, 주, 국가, 초국가적 의회 차원의 초당적 기업 지원처럼 기업에 특권적 접근권을 부여하는 의회 제도는 모두 폐지되어야 한다.[11] 오히려 시민이 정치 과정에 직접 참여할 수 있는 메커니즘을 만들어야 한다. 정부에 대한 기업의 특권적 접근권도 빼앗아야 한다. 기업과 정부의 임직원이 순환 근무하고, 기업 인사가 정부 부처 운영위원회에 직접 참여하고, 기업에서 뽑은 인물로 정부 및 공공 자문위원회를 채우는 것은 모두 기업이 정치와 의사결정에 침투했다는 사실을 보여준다. 마찬가지로 공직자와 각료에 대한 기업의 특권적 접근권 역시 공개하고 엄격히 규제해야 한다.

기업과 이들의 맞수가 공직자에게 똑같이 접근할 수 있게 된다면, 우리의 이러한 주장은 양쪽을 만족시키는 균형 상태를 제안하는 것으로 볼 수도 있을 것이다. 기업이 지배하고 있는 현재 상황보다는 이익집단이 똑같이 접근하는 것이 훨씬 바람직하리라는 것은 틀림없는 사실이다. 하지만 업계와 비정부기구가 똑같은 접근권을 가진다고 간주해서는 안 된다. 여기에는 두 가지 이유가 있다. 첫 번째 이유는 기업 로비 단체 중 상당수가 국제적 의사결정 과정에서 비정부기구 행세를 하고 있으며, '순수한' 비정부기구 중 상당수가 실제로는 기업의 위장 단체이거나 후원을 받는다는 것이다. 두 번째 이유는 더 근본적이다. 정부에는 직접적인 시민 참여를 대체할 수단이 없다. 이를 보완하려면 대중이 자신의 이해관계를 직접 대변하거나 민주적으로 운영되고 조직되는 노조와 운동 단체가 필요하다. 민주적으로 운영되지 않는 비정부기구가 민주적인 비정부기구를 대체할 수 있다고 생각해서는 안 되며, 우리가 으레 인정하는 비정부기구도 예외가 아니다. 현재 경화증에 걸려 있는 민주주의 체제를 정치적 수준에서 신속하게 반응하는 체제로 바꾸는 일 또한 한 걸음 나아가는 것이다. 하지만 진정한 변화, 지속되는 변화의 가능성을 엿보기 위해서는 현재의 지리멸렬한 체제를 대신할 정치적 민주주의를 진지하게 도입하고, 여기에 경제적 민주주의를 더해야 한다. 반자본주의 운동의 자율주의와 사회주의 조류에서 동시에 제시하고 있는 분명한 모델은 대중적인 노사 위원회와 이에 해당하는 조직을 공동체 안에 만드는 것이다.[12]

이 모든 목표를 이루기 위해서는(이것은 분명 민주주의를 재건하기 위한 대규모 프로그램이다) 기업 권력을 격퇴하고 정부 기관과 공공 서비스의 의사결정 과정에서 기업의 영향력을 몰아내야 한다. 손쉽게 빨리 이룰 수는 없지만 불가능한 일은 아니다.

사상 투쟁에서 승리하려면

이 과정의 핵심은 사상 투쟁이다. 사상은 역사를 움직이는 동력은 아니지만 자원을 어떻게 배분할지 결정하는 데 핵심적인 역할을 한다. 하지만 사상 투쟁은 목표를 달성하고 권력을 얻기 위한 투쟁과 별개가 아니다. 동일한 투쟁의 필수적인 부분인 것이다. 일부 학계 이론가가 상상하는 추상적인 '언어의 계급투쟁' 따위는 없다. 이것은 공교롭게도 신노동의 재앙적인 득세에 한몫을 했다.[13] 사상은 물질적 조건이나 생존 투쟁과 동떨어져 독립적으로 존재하지 않는다. 홍보산업의 진정한 역할을 이해하려면 "사상에서 실천을 해석하지 말고 …… 물질적 실천에서 사상이 형성되는 것을 해석해야 한다".[14]

이 말은 사상의 중요성을 변화를 일으키고 기업 권력을 격퇴하기 위한 점진적인 투쟁의 일부로 인식해야 한다는 뜻이다. 홍보산업은 기업 권력의 첨병이었으며 신자유주의 혁명을 가능하게 만들었다. 그리고 여기에는 사상의 생산과 사고가 한몫을 했다. 사상을 실천으로 옮기는 것 또한 중요한 역할을 했다. 모사꾼, 사기꾼, 스핀 닥터, 스파이, 즉 홍보산업은 사상이 강력한 힘을 발휘한다는 사실을 아주 잘 알고 있다. 이것은 추상적인 사상이 아니라 권력과 자원을 차지하기 위한 사회적 투쟁의 맥락에 놓인 사상이다.

여기에서 우리가 내린 결론은 기업 권력을 몰아내고 철저한 민주적 개혁의 가능성을 열려면, 기업의 특권적 지위를 보호하는 사람들을 상대로 투쟁을 벌여야 한다는 것이다.

참여하는 방법

이 책에 등장하는 연구와 캠페인은 다양한 단체가 함께 노력한 결과다. 이런 단체들은 모두 인력과 자금이 부족해 기부에 의존하거나 노동조합, 공익 기금, 재단에서 지원을 받는데, 평범한 독자와 시민도 실질적인 도움을 줄 수 있다. 이 책에 나오는 프로젝트에 참여하려면 다음 웹사이트에 연락을 취하면 된다.

이 책에서 언급한 캠페인 중 공동 연구 프로젝트가 두 가지 있다. 'Sourcewatch.org'와 'Spinprofiles.org'는 기업의 정보 조작과 정부의 선전을 조사하고 폭로하는 데 많든 적든 시간을 할애할 수 있는 자원자를 기다리고 있다. 조금이라도 시간을 낼 수 있다면, 특별한 기술이 없더라도 이곳으로 연락하기 바란다. 기업 권력의 물결을 되돌리는 방법은 함께 노력하는 것뿐이다. 기업의 정보 조작과 기업 권력을 감시하는 단체의 웹사이트는 다음과 같다.

EU의 로비 투명성 및 윤리 규제 연합 http://www.alter-eu.org
스핀워치 http://www.spinwatch.org
스핀프로파일 http://www.spinprofiles.org
원자력 스핀 http://www.nuclearspin.org
PR 워치 http://www.prwatch.org
소스워치 http://www.sourcewatch.org
유럽기업감시 http://www.corporateeurope.org
기업감시 http://www.corporatewatch.org
콜롬비아 연대 캠페인 http://www.colombiasolidarity.org.uk
언론·방송자유 캠페인 http://www.cpbf.org.uk
로비컨트롤 http://www.lobbycontrol.de
로비워치 http://www.lobbywatch.org
GM 워치 http://www.gmwatch.org

주

머리말

1. D. Miller(ed.), *Tell Me Lies: Propaganda and Media Distortion in the Attack on Iraq*, London: Pluto Press, 2004 참조.
2. 미국 기업의 이라크 개입에 대한 자세한 내용은 다음 문헌과 웹사이트를 참조하라. P. Chatterjee, *Iraq, Inc.: A Profitable Occupation*, New York: Seven Stories Press, 2004; 기업감시의 '전시의 부당이득자War Profiteers' 웹사이트 http://www.corpwatch.org/article.php?list=type&type=176(2005년 8월 28일에 확인).
3. 또 다른 예로는 〈웨스트 윙〉에서 롭 로우Rob Lowe가 연기한 샘 시본, 〈이야기 도시Spin City〉의 마이클 J. 폭스Michael J. Fox, 〈왝 더 독Wag the Dog〉의 로버트 드니로Robert De Niro, 〈앱솔루트 파워Absolute Power〉의 스티븐 프라이Stephen Fry, 〈카드로 만든 집House of Cards〉의 마일스 앤더슨Miles Anderson 등이 있다.
4. 자세한 내용은 스핀워치에서 운영하는 '원자력 스핀' 웹사이트 http://www.nuclearspin.org 참조.

1장

1. Ray Eldon Hiebert, *Courtier to the Crowd: the Story of Ivy Lee and the Development of Public Relations*, Ames, Iowa: Iowa State University Press, 1966.
2. Walter Lippmann, *The Phantom Public*, New York: Harcourt Brace and Company, 1927, p.155.
3. 같은 책, p.158.
4. R. P. T. Davenport-Hines, *Dudley Docker: The Life and Times of a Trade Warrior*, Cambridge: Cambridge University Press, 2002, p.74.

5. 같은 책, p.70.
6. Edward Bernays, *Propaganda*, New York: Horace Liverwright, 1928.
7. Richard Tedlow, *Keeping the Corporate Image: Public Relations and Business 1900-1950*, Greenwich, Conn.: JAI Press, 1979, p.93.
8. 같은 책, p.96.
9. http://www.spinprofiles.org 자료 참조.
10. 자세한 내용에 관해서는 http://www.alter-eu.org 참조.
11. J. K. Galbraith, *The Economics of Innocent Fraud: Truth For Our Time*, London: Penguin, 2004. [존 케네스 갤브레이스, 《(갤브레이스에게 듣는) 경제의 진실: 한미 FTA 시대에 다시 읽는 미국 경제》, 이해준 옮김, 지식의 날개, 2007]
12. Corporate Europe Observatory, "Shell Leads International Business Campaign Against UN Human Rights Norms", *CEO Info Brief*, March 2004, http://www.corporateeurope.org/norms.html.
13. 유럽위원회의 '기업의 사회적 책임' 다중 이해당사자 대화가 단절된 데는 이로 인한 영향이 크다. http://ec.europa.eu/enterprise/csr/forum.htm; http://forum.europa.eu.int/irc/empl/csr_eu_multi_stakeholder_forum/info/data/en/csr%20ems%20forum.htm. 이 절차에 대한 비판 글은 http://www.foeeurope.org/corporates/news/eu_debate.htm 참조.
14. 시장 근본주의자 중에서도 이런 견해를 가진 사람들이 있다. 다음 문헌을 참조하라. Marvin Olasky, *Corporate Public Relations: A New Historical Perspective*, Hillsdale, N. J.: Lawrence Erlbaum Associates, 1987. 올라스키는 조지 W. 부시의 자문을 맡았다.
15. Richard Cockett, *Thinking the Unthinkable: Think-tanks and the Economic Counter-revolution, 1931-1983*, London: Fontana, 1995.
16. John MacArthur, *The Selling of 'Free Trade': NAFTA, Washington, and the Subversion of American Democracy*, Berkeley, Calif.: University of California Press, 2001.
17. D. Miller and W. Dinan, "The Rise of the PR industry in Britain,

1979-98", *European Journal of Communication*, 15(1), March 2000, pp.5~35.
18. 스핀프로파일SpinProfiles 웹사이트에서 버슨 마스텔러와 힐 앤드 놀턴의 정보 조작 내력을 참조하라. http://www.spinprofiles.org/index.php/Burson-Marsteller; http://www.spinprofiles.org/index.php/Hill_and_Knowlton.
19. J. Grunig, "Communication, Public Relations, and Effective Organizations: An Overview of the Book", in J. Grunig, D. Dozier, W. Ehling, L. Grunig, F. Repper and J. White(eds.), *Excellence in Public Relations and Communication Management*, Hillsdale, N. J.: Lawrence Erlbaum, 1992, pp.1~28; J. Grunig and L. Grunig, "Models of Public Relations and Communication", in Grunig et al., *Excellence in Public Relations and Communication Management*; J. Grunig, L. Grunig, K. Sriramesh, Y. Huang and A. Lyra, "Models of Public Relations in an International Setting", *Journal of Public Relations Research*, 7(3), 1995, pp.163~186 참조.
20. Larissa A. Grunig, "Public Relations", in Michael B. Salwen and Don W. Stacks(eds.), *An Integrated Approach to Communication Theory and Research*, Mahwah, N. J.: Lawrence Erlbaum Associates, 1996, pp.464~465.
21. 이 장의 초안을 보고 제임스 그루닉이 다음 학회에서 언급한 말이다. "A Complicated, Antagonistic and Symbiotic Affair: Journalism, Public Relations and Their Struggle for Public Attention", Swiss School of Journalism, Lucerne, Switzerland, 18 March 2006.
22. Noel Griese, *Arthur W. Page: Publisher, Public Relations Practitioner, Patriot*, Tucker, Ga.: Anvil Publishers, 2001, p.304.
23. Karl Marx and Friedrich Engels, *The German Ideology*(1846), http://www.marxists.org/archive/marx/works/1845/german-ideology/.
24. 클라우스 콕스가 다음 학회에서 언급한 말이다. "A Complicated,

Antagonistic and Symbiotic Affair: Journalism, Public Relations and Their Struggle for Public Attention", Swiss School of Journalism, Lucerne, Switzerland, 18 March 2006. 그리고 다음 문헌을 참조하라. David Miller, "Nuclear view: spin doctor defends lying", *Spinwatch*, 28 March 2006, http://www.spinwatch.org/content/view/230/8/.
25. George Monbiot, "The fake persuaders: Corporations are inventing people to rubbish their opponents on the internet", *Guardian*, 14 May 2002, http://www.guardian.co.uk/Columnists/Column/0,,715158,00.html. 또한 이 책 7장을 참조하라.
26. Marx and Engels, *The German Ideology*.

2장

1. 이 장은 다음의 두 문헌을 보완한 것이다. L. Sklair, *The Transnational Capitalist Class*, Oxford: Blackwell, 2001; L. Sklair, *Globalization: Capitalism and Its Alternatives*, Oxford: Oxford University Press, 2002. 이 두 책에서는 이 장에서 언급한 모든 주제에 대해 풍부한 참고 자료를 얻을 수 있다. 그리고 기업 정보 조작에 대한 필자의 접근 방식은 앞의 책(*The Transnational Capitalist Class*) 6장과 7장에 여러 사례와 함께 요약되어 있다(특히 "Global Corporate Citizenship as a Globalizing Practice: Deconstructing Shell", pp.184~191 참조).

3장

1. Conrad Black, *A Life in Progress*, Key Porter Books, 1993.
2. Julia Hobsbawm, "Why Journalism Needs PR", *Guardian*, 17 November 2003; 홍보협회 회장 앤 그레고리 Anne Gregory의 2004년 6월 23일 홍보협회 연차 총회 강연.
3. Centre for Economics and Business Research(CEBR), "PR Today", November 2005, p.14.
4. 파트너 PR의 웹사이트(2004) http://www.partnerpr.com/what_we_

do/wwd_pc.htm.
5. Aeron Davis, *Public Relations Democracy: Public Relations, Politics and the Media in Britain*, Manchester: Manchester University Press, 2002, p.26 재인용.
6. Gidon Freeman, "Dewhurst quits Shandwick for senior BNFL position", *PR Week*, 16 March 2001. 2006년 12월 듀허스트는 러시아의 에너지 회사 가스프롬의 홍보 책임자가 되었다.
7. http://www.hollis-pr.com. 홀리스 PR 웹사이트에서는 명단을 살펴볼 수 있는 무료 시험 서비스를 제공한다. 홀리스 명단에는 2787개 회사가 올라와 있다. 하지만 항목이 중복된 경우도 있고, 각국의 지사가 포함된 대기업 같은 경우도 있다.
8. http://www.hollis-pr.com. 홀리스는 지역을 이렇게 분류하고 있다. 런던(985개사), 중부(210개사), 북서부(154개사), 북아일랜드(35개사), 맨 섬(1개사), 웨일스와 변경 지방(77개사), 남서부(208개사), 채널 제도(5개사), 런던 교외(289개사), 남동부(407개사), 동부(84개사), 북동부(182개사), 스코틀랜드(143개사).
9. PRCA, "Purchasing Public Relations: A Guide to Public Relations Consultancy For Procurement Professionals", 2005, http://www.prca.org.uk/sites/prca.nsf/images/2005/$file/Purchase.pdf.
10. CEBR, "PR Today", p.14.
11. http://www.fleetstreetflair.co.uk/endorsements.htm.
12. 예를 들어 다음 웹사이트를 참조하라. http://news.bbc.co.uk/1/hi/business/647503.stm; http://news.bbc.co.uk/1/hi/uk/774548.stm; http://www.newscientist.com/article/mg17924020.800-secrecy-shrouds-nuclear-leak.html.
13. Chris Grimshaw, "It's Official: No Dark Machiavellian Conspiracy for New Nuclear Power", *Corporate Watch Newsletter*, 21, December 2004, p.3. 또한 다음 웹사이트를 참조하라. http://www.nuclearspin.org.
14. 루이스 커뮤니케이션스의 크리스 루이스Chris Lewis가 다음 문헌에

서 홍보협회를 묘사한 내용이다. "Survey-Creative Business: Public relations", *Financial Times*, 30 October 2001.
15. 공인홍보협회 웹사이트에 따르면 이 단체의 회원 수는 8000명을 넘는다. http://www.cipr.co.uk/About/aboutframeset.htm. 경제기업연구센터에서는 영국 내 홍보전문가가 4만 7800명 이상 있다고 추산한다. CEBR, "PR Today", p.14.
16. 공인홍보협회 웹사이트 http://www.cipr.co.uk/member_area/mem_matters/index.asp.
17. 공인홍보협회 홍보 책임자 프랜시스 잉엄Francis Ingham과의 전화 인터뷰(2005년 10월 19일).
18. Rod Cartwright, "Thought Leader: Turning around lobbying's reputation", *PR Week*, 3 September 2004.
19. "Britain's toothless lobbying regulator", *Private Eye*, 16 August 2005, http://www.spinwatch.org/content/view/1582/9/.
20. Antony Barnett, "Revealed: how stars were hijacked to boost health company's profits", *Observer*, 25 January 2004.
21. PA 미디어 정보 서비스의 홍보 서비스 개발 책임자 마틴 허킷Martin Huckett과의 전화 인터뷰(2002년 9월 5일).
22. Adam Hill, "Media relations: inside the newsroom", *PR Week*, 9 January 2004.
23. 드해빌랜드 영업 책임자와의 인터뷰. http://www.dehavilland.co.uk.
24. http://www.partnerpr.com/what_we_do/wwd_cc.htm.
25. Mark Hollingsworth, *The Ultimate Spin Doctor: the Life and Fast Times of Sir Tim Bell*, London: Hodder & Stoughton, 1997, pp.224~225.
26. Alex Bell, "Beattie recruits from Who's Who", *Observer*, 3 October 1999.
27. 홍보협회 연차 총회에서의 인터뷰(2004년 6월 23일).
28. Davis, *Public Relations Democracy*, p.27 재인용.
29. Amanda Hall, "Crisis Management: Prudent Investment Is Crucial

when Disaster Strikes", *PR Week*, 13 August 1992.
30. Bernstein Communications Inc., "Crisis Management Predictions for 2002", http://www.bernsteincom.com/docs/predictionsfor2002.html.
31. Bernard Ingham, "About SONE", http://www.sone.org.uk/content/view/42/31/.
32. 컨트리 가디언 웹사이트 http://www.countryguardian.net/cg.htm.
33. 데얀 베르칙이 홍보협회 연차 총회 강연을 마친 후 얘기한 질의응답 내용(2004년 6월 23일).
34. PM, BBC Radio 4, 20 January 2005.
35. "Rail lobby on inside track", http://www.socialistworker.org.uk/archive/1709/sw170903.htm.
36. 마크 밸라드 스코틀랜드 의회 의원의 '정보 조작과 기업 권력Spin and Corporate Power' 학술대회 강연(2004년 11월 19일).
37. 예를 들어 다음 문헌을 참조하라. Greg Palast, "Jack Straw's Plan to Keep it Zipped", *Guardian*, 20 July 1999.
38. Aeron Davis, "The Rise and Impact of Corporate Public Relations in Britain", paper given at Political Studies Association conference, LSE, March 2000.
39. David Miller and William Dinan, "The Rise of the PR Industry in Britain, 1979-98", *European Journal of Communications*, 15(1), March 2000.
40. David Michie, *The Invisible Persuaders: How Britain's Spin Doctors Manipulate the Media*, London: Bantam Press, 1998, p.26.
41. 같은 책, p.38.
42. John Willcock, "BT threatened to stop advertising in Sunday Telegraph", *Independent*, 22 September 1999.

4장

1. 네 회사는 애리조나 법인위원회에 유한책임회사로 등록되어 있고, 애리조나 주 시민 열람 시스템(http://www.cc.state.az.us/corp/index.

htm)을 통해 확인할 수 있다.
2. http://www.dcigroup.com/2021/wrapper.jsp?PID=2021-12(2004년 11월 11일에 확인).
3. http://www.flsphones.com/services.htm(2004년 11월 11일에 확인).
4. http://www.flsphones.com/team.htm(2004년 11월 11일에 확인).
5. "Boeing Update", R. J. Reynolds, Legacy Tobacco Document Archive, http://legacy.library.ucsf.edu/tid/ecm10d00.
6. "What RJR Will Provide To Field Support", R. J. Reynolds, Legacy Tobacco Document Archive, http://legacy.library.ucsf.edu/tid/szf33d00.
7. "Public Issues 1994 Plans", R. J. Reynolds, Legacy Tobacco Document Archive, http://legacy.library.ucsf.edu/tid/wtm33d00.
8. John M. Broder, "Microsoft Tries Another Court: Public Opinion", *New York Times*, 12 June 2000.
9. Joshua Micah Marshall, "Mr. Gates Goes to Washington", *American Prospect*, 17 July 2000.
10. "TSE Enterprises LLC: Who We Are", http://www.tseaz.com/tse/wrapper.jsp?PID=8020-10(2004년 11월 8일에 확인).
11. Joseph Menn and Edmund Sanders, "Lobbyists Tied to Microsoft Wrote Citizens' Letters", *Los Angeles Times*, 23 August 2001.
12. http://www.techcentralstation.com/about.html(2004년 11월 11일에 확인).
13. Nicholas Confessore, "Meet the Press: How James Glassman reinvented journalism-as lobbying", *Washington Monthly*, December 2003.
14. Alex Knott and Adam Mayle, "Impending Ban Hasn't Stopped Soft Money Rush by Presidential Hopefuls", Center for Public Integrity, 17 October 2002, http://www.publicintegrity.org/report.aspx?aid=109&sid=200.
15. Thomas B. Edsall, "New Ways to Harness Soft Money in Works",

Washington Post, 25 August 2002.
16. "Firm polling Montanans about deregulation, sending letters to sign", *Associated Press*, 24 June 2001.
17. Edsall, "New Ways to Harness Soft Money in Works".
18. Silent Partners, Center for Public Integrity, "Progress for America Voter Fund", Federal Elections Commission data as of 21 October 2004, http://www.publicintegrity.org/527/search.aspx?act=com&orgid=714.
19. Peter Stone, "Inside Two of the Soft-Money Havens", *National Journal*, 35(51), 20 December 2003, DCI Group, LLC listing on Lobbyists.info(2004년 11월 4일에 확인).
20. Silent Partners, "Progress for America Voter Fund".
21. Charles Lewis, "Political Mugging in America", Center for Public Integrity, 4 March 2004, http://www.public-i.org/report.aspx?aid=194&sid=200.
22. Stone, "Inside Two of the Soft-Money Havens".
23. Thomas B. Edsall, "GOP Creating Own '527' Groups: Unregulated Funds Can Be Raised", *Washington Post*, 25 May 2004.
24. Thomas B. Edsall, "Republican 'Soft Money' Groups Find Business Reluctant to Give", *Washington Post*, 8 June 2004.
25. Silent Partners, Center for Public Integrity, "2003-04 527 Activity", http://www.publicintegrity.org/527/db.aspx?act=activity2003(2004년 11월 11일에 확인).
26. Lewis, "Political Mugging in America".
27. Alex Knott, Aron Pilhofer and Derek Willis, "GOP 527s Outspend Dems in Late Ad Blitz", Center for Public Integrity, 3 November 2004, http://www.publicintegrity.org/527/report.aspx?aid=421.
28. Thomas B. Edsall, "After Late Start, Republican Groups Jump Into the Lead", *Washington Post*, 17 October 2004.
29. Nancy Gibbs, "The Morning After", *Time Magazine*, 1 November

2004.
30. Judy Keen and Mark Memmott, "Most expensive TV campaign ad goes for emotions", *USA Today*, 18 October 2004.
31. Silent Partners, "Progress for America Voter Fund".

5장

1. 이 장은 정보공개법을 통해 스코틀랜드 행정부, 식품표준국, 크라운 에스테이트에서 받은 문서와 공개되지 않은 기타 문서에서 자료를 수집했다. 이 장에서 인용한 모든 문서 사본은 스핀프로파일 웹사이트 (http://www.spinprofiles.org)에서 찾아볼 수 있다. 스털링 대학의 '세계화와 반세계화' 수업을 들은 학생 세 명이 연구 조사를 도왔다. 이 학생들의 조력에 감사를 보낸다. 다만 이들의 경력에 누가 될 수 있기 때문에 이름은 밝히지 않겠다.
2. J. Benn, "Norway: the rising tide of fish farming", *People and the Planet* website, posted 19 November 2003, http://www.peopleandplanet.net/doc.php?id=2085.
3. US Environmental Protection Agency, "Health Effects of PCBs", 8 September 2004, http://www.epa.gov/osw/hazard/tsd/pebs/pubs/effects.htm.
4. 헤게모니 개념을 이용해 (지도력과 권력이라는 원래 의미와 반대되는 설득과 동의라는 의미에서) 권력 관계 재생산을 설명하는 것은 부적절하다. D. Miller, "Media Power and Class Power", in L. Panitch and C. Leys(eds.), *Socialist Register 2002*, Merlin, 2001 참조.
5. D. Perry, "Call for cash offer to Scots fish farms", *Press and Journal*, 7 September 2004, p.10 재인용. 심슨의 말은 다음 문헌에서 인용했다. G. Harris, "Scots farmed salmon leaps back on menu", *The Times*, 29 October 2004, http://www.timesonline.co.uk/article/0,,2-1334836,00.html.
6. Ronald A. Hites, Jeffery A. Foran, David O. Carpenter, M. Coreen Hamilton, Barbara A. Knuth and Steven J. Schwager, "Global

Assessment of Organic Contaminants in Farmed Salmon", *Science*, 303(5655), 9 January 2004, p.227.

7. US Environmental Protection Agency, "Polychlorinated Biphenyls", 8 September 2004, http://www.epa.gov/opptintr/pcb/.

8. Hites et al., "Global Assessment of Organic Contaminants in Farmed Salmon", p.228.

9. 같은 글.

10. 2006년 3월 30일 제프리 포런Jeffery Foran의 개인 이메일.

11. J. Reynolds, "Eating farm salmon raises risk of cancer", *Scotsman*, 9 January 2004, http://news.scotsman.com/topics.cfm?tid=1080&id=27102004.

12. J. Reynolds, "Chemicals in fish are well known", *Scotsman*, 10 January 2004, http://business.scotsman.com/agriculture.cfm?id=31392004.

13. M. MacLeod, "Salmon is safe says US food expert", *Scotland on Sunday*, 11 January 2004, http://scotlandonsunday.scotsman.com/index.cfm?id=34952004.

14. B. McConville and J. Reynolds, "Green campaigners fund salmon study", *Scotsman*, 16 January 2004, http://thescotsman.scotsman.com/scotland.cfm?id=55262004.

15. J. Reynolds, "Salmon scare report was flawed and biased", *Scotsman*, 16 January 2004, http://news.scotsman.com/print.cfm?id=55252004.

16. G. Bell and D. Tocher, "Claims of unsafe fish run contrary to the facts, say scientists", *Scotsman*, 16 January 2004, http://thescotsman.scotsman.com/scotland.cfm?id=54782004&20040927201412.

17. Scottish Quality Salmon, "Contaminants in the Environment", http://www.scottishsalmon.co.uk/environment/contaminants.asp.

18. J. Krebs, "Health balance over farmed salmon", *Guardian*, 12 January 2004, http://www.guardian.co.uk/fish/story/0,,1121021,

00.html.
19. 정보공개법에 따라 공개되었으며 식품표준국에서 2004년 1월에 "웹사이트에 일시적으로 올려놓았다"고 밝힌 성명서.
20. 최신 수정본은 다음 웹사이트에 올라와 있다. http://www.epa.gov/ncea/pdfs/dioxin/nas-review/.
21. "Fish consumption: benefits and risks, part 8, annexe 5", COT statement on dioxins and PCBs, http://www.food.gov.uk/multimedia/pdfs/fishreport200408.pdf.
22. 같은 글, p.19.
23. US EPA, *Guidance for Assessing Chemical Contaminant Data for Use in Fish Advisories. Volume 2: Risk Assessment and Fish Consumption Limits*, 3rd ed., Washington, DC: US EPA, 2000, http://www.epa.gov/ost/fishadvice/volume2/index.html 참조.
24. http://www.scottishsalmon.co.uk/mediacentre/releases/2004/080104.asp. 하지만 웹스터는 SQS와 밀접히 연관되어 있다. SQS 웹사이트에 따르면, 그는 SQS에서 급료를 받으며 SQS 전화 교환대를 통해 그와 연락할 수 있다. 예를 들어 http://www.scottishsalmon.co.uk/media/releases/170904.html 참조.
25. McConville and Reynolds, "Green campaigners fund salmon study".
26. http://www.farmfreshsalmon.org/images/PDFS/Farmed%20Salmon,%20PCBs,%20Activist,%20and%20the%20Media.pdf.
27. "Handle with care", *Observer*, Observer Food Monthly, 15 February 2004, http://observer.guardian.co.uk/foodmonthly/story/0,,1145624,00.html.
28. http://www.scottishsalmon.co.uk/media/releases/100804.html.
29. R. Edwards, "Scientists back toxic salmon study", *Sunday Herald*, 18 January 2004, http://www.sundayherald.com/39358.
30. 같은 글.
31. 같은 글.

32. 2004년 1월 8일부터 2004년 1월 20일까지 렉시스넥시스LexisNexis에서 '양식 연어와 산테르Farmed salmon and Santerre'로 검색한 결과.
33. Salmon of the Americas, "Medical, health and food safety experts advise reading past the headlines in the new news about farmed salmon", 10 January 2004, http://www.salmonoftheamericas.com/topic_01_04_press.html.
34. "Don't jeopardise health by cutting out salmon: respected US scientists direct vehement criticism at flawed salmon study", SQS news release, 9 January 2004, http://www.scottishsalmon.co.uk/mediacentre/releases/2004/090104.asp.
35. 같은 글.
36. Edwards, "Scientists back toxic salmon study".
37. PR Newswire, "Scottish Quality Salmon: Don't Jeopardise Health by Cutting out Salmon. Respected US Scientists Direct Vehement Criticism at Flawed Salmon Study", news release, Perth, Scotland, 9 January 2004, http://www.prnewswire.co.uk/cgi/news/release?id=114926; Reynolds, "Chemicals in fish are well known".
38. M. Dowie, "Gina Kolata: What's Wrong With the New York Times's Science Reporting?", Nation, 6 July 1998, http://www.mindfully.org/Reform/Gina-Kolata-Dowie6jul98.htm.
39. Frank van Kolfschooten, "Conflicts of Interest (Financial) and Bias", Annie Appleseed Project, 28 March 2002, http://www.annieappleseedproject.org/conofinfinbi.html 재인용.
40. 같은 글.
41. J. Reynolds, "Salmon still on the menu for top chefs", Scotsman, 10 January 2004, http://news.scotsman.com/topics.cfm?tid=1080&id=31592004.
42. J. Stauber and S. Rampton, "The Junkyard Dogs of Science", PR Watch, 5(4), 1998, http://www.prwatch.org/prwissues/1998Q4/dogs.html.

43. Tobacco documents online, http://tobaccodocuments.org/profiles/guzelian_philip.html.
44. Chemical weapons working group, "Public Health Expert Testifies to Unacceptable Health Risks from Utah Incinerator", 31 July 1996, http://www.cwwg.org/PR_07.31.96TOCDF.html.
45. 대서양법률재단 웹사이트 http://www.atlanticlegal.org.
46. ALF Annual Report, 1994; ALF, "Our Philosophy", 2004. "Exxon Secrets Fact sheet on the ALF", http://www.exxonsecrets.org/html/orgfactsheet.php?id=16 재인용.
47. Bell and Tocher, "Claims of unsafe fish run contrary to the facts, say scientists".
48. 누트레코 웹사이트 http://www.nutreco.com.
49. Bell and Tocher, "Claims of unsafe fish run contrary to the facts, say scientists".
50. G. Bell et al., "Dioxin and dioxin-like polychlorinated biphenyls (PCBs) in Scottish farmed salmon: effects of replacement of dietary marine fish oil with vegetable oils", 2004, pre-publication copy of paper supplied by Bell.
51. Positive Aquaculture Awareness, "NDP leader's call for BC farmed salmon boycott flies in the face of new evidence that shows eating salmon can help prevent Alzheimer's", news release, 7 September 2004, http://www.farmfreshsalmon.org/images/PDFS/090704Salmonboycott.pdf.
52. http://www.farmfreshsalmon.org.
53. http://www.akvasmart.com.
54. C. Asper, "The Stamp on the Back of my Hand", *Watershed Watch*, August 2003, http://web.archive.org/web/20031207151507/http://watershedwatch.org/ww/cottus_asper.html.
55. http://www.farmfreshsalmon.org/D136.cfm?open27=27.
56. http://www.farmfreshsalmon.org/images/PDFS/MembershipFor

msversion3.pdf.
57. Asper, "The Stamp on the Back of my Hand".
58. http://www.samspade.org/t/whois?a=http%3A%2F%2Fwww.farm freshsalmon.org%2F&server=magic; http://www.firstdollar.ca/view.cfm?page=16.
59. http://www.firstdollar.ca/about.cfm.
60. 같은 웹사이트.
61. 같은 웹사이트.
62. "Resource towns fight back against arriviste rock stars", *Vancouver Sun*, 24 July 2004, http://willcocks.blogspot.com/2004/07/resource-townsfight-back-against.html.
63. 같은 글.
64. http://www.greenspiritstrategies.com/D80.cfm; http://www.panfish.no/newsread/news.asp?docid=10115&wce=regions.
65. http://www.samspade.org/t/ipwhois?a=www.firstdollar.ca.
66. http://www.greenspiritstrategies.com/D80.cfm.
67. http://www.greenspiritstrategies.com/D81.cfm.
68. 자세한 내용은 다음 웹사이트를 참조하라. http://www.spinprofiles.org/index.php/Patrick_Moore.
69. "Issues in Aquaculture, Farmed Salmon, PCB's, Activists and the Media. *Framed* [sic] Salmon: Updated to provide commentary on the well-publicized January 9, 2004 *Science* (Vol.303) study of PCB levels in farmed and wild salmon", 15 January 2004, http://www.farmfreshsalmon.org/reports.cfm.
70. 같은 글.
71. L. Jensen, "Mobilizing the grassroots: the ripple effect", presentation to Aquaculture Canada 2005, St John's, Newfoundland, 4 July 2005, http://www.aquacultureassociation.ca/ac05/abstracts/awareness.htm.
72. G. Johnson, "Don't be Fooled: The Ten Worst Greenwashers of

2003", The Green Life, Boston, http://web.archive.org/web/20050204001827/; http://www.thegreenlife.org/dontbefooled.html#Salmon.

73. www.salmoncolor.com만은 2003년 9월 2일에 등록되었다. 마켓 액션의 한 페이지짜리 웹사이트 주소는 http://www.mktact.com이다.

74. *Fishlink*, 8(1), 7 July 2003, http://www.imhooked.com/fishlink/070703.html.

75. 웹사이트 내용을 보려면 다음의 인터넷 자료를 참조하라.
http://web.archive.org/web/*/http://www.pcbfarmedsalmon.com;
http://web.archive.org/web/*/http://www.pcbsalmon.com;
http://web.archive.org/web/*/http://www.pcbsinsalmon.com;
http://web.archive.org/web/*/http://www.farmedsalmonpcb.com;
http://web.archive.org/web/*/http://www.salmoncolor.com.

76. Johnson, "Don't be Fooled".

77. Chrome Consulting, "Scottish Quality Salmon: The Facts", Entry 204, IPRA Golden World Awards for Excellence 2005; Category 7: Recover from crisis; Entrant: Chrome Consulting Ltd.; Client: Scottish Quality Salmon, http://www.nuclearspin.org/images/4/45/ChromeEntry204.pdf.

78. 같은 글.

79. 같은 글.

80. SQS 미디어 부장 줄리 에드가Julie Edgar와의 인터뷰.

81. http://web.archive.org/web/20040619163932/http://scottishsalmon.co.uk/links/index.htm.

82. R. E. Hiebert, *Courtier to the Crowd: the Story of Ivy Lee and the development of Public Relations*, Ames, Iowa: Iowa State University Press, 1966; W. Lippmann, *Public Opinion*, London: Allen and Unwin, 1921, p.158 참조.

83. Ockwell Associates, *Qualitative research into how differing press treatments affect attitudes to salmon*, Bath: Ockwell Associates,

April 2004, p.14.
84. 같은 책, p.17.
85. 같은 책, p.20.
86. 같은 책, p.33.
87. 같은 책. 업계에서 내세운 '진실'이 완전히 왜곡된 것이라는 사실을 명심하라.
88. 같은 책, p.34.
89. 2004년 6월 9일에 열린 것으로 추정되는 회의에서 SQS가 연어 마케팅 활동에 대해 크라운 에스테이트에 발표한 파워포인트 자료.
90. Chrome Consulting, "Scottish Quality Salmon: The Facts".
91. FSA, minute of "FSA Scotland Meeting with Scottish Quality Salmon(SQS)", 5 April 2004.
92. 같은 글.
93. Food Standards Agency, "Oily fish advice: your questions answered", 24 June 2004, http://www.food.gov.uk/news/news archive/2004/jun/oilyfishfaq#h_5.
94. Chrome Consulting, "Scottish Quality Salmon: The Facts".
95. A. Rowell, *Don't Worry, It's Safe to Eat*, London: Earthscan, 2003, pp.190~198.
96. http://www.sirc.org/publik/cop_guidelines_m.html.
97. 헨리는 2000년부터 2003년까지 이사로 활동했다(http://www.sirc.org/about/jeya.shtml).
98. http://www.foodstandards.gov.uk/aboutus/ourboard/boardmem/richardayre; http://www.foodstandards.gov.uk/aboutus/ourboard/boardmem/graememillar; http://www.foodstandards.gov.uk/aboutus/ourboard/boardmem/maureenedmondson; http://www.foodstandards.gov.uk/aboutus/ourboard/boardmem/alangardner_bm.
99. http://www.foodstandards.gov.uk/aboutus/ourboard/boardmem/dierdrehutton/.
100. 브라이언 심슨(SQS 최고 경영자), SQS 보도 자료(2004년 10월 4

일), http://www.scottishsalmon.co.uk/media/releases/041004.html.
101. SQS 보도 자료(2004년 10월 4일).
102. The Crown Estate, http://www.thecrownestate.co.uk/02_about_us_04_02_17.htm.
103. 애닛 스튜어트 Annette Stuart가 메리앤 쿡 Marianne Cook에게 보낸 이 메일("FW: Quote in Allan Wilson's name on Salmon", 9 January 2004)이다. 정보공개법에 따라 공개되었다.
104. http://www.scottishsalmon.co.uk/media/releases/080104.htm.
105. R. Edwards, "Exposed: Scotland's filthiest companies: Polluters in 'roll of shame'", *Sunday Herald*, 24 July 2005, http://www.sundayherald.com/50953.
106. "Scotland's first minister visits Mallaig", *West Word*, May 2004, http://www.road-to-the-isles.org.uk/westword/may2004.html; registered as a gift with the Scottish Executive on 20 April 2004, http://www.scotland.gov.uk/Resource/Doc/1066/0008094.pdf.
107. Simon Pia's Diary, "Brown returns for pasta and prosciutto", *Scotsman*, 11 October 2004, http://news.scotsman.com/topics.cfm?tid=1005&id=1180992004.

6장

1. "Climate Chaos: Bush's Climate of Fear", BBC *Panorama*, 1 June 2006.
2. 북극기후영향평가단 웹사이트 http://www.acia.uaf.edu/.
3. http://amap.no/workdocs/index.cfm?action=getfile&dirsub=%2FACIA%2Fmediakits&filename=ACIAinternationalPR%2Edoc.
4. Arctic Climate Impact Assessment, "New Scientific Consensus: Arctic Is Warming Rapidly, Much Larger Changes are Projected, Affecting Global Climate", 2004년 11월 8일 보도 자료.
5. 같은 글.

6. Indigenous Peoples' Secretariat of the Arctic Council, "Arctic Climate Assessment Proves Threat to Indigenous Peoples", 2004년 11월 8일 보도 자료.
7. "Climate Change Devours Arctic Ice", *Anchorage Daily News*, 9 November 2004, http://www.adn.com/front/story/5761865p-5695798c.html.
8. "Arctic Heating is Melting Ocean Ice and Affecting Species and Indigenous Cultures, Researchers say", *Los Angeles Times*, 9 November 2004, p.A3, http://www.latimes.com/news/nationworld/world/lasciarctic9nov09,1,4210748.story.
9. "Report Says Arctic Rapidly Warming", *Seattle Times*, 9 November 2004, http://seattletimes.nwsource.com/html/nationworld/2002085775_arctic09.html.
10. "The Arctic Apocalypse", *Daily Mail*, 9 November 2004, p.35.
11. Tim Radford, "Climate Change Claims Flawed, Says Study", *Guardian*, 9 November 2004, http://www.guardian.co.uk/uk_news/story/0,,1346489,00.html.
12. International Policy Network, *The Impacts of Climate Change: An Appraisal for the Future*, London: International Policy Press, November 2004.
13. 국제정책 네트워크 웹사이트 http://www.policynetwork.net/main/content.php?content_id=1.
14. Exxon Mobil, "2003 Contributions", 2004, http://exxonmobil.com/Corporate/files/corporate/giving_report.pdf.
15. Exxon Mobil, "2004 World Wide Contributions and Community Investments, Public Information and Policy Research", 2005, http://www.exxonmobil.com/corporate/files/corporate/giving04_publicpolicy.pdf.
16. Exxon Mobil, "Public Information and Policy Research: 2005 Worldwide Giving Report", 2006, http://www.exxonmobil.com/

Corporate/Files/Corporate/giving05_policy.pdf.
17. R. Kluger, *Ashes to Ashes: America's Hundred-Year Cigarette War, the Public Health, and the Unabashed Triumph of Philip Morris*, New York: Alfred A. Knopf, 1996, p.324, quoting C. Thompson, memo to Kloepfer, 18 October 1968.
18. "As the World Burns", *Mother Jones*, May/June 2005, http://www.motherjones.com/news/featurex/2005/05/world_burns.html.
19. Arthur Shenfield, "Liberalism and Colonialism", Libertarian Alliance, 1986, http://www.libertarian.co.uk/lapubs/forep/forep004.pdf.
20. 경제문제연구소 웹사이트 http://www.iea.org.uk/record.jsp?type=page&ID=24.
21. 같은 웹사이트.
22. 같은 웹사이트.
23. 애틀러스 경제연구재단 웹사이트 http://www.atlasusa.org/about atlas/board_staff.php?refer=aboutatlas; 경제문제연구소 웹사이트 http://www.iea.org.uk/record.jsp?type=page&ID=25.
24. 소스워치 웹사이트 http://www.sourcewatch.org/index.php?title=Atlas_Economic_Research_Foundation.
25. International Policy Network(IPN), "Report and Financial Statements: Period Ended 31st December 2001", 2002.
26. 같은 글.
27. International Policy Network, "Minutes of a Meeting of the Trustees at 2 North Lord Street, London, SW1P 3LB", 3 December 2001.
28. 경제문제연구소 웹사이트 http://www.iea.org.uk/record.jsp?type=page&ID=24.
29. A. Rowell, *Green Backlash: Global Subversion of the Environment Movement*, London and New York: Routledge, 1996, p.328.
30. A. Rowell, *Don't Worry It is Safe to Eat: The True Story of GM Food, BSE and Foot and Mouth*, London: Earthscan, 2003, p.196.

31. Robert Matthews, *Facts Versus Factions: The Use and Abuse of Subjectivity in Scientific Research*, Cambridge: European Science and Environment Forum, 1998.
32. http://www.exxonmobil.com/corporate/files/corporate/giving04_publicpolicy.pdf.
33. http://www.aei.org/scholars/scholarID.76,filter.all/scholar.asp.
34. 필자가 조사한 기업청 문서. 베이트는 미국기업연구소 웹사이트에서 자신이 1995년부터 2001년까지 유럽과학환경포럼 회장을 맡았다고 주장한다.
35. ESEF, "Notes to the Accounts for the Year Ended 31st March 2002", 2002; ESEF, "Notes to the Accounts for the Year Ended 31st March 2003", 2003.
36. ESEF, *Register for Striking Off*, signed at Companies House, 30 November 2004.
37. 자선사업감독위원회 웹사이트(2006년 7월 자료).
38. 줄리언 모리스 웹사이트(국제정책 네트워크 웹사이트로 자동 연결) http://ww w.julianmorris.com/.
39. Roger Bate and Richard Tren, "Let Us Spray", Spiked Online, 9 January 2003, http://www.spiked-online.com/Articles/00000006DBCB.htm; Roger Bate, "Packaging Precaution", Spiked Online, 10 December 2002, http://www.spiked-online.com/Articles/00000006DB7D.htm; Roger Bate, "Without DDT, Malaria Bites Back", Spiked Online, 24 April 2001, http://www.spiked-online.com/Articles/000000005591.htm.
40. Zbigniew Jaworowski and Roger Bate, "Depleted Uranium: What is the Health Risk?", Spiked Online, 12 January 2001, http://www.spiked-online.com/Articles/00000000542D.htm.
41. Zbigniew Jaworowski, "The Ice Age is Coming! Solar Cycles, Not CO2, Determine Climate", *21st Century Science and Technology*, Winter 2003/4, http://www.21stcenturysciencetech.com/Articles%

202004/Winter2003-4/global_warming.pdf.
42. Spiked, "Putting Digital Rights Management to Rights", Spiked Online website, 27 May 2002, http://www.spiked-online.co.uk/event/2002-01.htm.
43. http://www.spiked-online.com/Sections/Science/Debates/Waste/.
44. Spiked, "GM Food Labelling: Should it Be Mandatory, and if so, What Should Be Labelled?", 3 March 2003, http://www.spiked-online.com/event/2003-01.htm.
45. Helene Guldberg, "Conference Report", Spiked, 9 May 2003, http://www.spiked-online.com/panicattack/; GM Watch website, entry on Living Marxism network, http://www.gmwatch.org/profile1.asp?PrId=78.
46. Stockholm Network, "European Barriers to Free Trade", May 2003, http://web.archive.org/web/20040214224220/; http://www.stockholm-network.org/confs.cfm.
47. European Enterprise Institute, "Rise and Influence of NGOs on European Economic/Regulation Policy", 17 March 2004; cached version at http://web.archive.org/web/20050208131517/www.policynetwork.net/events.php?StartRow2=11.
48. 유럽기업연구소 웹사이트 http://www.european-enterprise.org/items/executive/.
49. 엑손의 비밀 Exxon Secrets 웹사이트 http://www.exxonsecrets.org/html/orgfactsheet.php?id=2.
50. GM 워치 웹사이트(켄드라 오콘스키의 프로필)
http://www.gmwatch.org/profile1.asp?PrId=169.
51. 지속 가능한 개발 네트워크 웹사이트 http://sdnetwork.net.
52. 국제정책 네트워크 웹사이트(국제정책 네트워크 소개)
http://www.policynetwork.net/main/content.php?content_id=1.
53. 네트워크 솔루션스 Network Solutions 웹사이트 http://www.networksolutions.com/whois/results.jsp?domain=irenkenya.com.

54. 네트워크 솔루션스 웹사이트 http://www.networksolutions.com/whois/results.jsp?domain=libertyindia.org.
55. 네트워크 솔루션스 웹사이트 http://www.networksolutions.com/whois/results.jsp?domain=asinstitute.org.
56. US Environmental Protection Agency, "DDT Ban Takes Effect", 31 December 1972, http://www.epa.gov/history/topics/ddt/01.htm; WWF UK, "Glossary of Chemicals", http://www.wwf.org.uk/chemicals/glossary.asp#pops.
57. 네트워크 솔루션스 웹사이트 http://www.networksolutions.com/whois/results.jsp?domain=fightingmalaria.org.
58. 아프리카 말라리아 퇴치연합 웹사이트 http://www.fightingmalaria.org/about.php.
59. Exxon Mobil, "2004 World Wide Contributions and Community Investments, Public Information and Policy Research", 2005, http://www.exxonmobil.com/corporate/files/corporate/giving04_publicpolicy.pdf.
60. Roger Bate and Kendra Okonski, "When Politics Kills: Malaria and the DDT Story", 5 March 2001, http://www.cei.org/gencon/005,01986.cfm.
61. ESEF, "Notes to the Accounts for the Year Ended 31st March 2002"; ESEF, "Notes to the Accounts for the Year Ended 31st March 2003".
62. International Policy Network(IPN), "Report and Financial Statements: Period Ended 31st December 2001".
63. 아프리카 말라리아 퇴치연합 웹사이트 http://www.fightingmalaria.org/article.php.
64. http://web.archive.org/web/20030718175814/; http://www.kabissa.org/websites/index.php?action=view&id=94.
65. Save Children from Malaria Campaign, "'Sign On, Save Children's Lives from Malaria!' Urges New Global Health Coalition", 29

November 2000, http://earthhopenetwork.net/alerts_11-00_4.htm.
66. 같은 글; John Adams Assocs, "O' Dwyer's PR Services Report", February 2001, p.29; P. Fogg, "People", *National Journal*, 27 May 2000.
67. 다음 기사를 참조하라. "Endocrine Disruptors", Why Files website, http://whyfiles.org/045env_hormone/main7.html; David J. Hanson, "Pesticide Law off to Rough Start; Food Quality and Protection Act Was Passed Two Years Ago, but so far EPA Has Little to Show for its Efforts", *Chemical and Engineering News*, 76(39), 1998, http://www.uark.edu/depts/napiap/newsletter/news21.html.
68. Fogg, "People".
69. Campaign for Fighting Diseases, "Campaign for Fighting Diseases Launch", 18 June 2004, http://www.fightingdiseases.org/main/event.php?type=1&event_id=4; 과학연합 자문위원회 http://www.scientific-alliance.org/about_us_advisory_forum.htm; 센스 어바웃 사이언스 자문위원회 http://www.senseaboutscience.org.uk/index.php/site/about/27; 리버티 가이드 Liberty Guide 웹사이트 http://www.theihs.org/libertyguide/people.php/75915.html; 질병퇴치 캠페인 웹사이트 http://www.fightingdiseases.org/main/content.php?content_id=8.
70. Philip Stevens, "WHO is Failing Africa on Malaria", *Times of Zambia*, 25 April 2004, http://www.fightingdiseases.org/main/articles.php?articles_id=407.
71. 네트워크 솔루션스 웹사이트 http://www.networksolutions.com/whois/results.jsp?domain=sdnetwork.net.
72. 무역자유 웹사이트 http://freedomtotrade.org/.
73. 《적응하지 못하면 죽는다》 웹사이트 http://adaptordie.info/home.php.
74. 질병퇴치 캠페인 웹사이트 http://www.fightingdiseases.org/main/about.php?content_id=1.

75. 사상연구소 웹사이트 http://www.instituteofideas.com/events/attention.html; 테크 센트럴 스테이션 웹사이트 http://www.techcentralstation.com/102803F.html.
76. International Policy Network, "Experts Available for Commentary on Kyoto Protocol, COP-9 and Global Warming", 2004, http://www.policynetwork.net/main/press_release.php?pr_id=16.
77. 미국자본형성위원회 웹사이트 http://www.accf.org/about/margo-thorning-bio.html; 엑손의 비밀 웹사이트 http://www.exxonsecrets.org/html/orgfactsheet.php?id=77.
78. Istituto Bruno Leoni, "From Greenhouse Effect to Climate Control: Scientific, Economic, and Political Aspects of Global Warming", 29 November 2003, http://www.cei.org/pdf/3758.pdf.
79. http://www.exxonmobil.com/corporate/files/corporate/giving04_publicpolicy.pdf; Rowell, *Green Backlash*, pp.14~41.
80. http://www.ewg.org/pub/home/clear/view/CV_Vol4_No9.html.
81. "Global Warming Bill Introduced in US Senate", *Oil and Gas Journal*, 3 May 1999.
82. M. Thorning, "Kyoto: Europe's Hypocrisy", *Washington Post*, editorial, 6 April 2001.
83. 공공문제연구소 웹사이트에서는 소닝을 '겸임 연구원'으로 올려두었다. http://www.ipa.org.au/people/bio.asp?peopleid=171.
84. M. Thorning, "Flawed Environmental Policy; Lieberman-McCain bill Is Wrong Approach", *Washington Times*, 29 October 2003, http://www.stopesso.com/press/00000047.php.
85. American Enterprise Institute, "Return to Rio, Reexamining Climate Change Science, Economics, and Policy", 19 November 2003, http://www.aei.org/events/filter.,eventID.669/event_detail.asp.
86. 엑손의 비밀 웹사이트 http://www.exxonsecrets.org/html/orgfactsheet.php?id=9; http://www.exxonsecrets.org/html/orgfactsheet.php?id=112.

87. Cooler Heads Coalition, "Impacts of Global Warming: Why the Alarmist View is Wrong", 3 May 2004, http://www.globalwarming.org/article.php?uid=632.
88. M. 암스트롱M. Armstrong이 2005년 1월 20일에 필자에게 보낸 이메일.
89. Antony Barnett and Mark Townsend, "Greenhouse Effect 'May Benefit Man'", Observer, 28 November 2004, http://observer.guardian.co.uk/international/story/0,6903,1361276,00.html; Conal Walsh, "Denial Lobby Turns Up the Heat", Observer, 6 March 2005, http://observer.guardian.co.uk/business/story/0,6903,1431306,00.html.
90. Barnett and Townsend, "Greenhouse Effect 'May Benefit Man'".
91. International Policy Network, "IPN Responds to Errors Published in The Observer on 28 November", 9 January 2005, http://www.policynetwork.net/main/article.php?article_id=646.
92. Steve Connor, "Lobbyists Target Government Scientific Adviser Over Climate Change", Independent, 17 January 2005.
93. Steve Connor, "Americans Are Trying to Discredit Me", Independent, 17 January 2005.
94. George Monbiot, Mark Lynas, George Marshall, Tony Juniper and Stephen Tindale, "Time to Speak Up For Climate-Change Science", Nature, 434, 31 March 2005.
95. International Policy Network, "Time to Speak up for Climate-Change Science", 31 March 2005, http://www.policynetwork.net/main/article.php?article_id=652.
96. http://www.policynetwork.net/main/article.php?article_id=719.
97. Lord Lawson of Blaby, W. Beckerman, I. Byatt, D. Henderson, J. Morris, A. Peacock and C. Robinson, "Political Action on Climate Change", letter to The Times, 22 September 2004.
98. David Adam, "Royal Society Tells Exxon: Stop Funding Climate Change Denial", Guardian, 20 September 2006.

7장

1. J. Peron, "Countermarch of the very poor", *Daily Dispatch*, 2 September 2002, http://www.dispatch.co.za/2002/09/02/editoria/LP1.HTM.
2. 같은 글.
3. J. Shikwati, "I Do Not Need White NGOs to Speak for Me", *The Times*, 3 September 2002, http://www.africabiotech.com/news2/article.php?uid=16.
4. V. Giddings, "A turning point in Johannesburg?", *Nature Biotechnology*, 20, 2002, p.1081, http://www.nature.com/nbt/journal/v20/n11/full/nbt1102-1081a.html.
5. GM 워치 웹사이트에 실린 쳉갈 레디의 프로필, http://www.gmwatch.org/profile1.asp?PrId=108; "Mr Chengal Reddy, The Fake Persuader?", *Praja Teerpu*, 1 September 2002, http://members.tripod.com/~ngin/010902a.htm.
6. http://www.counterprotest.net/. 이 링크에 연결된 웹사이트의 제목은 '관료제bureaucracy'를 '때려부수자crash'는 뜻의 'Bureaucrash'이다. 웹사이트의 목적은 다음과 같다. "정부가 우리 삶을 점점 더 통제하려는 것에 맞서 싸운다. 자유를 옹호하는 세계 운동가 네트워크는 창조적 행동을 통해 우리 세대의 정치 이데올로기를 변화시키기 위해 노력한다. 대다수 젊은 정치인은 이미 부풀 대로 부풀어 오른 정부의 관료제가 더 팽창해야 한다고 생각하지만, 우리는 개인의 자유, 자유 무역, 제한된 정부를 위해 투쟁한다." http://bureaucrash.com/taxonomy_menu/18/53/58.
7. GM 워치에 실린 켄드라 오콘스키의 프로필, http://www.gmwatch.org/profile1.asp?PrId=169. 또한 http://www.spinprofiles.org에 실린 '오콘스키' 항목도 참조하라.
8. GM 워치에 실린 리버티 연구소의 프로필, http://www.gmwatch.org/profile1.asp?PrId=156. 또한 http://www.spinprofiles.org에 실린 '리버티 연구소' 항목도 참조하라.

9. GM 워치에 실린 지속 가능한 개발 네트워크 프로필, http://www.gmwatch.org/profile1.asp?PrId=154; http://www.spinprofiles.org에 실린 국제정책 네트워크 프로필; 이 책에서 앤디 로얼이 쓴 6장.
10. J. MacKinnon, "Astroturf uncovered in grassroots protest", *Adbusters*, 28 August 2002, http://www.adbusters.org/breaking_news/joburg/03.html.
11. "Mass March to Summit: Street Hawkers Demand Freedom to Trade", http://web.archive.org/web/20030811071621/www.sdnetwork.net/informals/march.htm. 또한 시위와 더불어 배포된 http://web.archive.org/web/20021207131153/www.sdnetwork.net/media/farmers_march.htm에 실린 보도 자료를 참조하라.
12. MacKinnon, "Astroturf uncovered in grassroots protest".
13. Giddings, "A turning point in Johannesburg?".
14. M. Peterson, "Monsanto Campaign Tries to Gain Support for Gene-Altered Food", *New York Times*, 8 December 1999.
15. "Mr Chengal Reddy, The Fake Persuader?".
16. "AfricaBio's funders", http://www.gmwatch.org/p1temp.asp?pid=41&page=1.
17. "Crop Biotech Update", September 2002, http://www.biotechknowledge.com/biotech/knowcenter.nsf/264530E7E812624986256C2C00497E5B/$file/Crop+Biotech+Update+6+September+2002.htm.
18. M. Ganguly, "Green Century: Green heroes—Vandana Shiva", *Time Magazine*, August 2002, http://www.time.com/time/2002/greencentury/encontents.html.
19. "'Bullshit award for sustaining poverty' awarded today to Vandana Shiva", Liberty Institute, 28 August 2002, http://www.libertyindia.org/events/bullshit_award_28august2002.htm.
20. http://www.spinwatch.org/content/view/122/.
21. http://www.core-online.org/Events/world_conference/voices_video.htm.

22. P. H. Raven, "The Environmental Challenge", 2003, http://www.ag bioworld.org/biotech-info/articles/biotech-art/envirochallenge.html.
23. M. Morano, "Protest Planned Against Greenpeace's 'Eco-Manslaughter'", Cybercast News Service, 9 May 2003, http://www.cnsnews.com/ViewNation.asp?Page=%5CNation%5Carchive%5C200305%5CNAT20030509d.html.
24. M. Morano, "Free Market Advocates Fight Back at WTO", Cybercast News Service, 12 September 2003, http://www.cnsnews.com/ViewForeignBureaus.asp?Page=/ForeignBureaus/archive/200309/FOR20030912c.html.
25. "Greenpeace Co-Founder Denounces Anti-Biotech Former Colleagues", American Society of Plant Biologists, press release, 15 January 2004, http://www.aspb.org/publicaffairs/agricultural/gpbiotech.cfm.
26. P. K. Driessen, *Eco-Imperialism: Green Power—Black Death*, Kenmore, N. Y.: Merrill Press, 2003, http://www.eco-imperialism.com/content/book_review.php3.
27. 이니스의 추천사 발췌본, http://www.ecoimperialism.com/content/conts_excer.php3.
28. A. Caruba, "Killing Millions to 'Save' the Earth", 2003, http://www.eco-imperialism.com/content/book_reviews_caruba.php3. 이 서평은 2003년 11월에 웹사이트 25곳에 실렸다.
29. J. Halpin and de P. Armond, "Alan Gottlieb: The Merchant of Fear", 1994, http://www.sweetliberty.org/mof.htm.
30. http://www.fair.org/index.php?page=1254; http://www.vpc.org/studies/reliefone.htm.
31. T. Eagan, "Fund Raisers Tap Anti-Environmentalism", *New York Times*, 19 December 1991. 또한 http://www.gmwatch.org/profile1.asp?PrId=248&page=C에 실린 자유기업보호센터의 프로필

을 참조하라.

32. http://www.gmwatch.org/profile1.asp?PrId=174에 실린 인종평등회의 프로필; K. S. Schafer, "DDT and Malaria: Setting the Record Straight", *Magazine of Pesticide Action Network North America*, Summer 2006, http://www.panna.org/magazine/summer2006/inDepthDDT.html#_sbn3.

33. "CORE to Protest Greenpeace race in New Jersey", press release, 8 May 2003, http://web.archive.org/web/20030603160526/core-online.org/news/news.htm.

34. BBC News, "Bush: Africa hostage to GM fears", 22 May 2003, http://news.bbc.co.uk/1/hi/world/americas/3050855.stm.

35. E. Masood, "GM crops: A continent divided", *Nature*, 426(6964), 2003, p.224, http://www.nature.com/nature/journal/v426/n6964/full/426224a.html.

36. Bacillus thuringiensis(흙에 자생하는 세균이지만 내재성 살충제로 변형하여 식물에 주입하면 독성을 지닌다.)

37. J. Matthews, "GM Crops Irrelevant for Africa", Institute of Science in Society, 2003, http://www.i-sis.org.uk/GMCIFA.php. 다음 문헌도 참조하라. A. deGrassi, "Genetically Modified Crops and Sustainable Poverty Alleviation in Sub-Saharan Africa: An Assessment of Current Evidence", Third World Network, http://allafrica.com/sustainable/resources/00010161.html.

38. 애그바이오월드 웹사이트에 실린 C. S. 프라카시의 프로필 http://www.agbioworld.org/about/prakash-bio.html.

39. http://www.agbioworld.org/about/index.html.

40. R. Edwards, "Monsanto boss urged to quit Scots quango over GM bribery case", *Sunday Herald*, 9 January 2005, http://www.sundayherald.com/47036.

41. D. Z. Jackson, "Now a Black Separatist in GOP's Tent?" *Boston Globe*, 27 December 2002, http://www.commondreams.org/

views02/1227-03.htm.

42. M. Tomasky, "The Core Issue", *New York Magazine*, 14 February 2000. 기사에서는 이 발언의 출처를 다음 책으로 밝히고 있다. A. Foster and R. Epstein, *The New Anti-Semitism*, New York: McGraw-Hill, 1974.

43. P. Driessen, "Skewed Ethics on Biotechnology: Anti-biotech campaigns perpetuate poverty, malnutrition and premature death", 13 January 2005, http://www.opinionet.com/article.php?id=2696.

44. G. Thompson, "Genetically modified food and the WTO ruling: All that glitters…", *Ethical Corporation*, 4 April 2006, http://www.ethicalcorp.com/content.asp?ContentID=4199. 또한 다음 문헌을 참조하라. "Monsanto's showcase project in Africa fails", *New Scientist*, 181(2433), 7 February 2004.

45. C. Lackner, "GM crops touted to fight poverty", *National Post*, 28 June 2003, http://www.nationalpost.com/national/story.html?id=761D55DBD781-4939-AA17-CF12C666A066.

46. GM 워치 웹사이트에 실린 플로렌스 왐부구의 프로필 http://www.gmwatch.org/profile1.asp?PrId=131.

47. Lackner, "GM crops touted to fight poverty".

48. R. McKay, "GM science can be blinding", *Herald Sun*(Melbourne, Australia), 30 July 2003.

49. L. J. Cook, "Millions Served", *Forbes*, 23 December 2002, http://www.forbes.com/free_forbes/2002/1223/302.html.

50. 같은 글.

51. G. Gathura, "GM technology fails local potatoes", *Daily Nation* (Kenya), 29 January 2004.

52. T. Hunt and S. Greenfield, "The Appliance of Science", *Independent*, 20 November 2001, http://ngin.tripod.com/091201a.htm.

53. 렉싱턴 커뮤니케이션스Lexington Communications. 더 자세한 내용은 다음 웹사이트를 참조하라. http://www.spinwatch.org/content/view/

469/9/.

54. J. Vidal and I. Sample, "5 to 1 against GM crops in biggest ever public survey", *Guardian*, 25 September 2003, http://www.guardian.co.uk/gmdebate/Story/0,2763,1049103,00.html.

55. Five Year Freeze, "GM Food? No Thanks?", *FYF Newsletter*, 18, October 2003, p.2, http://www.gmfreeze.org/page.asp?id=241&iType=1087. 또한 다음 웹사이트를 참조하라. http://www.gmwatch.org/archive2.asp?arcid=1519.

56. J. Lovell, "British Government Seen Postponing GM Decision", 20 October 2003, http://www.reuters.co.uk/newsArticle.jhtml?type=scienceNews&storyID=3646507§ion=news.

57. S. Carrell, "Government prepares to back down over GM crops", *Independent on Sunday*, 5 October 2003.

58. D. Charter, "Scientists test Blair and find him wanting", *The Times*, 31 October 2003, http://www.scientific-alliance.com/news_archives/biotechnology/scientiststestblair.htm.

59. "Scientists await PM answer on GM", *THES*, 7 November 2003, p.52, http://www.gmwatch.org/profile1.asp?PrId=151.

60. *The Times*, 16 October 2003. http://www.senseaboutscience.org.uk/index.php/site/project/53 참조.

61. S. Farrar and A. Fazackerley, "Scientists quit UK amid GM attacks", *THES*, 17 October 2003, http://www.thes.co.uk/search/story.aspx?story_id=2004941.

62. A. Fazackerley, "GM debate cut down by threats and abuse", *THES*, 24 October 2003.

63. D. Taverne, "When crops burn, the truth goes up in smoke", *The Times*, 18 November 2003, http://www.timesonline.co.uk/article/0,,8122-899081,00.html; http://www.gmwatch.org/archive2.asp?arcid=1708.

64. R. Arnold, *EcoTerror: The Violent Agenda to Save Nature-The*

World of the Unabomber, Bellevue, Wash.: Free Enterprise Press, 1997.

65. R. M. Stapleton, "Greed vs. green", *National Parks*, 66(11-12), 1992, pp.32~37 재인용.
66. LM 보관 자료, http://web.archive.org/web/20000611192738/www.informinc.co.uk/LM/LM108/LM108_Unabomber.html.
67. F. Furedi, "Succumbing to Green Scare Tactics", *Wall Street Journal Europe(WSJE)*, 23 November 1998, http://www.organicconsumers.org/ge/monsantowall.htm.
68. 글로벌 퓨처스 웹사이트(www.futureproof.org)는 2006년 11월 현재 폐쇄된 것으로 보인다. 이 사이트의 최종 버전은 2005년 3월 11일자로 보관되어 있다. 주소는 다음과 같다. http://web.archive.org/web/20050311220042/http://www.futureproof.org/.
69. F. Foster, "Massacring the truth in Rwanda", *Living Marxism*, 85, December 1995, http://web.archive.org/web/20000308064904/www.informinc.co.uk/LM/LM85/LM85_Rwanda.html.
70. G. Monbiot, "Far Left or far Right?", *Prospect*, 1 November 1998, http://www.monbiot.com/archives/1998/11/01/far-left-or-far-right/ 참조.
71. Z. Toufe, "Let them eat cake", *Extra!*, November/December 2002 참조. 이 글은 '공정하고 정확한 보도Fairness and Accuracy in Reporting' 웹사이트(www.fair.org/index.php?page=1125)에 실려 있다.
72. http://www.gmwatch.org/archive2.asp?arcid=283.
73. M. Esipisu, "Eat GM or starve, America tells Africa", *Reuters*, 26 July 2002, http://www.hartford-hwp.com/archives/45/235.html.
74. R. Weiss, "Starved for Food, Zimbabwe Rejects U.S. Biotech Corn", *Washington Post*, 31 July 2002, p.A12, http://www.washingtonpost.com/ac2/wp-dyn/A23728-2002Jul30?language=printer.
75. *Reuters*, 5 December 2002, http://www.mindfully.org/GE/GE4/Zambia-Food-Refusal-Crime5dec02.htm. 또 다음 문헌을 참조하라.

A. Rowell and B. Burton, "Rising Rhetoric on Genetically Modified Crops", *PR Watch*, 10(1), 1st quarter 2003, http://www.prwatch.org/prwissues/2003Q1/gm.html.
76. AgBiotech Buzz, "Of Famine and Food Aid", *Spotlight*, 2(9), The Pew Initiative on Food and Biotechnology, 2 October 2002, http://pewagbiotech.org/buzz/display.php3?StoryID=77.
77. P. Martin and N. Itano, "Greens accused of helping Africans starve", *Washington Times*, 30 August 2002, http://washingtontimes.com/world/20020830-2441442.htm.
78. Driessen, "Skewed Ethics on Biotechnology".
79. P. Driessen, "Affluent Activists harm the Poor", *Sun Herald*, 14 January 2003.
80. P. Lamy, F. Fischler, D. Byrne, C. Patten, M. Wallerstron and P. Nielson, "EU Doesn't Tell Africa GM Foods Are Unsafe", *Wall Street Journal*, letter to editor, 21 January 2003, http://www.globalegener.dk/senestenyt/usaeustrid.asp.
81. "EU's Nielson blasts US 'lies' in GM food row", *Reuters*, 20 January 2003, archived at the Institute for Trade and Agriculture Policy, http://www.iatp.org/tradeobservatory/headlines.cfm?refID=17943.
82. R. Bate, "Political Food Folly: Putting food on the negotiating table", *National Review Online*, 6 August 2004, http://www.nationalreview.com/comment/bate200408060856.asp.
83. Brownfield Network, "Biotech Rejection a 'Tragedy' Among Developing Countries", 7 February 2005, http://www.monsanto.co.uk/news/ukshowlib.phtml?uid=8572.
84. 에이버리와 벤브룩의 이메일 공방은 http://www.gmwatch.org/archive2.asp?arcid=5030에서 읽어볼 수 있다.
85. Halpin and de Armond, "Alan Gottlieb".

8장

1. Sunday Times insight team, "How the woman at No. 27 ran spy network for an arms firm", *Sunday Times*, 28 September 2003; Sunday Times insight team, "Security firm spied on road protesters", *Sunday Times*, 5 October 2003.
2. 뷔로 얀센 앤드 얀센은 네덜란드 경찰과 첩보 기관을 주로 감시한다. 이블린 뤼베르스는 이 단체의 창립자였으나 2003년에 뷔로를 떠났다. 그녀는 현재 스핀워치, www.burojansen.nl, www.evel.nl에서 편집자를 맡고 있다.
3. 1998년 연구에 대해서는 다음 문헌을 참조하라. "Part One of the Threat Response Files: Adrian Franks Le Chêne", http://www.spinwatch.org.
4. 우리는 하루 종일 서류 더미를 뒤졌다. 서류는 뒤죽박죽이었다. 하지만 서류에서 《선데이 타임스》의 자료 출처와 무기거래반대운동 첩보원을 알려주는 문서를 골라낼 수 있었다. 데이비드 코넷은 자신이 서류를 입수한 경위를 설명했다. 보고서들이 진짜처럼 보였기 때문에 이번 침투 사건이 사실이라고 판단되었다. 필자는 가장 중요하다고 생각되는 문서를 복사할 수 있었다. 이 장과 스핀워치 문서는 그중에서 가려낸 것이며, 인용문은 편지에서 그대로 옮겼다. 철자 오류나 무기거래반대운동 활동가의 프라이버시를 침해할 수 있는 구절은 삭제했으며, 이름은 관련 없는 이니셜로 대체했다.
5. *Sunday Times*, 28 September 2003. 또한 다음 웹사이트를 참조하라. http://www.spinwatch.org/modules.php?name=Content&pa=showpage&pid=325.
6. 보고서는 1997년 6월 11일에 작성되었다.
7. 보고서는 1996년 3월 8일에 작성되었다.
8. 같은 글.
9. 보고서는 1996년 3월 8일에 작성되었다. 몇 달 뒤 BAe가 생각한 최악의 시나리오가 현실로 나타났다. 1997년 7월 리버풀에서 '평화의 씨앗, 보습Seeds of Hope Ploughshares' 운동가들이 앞서 언급한 윤리적 이

유로 무죄 선고를 받은 것이다. 이 여세를 이어가기 위해 리버풀 가톨릭 노동자회Liverpool Catholic Worker가 조직되었다. 운동가들은 동티모르 난민과 생활 공동체를 꾸리고 지역 주민들과도 연대했다. 이 운동이 절정에 달했을 무렵, 이블린 르 셴은 헐 출신의 '포시Fossey'를 침투시켜 운동을 방해하려 했다. "The Threat Response Spy Files", http://www.spinwatch.org/content/view/115/8/ 참조.

10. 정보 담당관은 정보공개법뿐만 아니라 정보보호법도 집행하며 의회에 직접 보고를 한다. 그는 소송에서 제기된 주장을 검증하기 위해 관계 당국에 도움을 요청할 권한이 있다. 또한 전화 회사와 정보 기관에 자료를 요청하고 인터넷 회사에 이메일 발신자의 신원 확인을 요구할 수도 있다. http://www.informationcommissioner.gov.uk/ 참조.

11. 담당관은 호그빈에 대해서도 아무런 조치를 취하지 않기로 결정했다. 이메일로 전달된 데이터가 기밀 사항이기는 하지만, 최근 항소법원이 정한 좁은 범위의 '개인 자료' 요건을 충족하지 못하여 1998년 정보보호법의 보호를 받지 못하기 때문이다. "CAAT Steering Committee statement on spying", July 2005, http://www.caat.org.uk/about/spying.php. 또한 다음 웹사이트를 참조하라. http://www.caat.org.uk/about/ spying/spy-investigation-report.pdf.

12. 호그빈과 일한 활동가들과의 인터뷰.

13. 'Mike'(Mike Lewis, media co-ordinator for CAAT), "Don't tar Disarm with this", in discussion with 'Terry' at Indymedia UK, "The Enemy Within", 29 July 2005, http://www4.indymedia.org.uk/en/2005/07/319686.html?c=on(2007년 2월 20일에 확인).

14. *Sunday Times*, 28 September 2003.

15. *Sunday Times*, 5 October 2003.

16. 2003년, 2006년 기업청 정보.

17. 배리 게인은 2000년에 그룹 4와 팰크Falck가 합병하기 전까지 그룹 4 시큐리타스Securitas 본사에서 일했다. 이후에는 그룹 4 팰크의 보호 관찰 업체인 글로벌 솔루션스Global Solutions Ltd로 자리를 옮겼다. 게인은 2004년에 글로벌 솔루션스가 매각된 후에도 컨설턴트를

맡아 관계를 계속 유지했다. 그룹 4 시큐리코Securicor의 홍보부장 폴라 베이트먼Paula Bateman과의 이메일 인터뷰(2006년 5월 18일~6월 7일).
18. Christopher Elliott, Richard Ford and James Lanale, "Senior appointment boosts Group 4's international work", *The Times*, 26 May 1993.
19. 1990년대에 도로 건설과 치안 유지를 맡고 있던 도로국은 교통부로 통합되었는데, 교통부는 2002년 5월에 부처가 설립되기 전에 있었던 일에 대해서는 정보를 제공할 수 없었다. 교통부는 정보공개법에 따른 첫 평가에서 2002년 전에는 교통부에 두 정부 부처가 섞여 있었기 때문에 기록을 찾아내기 힘들다고 해명했다. 2006년 3월 29일 정보공개법 요청에 대해 교통부의 실라 디바인Sheila Devine과 인터뷰한 내용.
20. *Sunday Times*, 5 October 2003.
21. Peter Taylor(True Spies reporter), "Hired spy stopped Newbury protest", BBC Two, 6 November 2002, http://news.bbc.co.uk/1/hi/programmes/true_spies/2405325.stm.
22. 같은 글.
23. 2006년 4월 9일, 피터 테일러와의 이메일 교신 내용.
24. 정보공개법 요청에 따라 템스 밸리 경찰의 정보공개 담당관인 크리스 피킹Chris Picking 순경이 이메일로 보낸 편지.
25. 2006년 6월 19일부터 22일까지 찰스 폴러드와 교환한 이메일.
26. Taylor, "Hired spy stopped Newbury protest".

9장
1. http://www.insm.de 참조.
2. Ralf Ptak, *Vom Ordoliberalismus zur Sozialen Marktwirtschaft*, Opladen: Stationen des Neoliberalismus in Deutschland, 2004 참조.
3. 이들이 서로 연결되어 있고 인적 구성이 겹친다고 해서 공식적으로 협력하고 있다는 것은 아니다. 하지만 이러한 사실은 독일 내 신자유주

의 네트워크의 현주소와 신사회적 시장경제가 이들과 연관되어 있다는 점을 보여준다. 신자유주의 네트워크의 내력과 전략에 대한 자세한 정보를 얻고 싶다면 다음 문헌을 참조하라. Dieter Plehwe, Bernhard Walpen and Gisela Neunhöffer(eds.), *Neoliberal Hegemony: A global critique*, London and New York: Routledge, 2005.

4. Markus Grill, "Revolution von oben", *Stern*, 17 December 2003, http://www.stern.de/wirtschaft/unternehmen/magazin/index.html?id=517691(2005년 11월 3일에 확인).

5. 뉴스 잡지 《슈테른Stern》에 따르면 시민대회 초창기 후원자로 우도 반 메테렌Udo van Meeteren이란 인물이 참여했다. 반 메테렌은 뒤셀도르프 출신의 사업가이며 보수 정당인 기독교민주당의 주요 후원자이기도 하다. 하지만 반 메테렌은 시민대회에 5000유로밖에 후원하지 않았다고 주장한다(같은 글).

6. Claus Leggewie, *Der Geist steht rechts: Ausflüge in die Denkfabriken der Wende*, 2nd ed., Berlin: Rotbuch, 1987, p.10ff 참조.

7. Rudolf Speth, "Der BürgerKonvent: Kampagnenprotest von oben ohne Transparenz und Bürgerbeteiligung", 2003, http://www.boeckler.de/pdf/fo_buergerkonvent.pdf(2005년 11월 3일에 확인) 참조.

8. Norbert Pötzl, "Das Wollen der Vielen", *Der Spiegel*, 22, 26 May 2003, pp.38~39.

9. Grill, "Revolution von oben".

10. http://www.konvent-fuer-deutschland.de/derVerein/Kuratorium/ (2007년 2월 20일에 확인).

11. Grill, "Revolution von oben".

12. 예를 들어 산업 협회인 독일산업연맹이 주최한 2003년 정치·경제개혁회의에서 발표된 리케르트의 논문을 참조하라. Dieter Rickert, "Was will die Initiative 'Klarheit in die Politik'?", 22 September 2003, http://www.rickert-online.de/presse/bdi_220903.html(2005년 11월 3일에 확인).

13. *Rheinische Post*, 16 May 2003.

14. Dieter Rickert, "Stiftung 'Klarheit in die Politik': wie es weiterging!", letter of 30 August 2004, http://www.rickert-online.de/presse/rundschr_300804.html(2005년 11월 3일에 확인) 참조.
15. Bürgerkonvent, "Manifest", 2003, Bonn, http://www.buergerkonvent.de.
16. Jan Rübel, "Bürgerbewegungen fusionieren nicht", *Die Welt*, 11 July 2003 참조.
17. Ulrich Rauhut, "Analyse der Unternehmer-Kampagne 'Initiative Neue Soziale Marktwirtschaft'", 2003, in "Verschwiegen, Verschwunden, Verdrängt: Was nicht öffentlich wird", http://www.mainzermediendisput.de 참조.
18. 같은 글.
19. 이 사건이 알려진 이후 신사회적 시장경제는 다음과 같이 방송 전문지에 프로그램 원고를 공개했다. "Hautnah die Bedürfnisse einer Firma kennen lernen", *epd medien*, 73, 17 September 2005, pp.27~30.
20. 비정부기구인 '로비컨트롤'의 다음 분석 결과를 참조하라. "INSM und Marienhof: Eine kritische Bewertung", http://www.lobbycontrol.de/blog/download/insm-marienhof-bewertung.pdf(2005년 11월 3일에 확인).
21. Volker Lilienthal, "Drittmittelfernsehen: Der HR, Günter Ederer und die deutsche Wirtschaft", *epd medien*, 37, 14 May 2003, http://www.epd.de/medien/medien_index_14958.html(2005년 11월 3일에 확인) 참조.
22. 2004년 2월 1일 베를린 도이칠란트라디오에서 방송된 내용. 원고는 http://www.dradio.de/dlr/sendungen/zeitfragen/226410/(2005년 11월 3일에 확인)에 올라와 있다.
23. INSM, "Die Kampagne 'Sozial ist…'", 2003, http://www.chancenfueralle.de/Datenpool/Sozial_ist…/Sozial_ist.html(2005년 11월 3일에 확인) 참조.

24. INSM, "MTV und Initiative Neue Soziale Marktwirtschaft machen Mut bei der Jobsuche", 2004, http://www.chancenfueralle.de/Presse/Pressearchiv/Pressemeldungen/2004_-_Pressemeldungen/April_-_Juni_2004/MTV_Social_Campaign_9.6.2004.html(2005년 11월 3일에 확인) 참조.
25. 미디어의 책임에 대해서는 다음 문헌을 참조하라. Thomas Leif, "Wer bewegt welche Ideen? Medien und Lobbyismus in Deutschland", in Ulrich Müller, Sven Giegold and Malte Arhelger, *Gesteuerte Demokratie? Wie neoliberale Eliten Politik und Öffentlichkeit beeinflussen*, Hamburg: VSA Verlag, 2004, pp.84~89.

10장

1. William I. Robinson, "Low-intensity Democracy: The new face of global domination", *Covert Action Quarterly*, Fall 1994, p.45 재인용.
2. William Blum, *Rogue State: A guide to the world's only superpower*, Monroe, Maine: Common Courage Press, 2000, p.180.
3. William Robinson, *Promoting Polyarchy: Globalization, US intervention, and hegemony*, Cambridge: Cambridge University Press, 1996, p.1 재인용.
4. Ian Traynor, "US president acknowledges ties with Russia have weakened", *Guardian*, 25 February 2005(online edition).
5. Edward Herman and Noam Chomsky, *Manufacturing Consent: The political Economy of the Mass Media*, New York: Pantheon Press, 1988. [노엄 촘스키·에드워드 허먼, 《여론조작: 매스미디어의 정치경제학》, 정경옥 옮김, 에코리브르, 2006]
6. 버네이스는 1995년 103세를 일기로 세상을 뜰 때까지 숱한 대기업을 위해 일했고 굵직굵직한 외교 정책에도 관여한 바 있다. 그는 1950년대에 유나이티드 프루트 사를 위해 과테말라의 개혁가이자 민주적으로 선출된 대통령인 하코보 아르벤스 Jacobo Arbenz에 반대하는 선전 캠페인을 조직했다. 이 식품 회사는 중앙아메리카 전역에 드넓은 토지를

보유하고 있었기 때문에 아르벤스가 바나나 수출에 세금을 물리고 토지가 없는 농민을 위한 토지 개혁 프로그램을 시작하는 것, 즉 유나이티드 프루트의 농장이 국유화되는 것에 반감을 느꼈다. 버네이스와 유나이티드 프루트는 미국이 과테말라에 개입해야 한다고 선동했다. 결국 1954년에 CIA가 꾸민 군사 쿠데타가 일어났고, 쿠데타 세력은 진짜 적과 상상의 적에게 폭력과 고문, 테러를 일삼았다. Noam Chomsky, *Necessary Illusions: Thought Control in Democratic Societies*, Boston: South End Press, 1989, p.29 [노엄 촘스키,《환상을 만드는 언론》, 황의방 옮김, 두레, 2004]; Tom Lewis, *Empire of the Air: The Men Who Made Radio*, New York: HarperCollins, 1991, p.183.
제2차 세계대전이 끝난 후 과테말라는 정치 컨설턴트들이 은밀한 외교 정책 목표를 추구하던 대상 중 하나였다.

7. WNYC, "The father of public relations", transcript of part of the New York-based radio series *On the Media*, 17 January 2003.
8. Lori F. Damrosch, "Politics across borders: Nonintervention and nonforcible influence over domestic affairs", *American Journal of International Law*, 83(1), October/November 1989, p.7.
9. 같은 글.
10. Michael Pinto-Duschinsky, "Overview(project precis)", in International IDEA(ed.), *Handbook on Funding of Parties and Election Campaigns*, Stockholm: Institute for Democracy and Electoral Assistance, 2001, p.7.
11. 이에 해당하는 사례로는 마르코스(필리핀), 수하르토(인도네시아), 피노체트(칠레), 모부투(콩고민주공화국), 소모사(니카라과), 트루히요(도미니카공화국), 바티스타(쿠바), 응오딘지엠(베트남), 장제스(타이완), 이란 국왕과 사담 후세인, 사우디 왕가, 남한, 남베트남, 파키스탄, 나이지리아, 과테말라, 엘살바도르, 타이의 군부 독재 정권, 그리스, 브라질, 아이티, 온두라스, 아르헨티나, 콜롬비아, 멕시코, 파라과이, 우루과이의 군사 정권과 준군사 정권, 남아프리카공화국의 아파르트헤이트 정권 등이 있다. 외국의 지원을 받은 독재 정

권에 대해 광범위하고 자세한 목록을 작성한 윌리엄 로빈슨William Robinson은 이렇게 결론을 내렸다. "미국은 '선거 민주주의'라는 수사를 내세우며 '자유롭고 공정한 선거'를 강조하지만, 분위기나 선거 결과가 미국의 이익에 유리할 때만 절차상 공정한 선거에 관심을 보인다." Robinson, *Promoting Polyarchy*, p.111.

12. Ankie Hoogvelt, *Globalisation and the Postcolonial World: The new political economy of development*, Baltimore: Johns Hopkins University Press, 1997, p.173.
13. 국제선거제도재단 웹사이트(2003) http://www.ifes.org.
14. John Maggs, "Not-so-innocents abroad", *National Journal*, 32(25), 17 June 2000(엡스코 호스트Ebsco Host에서 온라인으로 검색할 수 있음).
15. Damrosch, "Politics across borders", p.19.
16. Bill Berkowitz, "NED targets Venezuela", *Z Magazine Online*, May 2004, http://www.zmagsite.zmag.org/May2004/berkowitzpr0504.html.
17. NED 웹사이트 http://www.ned.org(2005년 2월 2일에 확인).
18. Ron Paul, "National Endowment for Democracy: Paying to make enemies of America", 11 October 2003, http://www.antiwar.com/paul/paul79.html.
19. David Samuels, "At play in the fields of oppression", *Harper's*, May 1995(online edition).
20. Robinson, *Promoting Polyarchy*, pp.110~111.
21. Barbara Conry, "Loose Cannon: The National Endowment for Democracy", foreign policy briefing paper no.27 for the Cato Institute, 8 November 1993, http://www.cato.org/pubs/fpbriefs/fpb-027.html.
22. 국제공화주의연구소 웹사이트(2003) http://www.iri.org/help.asp.
23. Becky Shelley, "Political Globalisation and the Politics of International Non-Governmental Organisations: The case of village

democracy in China", *Australian Journal of Political Science*, 35(2), 2000(online edition).

24. 국제공화주의연구소는 NED의 지원을 받는 또 다른 기관인 미국 노동 총연맹 산업별 조합회의 산하 자유노동조합연구소Free Trade Union Institute, FTUI와 반좌파적인 협력 관계를 맺을 때가 많다. 1980년대 자유노동조합연구소의 '민주주의 지원' 계획은 우익 극단주의 단체인 전국대학연합National Inter-University Union을 지원하기 위해 150만 달러를 후원하기도 했다. 이는 프랑수아 미테랑François Mitterrand의 사회주의 정부가 미국 내 공산주의를 부추기지 못하도록 하기 위한 것이었다. Conry, "Loose Cannon".

25. Thomas Carothers, "The Resurgence of United States Political Development Assistance to Latin America in the 1980s", in Laurence Whitehead(ed.), *The International Dimensions of Democratization: Europe and the Americas*, New York: Oxford University Press, 1996, p.137.

26. Samuels, "At play in the fields of oppression".

27. Fred Weir, "Betting on Boris: The West antes up for the Russian election", *Covert Action Quarterly*, Summer 1996, pp.38~41.

28. Sarah E. Mendelson, "Democracy Assistance and Political Transition in Russia", *International Security*, 25(4), 2001(엡스코 호스트에서 온라인으로 검색할 수 있음).

29. 고턴, 슈메이트, 드레스너는 자본주의를 위해 세계를 구한 다음, 민주당의 손아귀에서 캘리포니아를 구하기 위해 아널드 슈워제네거Arnold Schwarzenegger의 주지사 선거에 뛰어들었다.

30. "US Republicans reportedly helped Yeltsin engineer election win", *Deutsche Presse-Agentur*, 7 July 1996(online edition).

31. Mendelson, "Democracy Assistance and Political Transition in Russia", p.76.

32. Fritz Plasser and Gunda Plasser, *Global Political Campaigning: A worldwide analysis of campaign professionals and their practices*,

Westport, Conn.: Praeger, 2002, p.22.
33. Michael Kramer, "Rescuing Boris", *Time Magazine*, 15 July 1996(online edition); Mendelson, "Democracy Assistance and Political Transition in Russia", p.73.
34. "US political consultants take bow for Yeltsin victory", *Deutsche Presse-Agentur*, 9 July 1996(online edition); Kramer, "Rescuing Boris".
35. "US political consultants take bow for Yeltsin victory", *Deutsche Presse-Agentur*; Janine R. Wedel, *Collision and Collusion: The strange case of Western aid to Eastern Europe*, New York: Palgrave, 2001, p.143.
36. Kramer, "Rescuing Boris".
37. Andrei Zolotov Jr., "Hollywood spins Yeltsin spin doctors", *Moscow Times*, 3 June 2002(online edition).
38. 옐친은 미국인 컨설턴트들의 조언에 따라 국영 텔레비전과 라디오의 책임자를 해고했다. 이들이 정부에 대해 지나치게 비판적이라고 생각했기 때문이다. Kramer, "Rescuing Boris".
반면에 주가노프는 훨씬 적대적인 언론과 가혹한 검증에 시달려야 했다. Ellen Mickiewicz, "Transition and Democratization: The Role of Journalists in Eastern Europe and the Former Soviet Union", in Doris Graber, Denis McQuail and Pippa Norris(eds.), *The Politics of News: The News of Politics*, Washington, D.C.: CQ Press, 1998, pp.35~50.
미국인 컨설턴트들은 '언론 자유'와 '기업 자유'를 애호한다고 하면서도 국영 미디어를 조작하는 것은 문제 삼지 않았다.
39. Daniel Hellinger, "Democracy Builders or Information Terrorists?", *St Louis Journalism Review*, September 1996, pp.10~11.
40. Mark Stevenson, "America's newest export industry: Political advisers", *Associated Press*, 29 January 2000.
41. Mendelson, "Democracy Assistance and Political Transition in

Russia".
42. Kramer, "Rescuing Boris".
43. NED의 연간 예산 300억 달러는 러시아 의회의 후원의원 41명의 선거 캠페인을 지원하는 데도 쓰였다. Norman Solomon, *The Habits of Highly Deceptive Media: Decoding Spin and Lies in Mainstream News*, Monroe, Maine: Common Courage Press, 1999, p.75. 국제공화주의연구소와 전국민주주의연구소는 모스크바에 사무실을 두고 러시아 여러 지역의 정당 관계자와 정치 운동가 들을 교육하는 데 적극적으로 참여했다. 이를 위해 1990년대에만 1500만 달러 이상을 들였다. Mendelson, "Democracy Assistance and Political Transition in Russia", pp.75~76.
44. Julie Corwin, "The business of elections", Radio Free Europe/RadioLiberty, 11 September 2002(렉시스넥시스에서 온라인으로 검색할 수 있음); Mendelson, "Democracy Assistance and Political Transition in Russia"; Plasser and Plasser, *Global Political Campaigning*, p.35.
45. Corwin, "The business of elections".
46. Thomas Carothers, *Aiding Democracy Abroad: The learning curve*, Washington, D.C.: Carnegie Endowment for International Peace, 1999, p.152 재인용.
47. 대형 국제 회계법인 여섯 곳은 딜로이트 앤드 투슈Deloitte and Touche, 쿠퍼스 앤드 리브런드Coopers and Lybrand, KPMG 피트 마윅KPMG Peat Marwick, 아서 앤더슨Arthur Andersen, 언스트 앤드 영Ernst and Young, 프라이스 워터하우스Price Waterhouse였다.
48. Wedel, *Collision and Collusion*, p.125, 142, 241.
49. Carothers, *Aiding Democracy Abroad*, p.144.
50. Jim Abrams, "Endowment fund promotes democracy, spawns controversy", *Associated Press*, 29 October 1993(렉시스넥시스에서 검색할 수 있음).
51. Stephen Engelberg, "US grant to 2 Czech parties is called unfair

interference", *New York Times*, 10 June 1990, p.A8; Conry, "Loose Cannon"; Robert V. Friedenberg, *Communication Consultants in Political Campaigns: Ballot box warriors*, Westport, Conn.: Praeger, 1997, p.203.
52. "Spinning", *The Economist*, 3 April 2004, p.56.
53. Gerald Sussman, *Global Electioneering: Campaign Consulting, Communications, and Corporate Financing*, Lanham, Md.: Rowman & Littlefield, 2005.
54. William Blum, "Will Humans Ever Fly?", *Peace Review*, 9, 1 March 1997(아카데믹 서치 프리미어 Academic Search Premier 데이터베이스에서 검색할 수 있음).
55. Carothers, *Aiding Democracy Abroad*, p.149.
56. 같은 책, pp.132~133, p.145.
57. Daan van der Schriek, "Georgia: 'How good the revolution has been!'", *World Press Review*, 7 December 2003(online edition).
58. Ian Traynor, "US campaign behind the turmoil in Kiev", *Guardian*, 26 November 2004(online edition).
59. Tom Warner, "Saakashvili may win 80% of vote in Georgia", *Financial Times*, 4 January 2004.
60. John Laughland, "The revolution televised", *Guardian*, 27 November 2004(online edition).
61. Eric S. Margolis, "Shevy's Big Mistake: Crossing Uncle Sam", *Toronto Sun*, 30 November 2003(online edition).
62. Ian Traynor, "Analysis: How Shevardnadze went from Glasnost hero to hated lame duck-and who will succeed him", *Guardian*, 24 November 2003(online edition).
63. Tom Warner, "Poll landslide for Saakashvili", *Financial Times*, 3 January 2004.
64. "The Ukrainian crisis: More than it seems", *Catholic New Times* (Canada), 19 December 2004(렉시스넥시스에서 검색할 수 있음).

65. Annys Shin, "Local PR firm caught in worldwide web of bad press", *Washington Post*, 7 March 2005(online edition).
66. Max Boot, "Exporting Ukraine", *New York Sun*, 31 December 2004(online edition).
67. Ron Paul, "Massive interference in Ukrainian politics", 9 December 2004, http://www.indybay.org.
68. Jonathan Steele, "Ukraine's postmodern coup d'etat", *Guardian*, 26 November 2004(online edition).
69. Ian Traynor, "US campaign behind the turmoil in Kiev", *Guardian*, 26 November 2004(online edition).
70. John Laughland, "Georgia on my mind", *Guardian*, 1 April 2004(online edition).
71. Esther Schrader, "Mexico imports American-style campaigning", *Los Angeles Times*, 27 August 1999, p.A17.
72. Wedel, *Collision and Collusion*, p.45.
73. Andreas Schedler, "The Menu of Manipulation: Elections without democracy", *Journal of Democracy*, 13(2), 2002, pp.36~37.

11장

1. C. Lasch, *The Revolt of the Elites and the Betrayal of Democracy*, New York: W. W. Norton, 1995, p.174.
2. R. W. McChesney, *Telecommunications, Mass Media and Democracy: The Battle for the Control of US Broadcasting, 1928-1935*, New York: Oxford University Press, 1993, p.37.
3. 같은 책, p.3.
4. 같은 책, p.147.
5. H. H. Wilson, *Pressure Group: The Campaign for Commercial Television*, London: Secker & Warburg, 1961, pp.171~175.
6. P. Bourdieu, *Firing Back: Against the Tyranny of the Market*, London: Verso, 2003, pp.11~12.

7. B. Balanyá et al., *Europe Inc.: Regional and Global Restructuring and the Rise of Corporate Power*, London: Pluto Press, in association with Corporate Europe Observatory, 2000, p.4.
8. Europa, "Regulatory Framework, the 'Television Without Frontiers' directive", 2004, http://europa.eu.int/comm/avpolicy/regul/regul_en.htm.
9. 이 문제를 다룬 책은 존 콜John Cole의 회고록 《나의 관점As It Seemed To Me》(London: Weidenfeld & Nicolson, 1995)이다. 당시 내무 장관이었던 더글러스 허드Douglas Hurd에 따르면 "미국이 로비를 거세게 밀어붙일 때 메이저는 대처 총리를 솜씨 좋게 보좌했다. 레이건 대통령이 대처에게 직접 전화를 건 것은 놀랍게도 유럽 방송 권고안이라는 사소한 문제 때문으로, 비유럽 콘텐츠를 배제한다는 이유에서였다. 메이저가 각료 회의에서 놀라운 수완을 발휘한 덕에, 대처는 미국 대통령에게 권고안을 통과시키기는 하겠지만 영국이 '가능한 경우'라는 구절을 추가하겠다고 말할 수 있었다". 콜은 이것이 사소한 문제인 것처럼 이야기했지만, 프로그램 할당제가 실시되면 미국의 영화와 텔레비전 업계가 대유럽 시청각 프로그램 수출에 크나큰 타격을 입을 터였다.
10. B. Grantham, *Some Big Bourgeois Brothel*, London: John Libbey, 2000, p.125.
11. 원본 문서인 "USG Global Audiovisual Strategy Phase 1: January–April 1995"는 http://www.spinwatch.org에 올라와 있다.
12. P. Toynbee, "The sinister sound of democracy trickling away", *Independent*, 13 November 1996.
13. WFA, "European Commission gives advertisers a three-point plan for effective advertising self-regulation", 11 March 2005, http://www.wfanet.org/news/article_detail.asp?Lib_ID=1513.
14. WFA, "The View from Europe", 13 July 2004, http://www.wfanct.org/docfiles/A1366D914.pdf.
15. ICRT, "ICRT comments on the Commission's work programme on

the evaluation of the TVWF Directive", April 2003, http://www.icrt.org/pos_papers/2003/030402_BO.pdf; ICRT, "Joint EU Media Association Position Paper on Public Broadcasting", 2 May 2003, http://www.icrt.org/pos_papers/obwg.htm; ICRT, "ICRT comments on the Commission's Communication on the Television Without Frontiers directive", March 2004, http://www.icrt.org/pos_papers/2004/040224_BO_TVWF.pdf.

16. V. Reding, "How Competitive is the Media and Communications Industry in Europe?", 11 April 2005, http://europa.eu.int/information_society/newsroom/cf/newsbytheme.cfm?displayType=sp.

17. Balanyá et al., *Europe Inc.*, p.xii.

18. ACT, AER, EPC, *Safeguarding the Future of the European Audiovisual Market*, Brussels: ACT/AER/EPC, 2004, http://www.epceurope.org/presscentre/archive/safeguarding_audiovisual_market_300304.pdf. [이 보고서는 《디지털 시대의 공영방송》(커뮤니케이션북스, 2007)이라는 제목으로 출간된 번역서에 실려 있다.―옮긴이]

19. Europa, "State Aid: Commission request Germany, Ireland and the Netherlands to clarify role and financing of public service broadcasters", IP/05/250, 3 March 2005, http://europa.eu.int/rapid/pressReleasesAction.do?reference=IP/05/250.

20. Council of Europe, *Media Diversity in Europe*, Media Division, Toynbee Directorate General of Human Rights, Strasbourg: COE, 2002.

21. Council of the European Communities, *Pluralism and Media Concentration in the Internal Market*, Brussels: CEC, 1992.

22. R. W. McChesney, *The Problem of the Media: US Communication Politics in the 21st Century*, New York: Monthly Review Press, 2004, p.252.

23. V. Reding, "The Future of European Media Policy", 22 April 2004, Westminster Media Forum, London, http://europa.eu/rapid/press

ReleasesAction.do?reference=SPEECH/04/192&format=HTML&aged=0&language=EN&guiLanguage=fr.

24. DCMS, "Report of the Independent Review of BBC Online", 2004, http://www.culture.gov.uk/NR/rdonlyres/.

25. 영국 인터넷 출판인 협회 회원으로는 뉴스 인터내셔널, 상업 라디오 방송사 연합 Commercial Radio Companies Association, 트리니티 미러 뉴 미디어, EMAP, 가디언, 출판인 협회 The Publishers Association, 뉴미디어 협회 Associated New Media, 텔레그래프 그룹 등이 있다.

26. 그래프의 보고서와 그의 제안에 대한 적극적인 대응에 관해서는 다음을 참조하라. Tony Lennon, "The BBC's Future", *Free Press*, 141, July~August 2004, http://www.cpbf.org.uk.

27. BIPA, 2004, http://www.bipa.co.uk/getArticle.php?ID=316.

28. McChesney, *The Problem of the Media*.

29. CEO, "European Commission Must Act to Curb Excessive Corporate Lobbying Power", 25 October 2004, Amsterdam, http://www.corporateeurope.org/barroso.html. 공개편지 이후에 전개된 상황에 대한 더욱 자세한 설명은 다음 웹사이트를 참조하라. http://www.alter-eu.org.

30. S. Kallas, "The need for a European transparency initiative", 3 March 2005, http://europa.eu.int/rapid/pressReleasesAction.do?reference=SPEECH/05/130&format=HTML&aged=0&language=EN&guiLanguage=en.

31. Center for Public Integrity, "Networks of Influence: The political power of the communications industry", 28 October 2004, http://www.publicintegrity.org/telecom/report.aspx?aid=405; C. Layton, "Lobbying Juggernaut", *American Journalism Review*, November~December 2004, http://www.ajr.org/Article.asp?id= 3748.

32. McChesney, *The Problem of the Media*.

33. DCMS, *Review of the BBC's Royal Charter: A strong BBC, independent of government*, London: DCMS, 2005, p.2.

34. "Proposal for a European Parliament and Council Directive", amending Council Directive 89/555 COM (2005) 646, final.
35. 리버풀 시청각 회의의 발표 논문은 다음 웹사이트에서 구할 수 있다. http://europa.eu.int/comm/avpolicy/revision-tvwf2005/ispa_scope_en.pdf. 수록 논문은 다음과 같다. "Rules Applicable to Audiovisual Content Services", "Right to Information and Right to Short Reporting", "Cultural Diversity and the Promotion of European and Independent Audiovisual Production", "Commercial Communications", "Protection of Minors and Human Dignity: Right of Reply", "Media Pluralism: What Should Be the European Union's Role?"
36. Intellect, "TV without frontiers must go back to the drawing board, says hi-tech industry", press release, 20 September 2005, http://www.intellectuk.org/press/pr/pr_200905_tvwf_back_to_drawing_board.asp.
37. D. Currie, "Introductory remarks to the Liverpool Conference", 21 September 2005, http://www.ofcom.org.uk/media/speeches/2005/09/liverpool_conf.
38. Digital Content Forum, "Webpage launched for industry response on the draft Audiovisual Media Services(AMS) directive", 2005, http://www.dcf.org.uk/information/industrynews/AMSDirective.

12장

1. 이 장은 필자가 1998년 9월과 2004년에 수행한 장기적 연구에 바탕을 두고 있다. 이 연구에서는 시장 참여자 100여 명을 인터뷰했으며, 홍보와 커뮤니케이션이 런던 증권거래소에 미치는 영향을 전반적으로 살펴보았다.
2. T. Golding, *The City: Inside the Great Expectations Machine*, 2nd ed., London: FT/Prentice Hall, 2003.
3. 다이 자산 관리Dye Asset Management의 설립자이자 이사인 토니 다이Tony Dye와 2004년 4월 7일에 인터뷰한 내용.

4. D. Miller and W. Dinan, "The Rise of the PR Industry in Britain, 1979-98", *European Journal of Communication*, 15(1), March 2000, pp.5~35 참조.
5. A. Davis, *Public Relations Democracy: Public Relations, Politics and the Mass Media in Britain*, Manchester: Manchester University Press, 2002 참조.
6. 《PR 위크》의 연례 설문조사와 홍보 컨설턴트 협회 지침서 참조.
7. 전직 펀드 매니저이자 스미더스 앤드 컴퍼니Smithers & Co. 이사인 앤드루 스미더스Andrew Smithers와 2004년 4월 20일에 인터뷰한 내용.
8. W. Parsons, *The Power of the Financial Press: Journalism and Economic Opinion in Britain and America*, London: Edward Elgar, 1989; H. Tumber, "'Selling Scandal': Business and the Media", *Media, Culture and Society*, 15(3), 1993, pp.345~361; J. Tunstall, *Journalists at Work*, London: Sage, 1971; A. Davis, *Public Relations Democracy*, Manchester: Manchester University Press, 2002 참조.
9. *PR Week*, 1 July 1994.
10. Parsons, *The Power of the Financial Press*, p.213.
11. Investor Relations Society, *Investor Relations in the UK: Current Practices and Key Issues*, London: Business Planning and Research, 1998.
12. C. Marston, *Investor Relations Meetings: Views of Companies, Institutional Investors and Analysts*, Glasgow: Institute of Chartered Accountants of Scotland, 1999.
13. C. Marston, *Investor Relations: Meeting the Analysts*, Glasgow: Institute of Chartered Accountants of Scotland, 1996; Marston, *Investor Relations Meetings*; J. Holland, *Corporate Communications with Institutional Shareholders: Private Disclosure and Financial Reporting*, Glasgow: Institute of Chartered Accountants of Scotland, 1997.
14. Investor Relations Society, *Investor Relations in the UK*.

15. 여기에 대해서는 다음 문헌을 참조하라. D. McCloskey, *The Rhetoric of Economics*, Brighton: Wheatsheaf, 1985; T. Smith, *Accounting for Growth: Stripping the Camouflage from Company Accounts*, 2nd ed., London: Century Business, 1996.
16. 파이낸셜 다이내믹스 최고 경영자 닉 마일스Nick Miles와 1998년 8월 17일에 인터뷰한 내용.
17. *PR Week*, 3 April 1998, p.2 참조.
18. 익명의 펀드 매니저와 2004년에 인터뷰한 내용.
19. Financial Services Authority, "Investment Research: Conflicts and Other Issues", discussion paper, 15 July 2002, p.12 참조.
20. 익명의 인사와 1999년에 인터뷰한 내용.
21. A. Smithers and S. Wright, *Valuing Wall Street: Protecting Wealth in Turbulent Markets*, New York: McGraw-Hill, 2000, p.34.
22. 틸링허스트 타워스 페린Tillinghast Towers Perrin 사장이자 회계사 협회 직전 회장인 제러미 고퍼드Jeremy Goford와 2004년 9월 29일에 인터뷰한 내용.
23. J. Siegal, *Stocks in the Long Run*, 3rd ed., New York: McGraw-Hill, 2002; J. Glassman and K. Hassett, *Dow, 36,000: The New Strategy for Profiting from the Coming Rise in the Stock Market*, New York: Random House, 1999.
24. R. Shiller, *Irrational Exuberance*, Princeton, N. J.: Princeton University Press, 2001; J. Cassidy, *Dot.Con*, London: Penguin/Allen Lane, 2002 참조.
25. Shiller, *Irrational Exuberance*, p.xiii.
26. 익명의 펀드 매니저와 2004년에 인터뷰한 내용.
27. B. Hill, "Britain: The Dominant Ideology Thesis After a Decade", in A. Abercrombie, S. Hill and B. Turner(eds.), *The Dominant Ideology Thesis*, London: Unwin Hyman, 1990, pp.1~37; W. Hutton, *The State We're In*, London: Vintage, 1996; J. Boswell and J. Peters, *Capitalism in Contention: Business Leaders and Political*

Economy in Modern Britain, Cambridge: Cambridge University Press, 1997.

28. 예를 들어 다음 문헌을 참조하라. MORI, "Captains of Industry", London, November 1998; MORI, "Attitudes of UK Institutional Investors and City Analysts", London, Summer 2000.

29. Parsons, *The Power of the Financial Press*; A. Davis, "Public Relations, Business News and the Reproduction of Corporate Elite Power", *Journalism: Theory, Practice and Criticism*, 1(3), 2000, pp.282~304 참조.

30. Hutton, *The State We're In*; Golding, *The City*; HM Treasury, *Budget and Pre-Budget Reports*, London, HMSO, November 1998 ~November 2003 참조.

31. H. Gibbon(ed.), *Privatisation Yearbook 1997*, London: Privatisation International, 1997 참조.

32. 익명의 펀드 매니저와 2004년에 인터뷰한 내용.

33. 익명의 기업 대표이사와 2004년에 인터뷰한 내용.

34. 이 그림의 출처는 다음과 같다. R. Shiller, *Irrational Exuberance*, Princeton, N. J.: Princeton University Press, 2001. 실러의 웹사이트 (http://www.irrationalexuberance.com/index.htm)에도 공개되어 있다. 주가 수익 비율은 기업의 주가를 연 수익으로 나눈 것이다. 이 수치가 높을수록 투자 수익이 낮아지며 일반적으로 투자자들의 미래 수익에 대한 기대가 높아진다.

35. 익명의 펀드 매니저와 2004년에 인터뷰한 내용.

36. 이 문제에 대해서는 다음 문헌을 참조하라. P. Myners, *Institutional Investment in the United Kingdom: A Review*, London: HMSO, 2001.

13장

1. D. Plehwe, B. Walpen and G. Neunhoffer(eds.), *Neoliberal Hegemony: A Global Critique*, London: Routledge, 2005, ch.2; D.

Miller and W. Dinan, *The Cutting Edge*, London: Pluto Press, forthcoming 참조.
2. 자세한 내용은 다음 문헌을 참조하라. R. Cockett, *Thinking the Unthinkable: Think-tanks and the Economic Counter-revolution, 1931-1983*, London: Fontana, 1995.
3. David Osler, *Labour Party PLC*, Edinburgh: Mainstream Books, 2002.
4. 이 단락에서 인용한 구절은 다음 문헌에서 따왔다. B. Crozier, *Free Agent: The Unseen War 1941-1991*, London: HarperCollins, 1993, pp.250~251.
5. S. Dorril, "American Friends: the Anti-CND Groups", *Lobster*, 3, February 1984.
6. 이란-콘트라 사건에 대한 의회위원회 조사 보고서에 제출된 문서 (House Report No.100-433/Senate Report No.100-216, Washington, 1988). T. Easton, "The British American Project for the Successor Generation", *Lobster*, 33, Summer 1997, http://www.unclenicks.net/bilderberg/www.bilderberg.org/bap.htm 재인용.
7. http://www.unclenicks.net/bilderberg/www.bilderberg.org/bap.htm#Tom.
8. 같은 웹사이트.
9. F. Stonor Saunders, *The Cultural Cold War: The CIA and the World of Arts and Letters*, New York: New Press, 2004 참조.
10. Crozier, *Free Agent*, p.250.
11. B. Crozier and A. Seldon, *Socialism Explained*, London: Sherwood Press, 1984.
12. "Operational Selection Policy OSP11: Nuclear Weapons Policy 1967-1998", revised November 2005, National Archives, p.7, paragraph 5.17, http://www.nationalarchives.gov.uk/documents/osp11.pdf; Dorril, "American Friends".
13. D. Macintyre, *Mandelson and the Making of New Labour*, London:

HarperCollins, 2000, p.248, 311.

14. N. Cohen, "Up for Grabs", *New Statesman*, 23 October 2000.
15. '붉은 쐐기'는 1987년 선거 전에 젊은 유권자들을 정치에 참여시키기 위해 유명 인사들이 주도한 운동이다. 이 운동은 노동당이 관여했으며, 음악가 빌리 브래그Billy Bragg와 폴 웰러Paul Weller, 코미디언 레니 헨리Lenny Henry와 벤 엘턴Ben Elton이 참여했다.
16. J. Tranmer, "Wearing badges isn't enough in days like these", *Cercles*, 3, 2001, p.134, http://www.cercles.com/n3/tranmer.pdf.
17. *Guardian*, 26 September 2002.
18. K. Ahmed, "Mandelson back as think tank head", *Observer*, 9 September 2001, http://www.policy-network.net/php/article.php?sid=6&aid=257.
19. Cohen, "Up for Grabs".
20. G. Mulgan and H. Wilkinson, *Freedom's Children*, London: Demos, 1995.
21. Hansard Debates, 5 December 1991.
22. G. Bedell, *Independent On Sunday*, 24 January 1993.
23. *Guardian*, 15 and 18 July 1995.
24. 같은 자료.
25. 하원 의사록, 1999년 10월 19일자 서면 답변(pt.20), http://www.publications.parliament.uk/pa/cm199899/cmhansrd/vo991019/text/91019w20.htm.
26. M. McHale, "Geoff Mulgan: Thinker of the unthinkable", *Public Finance*, 8 December 2000, http://www.publicfinance.co.uk/features_details.cfm?News_id=7231.
27. D. Bell, *The End of Ideology: On the Exhaustion of Political Ideas in the Fifties*, New York: Free Press of Glencoe, 1960. 벨은 《이데올로기의 종언》 미국판에서 이 책이 신보수주의 성향의 미국기업연구소에서 일하고 있는 어빙 크리스톨, 마이클 조셀슨Michael Josselson, 벨의 오랜 동지인 멜빈 래스키Melvin Lasky 등에게 영감을 받은 글을

모아놓은 것이라고 말했다. 이 글들은 《코멘터리Commentary》와 《엔카운터Encounter》에 처음 실렸으며, 장문의 원고는 문화자유회의에서 발표되었다. 벨은 1955년부터 1957년까지 문화자유회의에서 국제 세미나를 담당했다고 주장한다. 그는 문화자유회의의 1957년 대회가 '옥스퍼드 대학 세인트 앤터니스 칼리지의 후원'을 받았다고 말했다.

28. G. Mulgan, *After the End of Politics*, occasional paper 2, Sheffield: University of Sheffield, February 1994.
29. Phillip C. Bobbitt, biography, School of Law, University of Texas, http://www.utexas.edu/law/faculty/profile.php?id=pbobbitt.
30. T. Pendry, "Demos: Fashionable ideas and the rule of the few", *Lobster*, 46, Winter 2003.
31. 같은 글.
32. Uriel Wittenberg, "The Independent Institute", 1999, http://www.urielw.com/deception2.htm.
33. 레드 스타 연구소Red Star Research에 따르면, 스턴버그는 1970년대 후반에 노동당에 거액을 기부했다. 그는 관리자 협회 회원이자 노동당 금융산업 그룹의 부회장이다. 코언은 1999년에 노동당에 10만 파운드를 기부했으며 2000년에는 기사 작위를 받았다. http://www.red-star-research.org.uk/subframe3.html.
34. 이스라엘 사회경제진보센터 웹사이트 http://www.icsep.org.il/about/organization.shtml#uk-friends.
35. B. Micklethwait, "Review of A. Etzioni, *The Parenting Deficit* (Demos, Paper No.4, London, 1993)", *Free Life*, 23, August 1995, http://www.btinternet.com/~old.whig/freelife/fl23etzi.htm; http://www.seangabb.co.uk/freelife/flhtm/fl23etzi.htm.
36. Crozier, *Free Agent*, p.147. 해슬러는 사회민주당과 전국자유연합National Association for Freedom의 창립 회원이었다.
37. T. Easton, "Who were they travelling with?", *Lobster*, 31, 1996, http://www.lobster-magazine.co.uk/articles/l31whowh.htm; Dave

Parks and Greg Dropkin, "Backing Barry: The NATO Publisher and the PCS Coup", 5 July 2002, http://www.labournet.net/ukunion/0207/pcs2.html. 줄리언 루이스Julian Lewis는 "마이클 헤슬타인과 레이 휘트니Ray Whitney가 1983년 선거 이전에 핵 비무장 운동 지도부의 좌익 연대 단체들에게 치명적인 피해를 입히기 위해 이용한 거의 모든 자료는 자신이 수집하고 제공했다"고 주장했다. Julian Lewis, "I exposed CND links", *Tribune*, 29 July 1988.

38. http://www.adamsmith.org/policy/bulletin/b18.htm.
39. *Guardian*, 4 May 1999.
40. *Financial Times*, 16 March 1992.
41. *Independent*, 12 December 1990.
42. 같은 자료.
43. *Sunday Times*, 21 June 1998.
44. 같은 자료.
45. D. Estulin, "The World in the Palm of Their Hands: Bilderberg 2005"(online journal), 24 May 2005, http://www.mindfully.org/WTO/2005/Bilderberg-Millennium-World24may2005.htm.
46. J. Shaoul, "Britain: Government think tank sets out plans for privatisation of essential services", World Socialist website, 6 July 2001, http://www.wsws.org/articles/2001/jul2001/ippr-j06.shtml.
47. Select Committee on Public Administration, "Minutes of Evidence, Examination of Witnesses(Questions 160-179)", 15 November 2001, http://www.publications.parliament.uk/pa/cm200102/cmselect/cmpubadm/263/1111504.htm.
48. Macintyre, *Mandelson and the Making of New Labour*, p.248.
49. 대서양이사회에는 NATO, BAP의 로버트슨 경Lord Robertson, 옥스퍼드 대학 세인트 앤터니스 칼리지 전임 학장이며 MI6에 깊숙이 연루되어 있는 다렌도프 경Lord Dahrendorf, 유엔과 유럽연합 주재 전 대사 해니 경Lord Hannay, 노동당 금융산업 그룹과 데모스의 해스킨스 경 Lord Haskins, 미국 해군대학 교수 캐서린 켈러허Catherine Kelleher, 노

동조합회의Trades Union Congress 사무총장 존 몽크스John Monks, 전 합동정보위원회Joint Intelligence Committee 위원장이자 디칠리 재단 이사장이며 국방부에서 정부의 방위평가연구청Defence Evaluation and Research Agency을 운영하기 위해 칼라일 그룹과 함께 설립한 키네티크QinetiQ 이사 데임 폴린 네빌 존스Dame Pauline Neville-Jones, 노동당 당수였던 고故 존 스미스John Smith의 부인이며 2000년까지 기업 스파이 회사 해클루트 이사를 지낸 길모어힐의 스미스 남작 부인 등이 참여하고 있다.

50. 《레드 페퍼Red Pepper》에 실린 프로필, "Nick Butler, Chief Group Policy Adviser for BP", http://www.redpepper.org.uk/natarch/butler.html.
51. A. Barnett, "Think-tanks face claims of 'cash for access' deals", *Observer*, 30 June 2002, p.5.
52. *New Statesman*, 17 February 2003.
53. J. Lloyd, "The Protest Ethic: How the anti-globalisation movement challenges social democracy", 1 January 2001, http://www.demos.co.uk/publications/protestethic.
54. 벤틀리는 데이비드 블런킷David Blunkett이 교육부 장관을 지낼 때 그의 자문을 맡았으며, 2006년 9월부터 호주 빅토리아 주지사 휘하의 정책·내각 국장을 지냈다. http://www.demos.co.uk/people/tombentley/blog.
55. http://www.brisinst.org.au/resources/sanderson_wayne_can.html.
56. 포셋의 약력, http://www.telegraph.co.uk/money/main.jhtml?xml=/money/2005/03/10/ccfifty10.xml.
57. 설리번 앤드 크롬웰과 CIA의 관계에 대해서는 다음을 참조하라. E. Masud, "Millions Spent Subverting 'Enemies', Stifling Dissent", 15 February 2001, http://www.twf.org/News/Y2001/0215-CIAfunds.html; http://www.answers.com/topic/john-foster-dulles. 또한 다음 문헌과 자료도 참조하라. Christopher Simpson, *Bankers, Lawyers and Linkage Groups: The Splendid Blond Beast*, Monroe,

Maine: Common Courage Press, 1995; http://www.thirdworldtraveler.com/Genocide/Bankers_Lawyers_SBB.html; http://www.britannica.com/ebi/article-9321907; Nancy Lisagor and Frank Lipsius, "A Law Unto Itself: The Untold Story of the Law Firm Sullivan & Cromwell", *Business History Review*, 63(2), Summer 1989, pp.432~434, http://links.jstor.org/sici?sici=0007-6805(198922)63%3A2%3C432%3AALUITU%3E2.0.CO%3B2-%23.

58. http://www.justpeople.com/contentnew/People/Interviews/Financial/AmeliaFawcett.asp.

59. 지역사회활동 네트워크 웹사이트의 웹 보관 자료, http://web.archive.org/web/20010108023100/http://www.can-online.org.uk/activity/1999-05.htm.

60. http://www.ashoka.org/about/leadership.

61. http://www.ashoka.org/partners. 웹사이트에서는 힐 앤드 놀턴을 이렇게 소개하고 있다. "힐 앤드 놀턴은 아쇼카와 아쇼카 회원사에 무료 마케팅 및 커뮤니케이션 서비스를 제공한다. 전략적 커뮤니케이션 자문, 미디어 및 프레젠테이션 교육, 기타 컨설팅 서비스(여기에는 아쇼카 회원사에 조직화된 이사진을 파견하는 활동이 포함된다)를 제공하여 사회적 기업의 책무를 추진하려면 이러한 글로벌 제휴 관계가 필수적이다. 현재 5대륙의 사무소 25개소에서 이 봉사에 동참하고 있다. 힐 앤드 놀턴을 통해 사회적 기업가들은 자신의 아이디어를 후원받고 전 세계의 모범 사례를 공유할 수 있다."

62. http://www.youthventure.org/home.asp; Larry Lohmann, "Whose Voice Is Speaking? How Opinion Polls and Cost-Benefit Analysis Synthesize New 'Publics'", first published May 1998, http://www.thecornerhouse.org.uk/item.shtml?x=51962.

63. R. Harris Smith, *OSS*, Berkeley, Calif.: University of California Press, 1972.

64. 예를 들어 다음 자료를 참조하라. 이라크의 대량 살상 무기에 대한 카네기 국제평화기금 웹 문서, http://www.ceip.org/programs/npp/

un-iraq.htm.
65. A. Johnson, "The Cultural Cold War: Faust Not the Pied Piper", *New Politics*, 8(3), Summer 2001, http://www.wpunj.edu/~newpol/issue31/johnso31.htm.
66. http://www.era-ltd.com/about_us/where.shtml.
67. "Miles Rapoport Named President of Demos, New Public Policy Network", 6 March 2001, http://www.commondreams.org/news 2001/0306-10.htm; http://www.era-ltd.com/about_us/ad_council.shtml.
68. G. W. Domhoff, "There are no Conspiracies", March 2005, http://www.publiceye.org/antisemitism/nw_domhoff.html.

14장

1. Edelman, *Sixth Annual Edelman Trust Barometer: A Global Study of opinion leaders*, January 2005, http://www.edelman.com/image/insights/content/Edelman_Trust_Barometer-2005_final_final.pdf. 주목할 만한 사실은 이 조사에서 홍보 업계의 신뢰도는 묻지 않았다는 것이다.
2. Edelman, "Trust Shifting from Traditional Authorities to Peers, Edelman Trust Barometer Finds: U.S. Corporations Face 'Trust Discount' in Europe and Canada", media release, 24 January 2005, http://www.edelman.com/news/ShowOne.asp?ID=57.
3. R. Edelman, "The Relationship among NGOs, Government, Media and Corporate Sector", presentation to the Conference Board on Global Corporate Citizenship, 28 February 2001, http://www.sourcewatch.org/upload/f/ff/EdelmanNGOPresentation_-_2-28-01.pdf.
4. R. Edelman, "The Principles of Building Trust: Sixth Annual Edelman Trust Barometer-A global study of opinion leaders", January 2005, p.3, http://www.edelman.com/image/insights/content/Edelman_Trust_Barometer-2005_final_final.pdf.

5. N. Turett, "Thriving Amid Uncertainty: Relationships Reign", *Pharmaceutical Executive*, 1 September 2002, www.pharmexec.com/pharmexec/article/articleDetail.jsp?id=29984.
6. B. Burton and A. Rowell, "Unhealthy spin", *British Medical Journal*, 326, May 2003, pp.1205~1207, http://bmj.bmjjournals.com/cgi/content/full/326/7400/1205.
7. A. Little, "A green corporate Image: More than a logo", proceedings of Green Marketing Conference, 25 and 26 June 1990, p.12. 당시에 어맨더 리틀은 버슨 마스텔러 호주 지사에서 일하고 있었다. 그녀는 힐 앤드 놀턴을 거쳐 시드니에서 인터미디어 컨설팅 Intermedia Consulting 이라는 회사를 직접 경영하고 있다.
8. Edelman, "Trust Shifting from Traditional Authorities to Peers, Edelman Trust Barometer Finds".
9. A. Ray, "CSR: The live debate", *PR Week*, 5 December 2003, http://www.prweek.com/news/news_story.cfm?ID=197492&site=1.
10. BSMG Worldwide, "Communications Plan", 2 February 1999, Bates No.2071722605/2611, http://legacy.library.ucsf.edu/tid/ qaq06c00.
11. S. Williams, "Communications Plan: Supersized", BSMG Worldwide, 25 February 1999, Bates No.2071722733/2741, http://legacy.library.ucsf.edu/tid/fbq06c00.
12. D. Eberwine, S. Aguinaga Bialous and S. Shatenstein, "The Tobacco Files", *Perspectives in Health Magazine*, 8(1), Pan American Health Organisation, 2003, http://www.paho.org/English/DD/PIN/Number16_article3_3.htm.
13. 같은 글.
14. G. Miller and L. Helm, "Microsoft Plans Stealth Media Blitz; Publicity: Campaign to conjure image of public support called just a proposal by firm", *Los Angeles Times*, 10 April 1998, p.1, 8, http://www.latimes.com; http://www.smoogespace.com/gaming/torg/mailarchive/199804/0087.html.

15. R. Edelman, "News from Davos", 1 February 2005, http:/www.edelman.com/speak_up/blog/.
16. G. Freeman, "IFAW axes Shandwick to bring PR in-house", *PR Week*, 22 September 2000, http://www.prweek.com/news/news_story.cfm?ID=110847&site=1.
17. Association for Sustainable and Responsible Investment in Asia, "Conference Speakers: Jonathan Wootliff, Corporate Responsibility Consultant", July 2004, http://www.asria.org/events/singapore/july04/Speakers/Jonathan_Wootliff.
18. Gareth Harding, "NGOs trounce companies, media in trust ratings war", *Terra Viva*, InterPress Service, 13 December 2001, http://www.undp.org/dpa/frontpagearchive/december00/13dec00/tv121300.pdf.
19. Burson-Marsteller, "Burson-Marsteller Names Bennett Freeman to Lead Corporate Responsibility Unit in U.S: Former Deputy Assistant Secretary of State for Democracy, Human Rights and Labor Adds Leadership and Expertise to Growing Specialty Area", media release, 15 May 2003, http://www.bm.com/pages/news/releases/2003/press-05-15-2003; http://www.bm.com/pages/bios/freeman?subsecLoc=2006.
20. 예를 들어 다음 문헌을 참조하라. M. Megalli and A. Friedman, *Masks of Deception: Corporate Front Groups in America*, Washington, D.C.: Essential Information, 1991; Carl Deal, *The Greenpeace Guide to Anti-Environmental Organizations*, Berkeley, Calif.: Odonian Press, 1993.
21. Joyce Nelson, *The Sultans of Sleaze: Public Relations and the Media*, Monroe, Maine: Common Courage Press, 1989.
22. Susan B. Trento, *The Power House: Robert Keith Gray and the Selling of Access and Influence in Washington*, New York: St Martin's Press, 1992 참조.
23. J. Stauber and S. Rampton, *Toxic Sludge Is Good for You: Lies,*

Damn Lies and the Public Relations Industry, Monroe, Maine: Common Courage Press, 1995.
24. 700만 쪽이나 되는 업계 내부 문서를 검색하는 방법에 관해서는 다음 웹사이트를 참조하라. http://legacy.library.ucsf.edu.
25. 2005년 3월 '진실을 찾는 쾌속정 참전용사 모임'의 총 방문자 수는 33만 8000명에 달했다. 이들은 대부분 2004년 8월에서 11월 사이에 찾아왔다.
26. 인터넷에서 접근할 수 있는 자료를 인용하면 원본 자료를 금방 확인할 수 있다. 하지만 한계도 있다. 온라인이나 렉시스넥시스에 없는 예전 오프라인 자료(책이나 신문 기사)가 간과되는 것이다.
27. Dan Gilmour, *We the Media: Grassroots Journalism by the People, for the People*, Sebastopol, Calif.: O'Reilly, 2004.
28. T. Cook, "Buying Influence", *Walkley Magazine*, 31, February/March 2005, Media Entertainment Arts Alliance, pp.23~24.

15장

1. Corporate Europe Observatory, "'Lobby Planet' Guide to Brussels", December 2004, http://www.corporateeurope.org/docs/lobbycracy/lobbyplanet.pdf.
2. "A spoonful of sugar makes the message go down", *European Voice*, 11(33), 22 September 2005.
3. Graham Bowley, "Brussels' rise draws lobbyists in numbers", *International Herald Tribune*, 18 November 2004.
4. Belén Balanyá, Ann Doherty, Olivier Hoedeman, Adam Ma'anit and Erik Wesselius, *Europe Inc.: Regional and Global Restructuring and the Rise of Corporate Power*, London: Pluto Press, in association with Corporate Europe Observatory, July 2000. 2판은 2003년에 출간되었다(ISBN 0-7453-2163-1).
5. 또한 그린피스 유럽연합 지부의 요르고 리스Jorgo Riss의 발표를 참조하라. http://www.alter-eu.org/launchreport.html.

6. "Oxford Council on Good Governance", http://www.oxfordgovern ance.org/index.php/245/0/.
7. "EU-US free trade talks ahead?", Corporate Europe Observatory (CEO), June 2004, http://www.corporateeurope.org/tpntabd.html; http://www.netcaucus.org/biography/erika-mann.shtml.
8. Corporate Europe Observatory, "House of Mirrors: Burson-Marsteller Brussels lobbying for the bromine industry", January 2005, http://www.corporateeurope.org/lobbycracy/houseofmirrors.html.
9. 예를 들어 다음 문헌을 참조하라. "EU and US approaches to lobbying", Euractiv.com, http://www.euractiv.com/Article?tcmuri= tcm:29-135509-16&type=LinksDossier.
10. "PA veteran calls for professional body to scrutinise Brussels lobbyists", 3 May 2005, http://www.euractiv.com/Article?tcmuri= tcm:29-139066-16&type=News.
11. Corporate Europe Observatory, "Bulldozing REACH: the industry offensive to crush EU chemicals regulation", March 2005, http://www.corporateeurope.org/lobbycracy/BulldozingREACH.html.
12. 바로주는 유럽위원회 위원장이 되자마자 친기업 의제를 포용함으로써 이미 유럽 기업들의 환심을 샀다. 벨기에의 솔베이 화학약품 그룹 회장이자 거대 기업 로비 집단인 유럽 기업인 원탁회의의 경쟁력 실무 그룹을 이끌고 있는 바론 다니엘 얀센Baron Daniel Janssen은 이렇게 말했다. "초기의 징후는 매우 고무적이다."
13. "유럽위원회 위원장은 조지 파커George Parker와 앤드루 고어스Andrew Gowers에게 경제 개혁을 추진해야 할 '새로운 긴급한 이유'를 찾았다고 말했다." *Financial Times*, 2 February 2005.
14. Graham Bowley, "EU starts war on red tape", *International Herald Tribune*, 24 September 2005.
15. 예를 들어 2004년 3월에 유럽 서비스 포럼이 제네바를 방문한 이후(이들은 여러 개발도상국의 WTO 주재 대사들도 면담했다) 유럽위원회 관료들은 회의를 열어 결과를 브리핑해 달라고 유럽 서비스 포

럼에 요청했고, 얼마 뒤에 회의가 열렸다. 유럽 서비스 포럼 상무이사 파스칼 케르네이스Pascal Kerneis와 유럽위원회 무역총국 서비스 무역 담당 부국장 안데르스 옌센Anders Jessen이 교환한 이메일 (2004년 3월 25일), http://www.corporateeurope.org/docs/email20040325.pdf.

16. 유럽 서비스 포럼 상무이사 파스칼 케르네이스가 유럽위원회 무역총국 서비스 무역 담당 국장 주앙 아구이아르 마샤두Joao Aguiar Machado와 부국장 안데르스 옌센에게 보낸 이메일(2003년 10월 31일), http://www.corporateeurope.org/docs/email20031031.pdf.

17. "EU service shake-up supporters attack 'stupid' protesters", Eupolitix.com, 18 March 2005.

18. 출신국 원칙은 서비스 회사가 서비스를 제공하는 나라가 아니라 등록된 나라의 규칙과 법률을 따를 수 있다는 뜻이다. 다음 문헌을 참조하라. Thomas Fritz(Attac Germany), "Transforming Europe into a Special Economic Zone: The EU's Services Directive", June 2004, http://www.attac.de/gats/hintergrund/Fritz-vs-Bolkestein-EN.pdf.

19. http://www.corporateeurope.org/barroso.html.

20. 공식 답변은 유럽위원회 '시민사회관계' 부서에서 보냈다. 2004년 11월 17일에 쓰인 이 편지는 공개편지에서 제기한 어떤 요구에도 명시적으로 답변하지 않았다. 브뤼셀의 현재 로비 현황을 설명하고 유럽 문제전문가협회의 자율적인 행동 수칙을 언급했으며 유럽위원회가 "시민사회와 대화하고 자문을 받아 당사자의 주장이 전달되도록 애쓴다"고 주장했다. http://www.corporateeurope.org/docs/lobbycracy/SGtoCEO.pdf.

21. 다음 웹사이트에서 연설에 대한 링크를 참조하라. http://www.corporateeurope.org/lobbydebate.html.

22. "로비 활동을 보고하거나 등록할 의무 조항은 전혀 없다. 유럽연합 로비스트 단체에 제출하는 등록 서류는 자발적이고 부실하며 분야나 자금원 등을 제대로 밝히지 않는다. 자기들 스스로 만든 행동 수칙은 서명한 기관도 거의 없을 뿐만 아니라 지금까지 제대로 집행되

지도 않았다." Siim Kallas, "The need for a European transparency initiative", speech at the European Foundation for Management, Nottingham Business School, Nottingham, 3 March 2005.

23. "Brussels lobbyists to come under tighter scrutiny", EurActiv.com, 7 March 2005.

24. 바로주에게 편지를 보낸 다음 날, 유럽문제전문가협회는 자신들의 자율적 행동 수칙이면 충분하기 때문에 로비 투명성과 윤리에 대한 유럽연합 입법은 필요 없다는 편지를 보내왔다. "SEAP rejects NGOs request for registration and reporting requirements", 26 October 2004, http://www.corporateeurope.org/SEAPreaction.html.

25. 크리스티앙 드 풀로이는 공개편지에 서명한 모든 단체에 이메일을 보내 자신의 웹사이트에서 운영하는 유료 '자율적 등록 시스템'을 선전했다. 그는 "EULobby의 회원이 되면 공동 편지에서 제안한 대로 자신의 활동에 대한 정보를 자율적으로 공개할 수 있다"고 말했다. 유럽기업감시는 이렇게 대꾸했다. "자율적 등록 시스템으로 투명성의 외양을 갖추겠다는 것은 홍보와 로비 업계의 뻔한 전략이다. 이것은 로비스트의 강제 등록과 보고 의무를 도입하지 못하도록 하기 위한 것이다." http://www.corporateeurope.org/EUlobbymail.html; http://www.corporateeurope.org/CEO-EUlobby20041112.html.

26. http://www.corporateeurope.org/lobbydebate.html. 편지는 2005년 2월에 유럽기업감시가 화학 업계에 서비스를 제공하고 있는 브뤼셀의 홍보 회사 35곳을 대상으로 수행한 조사 결과에 대한 대응이었다. 우리는 "귀사가 지난 12개월 동안 유럽연합의 '새 화학물질 관리 제도'안에 대해 공공 홍보 및 홍보 서비스를 제공한 고객사 명단, 해당 예산, 대상이 된 유럽연합 기구에 대한 정보"를 요청했다. 한 달 뒤, 팩스로 독촉하고 나서도 35곳 중 세 곳만 답신을 보냈다. 게다가 정보를 공개한 곳은 하나도 없었다. 우리는 이런 결론을 내렸다. "브뤼셀 공공 홍보 회사는 로비 고객사에 대해 투명성을 제공할 생각이 전혀 없다." http://www.corporateeurope.org/lobbycracy/BulldozingREACH.html. 유럽 공공문제 컨설팅 연합은 '전문 자율

규제 구조'라는 안에서 투명성이 결여된 상황을 이렇게 변호했다. "우리의 행동 수칙에서는 전문가들이 유럽연합 관료와 대표에게 질의나 로비를 할 때 자신과 자신의 회사를 분명히 공개하고 자신들이 대리하는 이해관계를 밝히며 자신의 지위를 속이지 말라고 규정하고 있다. 이런 정보 교환의 세부 내용을 다른 이익집단에 공개하거나 고객사 명단과 로비 예산을 발표할 의무는 없다."

27. 이전 '행동 수칙 그룹'의 후속 명단('공공문제 전문가Public Affairs Practitioners'로 지칭하기도 함), http://www.corporateeurope.org/docs/EPACApercent20members.doc.
28. "Lobbyists under Brussels scrutiny", *Financial Times*, 19 May 2005.
29. Glenn R. Simpson, "In Europe, Finance Lobby Sways Terror-Funding Law: Legislators with Close Ties to Industry Water Down Money-Laundering Rules", *Wall Street Journal*, 24 May 2005, http://www.corporateeurope.org/wsj240505.html.
30. "Die Lobbyisten werden untersucht", *Die Welt*, 11 March 2005.
31. 코루스는 이렇게 썼다. "관료적 통제와 보고 의무를 통해서 투명성을 높일 수는 없다. 오히려 소규모 이해 당사자가 자신의 요구 사항을 알리기만 더 힘들어진다." "Fighting funding fraud", *European Voice*, 10 March 2005.
32. "Analysis: Reining in EU lobbyists", *Washington Times*(United Press International), 8 March 2005.
33. 반 쉔델렌은 이렇게 말했다. "비정부기구는 유럽연합 관료들에게 접근하기가 비교적 수월한 듯하다. 유럽연합 관료들은 이들이 정부 관료보다 덜 '위험'하고 기업인보다 덜 '이기적'이며 남들보다 '시민에게 더 가깝다'고 생각하기 때문이다. …… 이 덕분에 비정부기구는 공공 홍보와 로비 면에서 특권을 누린다. 이는 경기장을 덜 평평하게 만든다." EurActiv.com public affairs policy section, "Accountability of NGOs", 27 October 2003, http://www.euractiv.com/en/pa/accountability-ngos/article117442.
34. 예를 들어 다음 문헌을 참조하라. Justin Greenwood, "The World of

EU NGOs and Interest Representation", http://www.rgu.ac.uk/files/ACF456B.pdf.

35. 이 둘은 컨설턴트로 활동하고 있으며 기업 로비 전략 행사를 공동 주최한다. 그린우드는 여러 해 동안 언스트 앤드 영이나 켈렌 유럽 Kellen Europe 같은 기업 로비 컨설팅 회사와 긴밀히 협력했다. 그는 브뤼셀에서 유럽연합 업종별 협회의 효과적인 로비 방법을 주제로 회의를 열기도 했다. http://www.kelleneurope.com/euroconference/2005_agenda.html; http://www.kelleneurope.com/euroconference/2006_presentations.html.

    그린우드는 자신의 웹사이트에서 "언스트 앤드 영을 비롯한 기업체, 유럽연합, 유럽 주재 미국상공회의소 AMCHAM-EU(브뤼셀에서 미국의 초국적 기업을 대변하는 주요 로비 단체)와 같은 단체"에서 자금을 지원받았다고 털어놓았다. http://www.rgu.ac.uk/abs/staff/page.cfm?pge=5373.

    반 쉔델렌은 유럽연합 정책 결정에 영향력을 행사하고 싶어 하는 대기업들에 상업적 로비 컨설팅을 제공한 사실을 자랑스럽게 떠벌리고 있다. 그는 자신의 웹사이트에 이렇게 썼다. "나의 전문 분야는 유럽연합 차원에서 기업, 업종별 협회, 비정부기구, 지방 정부, 국내외 정부 및 기관(글락소, 3M, 필립스, 셸, 지멘스를 비롯해 중국, 핀란드, 헝가리, 오만, 네덜란드 내각 등)에 공공 문제 관리와 로비 교육, 컨설팅, 연구 서비스를 제공하는 것이다." 에라스무스 대학 전문 커뮤니케이션 과정 반 쉔델렌 홈페이지 http://www.eur.nl/fsw/staff/homepages/vanschendelen.

    게다가 반 쉔델렌은 유럽공공문제센터 European Centre for Public Affairs의 핵심 인물이다. 이곳은 상업적 세미나와 로비 교육을 제공하는 기관으로 대기업들이 회원으로 참여하고 있으며, 브뤼셀의 기업 로비계와 밀접하게 연관되어 있다. http://www.publicaffairs.ac/inindex.php?in=/community/farfdirectory.php?id=30.

36. 다음 웹사이트를 참조하라. http://www.alter-eu.org/.
37. http://www.alter-eu.org/statement.html.

38. http://www.alter-eu.org/launchreport.html.

16장

1. "Coke to Increase Marketing in India, Brazil, China, Russia", *Adweek*, 11 November 2004, http://www.indiaresource.org/news/2004/1052.html.
2. *Guardian*, 28 June 2004; British Medical Association, "Preventing Childhood Obesity: A Report from the BMA Board of Science", 2005, http://www.bma.org.uk/ap.nsf/content/childhoodobesity.
3. Mark Curtis, *Unpeople: Britain's Secret Human Rights Abuses*, London: Vintage, 2004 참조.
4. Sindicato Nacional de Trabajadores de la Industria de Alimentos.
5. ICCHRLA, "Trade Unionism under Attack in Colombia: Report of the Canadian Trade Union Delegation to Colombia", Inter-Church Committee on Human Rights in Latin America, 1998, http://www.colombiasupport.net/199802/canadaunion.html; Daniel M. Kovalik, Terry Collingsworth and Natacha Thys, "Complaint in the United States District Court: Southern District of Florida", United Steelworkers of America/International Labor Rights Fund, 2001, http://www.mindfully.org/Industry/Coca-Cola-Human-Rights20jul01.htm; Hiram Monserrate, "NYC fact-finding delegation's report on human rights violations by Coke: Final Report", New York, NYC Council Member, 2004, http://www.killercoke.org/pdf/monsfinal.pdf 참조.
6. Kovalik et al., "Complaint in the United States District Court", pp.23~34.
7. SINALTRAINAL, "Urgent Actions", received 19 June 2002, 11 September 2003, 20 April 2004.
8. SINALTRAINAL, report received 17 November 2004.
9. 외국 투자의 '효율성 추구' 사례에 대해서는 다음 문헌을 참조하라.

Economic Commission for Latin America and the Caribbean, "Foreign Investment in Latin America and the Caribbean, 2002 Report", LC/G.2198-P, Santiago, Chile: United Nations, 2003.
10. Julio Puig, Carlos Ballesteros, Beatrice Hartz and Hector Vasquez, *Tendencias y Contenidos de la Negociación Colectiva en Colombia, 1990-1997*, Bogotá: OIT, 1999.
11. Comité Internacionalista de Lucha contra las Transnacionales, *Una Delirante Ambición Imperial*, Bogotá: CILCT, 2003.
12. Human Rights Watch, *Colombia's Killer Networks: The Military-Paramilitary Partnership and the United States*, New York: Human Rights Watch, 1996; Human Rights Watch, *The Sixth Division: Military-Paramilitary Ties and U.S. Policy in Colombia*, New York: Human Rights Watch, 2001.
13. Amit Srivastava, "Coca-Cola Spins Out of Control in India", http://www.indiaresource.org/campaigns/coke/2004/cokespins.html.
14. Nityanand Jayaraman, "No Water? Drink Coke!", http://www.indiaresource.org/campaigns/coke/2003/nowaterdrinkcoke.html; "CorpWatch India Responds to Coca-Cola", http://www.indiaresource.org/campaigns/coke/2003/corpwatchindiaresponds.htm 참조.
15. Srivastava, "Coca-Cola Spins Out of Control in India".
16. Christian Aid(2004), "Behind the Mask: the real face of corporate responsibility", pp.44~49, http://www.christian-aid.org.uk/indepth/0401csr/csr_behindthemask.pdf; Venkitesh Ramakrishnan, BBC, "Indian court blow for Coca-Cola", 16 December 2003, http://news.bbc.co.uk/1/hi/world/south_asia/3325557.stm; BBC Radio 4, "Face the Facts", broadcast 25 July 2003; Mark Thomas, "Wells went dry and crops failed", Action Aid, 2 February 2004, http://www.actionaid.org.uk/433/article.html.
17. www.indiaresource.org 보고서.
18. 보도 자료(2004년 11월 25일), http://www.indiaresource.org/press/

2004/mehdiganjattack.html.
19. Vandana Shiva, "Food Rights, Free Trade and Fascism", in Matthew J. Gibney(ed.), *Globalizing Rights*, Oxford: Oxford University Press, 2003; Sistema Nacional Agroalimentario(SNAL), http://www.sinaltrainal.org/.
20. Kovalik et al., "Complaint in the United States District Court".
21. Terry Collingsworth and Dan Kovalik, "Court Rules That Human Rights Case Can Go Forward Against Coca-Cola Bottlers", statement, 1 April 2003, http://www.killercoke.org/cokedec.htm.
22. Julie Kay, "11th Circuit Asked to Clarify Corporate Liability", *Daily Business Review*, 30 October 2006, http://www.law.com/jsp/ihc/PubArticleIHC.jsp?id=1161939931304.
23. 노조의 요구 사항은 다음 문헌에 요약되어 있다. SINALTRAINAL, "World Wide Campaign Against Coca Cola: Statement 13th November 2003", Paris: European Social Forum, 2003.
24. 콜롬비아 연대 캠페인은 런던 피커딜리 광장에서 코카콜라가 없는 삼바 파티를 열었다. http://www.sinaltrainal.org/boikot/noconsumo.html 참조.
25. 다음 웹사이트에 실린 보고서를 참조하라. http://www.killercoke.org/news.htm; Jeremy Blasi, "Coca-Cola and Human Rights in Colombia", UC Berkeley, Center for Labor Research and Education, November 2003.
26. http://www.schoolpouringrights.com 참조.
27. 이들은 자유연구소Freedom Institute와 아일랜드의 자유시장 싱크탱크(자유시장 싱크탱크의 세계적인 연합인 스톡홀름 네트워크의 회원이자 애틀러스 재단의 하위 기관이다)와 연계되어 있다. http://www.spinprofiles.org/index.php/Freedom_Institute 참조.
28. "UCD Students Vote Again on Coca Cola", 19 November 2003, http://www.indymedia.ie/article/62178 참조. 보고서와 토론 내용에 대해서는 인디미디어 아일랜드Indymedia Ireland 웹사이트를 참조하라.

29. *Independent on Sunday*, 23 May 2004.
30. 제아로이드 올렝시와 시안 오캘러핸Cian O'Callaghan이 보낸 편지.
31. REBOC(Rete Boicottaggio Coca-Cola), http://www.nococacola.info; *La Republica*, 10 March 2005.
32. 코카콜라는 1936년 베를린 올림픽에서 활발한 판매 활동을 벌였다. 회사 트럭이 히틀러 유겐트의 행진에 동행했으며, 독일 지사 최고 경영자 막스 카이트Max Keith는 오스트리아와 주데텐 지방의 합병에 찬사를 보냈다. Mark Pendergrast, *For God, Country and Coca-Cola: The Definitive History of the World's Most Popular Drink*, London: Orion Business Books, 2000, ch.13, "Coca-Cola ber Alles" 참조.
33. 전시회는 아주 민주적으로 진행되었다. 학생부터 유명한 그래픽 디자이너까지 작품을 출품했으며 대성공을 거두었다. 작품 수백 점이 런던의 미술관 두 곳에 전시되었고, 이후에 보고타 사회 센터로 옮겨 전시를 계속했다. "Killer Cola in Colombia", *Colombia Solidarity Bulletin*, 14 October 2004 참조.
34. 2004년 4월 23일에 인터뷰한 내용, http://www.cokefacts.org/labor_union_relations.shtml; 코카콜라 영국 지사 커뮤니케이션 부장 마틴 노리스Martin Norris가 보낸 편지(2003년 10월 10일).
35. 영국 노동조합 회의의 브렌던 바버Brendan Barber 등이 《뉴 스테이츠먼》에 보낸 편지(2004년 4월 12일). 콜롬비아 법무부와 영국 노동조합 회의가 작성한 다음 보고서는 훨씬 더 왜곡된 주장을 펼쳤다. "Trade Union Delegation to Colombia, November 2004", pp.21~22, http://www.tuc.org.uk/international/tuc-9082-f0.pdf.
36. 시날트라이날이 브뤼셀 대중 공청회(2003년 10월 10일), 2004년 11월 17일 편지, 2005년 7월 23일 편지에서 제시한 수치.
37. IUF, "Coca-Cola Affiliates Reject Call for a Global Coca-Cola Boycott", http://www.iuf.org/cgi-bin/dbman/db.cgi?db=default&ww=1&uid=default&ID=1119&view_records=1&en=1.
38. ICCHRLA, "Trade Unionism under Attack in Colombia" 참조.
39. 같은 글, p.20. 또한 다음 문헌을 참조하라. Amnesty International,

"Report 2002", http://web.amnesty.org/web/ar2002.nsf/amr/colombia!Open; Amnesty International, "Colombia: NGO under attack", 28 May 2004, http://news.amnesty.org/index/ENGAMR 23280522004; Human Rights Watch, "Colombia: Prosecution Problems Persist", 11 March 2004, http://hrw.org/english/docs/2004/03/11/colomb 8106.htm; "El General Rito Alejo Del Río: baluarte del paramilitarismo bajo el blindaje de la impunidad", in *Noche y Niebla, Colombia, deuda con la humanidad: paramilitarismo de estado, 1988-2003*, Bogotá: Centro de Investigación y Educación Popular(Cinep), 2004.

40. SICO 위원장은 국제 식품 노동자 연맹의 라틴아메리카 위원회 회원이며 국제 식품 노동자 연맹과 신트라이나그로의 지속적인 후원에 감사를 표했다. SICO, "El SICO y Coca-Cola firman convenio colectivo en Carepa, Uraba", statement, 22 March 2002, http://www.rel-uita.org/companias/cocacola/sico.htm.

41. 펜수아그로FENSUAGRO는 거센 탄압을 받고 있는 또 다른 주요 농업 노조이다.

42. Coca-Cola Corporation, "Why?", presentation at Leeds University, 16 November 2004.

43. Mark Thomas, *New Statesman*, 29 March 2004.

44. "Coke Facts", http://www.cokefacts.org/index.shtml. 이 제목은 마크 토머스를 겨냥한 듯하다.

45. Campaign to Stop Killer Coke, "Coca-Cola Lies About Providing Security", statement, 14 May 2003, http://www.killercoke.org/pdf/seclie.pdf.

46. 2004년 4월 23일에 인터뷰한 내용.

47. 보고타 제10형사법원 판결(1997년 4월 22일), http://www.cokefacts.org/facts/facts_co_court_cc10.pdf.

48. 시날트라이날 성명서(2003년 8월 6일, 2004년 11월 17일, 2005년 3월 9일); 2004년 11월 17일 브리핑 보고서 "Constreñimiento Ilicito"

(Illicit Constraint).
49. Cal Safety Compliance Corporation, "Workplace Assessments in Colombia", http://www.cokefacts.org/citizenship/cit_co_assessment Report.pdf.
50. 코카콜라는 애초에 독립적인 조사에 동의했으나 나중에 제안을 철회했다. "Coke's Colombian Conundrum", *Independent On Sunday*, 15 January 2006 참조.

자료가 누락되었다는 것은 CSCC 보고서만 자세히 읽어보아도 입증할 수 있으며 시날트라이날에서 보낸 편지로도 확인된 바 있다. 또한 다음 문서에서도 이 문제를 다루었다. United Students Against Sweatshops(USAS), "Cal-Safety Compliance Corporation is not a Credible Monitor for Coca-Cola's Labor Practices", USAS statement, Washington, D.C., 2005, http://www.studentsagainstsw eatshops. org//index.php?option=com_weblinks&catid=27&Itemid=22.

《비즈니스 위크》조사에 따르면, 월마트에 핸드백을 공급하는 중국 업체를 감사할 때와 같은 방법을 쓴 CSCC는 예전에도 "노동자 수십 명을 면담했지만 갖가지 비참한 노동 조건을 밝혀내지 못한" 전력이 있다. Dexter Roberts and Aaron Bernstein, "Inside a Chinese Sweatshop: 'A Life of Fines and Beating'", *Business Week*, 2 October 2000, http://www.businessweek.com/2000/00_40/b370 1119.htm 참조.

CSCC 방법론에 대한 비판적인 연구로는 다음 문헌을 참조하라. Jill Esbenshade, *Monitoring Sweatshops: Workers, Consumers, and the Global Apparel Industry*, Philadelphia: Temple University Press, 2004.
51. Colombia Solidarity Campaign, "'Standard Response': Killer-Cola vs the Truth", 19 August 2005, http://www.colombiasolidarity.org. uk/UAJunpercentD0Sep/standardresponse.html 참조.
52. http://www.finanzas.com/id.4977386/noticias/noticia.htm 참조.
53. Coca-Cola Corporation, "2002 Annual Report", Atlanta, 2003, p.45.

코카콜라는 2004년에 순영업 이익 219억 6200만 달러, 순이익 48억 4700만 달러를 거두었다.
54. Ross Getman, "Living Well off the Fat of the Land", 15 January 2005, http://spinwatch.server101.com/; *Guardian*, 29 September 2005.
55. http://www.handsoffvenezuela.org; http://www.rel-uita.org/sindic atos/sinatrel_28-5-04.htm; Human Rights Watch, "Turning a Blind Eye: Hazardous Child Labor in El Salvador's Sugarcane Cultivation", New York, 2004; Haifa Zangana, speech to War on Want conference, "Making a Killing: Corporations, Conflict and Poverty", London, 12 March 2005; Nick Britten, "Coca-Cola plans 'will bleed hills dry'", *Daily Telegraph*, 23 November 2004.
56. Andy Rowell, "Did you have a Coke-free Christmas?", 3 January 2005, http://www.spinwatch.org.
57. Mark Thomas, "Wells went dry and crops failed", http://www.acti onaid.org.uk/433/article.html.
58. "Coke to Increase Marketing in India, Brazil, China, Russia", *Adweek*.

결론

1. Glenn R. Simpson, "In Europe, Finance Lobby Sways Terror-Funding Law", *Wall Street Journal*, 24 May 2005, http://www.spin watch.org/.
2. Judit Zegnál and Patricia Fischer, "Room for improvement in Lobby Law", *Budapest Business Journal*, 16 October 2006, http://www.bbj. hu/main/news_17835_room%2Bfor%2Bimprovement%2Bin%2Blob by%2Blaw.html; Lukasz Oldakowski, "Poland: New Lobbying Law Opens Legislative and Administrative Processes to Lobby", Mondaq.com, 23 June 2006, http://www.spinwatch.org/content/ view/3019/9/; "WA to set up lobbyist register", *Daily Telegraph*

(Australia), 13 November 2006, http://www.spinwatch.org/content/view/3673/9/.
3. 그다음은 테러(40퍼센트), 경제(39퍼센트), 이라크 전쟁(37퍼센트) 순서였다. 출처는 다음과 같다. CNN News United States General Exit Poll, 8 November 2006, conducted by Edison/Mitofsky.
4. HR 4682, Honest Leadership and Open Government Act 2006, House minority leader, Nancy Pelosi(D-Calif.), Washington, Public Citizen.
5. Stephanie Kirchgaessner, "Big Pharma on a mission to woo incoming Democrats", *Financial Times*, 20 November 2006, p.3.
6. Corporate Europe Observatory, "Shell Leads International Business Campaign Against UN Human Rights Norms", CEO info brief, March 2004, http://www.corporateeurope.org/norms.html.
7. 같은 글.
8. 같은 글. Stefano Bertasi quoted in "CSR Europe background note: United Nations Norms on the Responsibilities of Transnational Companies", http://www.csreurope.org/UNnormsbriefingsheet_pdf_media_public.aspx.
9. ABPI, "Code of Practice for the Pharmaceutical Industry 2006", "Prescriptions Medicines Code of Practice Authority", http://www.abpi.org.uk/links/assoc/PMCPA/code06use.pdf; Sarah Boseley, "The selling of a wonder drug", *Guardian*, 29 March 2006, http://society.guardian.co.uk/health/story/0,,1741858,00.html.
10. http://www.alter-eu.org/ 참조.
11. 이 단체들의 자세한 정보에 관해서는 다음 웹사이트의 해당 항목을 참조하라. http://www.spinprofiles.org
12. 예를 들어 다음 문헌을 참조하라. Michael Albert, "Anti Capitalist Strategy: Opening Presentation by Michael Albert for a Debate on Anti Capitalist Strategy(with John Holloway)", *Z Net*, 26 January 2006, http://www.zmag.org/content/showarticle.cfm?ItemID=9602; Alex Callinicos, "State of Discontent", *Socialist Review*, March

2003, http://www.socialistreview.org.uk/article.php?articlenumber =8349; Alex Callinicos, "Socialism: Political Vision", *Z Magazine/ZNet and Porto Alegre 3*, Life After Capitalism Essays, 2003, http://www.zmag.org/callinicospol.htm.
13. 데커 앳킨헤드Decca Aitkenhead는 이렇게 말했다. "신노동의 기초는 거의 모두 《마르크시즘 투데이Marxism Today》 지난 호에서 찾아볼 수 있다. 10대 시절 《마르크시즘 투데이》에 열광한 사람들은 이제 죄책감에 몸 둘 바를 모른다." *Guardian*, 23 October 1998, http://www.guardian.co.uk/Columnists/Column/0,,324997,00.html . 또한 다음 문헌을 참조하라. Bernard McKenna and Phil Graham, "Marxism Today Nov/Dec 1998", *Culture Machine*, http://culturemachine.tees.ac.uk/Reviews/rev1.htm; Greg Philo and David Miller, *Market Killing: What Capitalism Does and What Social Scientists Can Do About It*, London: Longman, 2001.
14. Karl Marx and Friedrich Engels, *The German Ideology*(1846), http://www.marxists.org/archive/marx/works/1845/german-ideology/.

지은이 소개

윌리엄 디난 William Dinan

스코틀랜드의 스트래스클라이드 대학 사회학 교수다. 스트래스클라이드 대학 지리사회학과에 부임하기 전에 위험지배구조센터 Centre for Risk and Governance, 글래스고 칼레도니아 대학, 스털링 미디어 연구소 Stirling Media Research Institute, 스털링 대학 등에서 연구원을 지냈다. 정치 커뮤니케이션과 민주주의(경제사회연구위원회 Economic and Social Research Council의 미디어 문화 및 미디어 경제 프로그램, 1996~1998), 정치 커뮤니케이션과 스코틀랜드 의회(경제사회연구위원회 이행 프로그램, 1999~2000), 영국과 초국적 기업의 홍보(경제사회연구위원회, 2000~2003)를 비롯한 여러 기금 연구 프로젝트에 참여했다. 지난 수년간 BBC 스코틀랜드 지사, 스코틀랜드 의회, 스코틀랜드 물 소비자 자문위원회 Water Customer Consultation Panels, Scotland 등 다양한 공공 기관에서 자문 업무를 수행했다. 《스코틀랜드는 개방적인가? 언론인, 스핀 닥터, 로비스트 Open Scotland? Journalists, Spin Doctors and Lobbyists》(Edinburgh: Polygon, 2001)를 공저했으며, Spinwatch.org의 공동 창립자이자 공동 편집자이기도 하다.

데이비드 밀러 David Miller

스트래스클라이드 대학 사회학 교수이며, 선전, 정보 조작, 로비에 대한 저술로 널리 알려져 있다. 최근에 출판된 책으로는 《야만의 주식회사 G8을 말하다 Arguments Against G8》(공편, London: Pluto Press, 2005; 시대의창에서 국내 출간), 《내게 거짓말을 해봐: 이라크 공격에 대한 선전과 언론 조작 Tell Me Lies: Propaganda and Media Distortion in the Attack on Iraq》(편저, London: Pluto Press, 2004), 《스코틀랜드는 개방적인가? 언론인, 스핀 닥터, 로비스트》(공저, 2001), 《죽음의 시장: 자유 시장의 행위와 사회학자의 역할 Market Killing: What the Free Market Does and What Social Scientists Can Do About It》(공저, London: Longman, 2001) 등이 있다. Spinwatch.org의 공동 창립자이자 공동 편집자다.

레슬리 스클레어 Leslie Sklair

런던 경제학·정치학 대학원 사회학 교수다. 《초국적 자본가 계급 The Transnational Capitalist Class》(2001; 중국어판, 2002; 독일어판, 근간)을 썼다. 그의 《지구체계의 사회학 Sociology of the Global System》(2판, 1991; 개정판, 1995; 일신사에서 국내 출간)은 일본어, 포르투갈어, 페르시아어, 한국어, 에스파냐어로 번역되었고, 2002년에 옥스퍼드 대학 출판부에서 《세계화: 자본주의와 대안 Globalization: Capitalism and Its Alternatives》이라는 제목으로 개정판이 출간되었다. 2002년 봄 뉴욕 뉴스쿨 대학 사회학과 대학원 특별 객원교수와 2004년 봄 서던 캘리포니아 대학 객원교수를 지냈으며, 지금은 스트래스클라이드 대학 지리사회학과 객원교수로 있다. 국제학회Global Studies Association 부회장(사회학)이며,《국제정치경제학 리뷰Review of International Political Economy》,《글로벌 네트워크Global Networks》,《소셜 포스Social Forces》 편집위원을 맡고 있다. 현재 도상건축학과 자본주의 세계화를 연구하고 있다.

크리스 그림쇼 Chris Grimshaw

옥스퍼드 대학에서 철학과 사회학 학위를 받았다. 여러 해 동안 적극적인 운동가로 활동하면서 다자간 투자 협정과 반세계화 캠페인을 지원했다. '기업감시Corporate Watch' 창립 회원이며, 3년 넘게《기업감시》에서도 일했다. 현재는 기업감시에서 비상근으로 일하면서 홍보 회사와 로비 집단을 연구하고 있으며,《기업감시》에 기사를 쓴다.

로라 밀러 Laura Miller

2000년부터 미국의 미디어 민주주의 센터Center for Media and Democracy에서 기만적인 기업홍보와 정부 선전을 다루었으며, 최근에는 계간《PR 워치PR Watch》의 편집자로 일하고 있다.《PR 워치》와《LiP 매거진LiP Magazine》에 글을 기고했으며, 데이비드 밀러의《내게 거짓말을 해봐》, 피터 필립스Peter Phillips와 검열 반대 프로젝트Project Censored의《2006년 검열 목록: 25가지 검열된 기사Censored 2006: The Top 25 Censored Stories》(New York: Seven Stories Press, 2006)에 필자로 참여했다. 또한 여러 매체에 자주 출연해 미국의 전쟁 선전부터 기업의 가짜 풀뿌리 단체에 대한 캠페인 컨설팅까지 다양한 주제를 논했다. 그녀는 현재 자신의 웹사이트 '밀러의 횡단Miller's crossing'(www.lamiller.net)에서 예술과 미국 중서부 삶에 대한 글을 쓰고 있다.

앤디 로얼 Andy Rowell

프리랜서 작가이자 탐사 언론인이다. 10여 년 동안 정치, 환경, 보건 이슈에 대해 글을 써왔다. 그의 기사는 《가디언Guardian》,《인디펜던트 온 선데이Independent on Sunday》,《빅 이슈Big Issue》,《뉴욕 빌리지 보이스New York Village Voice》,《에콜로지스트Ecologist》에 머리기사로 종종 실렸다. 그는 멜버른의《에이지Age》,《BBC 와일드라이프 매거진BBC Wildlife Magazine》,《어스 매터스Earth Matters》,《델타Delta》,《마오 매거진Mao Magazine》,《뉴 솔루션스New Solutions》,《뉴질랜드 리스너New Zealand Listener》,《PR 워치》,《래디컬 뉴스Radical News》,《레드 페퍼Red Pepper》,《리서전스Resurgence》,《시드니 모닝 헤럴드Sydney Morning Herald》에도 글을 기고했다. 그리고《녹색 반격: 환경운동의 지구적 전복Green Backlash: Global Subversion of the Environment Movement》(London: Routledge, 1996),《걱정 마세요: 먹어도 안전하니까요Don't Worry: It's Safe To Eat》(London: Earthscan, 2003),《다음 걸프전: 런던, 워싱턴, 그리고 나이지리아 오일 분쟁The Next Gulf: London, Washington and Oil Conflict in Nigeria》(공저, London: Constable Robinson, 2005)을 쓰기도 했다. Spinwatch.org의 공동 창립자이자 공동 편집자다.

조너선 매슈스 Jonathan Matthews

GM 워치 GM Watch 와 로비워치 Lobbywatch 의 창립자다.

이블린 뤼베르스 Eveline Lubbers

탐사 기자이자 전문가 운동가이며 암스테르담에 살고 있다. 정치학을 전공한 그녀는 20년 전에 대학을 졸업한 이후 뷔로 얀센 앤드 얀센 Buro Jansen & Janssen(1980년대 강력했던 공유지 정착 운동의 후신)을 공동 창립했다. 그리고 이 단체에서 경찰과 첩보 기관을 감시하고 정권의 억압적인 감시 전술에 저항하는 사회운동가 단체를 지원했다. 운동 관련 미디어와 주류 언론, 인터넷에 글을 썼으며, 관련 주제에 대해 주로 네덜란드어로 책을 출간했다. 그녀의 저작은 '이블의 저작 Evel's writing'(www.evel.nl)이란 사이트에 올라와 있다. 지난 수년간 초국적 기업이 인터넷 운동가를 비롯한 비판자에게 맞서는 정보 활동과 홍보 전략을 중점적으로 연구했고, 그 연구 결과는 《거대 기업과 투쟁하다: 사이비 환경운동, 위장 단체, 기타 기업의 속임수에 맞서는 방법 Battling Big Business: Countering Greenwash, Front Groups and Other Forms of Corporate Bullying》(Foxhole, Dartington: Green Books, 2002; Monroe, Maine: Common Courage Press, 2002)으로 나왔다. 뤼베르스는 Spinwatch.org의 공동 창립자이자 공동 편집자다.

울리히 뮐러 Ulrich Mueller

로비컨트롤 LobbyControl의 창립자다. 이 단체는 로비, 홍보 캠페인, 싱크탱크에 대한 정보를 제공하고 투명성과 민주주의를 전파하는 독일의 새로운 시민사회 기구다. 2005년 후반에 학계와 시민사회의 소수 인사가 창립한 로비컨트롤은 비영리 단체로 등록되어 있다. 뮐러는 2001년부터 2005년 초까지 인권 단체 FIAN에서 일했으며, 그 전에는 막스 플랑크 연구소에서 사회학을 연구했다. 현재 쾰른에 살고 있다.

제럴드 서스먼 Gerald Sussman

포틀랜드 주립대학에서 도시 연구와 커뮤니케이션 교수를 맡고 있으며, 정치학 박사 학위를 받았다. 최근 저서로는 《글로벌 선거 공학: 캠페인 컨설팅, 커뮤니케이션, 기업 모금 Global Electioneering: Campaign Consulting, Communications, and Corporate Financing》(Lanham, Md.: Rowman & Littlefield, 2005)이 있다.

그랜빌 윌리엄스 Granville Williams

영국 허더즈필드 대학에서 미디어 정책과 저널리즘을 가르치고 있다. 언론·방송자유 캠페인 Campaign for Press and Broadcasting Freedom 위원회 위원이며, 유럽언론인연맹 European Federation of Journalists 의 방송전문가 그룹 회원이다. 현재 유럽위원회 권고안 '국경 없는 텔레비전' 개정 과정에서 기업 로비가 수행한 기능과 그 영향을 연구하고 있다.

애런 데이비스 Aeron Davis

데이비스는 정치학, 역사학, 미디어·커뮤니케이션, 사회학을 연구했다. 그는 학위를 따는 동안 미국, 멕시코, 중앙아메리카, 호주, 뉴질랜드, 동남아시아를 여행하고 연구하느라 여러 해를 보냈다. 그의 관심 분야는 홍보, 정치와 정치 커뮤니케이션, 홍보 문화, 미디어 사회학과 뉴스 생산, 경제사회학과 금융시장에 걸쳐 있다. 영국 의회, 주요 정당, 금융계, 노동조합 운동 등에서 커뮤니케이션 연구를 수행했고, 이런 주제를 다룬 글을 잡지와 선집에 실었으며,《홍보 민주주의: 영국의 홍보, 정치, 대중 매체 Public Relations Democracy: Public Relations, Politics and the Mass Media in Britain》(Manchester: Manchester University Press, 2002)를 썼다.

윌리엄 클라크 William Clark

《배리언트 Variant》편집자를 지냈으며, 스트래스클라이드 대학 지리사회학과 공익 연구원이다. 클라크는 정부에 자문을 제공하고 영향력을 미치며 속임수에 연루되어 있는 기관과 파벌을 분석한다. 이 단체들은 은밀하게 업계 로비스트와 선전 담당자 노릇을 하며, 거짓된 지적·정치적 개념의 통로 역할을 하고, 공공 기금을 가로채며, 민주적 과정을 오염시킨다. 이곳은 신노동 인사의 집합소로, 이 인사들은 스파이, 비열한 로비스트, 사이비 지식인, 가짜 풀뿌리 단체, 그리고 소수의 비밀 조직 네트워크를 운영하면서 수십억 파운드를 주무르는 MI6과 CIA 요원을 말한다. 클라크는 이들이 영향을 미치고 관계를 맺은 역사에 관심을 두고 있으며, 그의 관심은 1960년대 좌파 정부를 전복하기 위한 준準정치 프로젝트로 이어진다.

밥 버턴 Bob Burton
호주 캔버라에서 프리랜서 언론인으로 일하고 있으며, 소스워치(www.sourcewatch.org) 편집자를 맡고 있다. 소스워치는 미국의 미디어 민주주의 센터에서 운영하는 프로젝트로 PR 업계에 대한 자료를 수집한다. 버턴은 니키 헤이저 Nicky Hager 와 함께 《비밀과 거짓말: 반환경주의 홍보 캠페인을 해부하다 Secrets and Lies: The Anatomy of an Anti-Environmental PR Campaign》(Nelson, New Zealand: Craig Potton Publishing, 1999; Monroe, Maine: Common Courage Press, 2000)를 썼다. 1980년대와 1990년대 초반에는 호주와 뉴질랜드의 환경 단체에 몸담았다.

올리비에 호에드만 Olivier Hoedeman
유럽기업감시 Corporate Europe Observatory 에서 일하고 있다. 암스테르담에 있는 이 연구 단체는 기업과 로비 집단의 경제적·정치적 권력이 민주주의, 평등, 사회 정의, 환경에 가하는 위협을 목표로 삼는다. 호에드만은 EU의 로비 투명성 및 윤리 규제 연합 ALTER-EU 에서 중추적인 역할을 담당했다.

앤디 히긴보톰 Andy Higginbottom

2005년에 〈콜롬비아의 세계화와 인권: 권력자, 기업 복합체, 준군사 국가의 범죄 Globalisation and Human Rights in Colombia: Crimes of the Powerful, Corporate Complicity and the Paramilitary State〉 연구로 미들섹스 대학에서 박사 학위를 땄다. 콜롬비아 연대 캠페인 Colombia Solidarity Campaign 사무국장으로 일하면서 갈등을 공정하게 해결하기 위한 사회운동을 펼치고 있고 《프런트라인 라틴아메리카 Frontline Latin America》 편집국에서도 일하고 있다. 2006년 5월 빈에서 '라틴아메리카와 카리브 해 국가의 신자유주의 정책과 유럽 초국적 기업'에 대한 인민상설재판소 Permanent Peoples' Tribunal가 열렸을 때 천연자원 부문을 공동으로 진행했으며, 이 분야를 계속 연구하고 있다. 현재 런던 킹스턴 대학에서 라틴아메리카 정치와 인권을 가르치고 있다.

찾아보기

ㄱ

《가디언》 ···· 114, 147, 161, 171, 175, 280
가토네 가투라 ····················· 191
개발연구소 ························ 186
거리 되찾기 운동 ·················· 221
건실한 경제를 위한 시민 모임 ······· 102
게르트 라이너 베버 ················ 156
게르트 랑구스 ····················· 237
게르하르트 슈뢰더 ················· 250
게리 해리슨 ······················· 146
겐나디 주가노프 ··········· 268, 269, 271
겔만 재단 ························· 162
경쟁기업연구소 158, 160, 162, 172, 178-
    179, 187, 201
경제기업연구센터 ·················· 61
경제문제연구소 ······· 31, 151-152, 154,
    156-157, 165, 172
경제사회연구소 ···················· 236
계승자 세대를 위한 영미 프로젝트(BAP) ··
    327-328, 330, 337, 339, 341, 348
고든 벨 ··························· 123
고든 브라운 ······················· 331
고든 비티 ························· 72
공공문제연구소 ···················· 170
공공정보위원회 ···················· 261
공공정책분석연구소 ················ 160
공공정책연구소 ···· 324-325, 328, 338,
    340, 343
공인홍보협회 ················ 58, 65-67

공직자윤리감시센터 ······· 100, 102-103
과학연합 ············ 159, 165, 167-168
관세 및 무역에 관한 일반 협정(GATT) ····
    289
광대역 관계자 협회 ············ 302-303
교토의정서 ······ 50, 167-170, 381, 386
국제 노동권 기금 ···················· 402
국제 르네상스 재단 ···················· 278
국제 식품 노동자 연맹 ········ 408-409
국제 커뮤니케이션 원탁회의 ········· 292
국제경제연구소 ···················· 151
국제공화주의연구소 ······ 265-267, 272,
    274-276, 278-280
국제동물복지기금 ···················· 365
국제민간기업센터 ············· 265-266
국제북극과학위원회 ···················· 145
국제상업회의소 ·············· 30-31, 422
국제선거제도재단 ···················· 263
국제위협대응 ·· 204, 207, 218, 222, 225,
    227-229
국제자본형성위원회 ············ 168, 386
국제정책 네트워크 ·· 15, 148-154, 156-
    168, 170-175, 179, 386
국제정치 컨설턴트 협회 ········ 263, 282
국제통화기금(IMF) ············· 268, 278
군수업체연합 ························ 214
그레고리 콩코 ·················· 158, 187
그레그 다이크 ······················ 301
그레일링 ···························· 137

찾아보기 517

그룹 4 ····················· 224-225
그린스피리트 스트래티지 ······ 128-129
그린피스 ········ 129, 173, 183, 188, 215,
　　366-367, 391, 423
글락소스미스클라인 ················ 140
기술 주도권을 위한 미국인 모임 · 93-95
기술경쟁력협회 ················ 93-94
기업감시 ··········· 206, 215, 225, 423
기업의 사회적 책임 ···· 28, 30, 35, 355,
　　358, 422
기업인 원탁회의 ······················ 31
기후 변화에 관한 정부 간 패널 ······ 155
깨끗한 투자 캠페인 ·················· 215
《끔찍한 진실》 ························ 11

ㄴ

나이저 이니스 ······················ 183
나이절 모브스 ······················ 336
내셔널 익스프레스 ··················· 76
낸시 튜렛 ··························· 356
낸시 펠로시 ························ 420
냉정한 지성들의 연합 ·········· 160, 171
네빌 샌덜슨 ······················· 336
네빌 이스델 ············· 395-396, 416
네슬레 ························· 46, 122
《네이처》 ····················· 173, 190
《네이처 바이오테크놀로지》 ·········· 177
네일리 크루스 ················· 295, 383
네트워크 프로세싱 서비스 ············· 94
노동당 금융산업 그룹 ····· 328, 334, 343
노르스크 하이드로 ··················· 107
노엄 촘스키 ························ 261
노엘 그리스 ·························· 34
《노예의 길》 ························ 151
녹색연대 ··························· 332
누트레코 ···························· 124

《뉴 스테이츠먼》 ··············· 343, 406
뉴딜 태스크포스 ···················· 344
《뉴욕 타임스》 ···· 92, 117, 180, 184, 335
《뉴잉글랜드 의학 저널》 ············· 121
니컬러스 컨페소어 ··············· 98-99
닉 버틀러 ·························· 341
닉 클레그 ·························· 377
닐 영 ······························ 128
닐스 악셀 모르네르 ·················· 170

ㄷ

다니엘 귀에겡 ······················ 381
다이렉트 커넥트 ····················· 89
다이옥신 ················· 110-112, 116
다이진 ······························ 67
단테 파셀 ·························· 266
대니얼 도런 ························ 335
대니얼 벨 ·························· 332
대런 캠벨 ·························· 320
대서양법률재단 ····················· 122
대서양이사회 ······· 328, 336, 340, 343
대안연구소 ························· 160
대중 텔레비전 연합 ············· 286-287
대투자자 홍보협회 ·················· 308
댄 코발리크 ························ 416
더글러스 굿이어 ················ 89-91
더글러스 타커 ······················ 123
더글러스 헤이그 ···················· 337
더들리 다커 ························· 26
데넬 ······························ 219
데릭 버크 ·························· 193
데릭 스콧 ·························· 332
데릭 해턴 ·························· 330
데모스 ··· 17, 324-325, 328-338, 340,
　　342-344, 347-348
데얀 베르칙 ························· 75

데이브 영거 ······················ 416
데이비드 록펠러 ··················· 46
데이비드 미치 ····················· 79
데이비드 보우 ···················· 377
데이비드 언쇼 ···················· 391
데이비드 켈리 ···················· 301
데이비드 킹 ·················· 171-172
《데일리 메일》 ··················· 147
《데일리 텔레그래프》 ········· 61, 120
덴마크 미래학회 ············ 148, 167
도널드 케네디 ···················· 118
도미니크 스탠디시 ··············· 168
도이체 방크 ················· 236, 239
독성위원회 ················· 114-115
독일 시장 ························ 242
독일 철강 노동자 조합 ··········· 244
독일 행동 그룹 ··················· 241
독일산업연맹 ··············· 232, 239
독일연금연구소 ·················· 236
독일을 위한 회의 ········ 231, 239, 243
독일이 나서다 ·········· 231, 238, 241
듀이 스퀘어 그룹 ·················· 97
듀퐁 ······················ 122, 167, 196
디드리 허턴 ······················ 139
디엘드린 ············ 110-112, 115-116
디지털 콘텐츠 포럼 ··············· 302
디터 라스 ··················· 232, 247
디터 리케르트 ·············· 240-241
디팍 랄 ·························· 165

ㄹ

랜디 바흐만 ······················ 128
레오니드 쿠치마 ·················· 277
레이 로저스 ················ 404, 416
레이첼 카슨 ······················ 161
레흐 바웬사 ······················ 274

로널드 레이건 · 32, 264-265, 274, 278, 289, 326-327, 333
로널드 코언 ······················ 335
로리 젠슨 ························ 126
로만 헤어초크 ·············· 238, 243
로버트 매들린 ···················· 291
로버트 버드 ······················ 169
로버트 보이드 ·············· 151-153
로버트 볼링 ················ 156, 169
로버트 졸릭 ······················ 186
로버트 코렐 ······················ 145
로비워치 ························ 423
로비컨트롤 ······················ 423
로빈 애럼 ························ 422
《로스앤젤레스 타임스》 95-97, 120, 147, 361
로이 고드슨 ······················ 336
로이 이니스 ······················ 182
로이터 ····················· 68, 199, 291
로저 리들 ··················· 330-331
로저 베이트 ··· 153-159, 161-163, 165, 167, 170, 201-202
〈로저와 나〉 ······················· 11
로지에 코루스 ·············· 388, 390
론 아널드 ············ 169, 184, 195-197
론 폴 ······················· 265, 279
롤란트 베르거 ···················· 239
루디 밴더메이 ···················· 127
루이스 커뮤니케이션스 ············ 62
루퍼트 머독 ····· 46, 291, 298, 327, 331
리누스 반 쉔델렌 ··········· 376, 392
리버티 연구소 · 159-160, 165-167, 178
리스본 위원회 ···················· 385
리처드 드레스너 ·················· 269
리처드 마일스 ···················· 277
리처드 에덜먼 ············ 353-356, 362
리처드 에어 ······················ 139

릭 리더 ····························· 282
린 브런트 ························ 126-128
린다 웻스톤 ······················ 151-153
린든 라루슈 ·························· 158

ㅁ

마거릿 대처 · 32, 63, 75, 152, 239, 289, 325-326, 328, 336-337, 342
마고 소닝 ······················ 168-170
마다브 칸데카르 ······················ 171
《마더 존스》 ························· 150
마르틴 오게루프 ····· 148, 167-168, 170
마리트 앤드 한스 라우징 자선재단 ··· 162
마이런 이벨 ·························· 172
마이크 맥긴티 ························ 221
마이크 윌슨 ····················· 194-195
마이크로소프트 ·· 86, 92-98, 291-292, 335, 354, 361
마이클 갤로 ······················ 120-121
마이클 무어 ···························· 11
마이클 블랜 ··························· 73
마이클 윌스 ·························· 332
마이클 피셔 ······················ 151-152
마이클 헤슬타인 ·········· 328, 337, 342
마인하르트 미겔 ····················· 236
마저리 스카르디노 ··················· 339
마크 레너드 ·························· 341
마크 셔틀레프 ························· 95
마크 스미스 ··························· 89
마크 토머스 ········· 406-407, 410, 415
〈마크 토머스 코미디 쇼〉 ·············· 11
마크 홀링스워스 ···················· 7, 72
마틴 리버모어 ···················· 159, 167
마틴 자크 ···························· 328
마틴 호그빈 ·························· 217
말린 피츠워터 ························· 10

매력적인 독일을 위하여 ············· 241
매킨지 앤드 컴퍼니 ·················· 345
맥스 클리포드 ························· 11
머린 하비스트 ············ 107, 124, 142
메저닌 329-330, 334, 338, 342, 344-347
모건 스탠리 ·························· 344
〈모녀 전쟁〉 ······················· 10, 65
모리타 아키오 ························· 46
모린 에드먼슨 ························ 139
몬산토 74, 122, 178, 181-182, 185-189, 192, 197, 202, 354
몰리나리 경제연구소 ················· 385
몽펠르랭 협회 ········ 31, 235, 325, 335
무기거래반대운동 ·· 15, 204-205, 208-222
《문명의 충돌》 ························ 343
미국 국제개발청 ···· 186-187, 257, 263, 273, 276, 280
미국 노동 총연맹 산업별 조합회의 · 265-266
미국 애틀러스 경제연구재단 ·········· 152
미국 철강 노조 ······················ 402
미국 플라스틱 협회 ··················· 121
미국곡물보호연합 ················ 121, 164
미국곡물위원회 ······················ 201
미국과학보건협회 ··············· 122, 159
미국국제노동연대센터 ················ 265
미국기업연구소 ·· 97, 156-157, 163, 167, 170, 267, 340-341
미국법조협회 ························ 279
미국연어협회 ·· 119-120, 125, 130-131, 133-134
미국영화협회 ···················· 289-290
미국을 위한 연합 ····················· 169
미국자유연합 ························ 184
미국제약협회 ····················· 86, 98

미디어 민주주의 센터 · 7, 368-369, 423
미셸 캉드쉬 ························· 268
미하일 마골레프 ····················· 270
미하일 사카슈빌리 ··················· 277
민주당 전국위원회 ··················· 262
민주주의를 위한 국가원조기금(NED) ·····
    257-258, 264-267, 272, 274-276,
    282-283
밀리턴트 ······················· 328, 330
밀턴 프리드먼 ············ 31, 233, 335

ㅂ

바람직한 공공 정책을 생각하는 과학자 모
    임 ···························· 155-156
바룬 미트라 ······················ 165, 167
바츨라프 하벨 ························ 274
반군사연구집단 ······················· 205
반다나 시바 ················ 177, 181, 402
〈반자연〉 ························· 196-197
밥 그랜트 ···························· 188
밥 돌 ································· 89
배리 게인 ······················· 224-225
밸 기딩스 ············ 177-178, 180, 189
뱅상 펠롱 ···························· 419
버나드 잉엄 ··························· 75
버슨 마스텔러   33, 62, 67-68, 155, 180,
    270, 273, 340, 357, 359, 366-367,
    375-376, 378-379, 389, 391
범대서양 정책 네트워크 ······· 377-378
베넷 프리먼 ·························· 367
베른트 할링 ·························· 200
베를린폴리스 ························ 241
베비다스 이 알리멘토스 ············ 397
베텔스만 ················ 291-292, 378
베텔스만 포럼 ························ 293
벤 긴즈버그 ·························· 102

벨포팅어 ················· 56, 58, 63, 72
보리스 옐친 ········ 268-271, 273, 280
보잉 ································· 89
〈볼링 포 콜럼바인〉 ···················· 11
볼프 디터 하젠클레버 ················ 237
부텔레지 ···························· 186
북극 애서배스카족 협회 ············· 146
북극기후영향평가단 ··· 144, 150, 161, 170
북극위원회 ·························· 145
북미자유무역협정 ······················ 31
뷔로 얀센 앤드 얀센 ··········· 205-206
브라이언 맥케이브 ···················· 102
브라이언 심슨 ························ 110
브라이언 크로저 ···· 325-328, 336, 342
브런스윅 ····························· 79
브렌트 스파 ····················· 215, 354
브롬과학환경포럼 ··············· 378-379
브루노 레오니 연구소 ················· 169
브루스 앤들 ·························· 168
브루스 에임스 ························ 156
브루킹스 연구소 ····················· 346
브리티시 석유 ············· 14, 341, 366
브리티시 에어로스페이스(BAe) 204-205,
    214, 221-222, 224
블라디미르 푸틴 ················ 170, 260
비디오 인터내셔널 ··············· 269-270
비비안 레딩 ········ 293, 297, 303-304
비에른 롬보르그 ······················ 159
빅토르 야누코비치 ·············· 278-280
빅토르 유셴코 ·················· 278-280
빈 웨버 ····························· 265
빌 게이츠 ····························· 47
빌 두로디 ···························· 157
빌 드레이턴 ·························· 345
빌 클린턴 262-263, 269, 271, 275, 289,
    359

ㅅ

사상연구소 157-158, 197-198
《사이언스》 108-110, 115, 117-118, 123, 125, 131-133, 141-143
사이언스 미디어 센터 139, 192, 198
새로운 길 프로젝트 242
새뮤얼 헌팅턴 343
새유럽센터 159, 385
샐리 발리우나스 156, 159, 170
생명공학산업기구 177-178, 189
샤를 라로슈 379-380
《선데이 타임스》 204-208, 210-211, 214, 218, 221-222, 224-225, 339
《선데이 텔레그래프》 80
《선데이 헤럴드》 117
〈성공의 달콤한 향기〉 11
세계개발운동 7, 221
세계경제포럼 341, 353, 385
세계무역기구(WTO) · 18, 166, 183, 186-187, 278, 384, 421, 423, 425
세계보건기구 112, 114, 116, 141
세계사회포럼 404
세제 개혁을 위한 미국인 모임 92
센스 어바웃 사이언스 139, 165, 193-198
셔우드 이드조 156
셰브런 텍사코 267
셸 30, 329, 354, 422
셸던 램턴 155, 368
소기업생존위원회 93
소스워치 18, 369-372, 417
수전 트렌토 368
《스코츠맨》 113, 122
《스코틀랜드 온 선데이》 120
스코틀랜드 환경보호국 142
스코티시 퀄리티 새먼(SQS) 110, 113, 116-117, 119-121, 125, 132-138, 140
스퀘어 마일 79

스크레팅 107
스탠 글랜츠 156
스탠리 그린버그 263
스탠리 캄스 335
스톡홀름 네트워크 159, 386
스티븐 노리스 76
스티븐 도릴 6, 343
스티븐 빙 103
스티븐 세이프 120-122
스티븐 오어 141
스티븐 해슬러 336
스파이크트 157-158, 168, 197
스핀워치 5-7, 132, 369, 423
슬로보단 밀로셰비치 276-277
시그먼드 스턴버그 335
시날트라이날 · 19, 397-398, 402-404, 406-410, 412-413, 415-416
시날트라인베크 407-408
〈시리아나〉 11
시민대회 231, 236-238, 241
《시애틀 타임스》 147
시청각 미디어 서비스 권고안 · 302, 304
시티게이트 그룹 76
시티게이트 듀 로저슨 78
식품의약국 111-112, 116, 141, 180
식품표준국 114-116, 118-119, 133, 136-141, 143
신사회적 시장경제 · 231-235, 238-251, 253
신젠타 194, 201
신트라이나그로 408-409
심 칼라스 · 28, 299, 387-391, 393, 418

ㅇ

아나톨리 추바이스 273
아델 블레이크브러 344

아드리앙 프랑크 … 205-207, 216-217, 219, 228
《아메리칸 프로스펙트》 ……………… 94
아미르 아타란 ……………………… 165
아미트 스리바스타바 ………… 401, 416
아서 셀든 …………… 328, 335-337
아서 셴필드 ………………………… 151
아쇼카 ……………………………… 345
아스트라제네카 …………………… 192
아시아 태평양 살충제 행동 네트워크 …… 188-189
아우구스토 피노체트 ……………… 266
아이비 리 ………………… 26, 134, 261
아일랜드 자유운동 ………………… 198
아프리카 말라리아 퇴치연합 ·· 157, 162-165
아프리카바이오 …………………… 181
안드레이 일라리오노프 …………… 170
알렉 베드서 ………………………… 287
알렌스바흐 여론조사연구소 ……… 239
알시라 델 카르멘 에레라 페레스 …… 397
암스트롱 윌리엄스 ………………… 372
앙겔라 메르켈 ……………………… 251
애그바이오뷰 ……………………… 158
애그바이오월드 …………… 187, 202
애덤 스미스 연구소 ·· 151, 325, 335, 337
애덤 스미스 클럽 …………………… 151
《애드버스터스》 …………………… 179
애런 디그래시 ……………………… 186
애런 에커트 ………………………… 11
애슐리 포크너 ……………………… 105
앤드루 내치어스 …………… 186, 200
앤서니 기든스 ……………… 330, 347
앤서니 피셔 ………………… 151-152
앤절라 밀스 웨이드 ……………… 298
앨러스터 캠벨 ……………………… 10
앨런 가드너 ………………………… 139
앨런 덜레스 ………………………… 346
앨런 메릴 고틀리브 ……………… 184
앨런 윌슨 …………………………… 141
앨릭스 에이버리 …………………… 201
앰네스티 인터내셔널 ……………… 217
《앵커리지 데일리 뉴스》 ………… 147
양식업 인식증진협회 …… 119, 125-129, 133-134
어데어 터너 ………………………… 330
어맨다 리틀 ………………………… 357
어밀리어 포셋 ……………………… 344
어빙 크리스톨 ……………………… 335
어스 퍼스트! ……………………… 221
언론·방송자유 캠페인 ……… 301, 423
에델만 … 63, 353-356, 358, 361, 364, 366, 389
에드 포터 ………………………… 413
에드워드 버네이스 …… 26-27, 34, 261
에리카 만 ………………………… 378
에밀리오 로드리게스 ……………… 416
에어하트 재단 ……………………… 162
에임스 오브 인더스트리 …… 31, 287, 336
엑손 모빌 ·· 98, 122, 150, 170, 174, 267, 386, 423
엘런 래피얼 ………………………… 197
엘리자베스 헐리 …………………… 68
엘마 브로크 ………………………… 378
연방선거위원회 …………… 101, 103-105
열린 사회 …………………… 257, 276, 337
영국 대서양위원회 ………………… 342
영국 애틀러스 경제연구재단 …… 151-152
영국 인터넷 출판인 협회 …… 297-298
영국산업연맹 ……………………… 151
영국제약산업협회 …………… 64, 425
영국핵에너지협회 ………………… 64
영국핵연료공사 …………… 60, 344, 377
예두아르트 셰바르드나제 ·· 276-277, 280

오길비 앤드 매더 ·················· 269
《오다이어스 PR 데일리》 ······· 354, 363
오사마 빈 라덴 ················ 104, 343
오트포르 ························· 276, 279
오프컴 ····························· 302, 304
옥스팜 ···························· 367, 391
옴니컴 ······················· 32, 59, 63
《옵서버》 ······················ 68, 117, 171
외국인 불법 피해자를 위한 배상청구법 ····
  402
외르크 하이더 ······················ 188
우고 차베스 ························ 280
우드로 윌슨 ························ 261
워런 버핏 ··························· 315
원자력산업협회 ······················ 64
월터 리프먼 ···················· 26, 134
웨버 샌드윅 ············ 60, 62, 359, 365
〈웨스트 윙〉 ·························· 10
웨일스 농민 연합 ···················· 139
위르겐 페터스 ················· 244-245
윌 허턴 ····························· 347
윌리 디그리프 ······················ 201
윌리 순 ····························· 156
윌리 호턴 ··························· 106
윌리엄 돔호프 ················· 347-348
윌리엄 멘도사 ······················ 410
윌리엄 새파이어 ···················· 360
윌리엄 키팅 ························ 165
윌슨 무웨냐 ························ 199
유니레버 ········· 139-140, 354, 378-379
유럽 공공문제 컨설팅 연합 ··· 389-390,
  419
유럽 기업인 원탁회의 ··········· 374, 381
유럽 라디오 연합 ·············· 294, 298
유럽 무기거래반대 네트워크 ···· 206, 219
유럽 보수주의자 그룹 ················ 342
유럽 브롬화 방염제 산업위원회 ······ 379
유럽 상업 텔레비전 연합 ······· 294, 298
유럽 소비자 화재안전 연합 ··········· 379
유럽 출판인 협회 ·············· 294, 298
유럽 투명성 계획 28, 387, 391, 393, 418
유럽 HPV 검사 여성연합 ········· 67-68
유럽개혁센터 ················· 340-342
유럽과학환경포럼 ··· 155-157, 162-163,
  167
유럽기업감시 ··· 7, 288, 294, 384, 389,
  422-423
유럽기업연구소 ················ 159, 385
유럽문제전문가협회 ······ 374, 387-390
유럽연합 서비스 권고안 ············· 385
유럽의회 금융 서비스 포럼 ···· 390, 419
유럽정책센터 ························ 384
유럽정책연구센터 ···················· 384
유럽화학산업협회 ···················· 382
유로파바이오 ························ 200
유엔 환경개발회의 ···················· 50
이디 아민 ··························· 188
이블린 르 셴 ··· 204-210, 212-217, 219,
  221-225, 227
이스라엘 사회경제진보센터 ·········· 335
이시드로 세군도 힐 ·················· 397
이언 랭 ····························· 211
이언 하그리브스 ·········· 340, 344, 347
《이코노미스트》 ················ 339, 341
인도농민연맹 ························ 177
인두르 고클라니 ················ 167, 170
《인사이더》 ·························· 11
인종평등회의 ················· 182-185
《인터내셔널 헤럴드 트리뷴》 ···· 374, 380
인터퍼블릭 ················· 32, 59, 63
인털렉트 ···························· 303
일본포경협회 ························ 365
일자리와 의료를 생각하는 미국인 모임 ····
  103-104

ㅈ

자유기업보호센터 ···· 169, 184, 195, 203
자유주의 네트워크 재단 ············· 242
자유주의자 연대 ···················· 336
자크 메종루즈 ······················· 46
장 폴 맹가송 ························ 377
잭 매코널 ··························· 142
잭 발렌티 ··························· 289
잭슨 웰스 모리스 ···················· 372
전국납세자연맹 ······················ 92
전국민주주의연구소 ···· 265-267, 272-
 273, 275-276, 278
전국학생연맹 ························ 343
전문 정치 컨설턴트 협회 ······ 65, 67, 78
정부의 예산낭비에 반대하는 시민 모임 93
정책연구센터 ·········· 31, 325, 335, 337
정치에 투명성을 ········· 231, 240-242
제너럴 모터스 ························ 98
제러미 핸리 ························· 211
제시 헬름스 ························· 269
제아로이드 올렝시 ··················· 416
제야 헨리 ··························· 139
《제약 경영》 ························ 356
제이컵 설럼 ························· 360
제임스 골드스미스 ··················· 327
제임스 그루닉 ···················· 33-34
제임스 글래스먼 ·· 97, 99, 170, 315, 360
제임스 러브록 ···················· 74-75
제임스 매키넌 ······················· 179
제임스 치코니 ······················· 102
제프 멀건 ·········· 330-334, 339, 345
제프리 삭스 ························· 273
제프리 터커 ························· 344
젠슨 ···························· 127, 130
조 고드슨 ··························· 336
조 슈메이트 ························· 269
조너선 스틸 ························· 280
조너선 우틀리프 ····················· 366
조너선 주크 ·························· 94
조슈아 마이커 마셜 ··················· 94
조시 마티스 ·························· 94
조이스 넬슨 ························· 368
조지 갤럽 ··························· 327
조지 고턴 ··························· 269
조지 루시어 ························· 117
조지 몬비엇 ······················ 7, 173
조지 부시 ··· 14, 86, 88, 100-103, 105,
 144, 170, 185, 187, 200, 260-261,
 329, 343, 372, 382
조지 소로스 47, 103, 257, 276, 278-279
조지 윌 ····························· 360
조지 H. W. 부시 ····················· 89
조지프 나폴리탄 ····················· 264
존 로이드 ··························· 343
존 매케인 ··························· 267
존 메이저 ······················ 207, 289
존 브로 ····························· 421
존 브루턴 ··························· 405
존 블런들 ······················ 151-154
존 스토버 ···················· 6, 155, 368
존 애덤스 앤드 어소시에이츠 ········· 163
존 엠슬리 ··························· 156
존 웹스터 ······················ 116, 132
존 케리 ··················· 103, 105, 371
존 크렙스 ················· 114-115, 139
존 퍼비스 ··························· 419
존 포스터 덜레스 ···················· 346
존 호튼 ····························· 155
존 휴스턴 ······················ 389, 419
졸릭 ··························· 187, 200
주제 마누엘 바로주 ····· 293, 299, 382-
 383, 387
줄리언 모리스 · 153-155, 159, 168-169
즈비그뉴 자보로브스키 ·········· 156, 158

찾아보기 525

지구의 벗 ·············· 173, 221, 366
지금 깨어라 ························ 241
지역 간 경제 네트워크 ············ 160
지역사회활동 네트워크 ······ 344-345
진실을 찾는 쾌속정 참전용사 모임 ··· 102, 105, 371

ㅊ

차임 ·························· 63, 73
찰스 그래슬리 ····················· 89
찰스 그랜트 ······················ 341
찰스 루이스 ················ 102, 104
찰스 머리 ························ 331
찰스 벤브룩 ······················ 201
찰스 산테르 ·············· 119-122, 134
찰스 폴러드 ················ 226, 228
채텀 하우스 ······················ 341
척 헤이글 ························ 169
쳉갈 레디 ················ 177-178, 181
《침묵의 봄》 ······················ 161

ㅋ

카네기 국제평화기금 ·············· 346
카네기 청년기금 ·················· 346
카를 레만 ························ 244
카를 마르크스 ····················· 35
카를로 스타그나로 ················ 168
칼 로브 ············ 10, 88, 185, 187, 261
칼 바이어 ···················· 27, 34
캐럴 텅 ·························· 296
캘리포니아 세이프티 컴플라이언스 코퍼레이션(CSCC) ··················· 413
《캠벨 리버 미러》 ·················· 127
컨트리 가디언 ····················· 75
케이토 연구소 ················ 93, 346

켄 리빙스턴 ················ 328, 330
켄 애들먼 ························ 101
켄 존슨 ·························· 421
켄드라 오콘스키 ··· 160-164, 166-168, 178-179, 181
코스테인 ···················· 222-223
코카콜라 ······ 19, 345, 366, 395-402, 404-417
코카콜라 청년 재단 ··············· 345
콘라트 아데나워 재단 ·········· 237, 278
콘래드 번스 ······················ 100
콘래드 블랙 ························ 56
《콘스탄트 가드너》 ·················· 11
콜롬비아 연대 캠페인 ··· 406, 410, 423
콜린 맥콜 ························ 225
콜린 베리 ························ 165
콜린 파월 ························ 199
쿠르트 비덴코프 ·················· 236
쿨투란 마카담 오 피우크 ·········· 405
크라운 에스테이트 ············ 119, 140
크롬 컨설팅 ···· 132-133, 136, 138, 140, 143
크리스 리버 ················ 193-194
크리스 젠트 ······················ 312
크리스 훈 ························ 419
크리스토퍼 클로제 ············ 163-164
크리스토퍼 C. 호너 ··············· 160
크리스토퍼 N. 뱅크스 ············· 345
크리스티앙 드 폴로이 ············· 389
크마라 ······················ 276, 279
클라우스 폰 도흐나니 ·············· 243
키비타스 ························· 338
키스 조지프 ················· 31, 325

ㅌ

타맥 ····························· 222

타소 엔츠바일러 · 232
《타임스 고등교육 부록》 · · · · · · · · 193-194
《타임아웃》 · 343
타티아나 디아첸코 · · · · · · · · · · · · · · · · · 270
털컨 · 79
테사 조웰 · 301
테크 센트럴 스테이션 · · 85, 97-99, 158, 170, 376, 386
토니 기어링 · 61
토니 길런드 · · · · · · · · · · · · · · · · · · · 158, 197
토니 블레어 · · · 191, 193-194, 329-332, 339, 343
토니 블레어 · · · · · · · · · · · · · · · · · · · 191, 193
토니 커티스 · 11
토니 페더 · 88, 99-101
토니 홀 · 199
토머스 스톡 · 94
토머스 신허스트 · · · · 86, 89, 91, 94, 102, 106
토머스 에드설 · · · · · · · · · · · · · · · · · 100, 105
톡사펜 · 110-112, 116
톰 딜레이 · 421
톰 밀러 · 96
톰 벤틀리 · 344
트레버 쿡 · 372
트레이시 브라운 · 197
트렌트 롯 · 269
티머시 하이드 · · · · · · · · · · · · · · · 89, 91, 94
팀 래드퍼드 · · · · · · · · · · · · · · · · · 147-148, 171
팀 벨 · 58, 63, 72
팀 블라이드 · 73

ㅍ

파남코 · 403, 412
파울 드리센 · · · · · · · · 184, 189, 191, 200
파울 키르히호프 · · · · · · · · · 245, 251-252

파이낸셜 다이내믹스 · · · · · · · · · · · · · · · · 78
《파이낸셜 타임스》 · 232, 309, 339-340, 383, 389
파이저 · 122, 354
파트너 PR · 58, 72
패트릭 마이클스 · · · · · · · · · · · · · · · 156, 171
패트릭 무어 · · · · · · · · · · · · · · · · · · · 129-130
패트릭 위버 · 80
퍼스트 달러 · · · · · · · · · · · · · · · · · · · 127-129
퍼시 바르네빅 · 46
퍼트리샤 휴잇 · 332
페테르 메드제시 · 274
펨사 · 403, 411, 414
포라 · 279
폴 레테 · 168, 170
폴 스테인스 · 173
폴 지고트 · 360
폴 키어넌 · 356
폴리염화비페닐(PCB) · · · · · 108, 110-112, 115-116, 120-121, 123-124, 131, 141
퓨 자선기금 · · · · · · · · · · · 110, 117-118, 135
프라사나 스리니바산 · · · · · · · · · · · · · · · 159
《프랑크푸르터 알게마이네 존탁스차이퉁》 · · 244-245
프랭크 머카우스키 · · · · · · · · · · · · · · · · · 169
프랭크 퓨레디 · · · · · · · · · · · · · · · · · · 157, 197
프레드 싱어 · 156, 169
《프레스 앤드 저널》 · · · · · · · · · · · · · · · · 120
프리덤 하우스 · · · · · · · · · · · 257, 276, 280
프리드리히 아우구스트 폰 하이에크 · · · 31, 151, 233, 335
프리드리히 엥겔스 · · · · · · · · · · · · · · · · · · 35
플로렌스 왐부구 · · · · · · · · · · · · · · 189-191
플리트 스트리트 플레어 · · · · · · · · · · · · · 61
피어슨 · 339, 341
피오나 폭스 · 198
피터 레이븐 · 182

피터 루이스 ················· 103
피터 맨델슨 ··· 10, 328, 330-332, 339, 341, 383-384
피터 멜체트 ················ 366-367
피터 테일러 ················ 226-227
필립 구젤리언 ··············· 120-122
필립 굴드 ··················· 330
필립 그래프 ·················· 298
필립 듀허스트 ················· 60
필립 모리스 ········ 122, 155, 359-360
필립 보빗 ··················· 333
필립 스티븐스 ················ 165

ㅎ

하워드 딘 ··················· 103
하이메 베르날 쿠엘라르 ·········· 412
한스 티트마이어 ········· 234, 243-244
핵비무장운동 ·················· 221
허드슨 연구소 ················· 201
허턴 조사위원회 ················ 301
헤리티지 재단 ·············· 335, 346
헨리 키신저 ··················· 279
헬무트 마우허 ··················· 46
헬무트 콜 ···················· 268
현명한 이용 ········ 159-160, 169, 196
《홀리스》 ······················ 61
《홈스 리포트》 ·················· 363
홍보 컨설턴트 협회 ··· 61, 65-67, 308-309
화학제조업체연합 ················ 121
환경 실무 그룹 ················· 367
환경보호국 ········· 108, 111-116, 345
환경옹호연구센터 ················ 367
휘트니 셰퍼드슨 ················ 346
휴 그랜트 ················· 187-188
휴대전화사업자협회 ··············· 158

휴스턴 컨설팅 유럽 ·········· 389, 419
〈흡연에 감사드립니다〉 ············· 11
힐 앤드 놀턴 ··· 33, 56, 62, 75, 79, 158, 340, 345, 358, 366, 378, 389

기타

《21세기 과학과 기술》 ············· 158
《24시》 ······················ 276
527 단체 ················· 101-104
60세 이상 노인회 ················ 93
AKVA 스마트 ·············· 107, 126
APCO ··············· 78, 341, 389
ASEED ······················ 205
AT&T ················· 86, 97-98
AUC ························ 398
BBC 라디오 4 ················ 76, 172
C. S. 프라카시 ················· 187
DCI 그룹 · 14, 85-86, 89-92, 98-99, 102, 106
DDT ········· 158, 161, 164-165, 400
EU의 로비 투명성 및 윤리 규제 연합 (ALTER-EU) ······· 7, 392-393, 425
FLS-DCI ········ 86-88, 99, 101-102
GM 워치 ···················· 423
GTech ······················ 344
《LM》 ···················· 196-198
NATO를 통한 평화 ············ 337, 342
PR 뉴스와이어 ·················· 68
PR 워치 ················ 121, 155, 423
《PR 위크》 ············· 71, 358, 363
R. J. 레이놀즈 담배 회사(RJR) ··· 89-91, 156
TSE 엔터프라이즈 ··········· 86, 94, 106